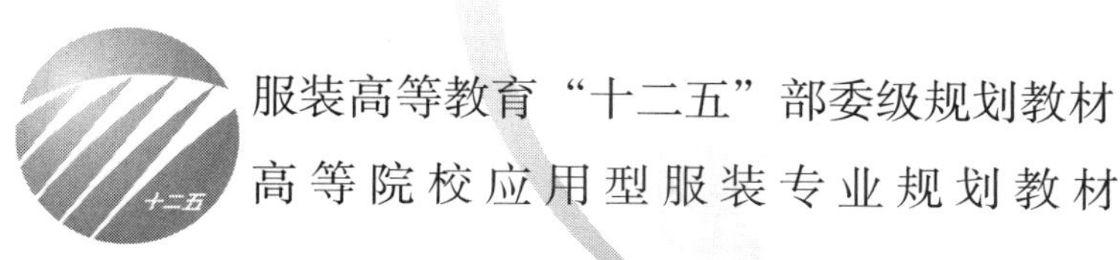

服装高等教育“十二五”部委级规划教材
高等院校应用型服装专业规划教材

服装市场营销

杨志文　主　编
杨水华　罗　芳　副主编

中国纺织出版社

内 容 提 要

本书是"服装高等教育'十二五'部委级规划教材"和"高等院校应用型服装专业规划教材"。在编写过程中突出了创新性、科学性与实用性，既系统地阐述了服装市场营销的基本概念、基本理论与基本方法，又注重介绍了国内外服装营销研究的新成果和营销实践的新经验，是一本既有理论价值又有实用价值的教科书。

本书重点讲述了市场营销中的产品（Product）、价格（Price）、渠道（Place）、促销（Promotion）四大要素（简称"4P"理论）以及在服装行业的运用。力求教学目标明确、文字通达、语句精炼、内容详略得当，教学案例和图表具有现代性、时效性，着力突出教学实践环节和学生能力的培养。

本书是一本内容较为完整的服装市场营销教材，适合本科市场营销类专业、服装艺术设计类专业、经济类专业、工商管理类专业及相关专业选用，更适合作为市场营销与策划在职人员的工作实践指导用书或参加营销类职业资格考试参考用书。

图书在版编目（CIP）数据

服装市场营销/杨志文主编. —北京：中国纺织出版社，2015.3（2023.8重印）

服装高等教育"十二五"部委级规划教材　高等院校应用型服装专业规划教材

ISBN 978-7-5180-1259-6

Ⅰ.①服…　Ⅱ.①杨…　Ⅲ.①服装—市场营销学—高等学校—教材　Ⅳ.①F768.3

中国版本图书馆CIP数据核字（2014）第276329号

策划编辑：华长印　　责任编辑：张　祎　　责任校对：楼旭红
责任设计：何　建　　责任印制：储志伟

中国纺织出版社出版发行
地址：北京市朝阳区百子湾东里A407号楼　邮政编码：100124
销售电话：010—67004422　传真：010—87155801
http://www.c-textilep.com
官方微博 http://weibo.com/2119887771
三河市宏盛印务有限公司印刷　各地新华书店经销
2015年3月第1版　2023年8月第7次印刷
开本：787×1092　1/16　印张：21.25
字数：420千字　定价：49.80元

出版者的话

Preface

《国家中长期教育改革和发展规划纲要》中提出“全面提高高等教育质量”，“提高人才培养质量”。教育部教高［2007］1号文件“关于实施高等学校本科教学质量与教学改革工程的意见”中，明确了“继续推进国家精品课程建设”，“积极推进网络教育资源开发和共享平台建设，建设面向全国高校的精品课程和立体化教材的数字化资源中心”，对高等教育教材的质量和立体化模式都提出了更高、更具体的要求。

“着力培养信念执著、品德优良、知识丰富、本领过硬的高素质专门人才和拔尖创新人才”，已成为当今本科教育的主题。教材建设作为教学的重要组成部分，如何适应新形势下我国教学改革要求，配合教育部“卓越工程师教育培养计划”的实施，满足应用型人才培养的需要，在人才培养中发挥作用，成为院校和出版人共同努力的目标。中国纺织服装教育学会协同中国纺织出版社，认真组织制订“十二五”部委级教材规划，组织专家对各院校上报的“十二五”规划教材选题进行认真评选，力求使教材出版与教学改革和课程建设发展相适应，充分体现教材的适用性、科学性、系统性和新颖性，使教材内容具有以下三个特点：

（1）围绕一个核心——育人目标。根据教育规律和课程设置特点，从提高学生分析问题、解决问题的能力入手，教材附有课程设置指导，并于章首介绍本章知识点、重点、难点及专业技能，增加相关学科的最新研究理论、研究热点或历史背景，章后附形式多样的思考题等，提高教材的可读性，增加学生学习兴趣和自学能力，提升学生科技素养和人文素养。

（2）突出一个环节——实践环节。教材出版突出应用性学科的特点，注重理论与生产实践的结合，有针对性地设置教材内容，增加实践、实验内容，并通过多媒体等形式，直观反映生产实践的最新成果。

（3）实现一个立体——开发立体化教材体系。充分利用现代教育技术手段，构建数字教育资源平台，开发教学课件、音像制品、素材库、试题库等多种立体化的配套教材，以直观的形式和丰富的表达充分展现教学内容。

教材出版是教育发展中的重要组成部分，为出版高质量的教材，出版社严格甄选作者，组织专家评审，并对出版全过程进行跟踪，及时了解教材编写进度、编写质量，力求做到作者权威、编辑专业、审读严格、精品出版。我们愿与院校一起，共同探讨、完善教材出版，不断推出精品教材，以适应我国高等教育的发展要求。

中国纺织出版社
教材出版中心

前　言

Preface 

我国是服装消费大国，也是世界上最大的服装生产国和出口国。服装业对我国的国民经济发展起着重要的作用、有着巨大的贡献，同时也对世界服装贸易有着举足轻重的影响。

随着全球经济一体化进程的加快以及我国加入WTO，我国服装业面临着更广阔的国际市场，国际品牌的大量涌入使我国服装企业面临着更加激烈的竞争。同时，随着国内服装消费市场的成熟和分化，越来越多的服装企业也将从加工型企业转变成为服装品牌运营企业，更加重视营销能力的提升和营销艺术的升华。

本书主要针对服装营销专业及服装相关专业学生来编写，可作为应用型本科服装类专业教材，也可作为自学类教材。本书共分十二章，分别是：第一章服装市场营销概述；第二章服装商品概述；第三章服装市场环境分析；第四章服装消费行为分析；第五章服装市场调查与预测；第六章服装市场细分与市场定位；第七章服装产品策略；第八章服装价格策略；第九章服装营销渠道策略；第十章；服装促销策略；第十一章服装网络营销；第十二章服装营销策划与技巧。本书每个章节都有课题名称、课题内容、课题时间、教学目的、教学方式、教学要求、课前准备等环节，思路清晰，简单实用，并有很多实际案例，力求做到理论与实践相结合，既要教会学生运用服装营销的理论去观察和分析问题，又要培养学生运用市场营销手段去解决实际问题，提高自己的营销能力和水平。本书编写得到了相关专业院校和部门的大力支持，同时得到了江西服装学院校领导和中国纺织出版社的大力支持，在此深表感谢。

本书由杨志文老师主编（负责统稿、联系、审稿、前言、目录、参考文献及第一章、第二章、第十二章编写），杨水华老师担任副主编（负责编写内容提要、第四章、第七章、第九章、第十章），罗芳老师担任副主编（负责编写第三章、第五章和第八章），参与编写的还有叶新梅、马晓倩老师（负责编写第十一章），刘海老师（负责编写第六章），蔺丽老师参加审稿工作等。

由于服装营销学内容丰富，涉及面广，加之编者水平有限，书中可能存在不足和不当之处，敬请读者和专家批评指正。

编者

2014年7月

教学内容与课时安排

章/课时	课程性质	节	课程内容
第一章 （3 课时）	理论课		• **服装市场营销概述**
		一	市场与市场营销
		二	服装市场的类型和特点
		三	服装市场营销管理过程
		四	服装市场营销创新
第二章 （2 课时）			• **服装商品概述**
		一	服装商品的概念
		二	服装专业常识
第三章 （4 课时）			• **服装市场环境分析**
		一	服装市场营销环境概述
		二	服装市场营销宏观环境分析
		三	服装市场营销微观环境分析
		四	服装市场营销环境分析与营销对策
第四章 （3 课时）			• **服装消费行为分析**
		一	服装消费者购买行为
		二	影响消费者购买行为的主要因素
		三	服装消费者购买决策过程
第五章 （4 课时）			• **服装市场调查与预测**
		一	服装市场调查
		二	服装市场预测
第六章 （4 课时）			• **服装市场细分与市场定位**
		一	服装市场细分与目标市场的选择
		二	目标市场的确定与战略
		三	市场定位
第七章 （4 课时）			• **服装产品策略**
		一	服装产品组合策略
		二	服装产品生命周期策略
		三	服装新产品开发策略
		四	服装品牌策略

续表

章/课时	课程性质	节	课程内容
第八章 （4 课时）	理论课		**• 服装价格策略**
		一	服装产品价格构成
		二	服装产品定价方法
		三	服装产品定价策略
第九章 （3 课时）			**• 服装营销渠道策略**
		一	服装营销渠道构成与功能
		二	服装营销渠道策略
		三	服装连锁经营管理
第十章 （4 课时）			**• 服装促销策略**
		一	服装促销概述
		二	服装广告策略
		三	人员推销策略
		四	营业推广策略
		五	服装商品陈列策略
第十一章 （6 课时）			**• 服装网络营销**
		一	网络营销概述
		二	服装网络营销模式
		三	服装网络营销策略
		四	服装网络营销发展趋势
第十二章 （6 课时）			**• 服装营销策划与技巧**
		一	服装营销策划
		二	服装营销技巧
		三	服装营销礼仪

注　各院校可根据自身的教学特色和教学计划对课程时数进行调整。

理论课——

第一章　服装市场营销概述

课程名称：服装市场营销概述

课程内容：市场与市场营销

服装市场的类型和特点

服装市场营销管理过程

服装市场营销创新

课程时间：3课时

教学目的：了解市场和市场营销的基本概念，理解市场的构成要素、功能和市场营销的职能及作用。掌握服装行业、服装市场的特点以及服装市场营销的概念和管理过程。理解服装行业的发展趋势和服装市场营销的创新、服装消费者购买行为、影响消费者购买行为的主要因素以及服装消费者购买决策过程。

教学方式：理论教学

教学要求：1. 了解和认识服装消费者市场基本概念；

2. 了解服装消费者市场的概念和管理过程；

3. 了解服装消费者市场购买决策类型与决策过程。

课前准备：阅读有关市场营销、消费心理和消费行为方面的书籍。

第一节　市场与市场营销

一、市场

（一）市场的概念

什么是市场？很多人往往会脱口而出："市场就是买东西的地方。"实际上，这种理解并没有什么错误，只是从消费者的角度得出的结论而已。

从一般意义上讲，市场是社会分工和商品生产的产物，是以商品供求和商品交换为基本经济内容的各市场主体经济联系的形式。对这一定义可以作以下三方面的理解。

第一，市场属于商品经济范畴。它以社会分工和商品生产为前提，哪里有社会分工和商品生产，哪里就有市场。同时，社会分工和商品生产的发展程度决定着市场的发展水平。

第二，市场的基本经济内容是商品供求和商品交换，是商品经济条件下联接各市场主体的经济形式，也是商品经济得以正常运行的基本条件。这里所讲的市场主体是指公民、法人和国家，他们出于不同的利益考虑参与市场活动，并通过市场发生经济联系。

第三，市场是各市场主体之间发生经济联系的形式。要实现这种联系，市场必须具备三个基本条件：具有购买动机和购买能力的买方；具有提供商品和劳务能力的卖方和供交换的商品或劳务；具有买卖双方都能接受的交易条件和交易价格。只有这三者都具备了，才能实现商品转移和交换，形成现实的市场。

市场是一个具有多重含义的概念。下列其他关于市场的概念对于商品经营者和市场营销学而言，具有重要的意义。

第一，商品交换场所和领域，即买卖双方进行交易的地点或地区。在这个层面，市场是一个地理的概念，是从买卖双方统一的角度提出来的。对于任何一个服装企业来说，都要考虑将自己的服装产品销售到哪些区域。同时，对于服装消费者来说，也需要考虑到哪里可以最便捷地购买到自己所需要的服装产品。

第二，商品生产者和商品消费者之间各种经济关系的总和。从这个角度来讲，市场是一个整体的概念，是社会再生产必不可少的一个重要环节和领域，也是整个企业赖以生存的整体环境。任何一个企业的经营都离不开市场，都受到市场中各种关系的约束。

第三，现实顾客和潜在顾客的购买需求总和。例如，很多国外知名服装品牌企业通常会说"中国的服装市场很大"，之后就开始纷纷进入我国服装市场。在这里，市场是一个集合的概念，是从卖方角度提出来的，是市场营销学中最主要的概念，也是所有企业经营者都必须研究和理解的概念。

（二）市场要素

从市场的概念中我们可以看出，从卖方的角度来讲，市场是生产企业的商品的潜在需求，由在一定时间、一定地点，具有对某种商品的购买欲望和购买力的消费群体所组成。因此，市场是由人口、购买力和购买欲望三个要素组成的，用公式表示为：市场 = 人口 + 购买力 + 购买欲望。

1. 人口

人口是构成市场的基本因素。也就是说，哪里有人，哪里就会有衣食住行及各种需求，哪里也就会形成市场。人口的因素具体包括：一个国家或地区的总人口；家庭户数和家庭人口数；人口性别和年龄；文化水平与职业；民族与宗教以及地理分布与人口流动等因素。我国今后人口环境的发展趋势主要有：人口平均年龄增长、人口老龄化趋势加剧、人口出生率下降、人们受教育水平程度提高、以小家庭居住为主要结构的生活模式。这些人口特点必将对服装企业的市场营销活动产生重要影响。

2. 购买力

人们的消费需求是通过使用货币购买商品来实现的。作为市场，仅有人口是远远不够的，还必须具有购买力。购买力就是人们支付货币购买商品的能力。消费者的购买力是由消费者的收入水平决定的。消费者收入水平具体包括：人均国民收入、个人收入、社会集团购买力等。

3. 购买欲望

购买欲望是指消费者购买商品的动机、愿望或需求，是由消费者的生理需要和心理需要引起的。购买欲望是消费者把潜在购买力变成现实购买力的重要条件，因此也是构成市场的基本要素。

以上三者缺一不可。没有人的地方就没有市场，人口多少决定了市场大小。可是仅有人口是不够的，如果人们的收入水平很低，市场也不会大。人口多且居民收入水平很高的国家或地区，其市场也会相应大一些。有了人口和收入，还必须使商品能够符合消费者的购买需求，能够引起消费者的购买欲望。只有把这三个要素结合起来，才能构成现实的市场，才能决定市场的规模和容量。企业在进行营销活动的时候才能更有针对性、更好地抓住市场机会，取得市场营销活动的成功。

（三）市场的功能

市场的功能可以概括为以下五个方面。

1. 统一联系功能

很好地实现了商品生产者之间的经济联系和经济结合。市场既是社会分工的产物，也是社会分工得以生存和发展的保证。随着社会分工的细化，市场在社会经济活动中的地位越来越重要。服装企业要想在市场中得以生存，必须通过在市场中实现自己商品的价值并取得别人商品的使用价值，从而实现与不同服装生产者之间的经济联系。

2．信息引导功能

有效地实现了商品生产者和商品消费者之间的信息联系和沟通。畅通的市场信息对于企业的经营来说必不可少。企业经营者要想在市场中获得更好的经济收益，需要比别的企业更早一步，更准确地获取各种市场信息并及时地把握好市场机遇。对于服装企业经营者来说，由于服装商品的特殊性，一定要及时地把各种服装商品信息传递给服装消费者。同时，服装消费者也可以根据自己所获取的市场信息及时地购买自己所需要的服装商品。

3．市场调节功能

引导商品生产面向消费需求，调节商品供求比例关系。任何企业生产的产品都必须符合市场的消费需求，这样才能销售出去，实现自身的价值。否则无法弥补成本的消耗，企业的再生产也很难维系下去。因此，市场总是迫使商品生产者在开展生产活动之前，就考虑自己生产的产品是否适销对路。由于市场制约，商品生产必须面向消费需求，因而市场成为调节商品比例关系的调节器。

4．收入分配功能

市场能够比较不同的商品生产者在生产同类商品中所消耗的不同劳动量。如果某个企业生产的同类产品所消耗的劳动量高于社会平均劳动量，其获得的产品价值收益就会相应地减少，企业收入也变少；反之，企业收入则增加。

5．优胜劣汰功能

如果企业生产同类产品所消耗的劳动量高于社会平均值，且一直降不下来的话，企业所获取的利润空间就会减少，很难长期维系企业的再生产和发展，企业将会自动被市场所淘汰。

（四）现代市场的主要特征

1．统一的市场

不仅使消费者在商品的价格、品种、服务上能有更多的选择，也使企业在购买生产要素和销售产品时有更好的选择。

2．开放的市场

一个开放的市场，能使企业之间在更大的范围内和更高的层次上展开竞争与合作，促进经济发展。

3．竞争的市场

竞争是指各经济主体为了维护和扩大自己的利益而采取的各种自我保护的行为和扩张行为，努力在产品质量、价格、服务、品种等方面创造优势。充分的市场竞争会使经济活动充满生机和活力。

4. 有序的市场

要完善行政执法、行业自律、舆论监督、群众参与相结合的市场监管体系。市场有序性能保证平等竞争和公平交易，保护生产经营者和消费者的合法权益。

二、市场营销

（一）市场营销的含义

什么是市场营销？有些人认为市场营销就是销售，也有人认为市场营销就是促销和广告。营销的过程就是企业把所生产的商品销售出去，从而实现产品增值的过程，而营销者所扮演的角色就是推销员，他们的职责就是使用各种方法将商品卖给消费者从而获取利润。其实这些理解都是比较片面的，这仅仅只是市场营销的数种功能之一，并且不是现在市场营销活动的重要功能。

市场营销是企业经营活动的职责，它将产品及劳务从生产者直接引向消费者或使用者以便满足顾客需求及实现公司利润。同时，它也是一种社会经济活动过程，其目的在于满足社会或人类需要，实现社会目标。实际上，市场营销活动是一个极为复杂的综合过程，它贯穿企业经营管理活动的整个过程。其中包括：市场环境分析、市场调研与预测、市场细分与目标市场选择、产品开发、定价、促销、分销广告、宣传报道、人员推销、售后服务等一系列活动。从而实现扩大销售、提高市场占有率、满足社会需求和增加企业赢利的目的。从整个市场营销活动看，销售仅仅是整个市场营销活动的一部分，并不是市场营销最重要的部分。销售是企业市场营销人员的职能之一，但不是最重要的职能。

综上所述，所谓市场营销，是指企业以满足顾客各种需要和欲望为最终目标，运用一定的经济方法和手段，使企业的产品或服务有效地转移到顾客手中的各种活动的综合。现代市场营销观念强调的是企业必须以消费者需求为核心，通过一系列市场营销活动来解决社会生产与消费的矛盾，从而实现企业预期战略目标。因此，市场营销是市场经济高度发展的产物，是一种极为复杂的经济活动。

（二）市场营销观念的演变

市场营销观念的演变与发展，可归纳为六种，即生产观念、产品观念、推销观念、市场营销观念、客户观念和社会市场营销观念。

1. 生产观念

生产观念是指导销售者行为的最古老的观念之一，这种观念产生于20世纪20年代前。企业经营哲学不是从消费者需求出发，而是从企业生产出发，主要表现是“我生产什么，就卖什么”。生产观念认为，消费者喜欢那些可以随处买得到而且价格低廉的产品，企业应致力于提高生产效率和分销效率，扩大生产、降低成本，以扩展市场。生产观念是在卖方市场条件下产生的。在资本主义工业化初期以及第二次世界大战末期和战后一段时期内，由于物资短缺，市场产品供不应求，生产观念在企业经营管理中颇为流行。中国在计划经济旧体制下，由于市场产品短缺，企业不愁产品没有销路，工商企业在其经营管理中也奉行生产观念，具体表现为：工业企业集中力量发展生产，轻视市场营销，实行以产定销；商业企业集中力量抓货源，工业生产什么就收购什么，工业生产多少就收购多少，也不重视市场营销。

2. 产品观念

这也是一种较早的企业经营观念。产品观念认为，消费者最喜欢高质量、多功能和具有某种特色的产品，企业应致力于生产高值产品，并不断加以改进。它产生于市场产品供不应求的“卖方市场”形势下，最容易滋生产品观念的场合莫过于当企业开发一项新产品时。此时，企业最容易出现“市场营销近视”，即不适当地把注意力放在产品上，而不是放在市场需求上，在市场营销管理中缺乏远见，只看到自己的产品质量好，看不到市场需求在变化，容易使企业经营陷入困境。

3. 推销观念

推销观念（或称销售观念）产生于20世纪20年代末至50年代前，是为许多企业所采用的另一种观念，表现为“我卖什么，顾客就买什么”。它认为，消费者通常表现出一种购买惰性或抗衡心理，如果顺其自然的话，消费者一般不会足量购买某一企业的产品，因此，企业必须积极推销和大力促销，以刺激消费者大量购买本企业产品。推销观念在现代市场经济条件下被推销员大量用于推销那些非渴求物品，即购买者一般不会想到要去购买的产品或服务。许多企业在产品过剩时，也常常奉行推销观念。

推销观念产生于资本主义国家由“卖方市场”向“买方市场”过渡的阶段。在1920～1945年，由于科学技术的进步以及科学管理和大规模生产的推广，产品产量迅速增加，逐渐出现了市场产品供过于求、卖方之间竞争激烈的新形势。尤其在1929～1933年的特大经济危机期间，大量产品销售不出去，这迫使企业重视采用广告术与推销术去推销产品。许多企业家感到：即使有物美价廉的产品，也未必能卖得出去；企业要在日益激烈的市场竞争中求得生存和发展，就必须重视推销。如今，推销观念仍存在于企业营销活动中，例如，对于顾客不愿购买的产品，企业往往采用强行的推销手段。

这种观念虽然比前两种观念前进了一步，开始重视广告术及推销术，但其实质仍然是以生产为中心。

4. 市场营销观念

市场营销观念是作为对上述诸观念挑战而出现的一种新型企业经营哲学。这种观念是以满足顾客需求为出发点的，即“顾客需要什么，企业就生产什么”。尽管这种思想由来已久，但其核心原则直到20世纪50年代中期才基本定型。当时，社会生产力迅速发展，市场趋势表现为供过于求的买方市场。同时，广大居民个人收入迅速提高，有可能对产品进行选择，企业之间的产品竞争加剧。许多企业开始认识到，必须转变经营观念，才能求得生存和发展。市场营销观念认为，实现企业各项目标的关键，在于正确确定目标市场的需求和欲望，并且比竞争者更有效地传送目标市场所期望的物品或服务，进而比竞争者更有效地满足目标市场的需求和欲望。

市场营销观念的出现使企业经营观念发生了根本性变化，也使市场营销学发生了一次革命。市场营销观念同推销观念相比具有重大的差别。推销观念注重卖方需求，市场营销观念则注重买方需求。推销观念以卖方需求为出发点，考虑如何把产品变成现金；而市场营销观念则考虑如何通过制造、传送产品以及与最终消费产品有关的所有事物，来满足顾客的需求。可见，市场营销观念的四个支柱是：市场中心、顾客导向、协调的市场营销和利润。推销观念的四个支柱是：工厂、产品导向、推销和赢利。从本质上说，市场营销观念是一种以顾客需要和欲望为导向的哲学，是消费者主权论在企业市场营销管理中的体现。

5. **客户观念**

随着现代营销战略由产品导向转变为客户导向，客户需求及其满意度逐渐成为营销战略成功的关键所在。各个行业都试图通过卓有成效的方式，及时准确地了解和满足客户需求，进而实现企业目标。实践证明，不同子市场的客户存在着不同的需求，甚至同属一个子市场的客户的个别需求也会经常变化。为了适应不断变化的市场需求，企业的营销战略必须及时调整。在这样的营销背景下，越来越多的企业开始由奉行市场营销观念转变为客户观念。

所谓客户观念，是指企业注重收集每一个客户以往的交易信息、人口统计信息、心理活动信息、媒体习惯信息以及分销偏好信息等，根据由此确认的不同客户的价值，分别为每个客户提供各自不同的产品或服务，传播不同的信息。通过提高客户忠诚度，增加每一个客户的购买量，从而确保企业的利润增长。市场营销观念与之不同，它增强的是满足一个子市场的需求，而客户观念则强调满足每一个客户的特殊需求。

需要注意的是，客户观念并不适用于所有企业。一对一营销需要以工厂定制化、运营电脑化、沟通网络化为前提条件，因此，贯彻客户观念要求企业在信息收集、数据库建设、电脑软件和硬件购置等方面进行大量投资，而这并不是每一个企业都能够做到的。有些企业即使舍得花钱，也有可能出现投资大于收益的局面。客户观念最适用于那些善于收集单个客户信息的企业，这些企业的产品能够借助客户数据库的运用实现交叉销售，或产品需要周期性地重购、升级，或产品价值很高，客户观念往往会给这类企业带来超乎寻常的效益。

6. **社会市场营销观念**

社会市场营销观念是对市场营销观念的修改和补充，它产生于20世纪70年代西方资本主义社会出现能源短缺、通货膨胀、失业增加、环境污染严重、消费者保护运动盛行的新形势下。市场营销观念回避了消费者需求、消费者利益和长期社会福利之间隐含着冲突的现实。社会市场营销观念认为，企业的任务是确定各个目标市场的需求、欲望和利益，以保护或提高消费者和社会福利的方式，比竞争者更有效、更有利地向目标市场提供能够满足其需求、欲望和利益的产品或服务。社会市场营销观念要求市场营销者在制订市场营销政策时，统筹兼顾三方面的利益，即企业利润、消费者需求的满足和社会利益。

上述六种市场营销观念的产生和存在都有其历史背景和必然性，都是与一定的条件相联系、相适应的。当前，许多外国企业正在从生产型向经营型或经营服务型转变。企业为了求得生存和发展，必须树立具有现代意识的市场营销观念、社会市场营销观念。但是，必须指出的是，由于诸多因素的制约，当今外国企业并不是都树立了市场营销观念和社会市场营销观念。事实上，还有许多企业仍然以产品观念及推销观念为导向。

目前，我国仍处于社会主义市场经济初级阶段，受社会生产力发展程度及市场发展趋势、经济体制改革及广大居民收入等因素的制约，我国企业市场营销观念仍处于以推销观念为主、多种观念并存的阶段。

（三）市场营销的职能和作用

1. 市场营销的职能

在社会化大生产和商品经济条件下，生产和需求之间存在诸多矛盾。市场营销作为企业经营活动过程中的重要部分，主要解决企业在经营过程中遇到的种种矛盾。概括起来有如下四项基本功能。

（1）发现和了解消费者的需求。现代市场营销观念强调市场营销应以消费者为中心，企业也只有通过满足消费者的需求，才可能实现企业目标。因此，发现和了解消费者的需求是市场营销的首要功能。

（2）指导企业决策。企业决策正确与否是企业成败的关键，企业要谋得生存和发展，很重要的是做好经营决策。企业通过市场营销活动，分析外部环境的动向，了解消费者的需求和欲望，了解竞争者的现状和发展趋势，结合自身的资源条件，指导企业在产品、定价、分销、促销和服务等方面做出相应的、科学的决策。

（3）开拓市场。企业市场营销活动的另一个功能就是通过对消费者现在需求和潜在需求的调查、了解与分析，充分把握和捕捉市场机会，积极开发产品，建立更多的分销渠道，采用更多的促销形式，开拓市场，增加销售。

（4）满足消费者的需求。满足消费者的需求与欲望是企业市场营销的出发点和中心，也是市场营销的基本功能。企业从消费者的需求出发，通过市场营销活动，针对不同目标市场的顾客采取不同的市场营销策略，合理地组织企业的人力、财力、物力等资源，为消费者提供适销对路的产品，做好销售后的各种服务，让消费者满意。

2. 市场营销的作用

随着国际经济一体化的发展，各国均卷入国际市场竞争的洪流。哪家公司能最好地选择目标市场并为目标市场制定相应的市场营销组合策略，哪家公司就成为竞争中的赢家。总之，从微观角度看，市场营销是连接社会需求与企业反应的中间环节，是企业用来把消费者需求和市场机会变成有利可图的公司机会的一种行之有效的方法，也是企业战胜竞争者、谋求发展的重要方法。

在市场经济社会中，生产出来的东西如果不通过交换，没有市场营销，产品就不可能自动传递到广大消费者手中。从宏观角度看，市场营销对社会经济发展的主要作用是解决社会生产与消费之间的七大矛盾。

（1）生产者与消费者在空间上的分离。这是指产品的生产与消费在地域上的距离，它是由诸多因素造成的。宏观市场营销机构执行市场营销职能，把产品从产地运往全国乃至世界各地，以便适时适地地将产品销售给广大用户。从这个角度讲，市场营销创造了地点效用。

（2）生产者与消费者在时间上的分离。这是指产品的生产与消费者对产品的消费在时间上的差异。产品生产与消费在时间上的差异，要求生产企业在最短的时间内把最新的产品传递给最广大消费者，满足目标市场消费者的需求。

（3）生产者与消费者在信息上的分离。随着商品经济的进一步发展，市场不断扩大，生产者与消费者在空间上的分离加深，市场信息的分离也随之扩大。市场范围突破了原来狭窄的地区交换，扩大至全国乃至世界范围，生产者与消费者从原来的直接交换变成通过中间商的间接交换，生产者与消费者已不能直接相互了解和掌握自己所需产品的市场信息。这种生产与消费信息的分离，要求宏观市场营销机构进行市场营销调研，并通过各种媒体传递市场信息。

（4）生产者与消费者在产品估价上的差异。由于生产者与消费者处于不同的地位、追求不同的利益目标，因此他们对产品的估价迥然不同。生产者从事经营活动的目的是追求利润，要求产品价格必须在成本价格之上才能赢利，所以，企业对产品的估价是以获利为标准的。至于商品价格在何种水平、利润水平多高，则取决于市场竞争状况及消费者的需求程度。

消费者则多半从产品的经济效用及自己的支付能力来给产品估价。这样，生产者与消费者对产品估价差异性较大，存在着生产者对产品估价过高及消费者对产品估价过低的矛盾。因此，除了企业改善经营管理、提高技术、降低成本及合理定价外，还需要宏观市场营销机构通过广告媒体宣传改变消费者的估价观念，缩小生产者与消费者对产品估价的差异。

（5）生产者与消费者在产品供需数量上的差异。随着社会主义市场经济及国际经济一体化的发展，国内市场及国际市场竞争日趋激烈，各企业为了在竞争中占据有利地位，纷纷扩大自身的生产规模或组建企业集团，竞争从个别企业之间小规模的较量变成了大企业集团之间的大规模抗衡。大规模企业或企业集团能够充分发挥规模经济效益，即进行大批量生产和销售，降低成本，提高市场占有率。

（6）生产者与消费者在产品品种供需上的差异。随着市场经济的发展及市场竞争的加剧，许多企业都想方设法地实行专业化生产，以降低成本、提高经济效益，或通过专业化生产满足目标市场顾客的需求，以提高市场竞争力。然而，广大消费者随着个人收入不断提高，对产品的需求呈多样化发展趋势。显然，企业实行专业化生产，仅能满足消费者的某种需求。因此，要求企业尽快开发生产各种新产品并将其销售给广大消费者。

总之，市场营销对于适时、适地并以适当价格把产品从生产者手中传递给消费者，求得生产与消费在时间、地区的平衡，从而促进社会总供需的平衡起着重大的作用。同样，市场营销对于服装企业的发展来说，更显得十分重要。如果服装企业不能及时地正确分析市场营销环境、发现并抓住每一次市场机会、运用市场营销的各种策略销售服装产品以及扩大产品市场占有率，企业的再生产、再发展将很难维系。

第二节　服装市场的类型和特点

一、服装行业的特点

（一）服装行业目前仍然是比较典型的劳动密集型产业

服装加工和生产组织过程一般不需要大型专门化的机械设备，可以在较少的资本下运行。尽管近年来很多高新技术如 CAD、CAM 和先进的生产组织方式被不断研制出来并投入使用，但目前绝大多数服装企业仍停留在传统的经营模式上，只有少数服装企业的发展有高度的技术知识密集型倾向。

（二）服装行业一般不具备规模经济效应

由于初始投入较少和固定资产投入较低以及加工过程中的相对独立性和分散性，规模经济效应在服装行业表现并不明显。特别是近年来服装流行周期逐渐缩短，品种增加，批量减少，服装行业平均规模也不宜扩大。

（三）服装流行周期短

服装流行周期缩短，不仅表现在服装的季节性更迭，而且变现为服装季节此一时、彼一时的差异，这种差异可能发生在面料、色彩、款式、设计或其他配套方面。服装流行周期的缩短，一方面给企业带来了无限商机，另一方面也给企业发展带来了风险和不稳定性。

（四）服装运营流程长

一个服装新款式的推出往往涉及纺纱、织造、印染，甚至新型纤维的研制和生产等多个环节，在销售过程中，又会与多个流通环节发生联系。这种多环节运营和流通所消耗的时间与服装流行短周期形成了矛盾。

（五）市场需求高弹性

由于消费者多，服装需求越来越多样化、个性化，小批量、多品种的发展思想是服装业今后发展的趋势和特点，为了满足各种不同细分市场的需求，就必须重视差异化经营。

（六）服装产品的高附加值

服装产品具有商品价值、文化价值、审美价值、社会价值等，特别是服装还具有设计价值、品牌价值、时尚价值，可以为企业经营者带来高附加值的收益，这使得服装企业经营者必须合理衡量服装的多重价值，并在营销过程中将其完美地结合起来，为企业创造更高的价值。

二、服装市场的类型和特点

（一）服装市场的类型

服装市场按照不同的标准可以划分为不同的类型。从市场营销的角度看，市场主要有以下几种类型。

1. 按交易范围划分

可分为国内市场和国际市场。国内市场可以划分为城镇市场、农村市场和本地市场、外埠市场等；国际市场可以划分为北美市场、欧盟市场、东南亚市场等。

2. 按经营范围划分

可分为综合性服装市场和专业性服装市场。综合性服装市场如百货商场的服装部等；专业性服装市场如牛仔装、女装、运动装等专卖店。

3. 按年龄范围划分

可分为老年服装市场、中青年服装市场、婴幼儿服装市场等。

4. 按购买者目的划分

可分为服装消费市场和服装组织市场。服装消费者市场是指以满足个人生活需求购买服装产品而形成的商品交易关系的总和，主要特征是消费者人数多、市场广阔、消费者需求差异大、购买行为规模小、市场流动性大等。服装组织市场是为满足中间商的需求和社会集团消费的需求而提供产品和劳务能力的市场，主要特征是市场集中、购买批量大、购买次数少、产品专业性强、需求弹性小、理智购买等。

（二）服装市场的特点

1. 流行性

这是服装的首要特点，也称时尚性。随着消费者受教育水平的增加和生活水平的提高，时尚的特性也越来越多地影响消费者的购买行为。流行性是指通过社会人的模仿心理把某种现象扩大流动成为一种一时性的社会现象，它是影响消费者做出购买行为的重要内在驱动力之一。因此，对于服装企业来说，搜集和分析有关服装变化特点、规律以及影响流行的各种因素并从中获得服装流行演变的信息非常重要。

2．季节性

这是服装最显著的特点。随着一年四季气候的更迭变化，大多数种类的服装都具有明显的季节性，夏天的服装要求轻薄，冬天的服装要求保暖。对于服装企业来说，要及时地根据季节的变化安排产品的开发设计、生产和销售。

3．差异性

服装市场的差异性主要体现在三个方面。第一，由于消费者的性别、年龄、职业等不同而产生的不同需求，如不同年龄的消费者对应有童装、青年装、中老年装等；对于不同的用途对应有运动装、职业装、休闲装、正装等。第二，由于消费者个性的不同而呈现出来的消费差异性，如每个年轻人都希望自己的穿着与众不同，从而显示自己的独特个性，随着社会发展的不断进步，个性差异越来越被消费者重视。第三，由于消费者的社会地位、收入水平、价值观等不同而表现出来对服装不同档次需求的差异，如社会名流一般购买高档服装、白领阶层一般购买中档服装、低收入群体一般购买中低档服装。服装企业在经营过程中需要做广泛的市场调查，了解消费者的特定需求信息，以此制定相关的营销策略。

4．地域性

由于地理环境、历史文化、风俗习惯、社会经济发展状况等因素的影响，不同地域人们的穿着习惯、消费理念都存在一定的差别。如我国西北新疆地区的穿着和南方广东地区的穿着存在明显的地域差别。对于服装企业来说，要搜集并分析各地市场的需求差异信息，以便有针对性地根据当地的地域差别制定恰当、有效的营销方案。

5．竞争性

这是商品经济条件下所有市场具有的特性，服装市场也不例外。服装消费者对服装需求的差异性决定了不可能由几个服装企业包揽整个服装市场。同时，服装行业的进入门槛也很低，资金、技术、人员素质等要求不高，从而形成了服装市场更加激烈的竞争状况。

第三节　服装市场营销管理过程

一、服装市场营销的概念和特点

（一）服装市场营销的基本概念

服装市场营销是现代市场营销学的理论和方法在服装企业营销实践中应用的理论概

括，是以市场营销学的基本原理为理论依据，吸收了服装设计与工艺等有关学科的知识和成果，结合服装企业的营销特点，形成的一门应用性学科。服装市场营销在指导服装企业寻找市场机会、发现供求关系、平衡资源配置、开发适销产品、完成市场交易、实现经营目标等方面起着重要的作用。

（二）服装市场营销的特点

服装行业和服装市场的特点决定了服装市场营销与其他商品的市场营销不同，具体表现如下。

1. 相对小的规模

由于服装行业缺乏规模经济效应和多品种、小批量的发展趋势，服装企业的实体发展规模相对较小。即使是集团和连锁经营，也不能与百货连锁、钢铁企业、化工企业同日而语。

2. 外延的集约度

服装行业的快速发展和成熟与外延集约度有关。服装行业除了与纺织、商业、物流有关外，还与信息、出版、影视、广播、文化、娱乐、教育、科研、服务业有关。这种趋势一方面给服装营销带来了相当大的难度，另一方面也给服装企业营销创造了弹性空间。

3. 灵活的经营模式

快速的市场变化、多样的市场细分，要求服装企业在经营方式上必须做到轻柔灵活。如在服装零售过程中，将买断、代销、特许加盟、许可经营和公司连锁等组成各种灵活高效的经营模式结构。

4. 经营上的不断创新

不仅是服装设计要不断创新，而且服装营销也要不断地创新，以适应市场变化。

5. 快速反应和敏捷零售

服装本身的流行性、季节性以及服装产品的不断推陈出新，决定了服装企业在进行产品营销过程中必须不断地创新，以适应消费者需求的变化和市场环境的变化，同时减少企业库存的风险和压力。

二、服装市场营销的管理过程

服装市场营销过程是指在市场经济条件下，根据内外环境变化，对服装企业的经营与销售进行预测和决策，以提高经济效益为主要目标，创造性地组织经营销售活动的过程。具体包括：分析市场机会、选择目标市场、设计市场营销组合、执行和控制市场营销计划等内容。

（一）服装市场机会分析

市场机会就是未满足的消费需求。为了发现市场机会，服装企业营销人员必须广泛收集市场信息，进行专门的调查研究，充分了解当前情况，按照服装流行趋势和社会经济条件的发展规律，预测未来服装市场变化的趋势。

服装市场营销机会分析处于整个服装市场营销管理过程的起点，它直接影响和制约着服装企业市场营销活动的各个环节。服装企业只有在市场分析的基础上，寻找到市场机会、确定目标市场，才能有针对性地进行服装产品的设计开发、生产和销售。同时，市场机会分析也是服装企业制订战略规划和进行产品决策的基础。在服装市场营销过程中，产品是关键因素，它是进入市场、满足消费需求的唯一手段。而服装市场营销机会分析能为服装新产品提出开发方向，指明潜在的发展方向，从而使服装产品的开发在市场导向的基础上进行。服装市场营销机会分析的内容主要包括：服装市场环境分析、服装市场购买行为分析、服装市场调查与预测。

（二）服装目标市场选择

服装企业选定符合自身目标和资源的市场营销机会以后，还要对市场容量和市场结构进行进一步分析，确定市场范围。无论开发哪种服装产品，任何某个或某几个服装企业都不可能为具有某种需求的全体顾客服务，而只能满足部分顾客的需求。这是由顾客需求的多样变动性及企业拥有资源的有限性所决定的。因此，服装企业必须明确，要在能力可及的范围内满足哪些顾客的要求。首先进行市场细分，其次选择目标市场，最后进行市场定位。

（三）服装市场营销组合设计

服装市场营销组合是指服装企业针对选择的目标市场，综合运用各种可能的市场营销策略和手段，形成一个系统化的整体策略，以达到企业的经营目标，并取得最佳经济效应。

服装企业在确定目标市场和进行市场定位之后，市场营销管理过程就进入了第三阶段——设计市场营销组合。市场营销组合是指企业用于追求目标市场预期销售量水平的可控营销变量的组合。营销组合中包含的可控变量很多，可以概括为六个基本变量，即产品、价格、渠道、促销、权力和公共关系。

“产品”（Product）是指服装企业提供给目标市场的货物和劳务，包括产品质量、外观、式样、性能、品牌、型号、服务、保证等。

“价格”（Price）是指服装消费者购买的产品价格，包括价目表所列的基本价格、折扣价格等。

“渠道”（Place）是指企业使其产品进入目标市场所进行的种种活动，其中包括渠道选择、仓储、运输等。

“促销”（Promotion）是指企业宣传介绍其产品的特点，说服目标顾客购买产品所进行的种种活动，包括广告、人员推销、营业推广、公共关系等。

"权力"（Power）是指依据权力对营销活动影响的规律，服装企业借助自身或他人权力开展的市场营销活动。

"公共关系"（Public Relations）也可称为"公众关系"，一般指一个社会组织用传播手段使自己与相关公众之间形成双向交流，使双方达到相互了解和相互适应的管理活动。

市场营销组合因素对企业来说都是可控因素，即企业根据目标市场的需求，可以自主决定产品结构、产品价格、分销渠道和促销方式，但这种自主权是相对的，要受到自身资源和目标的制约及各种主观和客观因素的影响。不可控的客观因素主要包括社会人口、经济、技术、政治、法律、文化等。

（四）服装市场营销计划的执行和控制

服装企业市场营销管理的第四步是执行和控制服装市场营销计划，只有有效地执行计划，才能实现服装企业的战略任务和经营目标，这是整个服装市场营销过程中极其重要的步骤。

1. 服装市场营销计划的执行

服装市场营销计划是服装企业整体战略规划在营销领域的具体化，是服装企业的职能计划。其执行过程包括以下几个方面。

（1）制定详细的行动方案。为了有效地实施营销战略，应明确营销战略实施的关键性决策和任务，并将执行这些决策和任务的责任落实到营销个人或小组。

（2）建立组织结构。不同服装企业的经营目标和任务不同，需要建立不同的组织结构。组织结构必须与服装企业自身特点和环境相适应，规定明确的职权界限和信息沟通渠道，协调各部门和人员的行动。

（3）设计决策和报酬制度。科学的决策体系是企业成败的关键，而合理的奖罚制度能充分调动人的积极性，充分发挥组织效应，快速地把服装新产品推向市场。

（4）开发并合理调配人力资源。服装企业的所有活动都是由人来开展的，人员的考核、选拔、安置、培训和激励问题对服装企业至关重要。

（5）建立适当的企业文化和管理风格。企业文化是指企业内部人员共同遵循的价值标准和行为准则，对企业员工起着凝聚和导向作用。企业文化与管理风格相联系，一旦形成，对服装企业的健康发展会产生良好、持续、稳定的影响。

2. 服装市场营销计划的控制

在服装市场营销计划的执行过程中，可能会出现一些意想不到的问题，需要一个控制系统来保证营销目标的实现。营销控制主要有年度计划控制、赢利能力控制、效率控制和战略控制。

（1）年度计划控制。它是企业在本年度内采取的制定标准、绩效测量、因果分析、改正行动的控制步骤，检查实际绩效与计划之间是否有偏差，并采取改进措施，以确保营销计划的实现与完成。

（2）赢利能力控制。运用赢利能力控制来测定不同产品、不同销售区域、不同顾客群体、不同渠道以及不同订货规模的赢利能力。帮助营销人员决定各种顾客群体活动是否扩展、减少或取消。控制指标有销售利润率、资产收益率、存货周转率等。

（3）效率控制。包括营销人员效率控制、广告效率控制、促销效率控制和分销效率控制，通过对这些环节的控制来保证营销组合因素功能执行的有效性。

（4）战略控制。它是企业为使实际市场营销工作与原规划尽可能一致采取的一系列行动。在控制中通过不断评审和反馈信息，对战略进行修正。战略控制必须根据最新情况重新评估计划和进展，对服装企业来说，这是难度最大的控制。

整个服装营销管理过程是一个有机的系统，缺一不可。为了实现服装企业的经营目标，四个阶段周而复始地循环。市场营销环境不断变化，新的市场营销机会不断出现，企业需要不断地调整产品组合，以满足目标市场，需求不断地设计新的市场营销组合并执行和控制新的营销计划，以适应市场的变化，维系企服装业的正常、良好、稳定发展。

第四节　服装市场营销创新

一、服装业发展新趋势

（一）科学技术的发展突飞猛进，技术不断更新

科学技术的发展使得用于服装生产的新型纤维、新型面辅料的研制和开发以及产品升级换代的周期大大缩短。服装企业必须努力将更新的产品尽快推向市场，这要求服装企业必须置于快速的设计、生产和营销各个环节。

科学技术发展带来的变化，尤其体现为计算机在服装设计、生产和管理中的运用。例如：服装 CAD 技术（Computer Aided Design，计算机辅助设计）的应用，从服装设计师的创意形成、服装效果图的绘制到服装样衣板型绘制，再到工业板型的修改和确认、工业化工艺处理（如推板、排料等），进而到生产工艺过程的规范和管理等各个环节，极大地提高和改善了服装企业的生产技术水平，提高了服装企业的生产效率和效益。服装 CAM 技术（Computer Aided Manufacture，计算机辅助生产），向大型服装企业提供裁剪和生产加工等技术和设备，如自动裁床是直接用服装 CAD 的工艺数据控制裁剪工作，将铺在裁床上的布料裁成衣片，自动吊挂生产系统是利用吊挂线配送需要加工的衣片到各个生产单元，并将整个生产过程连接起来，通过电脑控制进行优化，从而极大地提高了服装生产的效率和效益。MIS（Management Information System）和 ERP 为服装企业提供了计划、财务、采购、生产、销售和信息处理等全方位的经营和管理。无论是在生产技术环节还是企业管理方面，计算机网络技术都有提供跨地区和跨国界的信息交流和管理的能力，为服装

企业的进一步发展提供了条件，也为现代服装企业奠定了物质基础。服装 CIMS（Computer Integrated Manufacturing System，计算机集成制造系统），是在计算机技术的支持下，将以往服装企业相互孤立的生产过程构成一个覆盖企业从订单直到售后服务全过程的有机系统，该系统发挥了各种单元技术的集成效果。由于服装市场变化快速、产品差异大等特点，服装企业要对市场做出快速反应，CIMS 技术的出现很好地解决了服装市场的这一问题。

（二）社会消费结构和消费水平发生变化

随着社会经济、文化水平的迅速发展和提高，市场需求逐步呈现多样化，服装品种和款式不断升级换代。服装消费者对求新、求变以及追求个性消费有了更高的要求。服装企业必须时刻关注市场的变化，采取灵活多变的经营模式以适应市场变化。

（三）服装市场竞争日益激烈

经济全球化、市场国家化和大批跨国公司的建立，使服装市场竞争日益激烈。我国服装企业要想打造国际品牌，打入国际市场，当务之急不仅要提高设计、生产管理水平，同时还要提高营销管理水平，这样才能使我国服装企业在整个全球市场中立于不败之地，成为真正的服装大国和服装强国。

二、服装市场营销创新

服装市场营销创新主要有以下几种发展趋势。

（一）网络营销

市场营销是为实现个人和组织的交易，而规划和实施创意、产品、服务构想、定价、促销和分销的过程。网络营销是人类经济、科技、文化发展的必然产物，它不受时间和空间限制，在很大程度上改变了传统营销形态和业态。网络营销对企业来讲，提高了工作效率，降低了成本，扩大了市场，给企业带来社会效益和经济效益。相对于传统营销，网络营销具有国际化、信息化和无纸化特点，已经成为各国营销发展的趋势。

网络营销的产生，是科学技术的发展、消费者价值观的变革和商业竞争等综合因素所促成的。21 世纪是信息世纪、是网络营销产生的科技基础，科技、经济和社会的发展正在迎接这个时代的到来。计算机网络的发展，使信息社会的内涵有了进一步改变。在信息网络时代，网络技术的应用改变了信息的分配和接收方式，改变了人们的生活、工作、学习、合作和交流的环境。企业也正在搭乘网络新技术的快速便车，飞速发展。网络营销是以互联网为媒体，以新的方式、方法和理念实施营销活动，更有效地促进个人和组织交易活动的实现。企业如何在如此潜力巨大市场中开展网络营销、占领新兴市场，对企业来说既是机遇又是挑战。网络营销也产生于消费者价值观的变革中：满足消费者的需求是企业经营永恒的核心。利用网络这一科技制高点为消费者提供各种类型的服务，是取得未来竞争优势的重要途径。市场经济发展到今天，多数产品无论在数量还是品种上都已极为丰富。消费者开始能够以个人心理愿望为基础挑选和购买商品、服务。他们的需求越多，需求的变化更快。消费者会主动通过各种可能渠道获取与商品有关的信息并进行比较，增加对产品的信任和争取心理上的满足感。网络营销还产生于商业的竞争，随着市场竞争的日益激烈化，为了在竞争中占有优势，各企业都使出了浑身解数想方设法地吸引顾客。开展网络营销可以节约大量昂贵的店面租金，可以减少库存商品资金占用，可使经营规模不受场地的制约，也可便于采集客户信息等。这些都可以使企业经营的成本和费用降低，运作周期变短，从根本上增强企业的竞争优势，增加赢利。

网络营销的基本特征如下所示：

公平性。在网络营销中，所有的企业都站在同一起跑线上。公平性只是意味着给不同的公司、不同的个人提供了平等的竞争机会，并不意味着财富分配上的平等。

虚拟性。由于互联使得传统的空间概念发生变化，出现了有别于实际地理空间的虚拟空间或虚拟社会。

对称性。在网络营销中，互联性使信息的非对称性大大减少。消费者可以从网上搜索自己想要掌握的任何信息，并能得到有关专家的适时指导。

模糊性。互联网使许多人们习以为常的边界变得模糊。其中，最显著的是企业边界的模糊、生产者和消费者的模糊、产品和服务的模糊。

复杂性。网络营销的模糊性使经济活动变得扑朔迷离，难以分辨。

垄断性。网络营销的垄断是由创造性形成的垄断，是短期存在的。新技术的不断出现，会使新的垄断者不断取代旧的垄断者。

多重性。在网络营销中，一项交易往往涉及多重买卖关系。

快捷性。互联网使经济活动产生了快速运行的特征，你可以迅速搜索到所需要的任何信息，对市场做出即时反应。

正反馈性。在网络营销中，信息传递的快捷性使人们之间产生了频繁、迅速、剧烈的交互作用，从而形成不断强化的正反馈机制。

全球性。互联网超越了国界和地区的限制，使得整个世界的经济活动都紧紧联系在一起。信息、货币、商品和服务的快速流动，大大促进了世界经济一体化的进程。

（二）定制营销

定制营销是指企业在大规模生产的基础上，将每一位顾客都视为一个单独的细分市场，根据个人的特定需求进行市场营销组合，以满足每位顾客的特定需求的一种营销方式。现代的定制营销与以往的手工定做不同，定制营销是在简单的大规模生产不能满足消费者多样化、个性化需求的情况下提出来的，其最突出的特点是根据顾客的特殊要求进行产品生产。

与传统的营销方式相比，定制营销主要具有以下优点。

1. *极大地满足消费者的个性化需求*

可以提高企业的竞争力，海尔的“定制冰箱”服务已充分说明这一点。

2. *以销定产，减少库存积压*

在传统的营销模式中，企业通过追求规模经济，努力降低单位产品的成本并扩大产量，以此实现利润最大化。这在卖方市场中当然是很有竞争力的，但随着买方市场的形成，这种大规模地生产雷同产品，必然导致产品的滞销和积压，造成资源的闲置和浪费，定制营销则很好地避免了这一点。因为这时企业是根据顾客的实际订单进行生产，真正实现了以需定产，因而几乎没有库存积压，这大大加快了企业资金的周转速度，同时也减少了社会资源的浪费。

3. *有利于促进企业的不断发展*

创新是企业永葆活力的重要因素。但创新必须与市场及顾客的需求相结合，否则将不利于企业的竞争与发展。在传统的营销模式中，企业的研发人通过市场调查与分析来挖掘新的市场需求，推出新产品。这种方法受研究人员能力的制约，很容易被错误的调查结果所误导。

而在定制营销中，顾客可直接参与产品的设计，企业也可根据顾客的意见直接改进产品，从而达到产品、技术上的创新，并能始终与顾客的需求保持一致，从而促进企业的不断发展。

（三）品牌营销

品牌营销是指企业通过利用消费者的品牌需求创造品牌价值，最终形成品牌效益的营销过程，也是实施各种营销策略使目标客户形成对企业品牌、产品和服务的认知过程。品牌营销从高层次上就是把企业的形象、知名度、良好的信誉等展示给消费者从而使他们在心中形成对企业的产品或者服务品牌形象，这就是品牌营销。说得简单些，品牌营销就是把企业的品牌深刻地映入消费者心中的过程。

品牌营销的前提是产品要有质量保证，这样才能得到消费者的认可。品牌建立在有形产品和无形服务的基础上。有形是指产品的新颖包装、独特设计以及富有象征吸引力的名称等。而服务是指在销售过程中或售后的服务给顾客满意的感觉，让他们体验做真正“上帝”的幸福感，让他们始终觉得选择购买这种产品的决策是对的，买得开心、用得放心。纵观整个服装市场，目前市场上的产品质量其实差不多。从消费者的立场看，他们看重的往往是商家所能提供服务的多寡和效果。从长期竞争来看，建立品牌营销是企业长期发展的必经途径。对企业而言，既要满足自己的利益，也要顾及消费者的满意度，注重双赢，赢得终身顾客。品牌不仅是企业、产品、服务的标志，更是一种反映企业综合实力和经营水平的无形资产，在商战中具有举足轻重的地位和作用。对于一个企业而言，唯有运用品牌，操作品牌，才能赢得市场。我国加入 WTO 后，国外跨国公司与知名品牌大举进入我国市场，我国企业和产品与世界知名品牌的企业和产品在同一市场角逐，产品的竞争实际已过渡到品牌的竞争。因此，积极开展品牌营销，对于我国企业来说是当务之急。

（四）绿色营销

所谓绿色营销，是指企业在生产经营过程中，将企业自身利益、消费者利益和环境保护利益三者统一起来，以此为中心，对产品和服务进行构思、设计、销售和制造。社会和企业在充分意识到消费者日益提高的环保意识和由此产生的对无公害清洁型产品需要的基础上，发现、创造并选择市场机会，通过一系列理性化的营销手段来满足消费者以及社会生态环境发展的需求，实现可持续发展。

绿色营销是指企业以环境保护为经营指导思想，以绿色文化为价值观念，以消费者的绿色消费为中心和出发点的营销观念、营销方式和营销策略。它要求企业在经营中贯彻自身利益、消费者利益和环境利益相结合的原则。

绿色营销的核心是按照环保与生态原则来选择和确定营销组合的策略，是建立在绿色技术、绿色市场和绿色经济基础上，对人类的生态关注给予回应的一种经营方式。绿色营销不是一种诱导顾客消费的手段，也不是企业塑造公众形象的“美容法”，它是一个导向持续发展、永续经营的过程，其最终目的是在化解环境危机的过程中获得商业机会，在实现企业利润和让消费者满意的同时，达成人与自然的和谐相处，共存共荣。

绿色营销是适应21世纪的消费需求而产生的一种新型营销理念，绿色营销模式的制定和方案的选择及相关资源的整合还不能脱离原有的营销理论基础。可以说，绿色营销是在人们追求健康（Health）、安全（Safe）、环保（Envioroment）的意识形态下所发展起来的新的营销方式和方法。

经济发达国家的绿色营销发展过程已经基本上形成了以“绿色需求——绿色研发——绿色生产——绿色产品——绿色价格——绿色市场开发——绿色消费”为主线的消费链条。

（五）国际市场营销

国际市场营销是世界经济发展的必然产物，它作为进军国际市场的企业行为，是跨越国界的市场营销活动。我国是服装生产大国和服装消费大国，也是世界第一大服装出口国。

在全球一体化的市场竞争环境中，跨国公司的大量涌入使我国服装企业在本土就直接参与了国际竞争。我国服装企业国际营销能力首先是以本土营销能力为基础的，但不能仅局限于自己的“一亩三分地”，不能局限于本土营销模式，一定要有国际化的营销视野与国际营销能力。我国服装企业国际营销能力的提升，有以下几种途径：一是借势发挥，如与国际品牌合作，进入国际市场，提升国际营销能力；二是通过资本运作，如兼并国外营销网络；三是与国际营销网络渠道进行联盟与合作，学会国际营销的游戏规则，锤炼国际营销能力。这些途径对于我国服装企业走向世界市场、与其他世界品牌服装竞争是非常有必要的。

本章小结

- 市场是社会分工和商品生产的产物，是以商品供求和商品交换为基本经济内容的各市场主体经济联系的形式。市场由人口、购买力和购买欲望三个要素构成。同时，市场具有统一联系功能、信息引导功能、市场调节功能、收入分配功能、优胜劣汰功能等。
- 市场营销是指企业以满足顾客各种需求与欲望为最终目标，运用一定的经济方法和手段，使企业的产品或服务有效地转移到顾客手中的各种活动的综合。现代市场营销观念强调的是企业必须以消费者需求为核心，通过一系列的市场营销活动来解决社会生产与消费的矛盾，从而实现企业预期战略目标。市场营销观念的演变过程经历了生产观念、产品观念、推销观念、市场营销观念、客户营销观念、社会营销观念六个阶段，形成了以消费者需求为核心的市场营销观念。市场营销的职能和作用在于解决社会生产与消费之间存在的种种矛盾，从而实现企业预期战略目标。
- 服装行业和服装市场都有其自身独特的特点。服装行业的特点是：目前仍然是比较典型的劳动密集型行业、一般不具备规模经济效应、流行周期短、运营流程长、需求高弹性、产品高附加值。服装市场具有流行性、季节性、差异性、地域性、竞争性等特点。
- 服装市场营销是现代市场营销学的理论和方法在服装企业营销时间中应用的理论概括，以市场营销学的基本原理为理论依据，吸收了服装设计与工艺等有关学科的知识和成果，结合服装企业的营销特点，形成的一门应用性学科。服装市场营销管理过程分为：服装市场机会分析、服装目标市场选择、服装市场营销组合设计、服装市场营销计划的执行和控制四个步骤。
- 随着科学技术的进步和计算机在服装领域的广泛应用以及经济全球化发展趋势的日益明显，服装行业也在发生着翻天覆地的变化。服装市场营销手段也出现了很多新趋势，如网络营销、定制营销、品牌营销、绿色营销、国际市场营销等。

思考题

1. 市场的构成要素和功能包括哪些?
2. 市场营销观念的演变经历了哪几个阶段?
3. 服装市场的类型和特点有哪些?
4. 服装市场营销的概念、特点和管理过程的具体步骤是什么?

小课堂

从“真维斯”成功进军中国休闲服装市场看服装品牌战术

真维斯本是澳洲的一家百货公司经营的服装品牌，20 世纪 80 年代，香港旭日集团为了进军澳洲服装零售市场，用高价收购了这一服装品牌，并在澳洲开始服装连锁店的经营业务，现已发展了 100 多家服装连锁店，并成为澳洲第二大服装连锁店。1993 年，真维斯开始进入我国服装零售市场，实施其“百市千店”的经营战略。到 1997 年，真维斯已在我国十多个城市设立了 370 多家连锁店，知名度直线上升，年销售额估计已逾 10 亿元。四年时间，真维斯在我国服装零售市场上从无到有，能到如此大的规模，取得如此骄人的市场业绩，其经营理念、经营文化、经营的战略战术都值得我们借鉴。

一、用服装连锁店创服装名牌

当我国的许多服装企业还在沿用传统的批发渠道或商场在服装市场中争夺市场份额并显得力不从心的时候，当许多外国名牌采用专卖店或特许经营的模式成功进入我国服装市场的时候，真维斯凭借其雄厚资本实力的支持，率先采用了连锁店的经营模式，成功打开了我国休闲装市场。真维斯在我国服装零售市场的成功，首先得益于其服装连锁店经营模式。那么连锁店经营模式给真维斯带来了哪些效应呢?

第一是品牌效应。要振兴民族服装工业，从学术界到企业界，都已形成了共识：要创服装名牌。怎么创名牌?急于求成的政府部门采用行政干预的手段扶植名牌，服装企业采用大量的广告宣传创立名牌，结果是欲速则不达。究其原因，关键是忽视了市场经济条件下的一条“铁的定律”：名牌是市场，是消费者。行政手段是无效的，过多的广告宣传也不一定能招来市场，市场要靠自己去寻找，而真维斯能在短时期内取得如此大的成功，其所获得的市场份额完全是自己找来的。

第二是商誉独享。连锁经营的最大特点是没有出让品牌经营权，消除了通过其他销售渠道分销而让他人分享品牌商誉的可能。这种经营模式还可以从根本上杜绝假冒商品分享品牌的现象，而这正是国内服装企业无法回避和很难解决的问题。

第三是增强了适应能力。连锁店经营的一个核心部门是配售中心与电脑进销存管理系统。真维斯现已形成了从南到北的配售中心，一方面，可实施候鸟式灵活经营策略，对服装市场需求的变化做出快速反应；另一方面，也可大大降低分销成本与费用，增强价格竞争力。

第四是统一形象。真维斯连锁店采用了统一的商店形象、统一的服务形象，为其形成统一的品牌形象创造了有利条件，同时也大大降低形象设计与开发的成本与费用。

实施连锁店经营的模式，不仅需要投资者有过人的投资胆略和投资风险意识，还要投资者有雄厚的资本作后盾。旭日集团是香港一家实力相当雄厚的跨国集团。当它投入了开发我国服装零售市场的启动资金后，又抓住香港股市繁荣的有利时机，于 1997 年将其从事服装连锁店经营的零售企业在香港上市，不仅筹集了大量的后续发展资金，同时也进一步提高了真维斯的知名度，为其进一步实施名牌战术奠定了基础。

二、根据我国的服装市场环境正确定位

（一）产品形象定位

休闲服装。当时我国的休闲服装市场还没形成强有力的竞争品牌，而这一市场直接面向中青年消费者，市场潜力较大，可以说这是真维斯通过对我国服装市场调查分析之后发现的一个绝好市场机会。另外，旭日集团本是以牛仔系列服装起家的，其技术优势正好能配合这一产品形象，两方面结合起来就成为真维斯开拓我国休闲服装市场成功的必然因素。

（二）价格定位

中下价格。真维斯与金利来、苹果、佐丹奴等服装品牌相比，进入我国市场较晚，这些品牌价格较高，在我国已形成了比较稳定的消费群。为了取得竞争优势，真维斯采用了低于这些服装品牌价格中下的定价策略。一方面能适应青年消费者购买能力不强的经济状况，另一方面也改变了外国服装品牌价格与国内服装品牌相比高高在上的状况，抢占了能让我国消费者容易接受的十分有利的价格空间，体现了旭日集团“人无我有”的经营理念。

（三）市场区域定位

真维斯进军我国服装零售市场，首先以北京、上海、武汉三个大型城市为突破口，逐渐向周边城市辐射。真维斯并没有把与其毗邻的广东作为开我中国服装零售市场和首选地，这是其高明之处。地处开放前沿的广东，其服装往往是我国服装市场流行的代表或发源地，竞争相当激烈。比较而言，真维斯的优

势在内地而不是广东。当真维斯在内地大中城市的服装市场取得了成功之后，才开始进军广东服装市场，并取得了成功。

（四）消费者定位

16～40岁的中青年消费者。这一消费者群体与其产品形象定位相配合。真维斯特别重视在各大专院校进行形象宣传，在许多大专院校捐款或建立奖教基金，每年举办真维斯时装设计大赛，其公益宣传的针对性是相当强的。名牌是目标市场的名牌，是目标消费者的名牌，创名牌要讲究对象，注重效果，这就要求创名牌首先要有正确的市场定位，真维斯名牌战术的成功是正确进行市场定位策略的必然结果。

三、加强宣传，提高服务水平

创名牌难，守名牌更难。真维斯服装品牌尽管在较短的时间内打开了我国的服装零售市场，在消费者心目中形成了名牌的形象，但它的决策者们并没有因此掉以轻心，而是投入更大的精力，加强品牌强化宣传，提高连锁店的服务水平，保持名牌形象。一方面，真维斯于1997年选择了中央电视台一套进行强化品牌的广告宣传，增强真维斯名牌的影响范围与力度；另一方面，真维斯从店铺的卫生环境、店内的商品布置、耐心的微笑服务、全面周到的售后服务、营业员的招聘选拔、营业员的工作培训与指导等方面入手，通过周详的计划与严格的考核，促进连锁店服务水平的提高。最近，真维斯又开始对其连锁店服务水平进行ISO9000的认证与评审工作，旨在促进连锁店的经营管理水平与服务水平上一个新台阶。此外，为了保证连锁店的服务水平，有效监督与考评营业员的服务质量，真维斯培训部每年委托大专院校的学生或市场调查咨询机构对各个区域性的销售市场进行二次消费者市场调查和四次神秘人调查。前者主要是了解消费者的消费意向及消费者对真维斯服装的评价，为真维斯的决策者们提供服装市场的最新信息，后者则是对各连锁店的服务水平及管理水平进行暗中调查，调查的内容从环境卫生到服务态度与服务质量共20多项，旨在监督与考评营业员及管理人员的服务态度、服务质量及店铺管理水平，并作为评价工作成绩与选拔连锁店管理人才的主要依据。可以说，所有的这些细致入微的工作是真维斯能成为名牌并保住名牌的经营诀窍所在。

四、稳定生产基地，保证产品优质

旭日集团是个跨国性的服装集团企业，它通过独资、合资、控股等方式在香港、中国、孟加拉、印尼等国家或地区建立了稳定的服装加工基地，这些加工基地均已通过了ISO9002认证与评审，并取得认证书。此外，集团还发展了许多技术较强的服装企业为真维斯提供服装加工服务，这样真维斯不仅能在最短的时间内得到最新款式服装的加工服务，也能大大降低加工成本，提高产品的竞争力和对服装市场需求变化的快速反应能力。同时，真维斯还可集中精力进行新产品的开发与市场销售。

为了保证产品的质量，这些加工企业的服装品质由三条线进行控制：一是生产线上的品质控制；二是企业品质系统部进行的品质控制；三是由真维斯派出的品质控制人员进行的品质控制。三条线的品质控制体系确保了真维斯服装的优良品质，也为真维斯推行名牌战略提供了基础。

五、真维斯经营模式启示

首先，名牌战略是一种商业竞争行为，实施服装名牌战略要有市场的观念、系统的经营观念以及经营创新的观念。

其次，与广告宣传相比，服装连锁店经营模式是创立服装名牌的一种更加务实、更加注重效果的企业组织与经营形式。它不仅能为企业建立强大稳定的销售网络，同时还能形成强大的服装市场调研能力、产品开发能力和品质控制能力，为其生产企业提供先进的技术与管理指导。但是服装连锁店经营需要投资者拥有雄厚的资本，需要投资者有过人的投资胆略与投资的风险意识。

再次，服装名牌是目标市场的名牌，不是针对整个服装市场的，名牌服装要有与之相称的、持久的服务水平与品质保证。

最后，服装名牌战术以服装销售为重心，企业资源配置向销售倾斜，服装集团组织结构的主要元素已不是服装生产部门而是集管理、销售、设计优势于一体的服装销售机构，也就是说服装名牌依托于服装贸易机构而不是服装生产企业，两者有机分离而又相互促进，优势互补，达到最佳的协同效果。

摘自《1998 年世界名牌服装论坛获奖论文集》

第二章　服装商品概述

课程名称： 服装商品概述

课程内容： 服装商品的概念
服装专业常识

课程时间： 2 课时

教学目的： 理解服装产品的整体概念；了解服装营销过程中的一些服装专业术语；掌握服装商品的特性和服装商品的不同类型；了解不同服装面料和服装号型的基本内容。

教学方式： 理论教学 + 展示教学

教学要求： 1. 了解服装商品的基本概念；
2. 了解服装专业常识；
3. 了解服装面料的类型。

课前准备： 阅读有关服装面料、服装常识等方面的书籍。

第一节 服装商品的概念

一、服装的基本概念

（一）服装商品的概念

服装商品是服装企业经营活动的主体，而商品的概念不局限于我们通常在商店中看到的实物。服装商品是一个整体的概念，服装是文化的外延，是时代精神的反映。服装行业经营者对服装商品内涵及外延的正确把握非常重要，是决定能否经营成功的关键。每一个成功的品牌服装企业都应该拥有自己独特的服装商品来满足目标顾客的消费需求。“纪梵希”（Givenchy）华丽优雅，是“优雅的代名词”；“美特斯·邦威”是我国土生土长的休闲服品牌；“金苑”是女装品牌典范；“361°”是运动休闲品牌，为消费者提供个性时尚的商品，反映其目标顾客——年轻消费群体的内在精神需求。因此，对服装商品概念的正确认识是服装经营者必须具备的基本素质。

现代营销观念认为，商品不再局限于物质形态和具体用途，而更归结为人们通过交换而获得的需求满足，归结为消费者期求的实际利益，即服装商品除了服装实体之外，还包括服装的品牌、款式、花色、服务等。在这种观念下，服装商品包含三个层次，即核心商品、形式商品、附加商品。

1. 核心商品

这是商品整体概念最基本的层次，它表现的是顾客需求的中心内容，即商品为顾客所提供的最基本的效用和利益。消费者购买“真维斯”休闲装，其实购买的是舒适随意的穿着，购买的是流行与时尚，这是核心商品所满足的内容。企业服装生产商品，首先要明确这种服装能为消费者提供什么样的实际利益，从这一点出发，再去寻找实际利益得以实现的具体产品——形式商品。

2. 形式商品

这是消费者对某一特定需求的满足形式，核心商品的具体实现形式。它向人们展示的是核心商品的外部特征，由服装的品牌、规格、质量、款式等因素确定的具体的形式，即商品本身。

3. 附加商品

又称延伸商品，包括消费者在购买形式商品中或使用形式商品以外所获得的服务和利益。例如，购买“真维斯”牛仔裤可免费修改裤长，在商场购买男士西裤可免费缲裤边等。

商品的延伸内容使得营销人员必须正视整体的消费体系：一个商品的购买者使用该商品的方法及整个过程。通过这种形式，营销者能发现增加商品附加价值的更多机会，有效地进行竞争。

（二）其他服装专业术语

服装行业有自己的专门术语。服装业经营者在与顾客和厂商交流时都需要用到服装的专业术语，以下是比较常用的服装名词术语。

1．**服装**

在我国“服装”这个概念目前无论是在日常生活中、营销活动中还是行业领域，都是应用最广泛的。通常它有两层含义：一是指对所有穿戴的总称，是衣裳、衣服的别称，并且，主要是指在某一时期内，能够被大多数人所选用的常规性服装；二是指人体着装后的效果，“服”就是包裹、披挂和穿戴的意思，“装”即装扮、修饰、打扮的意思，即实用性与装饰性的完美统一。

2．**服饰**

服饰可以从狭义的和广义两个方面理解。狭义的理解是指服装上的各种装饰（如服装上的装饰图案、刺绣、纽扣、腰带、胸针、挂件等）或除了包裹人体躯干与四肢以外的鞋、帽、背包、首饰等。广义的理解是指人类在生活中的一种穿戴、装饰行为，包括人体上的一切穿着物、披挂物及手里拿的皮包、遮阳伞等。

3．**时装**

时装是指在一定时间、地域内为一大部分人所接受的新颖入时的流行服装。时装具有鲜明的时代感，根据流行扩散的程度及接纳人群的特征、数量，可分为前卫性时装和大众化时装。经过流行的筛选，相对固定下来的服装款式被称为定型服装，如西装、中山装、夹克、旗袍等。流行时装的周期性较强，随着社会科技文化的发展进步和人民生活水平的提高，时装的流行周期变得越来越短，多品种、小批量将成为时装市场的主要特征。现在，“时装”一词通常指变化丰富的女装。

4．**高级时装**

又称高级女装，高级时装是服装中的高端产品，它的基本构成要素包括高知名度的设计师、高级的材料、高档的做工、高级的服务、高昂的价格以及高级的着装场合。

5．**成衣**

按照国家规定的号型规格系列标准，以工业化批量生产方式制作的服装被称为成衣。人们在百货商场或时装店购买的服装都是成衣，它是相对于裁缝店定制及家庭自制出来的单件服装而言的。成衣化率是一个国家或地区工业化生产水平以及消费结构的重要标志之一。

6．**高级成衣**

高级成衣是从高级时装中派生出来的，是高级时装设计师以中高档消费群体对象为主，从设计出的高级时装中筛选出的部分适合于成衣生产的作品，并运用一定的高级时装工艺技术，小批量生产出的高价位成衣。现在泛指制作精良、设计风格独特、价位高于大批量生产出来的成衣的高级服装。

二、服装商品的特性

1. **功能性**

功能性体现在服装是人类赖以生存的生活必需品。服装的产生首先是满足人们遮羞避体、抵御风寒的需求。随着生活质量的提高，人们对服装功能的要求越来越高，因此，服装的许多功能，如卫生功能、保健功能、舒适功能、防护功能等越来越受重视，并逐步得到开发。

2. **美学性**

人们对服装基本功能的需求得到满足后，必然会有进一步的美学要求。消费者会从不同的角度、用不同的标准对服装的美与丑进行评判。因此，服装需要在款式、色彩、质地上拥有自己的特色，并且品种也一定要丰富，以适应不同的审美情趣。

3. **精神性**

服装可以反映人们深刻而复杂的内心精神世界。着装可以反映人们追求美的品位，而且穿着不同档次、品牌、色彩等的服装还可以显示个人的性格、气质、地位、素养、身份等。

4. **流行性**

服装的流行性也被称为服装的时尚性。服装在款式设计、色彩搭配、面料选用及其他方面具有快速多变的特征，这种变化具有一定的周期性、短暂性和普遍性。

5. **季节性**

服装具有季节性。春、夏、秋、冬四季气候的变化影响着人们的着装，冬天着装厚重，夏天着装轻便，不同季节的服装特点迥异。

6. **地域性**

地理环境和自然气候的变化是影响人们着装的主要原因之一，为适应生存环境，生活在不同自然环境和气候条件下的人们对服装的功能、色彩、款式的要求也各有不同。

7. **民族性**

每一个民族都有其世代相传的传统文化、宗教信仰和生活习惯，这种差异或多或少地体现在服装的款式、色彩以及与其相配的饰物上。民族服装又随着时代的发展而不断地演化和相互渗透，在继承的基础上不断发展。

8. **社会性**

服装是社会的镜子，它随着时代的发展、社会的变迁而逐渐演变。服装体现了一个社会政治、经济、技术、文化、道德的状况与进步程度以及生活在这一环境下人们的价值观念和文化修养等。

三、服装商品的分类及意义

（一）服装商品的分类

服装分类很难找到一个固定而统一的标准，最没有争议的分类就是按性别分，可以分为三类：男装、女装和中性服装。在服装行业，业内人士通常不这么分类，而是将其分为针织服装与机织服装。针织类服装生产速度快，难度要比机织低。服装的种类很多，由于服装的基本形态、品种、用途、制作方法、原材料的不同，各类服装均表现出不同的风格与特色，变化万千，十分丰富。不同的分类方法使我们平时对服装的称谓也不同。目前，大致有以下几种分类方法。

1．根据服装的基本形态进行分类

（1）体型型。体型型服装是符合人体体型、结构的服装，源于寒带地区。这类服装的一般穿着形式分为上装与下装两部分。上装与人体胸围、项颈、手臂的形态相适应；下装则符合腰、臀、腿的形状，以裤型、裙型为主。裁剪、缝制较为严谨，注重服装的轮廓造型和主体效果。

（2）样式型。样式型服装是以宽松、舒展的形式将衣料覆盖在人体上的一种服装样式，起源于热带地区。这种服装不拘泥于人体的形态，较为自由随意，裁剪与缝制工艺以简单的平面效果为主。

（3）混合型。混合型结构的服装是寒带体型型和热带样式型综合、混合的形式，兼有两者的特点。剪裁采用简单的平面结构，但以人体为中心，基本的形态为长方形，如中国旗袍、日本和服等。

2．根据服装的用途进行分类

可分为内衣和外衣两大类。内衣紧贴人体，起护体、保暖、塑型的作用；外衣则由于穿着场所不同，用途各异，品种类别很多，又可分为社交服、日常服、职业服、运动服、家居服和舞台服等。

3．根据服装的面料进行分类

（1）化纤服装。化纤服装多为中低档品种，这类服装是用化学纤维面料制作的。它具有耐穿、色牢度好、易熨烫定型、价格低廉等优点，但透气性和吸湿性差，多用于制作风衣、外套、劳保服等。另外，也有对新开发的新肌理面料进行砂洗、石磨后整理，卖到中高档价位。

（2）呢料服装。呢料服装属中高档品种，具有手感柔软、富有弹性、保暖性能较好、外观挺括美观等特点。多用于制作西服、职业套装、大衣、中山装等。

（3）丝绸服装。丝绸素有“面料皇后”之称，属于薄型秒了中的高档面料，它的特点是轻盈、滑爽、秀丽、高雅，多用于制作裙装、中式袄、旗袍等，深受欢迎。

（4）棉布服装。棉布服装是中国人的传统服装，具有轻便柔软、穿着舒适、吸湿性和透气性好等优点。目前，棉布服装在抗皱性能和美学性能等方面有了很大的改善，如府绸、卡其、印花布、麻纱、灯芯绒、棉绸等。

（5）针织服装。这类服装是用针织面料制作的。按照生产制造方法可分为针织面料和机织面料两大类。针织面料弹性较大，穿着舒适，便于活动，适合制作各种贴身内衣。另外，针织面料还多用于制作运动服装、睡衣、睡袍以及休闲类服装等。

（6）皮革服装。皮革服装是高档服装。皮革的高档体现在高档的面料和精细的加工制作上。在技术上，皮革的选料和排料区别于纺织面料，技术难度较高。革质服装的特点是轻、松、软、挺、滑，具有良好的透气性和吸湿性。

（7）其他服装。包括由特殊材料制作的舞蹈戏曲服装、特殊加工装饰手段制作的刺绣服装以及特殊穿着场所的居家服、雨衣等。

4．根据性别进行分类

（1）男装。男性服装多采用精良、挺括的面料，具有重量感、层次感和特有的力度，主要体现男性的阳刚之气，表达刚毅、顽强、理性、宽容、豁达、行放的男性特征。男士西服几乎成为国际性的社交礼服，对蓝、黑、灰色彩的突破，赋予了男性更丰富的色彩。

（2）女装。女性服装绚丽多姿、种类繁多。其中，对女性裙装情有独钟。连衣裙造型灵活，最能体现女性的妩媚，被称为“女装的皇后”；旗袍自然合体，将东方女性的端庄秀美表达得淋漓尽致；摆裙千变万化，无论高矮胖瘦都能传达出女性独特的风采。

（3）中性服装。中性服装是指男女都可以穿着的服装，这类服装由于穿着对象广泛，市场定位较宽，也已成为服装中一大类。

5．根据年龄进行分类

（1）婴儿装。婴儿装特别注重卫生性能，一般款式宽松、柔软，面料保湿、透气性好，多用棉布、绒布、针织布制作。多选用暖色系且鲜艳、明亮的色彩，以增加童稚雅趣。

（2）幼儿装。针对1～3岁的儿童。款式多采用A型，如在罩衣的肩部或胸部设计抽褶或打揽，使衣服下部展开，同时让人产生下肢增长的感觉。幼儿装多采用仿生设计手法，更具自然色彩和教育色彩。

（3）童装和校服。针对步入学校生活的儿童。童装的设计非常丰富，造型属于加法设计，各种装饰工艺比较复杂，滚边、镶边、刺绣、印花、镶拼等各种工艺应有尽有，表达出这个时期的儿童开始有了个性，并逐步提高参与购买、选择服装的主动性。

（4）青年装。针对18～28岁的青年，这一年龄段的顾客虽然在经济上尚未完全独立，但审美意识趋于新潮，消费观念相对超前。花季心态使他们经受不住每个季节流行款式的诱惑。他们追逐流行，表达着一个地区或一个城市的审美文化水准。他们通过着装期盼社会对他们早日承认。他们通过款式、色彩和穿着搭配来塑造自己的个性。青年装也是服装市场营销的一个重要部分。

（5）中老年装。中老年装的跨度也比较大，但他们的共同特点是造型风格更加成熟，讲究实用。他们会根据自己的经济实力理性购买，会按照活动场所的需要，按照高、中、低档分类，仔细组织自己的衣柜布局。

6．根据季节进行分类

（1）春装。主要特点是色彩明快，款式简洁、轻便，便于穿脱。

（2）夏装。夏天的服装更趋于清爽与实用，色彩以浅色系为主，面料讲究透气、吸湿、有垂感和飘逸。

（3）秋装。秋天给人以成熟之感，人们挑选服装时更注重季节美带给人们的新鲜感，突出秋季给人的独特印象。

（4）冬装。寒冷的冬天，大地的色彩趋于单调，人们需要用色彩来调节压抑的心情与寒冷的感觉。因此，市场上的羽绒服、滑雪服、大衣、外套大都采用鲜艳的色彩。冬天的穿着并非越厚越好，合理的厚度、重量会使着装产生最佳的效果。

7．根据服装风格进行分类

服装风格指一个时代、一个民族、一个流派或一个人的服装在形式和内容方面所显示的价值取向、内在品格和艺术特色，主要包括三个方面：一是时代特色、社会面貌及民族传统：二是材料、技术的最新特点和它们审美的可能性；三是服装的功能性与艺术性的结合。服装款式千变万化，形成了许多不同的风格，有的具有历史渊源，有的具有地域渊源，有的具有文化渊源，适合不同的穿着场所、穿着群体和穿着方式，展现不同的个性魅力。常见的服装风格包括：百搭、淑女、韩版、民族、波西米亚、街头、田园等。

（1）百搭服装。一般为单品，可以搭配各类服装，是很实用的单件服饰，与其他款式、颜色的服饰均能产生一定的搭配效果。一般都是比较基本的、经典的样式或颜色，如纯色系服装、牛仔裤等。

（2）淑女服装。自然清新、优雅宜人是淑女风格的概括。蕾丝与褶边是柔美新淑女风格的两大时尚标志。

（3）韩版服装。韩版服装舍弃了简单的色调堆砌，通过特别的明暗对比来彰显品位。服装的设计者通过面料的质感与对比，加上款式的丰富变化来强调冲击力，那种浓艳的、繁复的、表面的东西被精致的甚至有点羞涩的展现取而代之，简洁得连口袋都省了的长裤、不规则的衣裙下摆、极具风情的褶皱花边都在表现它的美丽与流行。

最典型的韩版服装就是那种淡淡的、纯度很高的色彩。面料精当，更多喜欢使用棉，锦等很舒适的面料。贴身剪裁、做工精细，特别是上身部分的裁剪精致贴身。

（4）民族服装。服装以绣花、蓝印花、蜡染、扎染为主要工艺，面料一般为棉和麻，款式上具有民族特征，或者在细节上带有民族风格。目前流行的经典唐装、旗袍、改良民族服装等是主要款式，当然还包括尼泊尔、印度等民族服装。

（5）波西米亚服装。波西米亚风格的服装并不是单纯指波西米亚当地人的民族服装，服装的“外貌”也不局限于波西米亚的民族服装和吉卜赛风格的服装。它是一种以捷克共和国各民族服装为主的、融合了多民族风格的现代多元文化产物。

层层叠叠的花边、无领袒肩的宽松上衣、大朵的印花、手工的花边和细绳结、皮质的流苏、纷乱的珠串装饰以及波浪乱发都是波西米亚风格的代表。其用色是运用撞色取得效果，如宝蓝与轻灰，中灰与粉红等。剪裁呈现哥特式的繁复，注重领口和腰部设计。

(6) 街头服装。一般来说，街头服饰是宽松得近乎夸张的T恤和裤子，很多人喜欢包头巾，另一种典型的服饰是篮球服和运动鞋，也以宽松为标准。

(7) 田园服装。田园风格的服装一般采用宽大舒松的款式、天然的材质，为人们带来了有如置身于悠闲浪漫的心理感受，具有一种悠然的美。这种服装具有较强的活动机能，很适合人们郊游、散步和进行各种轻松活动时穿着，迎合了现代人的生活需求。

(二) 服装商品分类的意义

随着人们对服装产品多元化需求的加强，服装工艺技术、机械设备不断改进，面料不断更新，服装的品种越来越多。因此，无论是对服装营销者来说，还是对服装消费者来说，服装商品分类都是十分有必要的。

1. 有利于服装商品的生产和开发

对于服装生产企业和服装设计人员来说，只有熟悉服装的分类知识，才能生产出符合标准、适合消费者各类体型的服装，并组成合理的产品系列进行开发和生产。对于某个特定的服装企业来说，不可能生产出所有种类的服装。通过对服装的分类，服装企业能加强服装商品的专业化开发、生产和销售，同时发现更多的市场营销机会，更好地应对服装市场竞争。

2. 有利于服装商品的销售

对于服装营销人员来说，只有熟悉服装分类知识，才能有针对性地陈列展示服装，更好地给消费者提供方便的选择，否则服装销售会显得很凌乱，无所适从，甚至出现“张冠李戴”的现象。同时，服装营销人员掌握了服装分类的知识，就能更有针对性地了解市场动态，分析服装销售的变化趋势，主动适应市场需求。另外，服装营销人员了解服装分类，能快速精确地做好分类统计，加强企业管理工作。

3. 有利于消费者选购服装

服装穿着因人而异，由于服装品种繁多，着装功能又不尽相同。进行服装分类之后，有利于消费者更方便、更快捷地挑选到适合自己的服装。

第二节 服装专业常识

一、服装面料常识

任何一件服装都离不开面料，面料作为服装三要素之一，不仅可以诠释服装的风格和特性，而且直接影响服装的色彩、造型的表现效果。以下是一些常见的服装面料及其特性。

（一）麻

麻是一种植物纤维，被誉为凉爽高贵的纤维。它吸湿性好，放湿也快，不易产生静电。热传导大，能够迅速散热，穿着凉爽，出汗后不贴身，较耐水洗，耐热性也很好。

（二）桑蚕丝

桑蚕丝是天然的动物蛋白质纤维，光滑柔软，富有光泽，有冬暖夏凉的感觉，摩擦时有独特的“丝鸣”感。有很好的延伸性、较好的耐热性，不耐盐水浸蚀，不宜用含氯漂白剂或洗涤剂处理。

（三）粘胶

粘胶由木材、棉短绒、芦苇等含天然纤维素的化学材料加工而成，也常被称为人造绵，具有天然纤维的基本性能。染色性能好，牢度好，织物柔软，比重大，悬垂性好，吸湿性好，穿着凉爽，不易产静电、起毛和起球，耐洗涤。

（四）醋酯纤维

醋酯纤维由含纤维素的天然材料经化学加工而成，有丝绸的风格，穿着轻便舒适，有良好的弹性和弹性回复性能，不宜水洗，色牢度差。

（五）涤纶

涤纶属于聚酯纤维，具有优良的弹性和回复性，面料挺括，不起皱，保型性好，强度高，弹性又好，经久耐穿并有优良的耐光性能，但容易静电和吸尘，吸湿性差。

（六）锦纶

锦纶为聚酰胺纤维，也是所谓的尼龙，染色性在合成纤维中是较好的。穿着轻便，又有良好的防水防风性能，耐磨性高，强度弹性都很好。

（七）丙纶

丙纶外观似毛戎丝或棉，有蜡状手感和光泽，弹性和回复性好。一般不易起皱，比重小，轻便，能更快传递汗水使皮肤保持舒适感，强度、耐磨性都比较好，经久耐用，不耐高温。

（八）氨纶

氨纶具有优良弹性，又被称为弹力纤维，也被称为莱卡，弹性好，手感平滑，吸湿性小，有良好耐气候和耐化学品性能，可机洗，耐热性差。

（九）维纶

维纶织物外观和手感似棉布，弹性不佳，吸湿性好，比重和导热系数小，穿着轻便保暖，强度、耐磨性较好，结实耐穿，有优良的耐化学品、耐日光等性能。

（十）华达呢

华达呢又名轧别丁，手感滑糯而实，质地紧密且富有弹性，布面光洁平整，色光柔和自然。

（十一）啥味呢

根据混用衣料加工法不同，分为毛面啥味呢、光面啥味呢及混纺啥味呢。毛面啥味呢面自然柔和，底纹隐约可见，手感不板不糙，糯而不烂，有身骨；光面啥味呢面无茸毛，纹路清晰，光洁平整，无极光，手感滑而挺括；混纺啥味呢挺括抗皱，易洗免烫，有较好服装保形性。

（十二）棉缎

棉缎属缎纹棉布产品，具有丝样的光泽和缎的风格，手感绵软，质地厚实、有弹性，穿着舒适，外观色泽好。

（十三）灯芯绒

灯芯绒手感柔软，绒条圆直，纹路清晰，绒毛丰满，质地坚牢耐磨。

（十四）绒布

绒布触感柔软，保暖性好，穿着舒适，布面色泽柔和。

（十五）山羊绒

山羊绒质地轻盈，又十分保暖，属于独特稀有的动物纤维，在国外有“纤维钻石”、“软黄金”之称。它具有柔软、纤细、滑糯、轻薄、富有弹性等特点，并有天然柔和的色泽，吸湿性好，耐磨性好。

（十六）兔毛

兔毛比重小，保暖性好，富有弹性，具有吸湿性强、柔软、保暖、美观等特征，但抱合力差，强力较低，易落毛。

（十七）马海毛

马海毛强度高，弹性恢复率高，抗皱能力强，耐磨性和吸湿性好，防污性强，染色性好，不收缩、不易毡缩。

（十八）合成纤维长丝

合成纤维长丝具有坚牢、耐磨、易洗、容易干、不易起皱和不变形等特征。

（十九）麻棉混纺

麻棉混纺棉吸湿性好、染色性好、保暖性好，麻有强度高、天然光泽好、染色鲜艳、不易褪色、耐热好等特点。麻棉混纺，外观不如纯棉织物干净，但光泽好，有柔软感，较挺爽，散热性好，不易褪色。

（二十）涤麻混纺

涤麻混纺涤不易变形、不起毛，麻强度好、光泽好、不易褪色。涤麻混纺弥补了一些它们各自的不足，使织物挺爽，吸湿性好，穿着舒适，易洗快干，减少起皱、起毛。

（二十一）进口长绒棉

进口长绒棉吸湿排汗显著，具有着色好、强力好、伸缩性佳等特点，手感柔软，光泽柔和，质朴，保暖性好。

（二十二）绢丝

绢丝是世界各地公认华贵的天然纤维，属于高级纺织原料，具有较高强伸度，纤维细而柔软，平滑有弹性，吸湿性好，织物有光泽，有独特“丝鸣”感，穿到身上滑爽、舒适，高雅华贵。

（二十三）真丝

真丝亮丽、高贵，有一定的直丝含量，使产品手感更滑爽，组织更密实，富有光泽，舒适，高雅，华贵，有良好的弹性强度，吸湿性好，穿着透气、舒适。

（二十四）天丝

天丝是一种环保纤维，在提纯纺丝过程中，运用高科技工艺，使其具有天然纤维所有特性，吸湿透气性强，织物悬垂，丝质滑爽，染色鲜艳。反复洗涤、日晒也不会丧失诸多保健功能，不易起球。

（二十五）竹纤维

竹纤维是一种环保纤维，竹子有抗菌、防紫处线特征，在纤维提纯过程中，用高科技工艺使其保有天然的抗菌抑菌、除臭和防紫外线物质的功能，具有透气强、织物悬垂、丝质滑爽、染色鲜艳等特性，反复洗晒也不失各项功能。

（二十六）腈纶

腈纶俗称“人造羊毛”，具有柔软、保暖、强力好的特性，表面平整，结构紧密，不易变形，水洗后缩水极小。

（二十七）丝光羊毛

光泽柔和，细致柔软，吸湿性强，透气性好，舒适而不粘，具有一般保暖功能，能使人体保持清爽，有较好的耐热性。

（二十八）100％美丽诺超细羊毛

表面光滑平整，抗起球，经过剥鳞处理，减小毡收缩，缩水率低，机洗后不发生变形，光泽度好，弹性优良，保暖性好，手感丰满，柔软舒适，适宜贴身穿着。

（二十九）驼绒

驼绒属于粗纺毛织物，具有质地松软、弹性好、绒面丰满、手感厚实、轻柔保暖等特性。

（三十）毛粘混纺

毛粘混纺具有与线纯毛织物相似的外观风格和基本特点，外观更为细腻。

（三十一）天丝、亚麻混纺

织物手感丰满、滑糯，有真丝般光泽，悬垂性好，挺实爽身。

（三十二）涤棉混纺

涤棉混纺弥补了涤纶吸湿性小、透气舒适的美中不足，外观光洁，手感厚实，富有弹性，坚实耐穿，保型性好。

（三十三）涤绢混纺

涤绢混纺既有毛织物的柔软，又有丝绸的滑爽，光泽柔和明亮，挺括，免烫，坚牢耐用，富有弹性，缩水率比纯丝小。

二、服装号型标准

服装号型标准是服装工业生产化中设计、制板、推板以及销售中主要规格尺寸的重要依据，建立在科学调查研究的基础上，具有一定的准确性、普遍性和广泛性。国家技术监督部门对服装号型有统一的规则和规定，包括男性标准、女性标准以及儿童标准。它的制定依据为大量的人体体型测量数据统计分析之后的结果，根据人群体型的变化，每隔数年需要重新修订一次。一般选用人体的高度（身高）、围度（胸围或腰围）再加体型类别来表示服装规格，是专业人员设计制作服装时确定尺寸大小的参考依据。

（一）号型的基本定义

号指人体的身高，以厘米为单位，是设计和选购服装长短的依据。

型指人体的上体胸围和下体腰围，以厘米为单位，是设计和选购服装肥瘦的依据。

（二）体型的一般分类

以人体的胸围和腰围的差数为依据来划分体型并将人体体型分为四类。体型分类代号分别为Y、A、B、C型。Y型为宽肩细腰；A型为标准体型；B型腹部略突出，多为中老年人；C型腰围尺寸接近胸围尺寸，属于肥胖型。胸腰落差在本标准之外的属于特殊体型，其服装应单独定做。

（三）号型的表示方法

号型的表示方法为号型之间用斜线分开，后接体型分类代号，服装上必须标明号型。套装中的上、下装分别标明号型，例如上装160/84A，其中160为身高，代表号，84为胸围，代表型，A为体型分类；下装165/68A，其中165为身高，代表号，68为腰围，代表型，A为体型分类。

（四）号型的主要系列

号型系列是服装批量生产中规格制定和购买成衣的参考依据。号型系列以各体型中间体为中心，向两边依次递增或递减组成。服装规格也此系列为基础，按需要进行设计。身高以5cm分档组成系列；胸围以4cm分档组成系列；腰围以4cm或2cm分档组成系列。身高与胸围、腰围搭配可以分别组成5·4或5·2号型系列。

作为服装营销人员，应了解不同消费者的号型和体型类别，及时向消费者提供号型相近的服装。

三、服装洗涤、熨烫标志

作为服装营销人员，应该了解服装的一些常用洗涤、熨烫标志，以便及时向消费者提供服装保养方面的指导。服装业内有固定的注明洗涤、熨烫注意事项的标志，简称洗水标或洗水唛。表 2－1 对一些常用的洗涤、熨烫标志进行了说明。

表 2－1　常用的洗涤、熨烫标志

手洗须小心	只能手洗	℃ 可用机洗	手洗30 中性 可轻轻手洗，不能机洗，30℃以下洗涤液温度	40 水温 40℃，机械常规洗涤	40 水温 40℃，机械作用弱，常规洗涤	40 水温 40℃，洗涤和脱水时强度要弱
50 最高水温 50℃，洗涤和脱水时强度要逐渐降弱	60 水温 60℃，机械常规洗涤	60 最高水温 60℃，洗涤和脱水时强度要逐渐降弱	不能水洗，在湿态时须小心	可以熨烫	熨烫温度不能超过 110℃	熨烫温度不能超过 150℃
熨烫温度不能超过 200℃	须垫布熨烫	须蒸气熨烫	不能蒸气熨烫	不可以熨烫	洗涤时不能用搓板搓洗	A 适合所有干洗溶剂洗涤
F 仅能使用轻质汽油及三氯三氟乙烷洗涤，干洗过程无要求	F 仅能使用轻质汽油及三氯三氟乙烷洗涤，干洗过程有要求	P 适合四氯乙烯、三氯氟甲烷、轻质汽油及三氯乙烷洗涤	P 干洗时间短	P 低温干洗	P 干洗时要降低水分	不能干洗

续表

可以在低温设置下翻转干燥	可在常规循环翻转干燥	可放入滚筒式干衣机内处理	不可放入滚筒式干衣机内处理	弱 可以用洗衣机洗，但必须用弱档洗	不能使用洗衣机洗涤剂	悬挂晾干
30 中性 使用30℃以下洗涤液温度，机洗用弱水或轻轻手洗，使用中性洗涤剂	40 使用40℃以下洗涤液温度，可机洗也可手洗，不考虑洗涤剂种类	弱 40 使用40℃以下洗涤液温度，机洗用弱水流，也可轻轻手洗，使用中性洗涤剂	60 使用60℃以下洗涤液温度，可机洗也可手洗，不考虑洗涤剂种类	95 使用95℃以下洗涤液温度，可机洗也可手洗，家用洗衣机不可承受	平摊干燥	阴干
滴干	Cl 可以氯漂	不可以氯漂	可以拧干	不可以拧干	衣物需挂干	衣物需阴干

本章小结

■ 服装商品是服装企业开展市场营销活动的主体，现代营销观念认为，服装商品不再限于物质形态和具体用途，而是一个整体的概念，由核心商品、形式商品、附加商品三部分组成。服装商品消费者在购买服装时，会综合权衡服装概念中包含的三部分商品是否能满足自己的需求。同时，服装商品有其自身的特性，主要包括功能性、美学性、精神性、流行性、季节性、地域性、民族性、社会性。因此，服装营销人员要清楚地知道本企业的服装商品能满足消费者的哪些需求，然后制订相应的营销策略。

- 根据的不同的分类标准，服装可以分成不同的类型，每一个服装企业只能提供其中的一种或几种类型的服装商品。作为服装营销人员，要掌握这些服装基本分类、一些常用的服装面料的特性、服装号型标准的内容以及服装保养和洗涤标志。

思考题

1. 如何理解服装产品的整体概念?
2. 服装商品的特性包括哪些?
3. 服装商品的分类及其意义?
4. 常用的服装洗涤标志的内容有哪些?

小课堂

服装保养知识

服装要合理穿用，科学洗涤（即按服装标签所示洗涤）、熨烫以及细心保管、存放，可以保持面料的服用性能，如外观、手感和舒适性等，延长服装的使用寿命。

一、服装的保养

（一）棉麻类服装

棉、麻均属天然纤维，耐日光，耐碱与耐虫蛀等，但都不耐酸。在生活或工作中，碰溅了盐酸、硝酸或硫酸时，一定要尽快用清水冲洗干净。内衣被汗湿了，要抓紧洗净，防止沤坏与霉变。在存放时，要洗净、晒干、折平，防止霉变。存放时，最好将白色服装与深色服装分开，防止染色与变黄。

（二）呢绒类服装

毛料耐日光性、耐碱性、耐虫蛀能力差，不要在日光下暴晒，以免失去毛料的光泽，不要同含碱的物质接触。无论是全毛还是混纺织物的服装，都要将樟脑丸用薄纸包好，放在服装口袋里或衣橱内，以防虫蛀。对高档呢绒服装及长毛绒服装，有条件的话宜挂藏或放在箱子上层，以免叠压变形，影响外观。

（三）人造纤维类服装

耐日光性、耐酸性、耐霉性、耐磨性都不好，使用与保管时要特别注意，但它们不怕虫蛀。人造纤维容易起皱，要避免受压。粘胶纤维吸收染料性能较强，浅色服装易被污染，深浅不同服装应分开存放。另外，粘胶织品长期悬挂容易会伸长变形。

（四）合成纤维类服装

这里指聚酯纤维（涤纶）、聚酰胺纤维（锦纶）、聚丙烯腈纤维（腈纶），它们耐日光性都很强。合成纤维类服装被烧坏后很难修补，穿用时要防止火星溅上。

二、服装的洗涤

（一）洗涤剂的选择

用中性皂粉或洗衣粉，不能用碱性较大的洗衣粉，以防服装褪色。

（二）洗涤的水温

合成纤维的耐热性和稳定性不佳，受热温度超过其承受范围时，会出现收缩、发粘现象，且表面出皱，手感僵化，品质受到损害。因此，涤纶、锦纶、腈纶等合成纤维面料，水洗温度不宜高于30℃。棉、麻、人造合成纤维及丝绸等织物如果印染时使用的染料不好，在水温高于40℃时洗涤，也容易出现褪色。

（三）洗涤的方法

棉、麻布有色服装在擦肥皂或浸入洗衣粉液后，不能浸泡过久而不漂洗，以防出现色花。人造纤维受湿后强力降低，在擦肥皂后只宜轻揉轻搓，清水漂净后，不能用力拧，以免损坏织物。

第三章　服装市场营销环境分析

课程名称：服装市场营销环境分析

课程内容：服装市场营销环境概述
服装市场营销宏观环境分析
服装市场营销微观环境分析
服装市场营销环境分析与营销对策

课程时间：4 课时

教学目的：向学生介绍服装市场营销环境基本内涵，重点通过对服装企业市场微观、宏观市场营销环境的分析，让学生了解企业所面临的市场营销环境，并以此为基础思考相应的市场营销对策。

教学方式：理论教学

教学要求：1. 了解服装市场营销环境的概念、类型。
2. 掌握市场营销微观环境和宏观环境的特点。
3. 熟悉服装市场营销环境对策分析。

课前准备：阅读有关市场营销环境方面的书籍。

任何服装企业都是在不断变化着的社会经济环境中运行的，都是在与其他企业、目标顾客和社会公众的相互联接（协作、竞争、服务、监督等）中开展营销活动的。以服装企业的各种外部力量为主，构成了深刻影响服装企业营销活动的市场营销环境。环境力量的变化既可以给服装企业营销带来市场机会，也可以形成某种环境威胁。因此，全面、正确地认识市场营销环境，监测、把握各种环境力量的变化，对于服装企业审时度势、趋利避害地开展营销活动具有重要的意义。

第一节　服装市场营销环境概述

一、服装市场营销环境及其构成

服装市场营销环境是指与服装企业生产经营有关，直接或间接影响服装企业产品的供应与需求的各种客观因素的总和。

服装市场营销环境是企业营销职能外部的不可控制的因素和力量，这些因素和力量是影响服装企业营销活动及其目标实现的外部条件。任何服装企业都如同生物有机体一样，总是生存于一定的环境之中。服装企业的营销活动不可能脱离周围环境孤立地进行，其营销活动要以环境为依据，主动地去适应环境。但是，企业也可以了解和预测环境因素，透过营销努力去影响外部环境，使环境有利于企业的生存和发展，从而提高企业营销活动的有效性。

一般来说，服装市场营销环境包括微观环境和宏观环境。微观环境是指与企业紧密相连、直接影响企业营销能力的各种参与者，包括服装企业本身、市场营销渠道、顾客、竞争者以及社会公众。宏观环境是指影响微观环境的一系列巨大的社会力量，主要包括人口、经济、政治、法律、科学技术、社会文化及自然生态等因素。微观环境直接影响与制约服装企业的营销活动，多与服装企业有或多或少的经济联系，也称直接营销环境。宏观环境一般以微观环境为媒介去影响和制约企业的营销活动，在特定场合也可直接影响企业的营销活动，又被称作间接营销环境。宏观环境因素与微观环境因素共同构成多因素、多层次、多变的企业市场营销环境的综合体（图 3－1）。

直接环境因素与间接环境因素之间不是并列关系、从属关系。直接环境受间接环境大背景的制约，间接环境借助于直接环境发挥作用。因此，前者被称为微观环境，后者被称为宏观环境（图 3－2）。

服装企业所面对的微观环境和宏观环境并不是固定不变的，而是经常处于变动之中，许多变动往往又由于其所具有的突然性而形成巨大的冲击波。环境的变化既会给企业带来

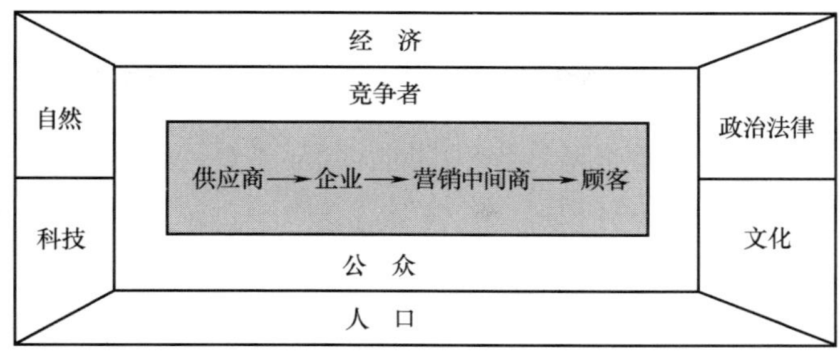

图 3－1　服装市场营销环境

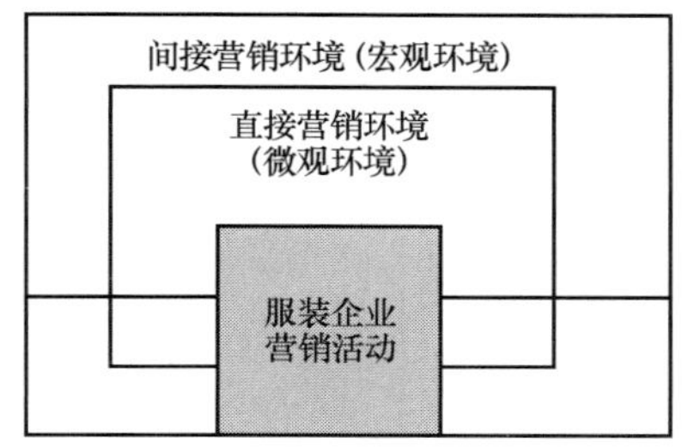

图 3－2　市场营销环境对服装企业的作用

可以利用的市场机会，又会给企业带来一定的环境威胁。监测和把握环境力量的变化，善于从中发现并抓住有利于企业发展的机会，避开或减轻由环境带来的威胁，是服装企业营销管理的首要问题。实际上，服装市场营销中至关重要的一个原则：服装企业的营销活动就是企业适应环境的变化并对变化着的环境做出积极反应的动态过程。能否发现、认识进而适应环境的变化，关系到企业的生存与发展。

二、服装市场营销环境的特征

（一）客观性

客观性是营销环境的重要特征。环境作为营销部门外在的不以营销者意志为转移的因素，对企业营销活动的影响具有强制性和不可控性的特点。一般说来，营销部门无法控制和摆脱营销环境，特别是宏观环境，服装企业难以按自身的要求和意愿随意改变它。因此，企业决策者必须清醒地认识到这一点，及早做好充分的思想准备，随时应付服装企业面临的各种环境的挑战。

（二）差异性

客观上，服装市场营销存在着广泛的差异性，有些环境表现为自然差异，有些环境表现为社会差异。服装企业不仅要受到来自多方面不同环境的影响，而且由于每个企业内部差异的存在，即使同一种环境因素的变化，对每个服装企业的影响作用也不尽相同。例如，中国加入世界贸易组织意味着大多数中国企业进入国际市场，然而，不同的国家、民族、地区在人口、经济、社会文化、政治、法律、自然地理等方面存在着广泛的差异，这些差异对服装企业营销活动的影响显然各不相同。由于外界环境因素的差异性，服装企业必须采取不同的营销策略才能应付和适应这种情况。

（三）相关性

影响服装市场营销环境的各个因素是相互依存、相互作用和相互制约的。这是由于，社会经济现象的出现往往不是由某种单一因素所能决定的，而是受到一系列相关因素影响。例如，服装企业开发新产品时，不仅要受到经济因素限制，还要受社会文化因素的影响和当时的社会生产力水平的制约以及相关的政策法律约束等。再如，服装市场需求不仅受消费者收入水平、偏好以及社会文化等方面因素的影响，政治、法律因素的变化往往也会对其产生决定性的影响。

（四）动态性

营销环境是服装企业营销活动的基础和条件，这并不意味着营销环境是一成不变的、静止的，它是动态的。当然，服装市场营销环境的变化是有快慢大小之分的，有的变化快一些，有的变化慢一些，有的变化大一些，有的变化小一些。例如，科技、经济等因素的变化相对快而大，因而对企业营销活动的影响相对短且跳跃性大；而人口、社会文化、自然因素等因素的变化相对较慢、较小，对企业营销活动的影响相对长而稳定。因此，服装企业的营销活动必须适应环境的变化，不断地调整和修正自己的营销策略，否则，将会丧失市场机会。

（五）不可控性

影响服装市场营销环境的因素是多方面的，也是复杂的，并表现出企业不可控性。例如，一个国家的政治法律制度、人口增长以及一些社会文化习俗等，服装企业不可能随意改变。

（六）可影响性

服装企业在环境面前也并非无所作为，服装企业可以通过对内部环境要素的调整与控制，对外部环境施加一定的影响，最终促使某些环境要素向预期的方向转化。“适者生存”既是自然界演化的法则，也是企业营销活动的法则，如果企业不能很好地适应外界环境的变化，则很可能在竞争中失败，从而被市场淘汰。现代营销学认为，服装企业经营成败的关键就在于服装企业能否适应不断变化着的市场营销环境。

三、服装营销活动与营销环境

服装市场营销环境通过内容的不断扩大及自身各因素的不断变化，对服装企业营销活动发生影响。

（一）服装市场营销环境对企业营销带来双重影响

1．环境给服装企业营销带来的威胁

营销环境中会出现许多不利于企业营销活动的因素，由此对其形成挑战。如果企业不采取相应的措施来规避风险，这些因素会导致企业营销困难并带来严重威胁。为保证企业营销活动的正常运行，服装企业应注重环境分析，及时预见环境威胁，将危机降低到最低限度。

2．环境给服装企业营销带来的机会

营销环境也会滋生出对企业具有吸引力的领域，给企业带来营销机会。对企业来说，环境机会是开拓经营新局面的重要基础。为此，服装企业应加强对环境的分析，当环境机会出现的时候善于捕捉和把握，以求得企业的发展。

（二）市场营销环境是企业营销活动的资源基础

市场营销环境是企业营销活动的资源基础。企业营销活动所需的各种资源，如资金、信息、人才等都是由市场营销环境来提供的。要分析研究营销环境因素，了解服装企业生产经营的产品或服务需要哪些资源、多少资源以及从哪里获取资源，以获取最优的营销资源，满足企业经营的需要，实现营销目标。

（三）市场营销环境是企业制定营销策略的依据

企业营销活动受制于客观环境因素，必须与所处的营销环境相适应。但企业在环境面前绝不是无能为力、束手无策的，企业能够发挥主观能动性，制定有效的营销策略去影响环境，在市场竞争中处于主动地位，占领更大的市场。

四、分析市场营销环境的意义

服装企业可以运用各种有效的方式或手段影响利益相关方，争取多方面的支持，使之改变做法，从而改变营销环境。这种能动的思想不仅对国内跨地区市场营销活动有重要指导作用，对于开展国际市场营销活动也有重要意义。因此，营销管理者的任务不仅在于适当安排营销组合，使之与外部不断变化的营销环境相适应，而且要积极地适应和改变环境，影响目标顾客的需求。只有这样，服装企业才能发现和抓住市场机会，因势利导，在激烈的市场竞争中立于不败之地。

第二节 服装市场营销宏观环境分析

服装市场营销的宏观环境是指对服装企业营销活动提供机会或造成威胁的外部力量，主要包括人口、经济、自然、科学技术、政治法律、社会文化六大因素。这些因素不仅会直接影响服装企业的营销活动，而且还直接对服装企业营销环境中的微观环境因素产生影响，进而影响服装企业的市场营销活动，对其产生限制和促进作用。例如，人们的价值观和信念等会影响消费者的消费态度、兴趣爱好，从而形成对某些服装品牌或某类服装产品的好恶，由此增大或减少消费者对某些产品的选择机会。

一、人口环境

市场是由具有购买欲望与购买能力的人所构成的。因此，人口的数量、分布、构成、受教育程度以及在地区间的移动等人口统计因素，就形成了服装企业市场营销活动中的人口环境。人口环境及其变动对市场需求有着整体性、长远性的深刻影响，制约着服装企业营销机会的形成和目标市场的选择。多角度、多侧面地正确认识人口环境与企业营销之间存在的深刻联系以及把握人口环境的发展变化，是服装企业根据自己的行业特点和资源条件正确选择目标市场、成功开展市场营销活动的重要决策依据之一。

（一）人口规模及增长速度

人口规模即总人口的多少，是影响基本生活消费品需求的一个决定性因素。一个国家或地区的总人口数量的多少，是衡量市场潜在容量的重要因素。人口多、增长快，是我国人口环境的两个重要特点。1930 年，我国总人口达 4.44 亿，约占当时世界总人口的 22.2%；1993 年，我国总人口已达 11.85 亿（未含港、澳、台地区），约占世界总人口的 21.3%；20 世纪 70 年代中期以来，我国普遍推行计划生育政策，人口增长率由 1969 年的 2.61% 下降到 1993 年的 1.15%，1999 年，我国人口增长率为 0.88%，接近许多发达国家的生育水平。但由于我国人口基数大和人口增长惯性的作用，预计到 21 世纪中期，我国人口将接近 16 亿，之后才有可能缓慢下降。

这表明，作为世界上人口最多的国家，我国市场发展潜力极大，服装企业的营销机会极多。但同时也表明，人口爆炸性的增长将制约经济发展、破坏生态环境，各种资源、能源、运输、教育等供应偏紧的状况也会给服装企业的营销活动带来不利影响。

（二）人口结构

人口构成，包括自然构成和社会构成。前者指性别结构、年龄结构等；后者指民族构成、职业构成、教育程度等。以性别、年龄、民族、职业、教育程度相区别的不同消费者，由于在收入、阅历、生理需要、生活方式、价值观念、风俗习惯、社会活动等方面存在差异，必然会产生不同的消费需求和消费方式，形成各具特色的消费者群体。例如，不同年龄的消费者对于服装产品需求的不同而形成老年市场、青年市场、儿童市场等。一般来说，服装消费最多的年龄层在15～39岁。显然，注意人口环境方面的这些因素对服装企业的营销活动极具重要性。

（三）地理分布

服装市场消费需求与人口的地理分布密切相关。一方面，人口密度的不同与人口流动量的多少影响着不同地区市场需求量的大小。以我国为例，人口分布一般东部沿海地区居多，西部内陆地区较少。地理上主要以黑龙江漠河与云南腾冲连线为分界线，东南多，西北少。东南国土面积占全国的43%，而人口约占全国人口的94%；西北地区面积占全国面积的57%，人口却只占全国人口的6%左右。有由东南到西北方向随海拔高度的增加人口密度呈阶梯递减的趋势，而这种趋势还正在加强。因此，我国服装业的重心在东部和中部地区。

另一方面，人们的消费需求、购买习惯和购买行为，在不同的地区也会存在差异。例如，不同城市之间流动人口的多少不同，反映在吃、穿、住、行等方面的市场需求量就会有很大差别。因此，研究人口的地域差别和变化，对服装企业的市场营销有着更为直接的意义。再如，我国有56个民族，许多少数民族有其独特的服装消费需求、消费方式和购买行为。

（四）家庭组成

现代家庭是社会的细胞，也是商品的主要采购单位。一个国家或地区的家庭单位和家庭平均成员的多少以及家庭组成状况等，直接影响着服装消费品的需求量。随着计划生育、晚婚、晚育的倡导和实施，职业妇女的增多，丁克家庭、单亲家庭和独身家庭的比重的上升，消费者对服装产品的需求与过去相比发生了较大的变化。因此，家庭生活对服装产品的需求也在趋于小型化。

（五）人口性别

性别的差异除了使男女在服装消费需求上表现出明显的不同外，在购买习惯与购买行为上也表现出较大的差别。例如，男性的购买特征类型通常表现为理智型，而女性则大多表现为冲动型。因此，企业可以根据产品的性别属性制定不同的营销策略。

女装是服装中最为丰富多彩的，也是服装类商品中销售最为活跃的。2005年4月，全国重点大型零售企业共销售女装621.1万件，比2004年同期增长22.9%，几乎占整个服装销售量的30%。在大商场中，女装的销售面积是最大的，品牌也最多。

过去，男装给人的印象是黑、灰、硬、挺，男性对服装的关注程度也大大低于女性。

如今，随着男性生活方式和工作需求的改变，他们的着装品位和时尚意识也日益提升。男性服装同样需要为男性的不同生活方式、不同场景、不同心情去设计开发，并在营销策略、品牌宣传等方面精心策划。

因此，服装企业可以针对不同性别消费者的不同需求，生产适销对路的产品，制定有效的营销策略，开发更大的市场。

（六）体型特征

对服装而言，合体性是至关重要的。即使面料合适、色彩美观、设计精巧，但是不合身，消费者也不会购买。不同国家、不同种族、不同地域的人体差异也是非常明显的，因此，服装企业必须了解消费者的身体尺寸，这是达到服装合体性的基本要求。

二、经济环境

经济环境指企业营销活动所面临的外部社会条件，其运行状况及发展趋势会直接或间接地对服装企业营销活动产生影响。人的需求只有在具备经济能力时才是现实的市场需求。在人口因素既定的情况下，市场需求规模与社会购买力水平成正比关系。所以，服装企业必须密切注意经济环境的动向，尤其要着重分析影响社会购买力及其支出结构变化的各种因素（图 3－3）。

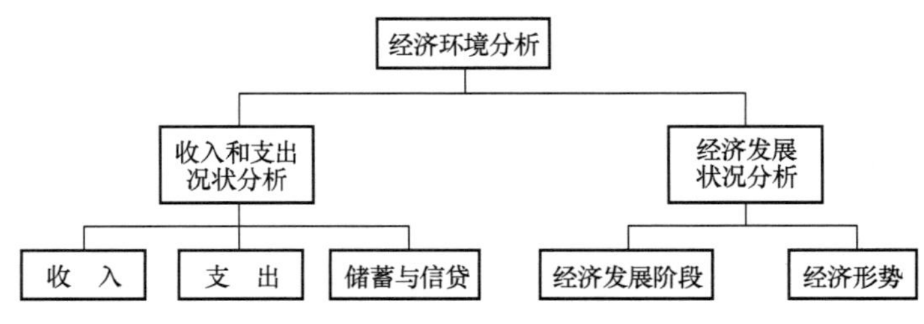

图 3－3　经济环境的构成

（一）收入与支出状况

1. 收入

市场消费需求指人们有支付能力的需求。仅仅有消费欲望，没有消费能力，并不能创造市场；只有既有消费欲望，又有购买力，才具有现实意义。因为，只有既想买、又买得起，才能产生购买行为。在研究收入对消费需求的影响时，主要关注以下几个分析指标。

（1）人均国内生产总值。一般指价值形态的人均 GDP，它是一个国家或地区所有常住单位在一定时期内（如一年）按人口平均所生产的全部货物和服务的价值。它是衡量一个国家经济实力与购买力的重要指标。国内生产总值增长越快，消费者对商品的需求和购买力就越大；反之，就越小。

（2）个人收入。它是指个人在一定时期内通过各种来源所获得收入的总额。人均收入等于个人收入总额除以总人口。各地区居民收入总额可用以衡量当地消费市场的容量，人均收入多少反映了购买力水平的高低。我国统计部门每年采用抽样调查的方法，取得城镇居民家庭平均每人全部年收入，农村居民家庭平均每人全年总收入和纯收入等数据（见表3－1）。

表3－1 城乡居民平均每人年收入

项 目	2003年	2004年	2005年	2006年	2007年
城镇居民家庭平均每人全部年收入（元）	8399.91	9437.80	10744.79	12192.24	14264.70
农村居民家庭平均每人全年总收入（元）	3036.19	3536.18	3945.67	4459.40	5196.83
农村居民家庭平均每人全年纯收入（元）	2235.68	2553.15	2870.58	3261.03	3851.60

注 资料来源：2008年《中国统计年鉴》，2008年《河南统计年鉴》。

（3）个人可支配收入。它是指从个人收入中，减除缴纳税收和其他经常性转移支出后，所余下的实际收入，即能够用以作为个人消费或储蓄的数额。

（4）可任意支配的个人收入。它是指在个人可支配收入中，有相当一部分要用来维持个人或家庭的生活以及支付必不可少的费用。只有在可支配收入中减去这部分维持生活的必需支出，才是个人可任意支配收入，这是影响服装消费需求变化的最活跃的因素。

（5）家庭收入。家庭收入的高低会影响很多产品的市场需求。一般来说，家庭收入高，对消费品需求大，购买力也大；反之，需求小，购买力也小。另外，要注意分析消费者实际收入的变化，注意区分货币收入和实际收入。

我国改革开放以来，人均国内生产总值不断上涨，城镇居民人均可支配收入和农村居民人均纯收入除了个别年份以外，都保持增长势头。

2. **支出**

支出主要指消费者支出模式和消费结构。收入在很大程度上影响着消费者支出模式与消费结构。消费者收入的变化对消费者支出模式有着直接影响，并使其产生具有一定规律的变化。

1875年，德国统计学家恩斯特·恩格尔根据他对英国、法国、德国、比利时许多工人家庭收入预算的调查研究，发现了关于工人家庭收入变化与各方面支出变化之间比例关系的规律性，即著名的恩格尔定律——用食物支出变动的百分比除以总收入变动的百分比，用公式表示为：恩格尔系数=食物支出变动百分比/收入变动百分比。这个公式又被称为食物支出的收入弹性或恩格尔定律。

恩格尔定律具体包括三层含义：第一，随着家庭收入的增加，用于购买食品的支出占家庭收入的比重下降，称为恩格尔系数下降；第二，随着家庭收入的增加，用于住宅建筑和家务经营的开支占家庭收入的比重大体不变；第三，随着家庭收入的增加，用于其他方面的开支（如服装、交通、娱乐、卫生保健、教育等支出）和储蓄占家庭收入的比重会上升。

恩格尔系数是常常被用作衡量家庭、社会阶层乃至国家富裕程度的一个重要指标。根据联合国公布的数据，如果恩格尔系数在60%以上是绝对贫困；50% ~59% 为温饱；40% ~49% 为小康；20% ~39% 为富裕；20% 以下为最富裕。

恩格尔系数是衡量一个国家、一个地区、一个城市、一个家庭的生活水平高低的标准。该系数越小，表明生活越富裕，越大则生活水平越低。企业可以从恩格尔系数中了解市场的消费水平和变化趋势。

消费者支出模式除了主要受消费者收入的影响外，还受以下因素影响：家庭生命周期所处的阶段、家庭所在地址与消费品生产和供应状况、城市化水平、商品化水平、劳务社会化水平以及食物价格指数与消费品价格指数变动是否一致等。

3．消费者的储蓄与信贷

（1）储蓄，是指城乡居民将可任意支配收入的一部分储存待用。储蓄的形式，可以是银行存款，可以是购买债券，也可以是手持现金。在一般情况下，消费者并非将其全部收入完全用于当前消费，而是会把收入中的一部分以各种方式储存起来，如储蓄、购买债券、投资股票等，以求保值增值、积少成多，为今后购置高档消费品、大件耐用消费品或急用作准备。当消费者的收入一定时，储蓄增加，现实购买力就会减少；反之，储蓄减少，现实购买力就会增大。所以，储蓄的增减变动会引发市场需求变动，从而对企业营销产生影响。

（2）信贷，是指金融或商业机构向有一定支付能力的消费者融通资金的行为。主要形式有短期赊销、分期付款、消费贷款等。随着市场经济的发展和人们消费观念的改变，消费者已不局限于用货币收入来购买商品，还可通过贷款的方式来购买商品，达到消费目的。消费信贷的规模与期限在一定程度上影响着某一时期内现实购买力的大小，也影响着提供信贷的商品的销售量。消费者信贷可以增加人们的购买力，满足更多的需求，从而刺激经济发展。在我国，消费者信贷刚起步不久，目前主要局限在住宅、教育等较少的几个方面。近几年，外国金融企业不断进入我国，我国消费者信贷必将得到更大的发展。因此，我国企业必须重视对消费者信贷的研究，为今后的竞争创造更好的条件。

（二）经济发展状况分析

企业的市场营销活动要受到一个国家或地区经济发展状况的制约，在经济全球化的条件下，国际经济形势也是企业营销活动的重要影响因素。

1．经济发展阶段

经济发展阶段的高低，直接影响企业市场营销活动。美国学者罗斯托（W. W. Rostow）的经济成长阶段理论，把世界各国经济发展归纳为五种类型：传统经济社会、经济起飞前的准备阶段、经济起飞阶段、迈向经济成熟阶段以及大量消费阶段。凡属前三个阶段的国家被称为发展中国家，而处于后两个阶段的国家被称为发达国家。

2. 经济形势

2011 年，我国国内生产总值达 471564 亿元，比 2010 年增长 9.2%。全年城镇居民人均可支配收入 21810 元，比 2010 年名义增长 14.1%，扣除价格因素，实际增长 8.4%。农村居民人均纯收入 6977 元，比 2010 年增加 1058 元，增长 17.9%，剔除价格因素影响，实际增长 11.4%，增速同比提高 0.5 个百分点。经济的高速发展极大地提高了我国的综合国力，显著地改善了人民生活。同时，国内经济生活中，也还存在一些困难和问题，如经济发展不平衡、产业结构不合理、就业问题压力大等。所有这些国际、国内经济形势，国家、地区乃至全球的经济繁荣与萧条，对服装企业市场营销都有重要的影响。问题还在于，国际或国内经济形势复杂多变，机遇与挑战并存，服装企业必须认真研究，力求正确认识与判断，制订相应的营销战略和计划。

三、自然环境

自然环境是指企业生产经营活动中所面对的地理、气候、资源等方面的种种状况。服装营销活动要受自然环境的影响，也对自然环境的变化负有责任。营销管理者当前应注意自然环境面临的难题和趋势，如资源短缺、环境污染严重、能源成本上升等。另外，许多国家政府对自然资源管理的干预力度也日益加强。人类只有一个地球，自然环境的破坏往往是不可弥补的，服装企业营销战略中实行生态营销、绿色营销等，都是维护全社会的长期福利所必然要求的。因此，服装企业在营销过程中需要重视自然环境方面的变化趋势，正确把握它给企业带来的威胁和机会。

自然环境的差异是服装多样化的原因之一，它对服装营销的影响主要体现在以下几个方面。

1. 对服装的要求不同

地理环境的差异造成了气候条件不同，从而造成人们对服装选择的不同。例如，生活在寒冷冰雪地带的爱斯基摩人，为了御寒，裹上厚厚的动物皮毛；而生活在酷暑难耐的沙漠边缘的阿拉伯人，为了减少紫外线和风沙的侵害，戴上了头巾，穿上了布袍。在温带，人们四季服装变化明显；而在热带，人们几乎没有夏装以外的服装。在昼夜温差变化很大的青藏高原，人们使用可穿可披的藏袍；而在雨水连绵的南方，人们终日与斗笠为伴。

2. 服装原材料供应不同

自然环境的差异造成了各地服装原材料供应不同，这也导致了消费者对服装的不同选择。例如我国华东地区，由于盛产茧丝，这一带丝绸原料供应充足，因此，在这一带服装市场上，丝绸服装品种齐全，款式各异。而在地中海地区，由于气候适宜耕种植物和驯养动物，因此，人们最容易获得的是植物纤维和羊毛，所以，人们很早就掌握了剪取羊毛和提取植物纤维的技术，并将两种纤维混纺成羊绒，而后制造成衣。

由此可见，自然环境决定着自然资源的分布，而自然资源的分布又决定着服装企业获得原材料成本的高低，原材料成本的高低很大程度上决定着服装企业最终产品成本的高低。

工业化和城镇化的进程导致各国环境问题日益突出。当前，自然环境变化最主要的动向是：自然资源日益短缺、能源成本趋于提高、环境污染日益严重、政府对自然环境的管理和干预不断加强、公众对环境保护的呼吁日胜一日。从世界范围看，环境保护意识和市场营销观念相结合所形成的绿色市场营销观念正成为21世纪市场营销的新主流。

绿色营销的兴起源于生态环境的不断恶化与消费者环保意识的不断增强。所谓绿色营销，是指企业在生产经营过程中，将企业自身利益、消费者利益和环境保护利益三者统一起来，以此为中心，对产品和服务进行构思、设计、销售和制造。服装企业开展绿色营销，使产品从生产到消费的全过程实现无污染，不仅能够因承担社会责任而树立良好的社会形象，而且还会取得附加价值的竞争优势。因此，服装企业开展绿色营销是一个双赢的决策。

四、科学技术环境

科学技术是一种激动人心的决定人类命运的力量。科技的发展对经济发展有巨大影响，不仅直接影响服装企业内部的生产和经营，还同时与其他环境因素互相依赖、互相作用，给服装企业营销活动带来有利与不利的影响。

服装业包括面料设计、款式设计、样板设计、辅料设计、生产管理、市场营销等众多环节，是一个庞大的系统工程。例如，一种新技术的应用可以帮助服装企业打造一个明星产品，产生巨大的经济效益，但也可能迫使服装企业的一种成功的传统产品退出市场。新技术的应用会引起企业市场营销策略的变化，也会引起企业经营管理的变化，还会改变服装零售业业态结构和消费者购物习惯。

服装企业在进行科技环境分析研究时应注意：新技术出现的影响力及对本企业的营销活动可能造成的直接和间接冲击；了解和学习新技术，掌握新的发展动向，以便采用新技术开发新产品或转入新行业，求得生存和发展；利用新技术改善服务，提高企业的服务质量和效率；利用新技术加强企业管理，提高管理水平和企业营销活动效率；新技术的出现给人们生活方式带来的变化及其由此对企业营销活动可能造成的影响；新技术的出现引起商品实体流动的变化；国际营销活动中要对目标市场的技术环境进行考察，以明确技术上的可接受性。

五、政治法律环境

政治与法律是影响企业营销活动的重要宏观环境因素。在任何社会制度下，企业的营销活动都必定要受到政治与法律的规范、强制和约束。政治因素像一只有形之手，调节着企业营销活动的方向，法律因素规定了企业营销活动及其行为的准则。政治与法律相互联系，共同对企业的市场营销活动发挥着影响和作用。

（一）政治环境

1．国内政治环境

政治环境是指企业市场营销活动的外部政治形势，包括党和政府的各项方针、路线、政策的制定和调整对企业市场营销的影响。一个国家的政局稳定与否会给企业营销活动带来重大的影响。如果政局稳定、人民安居乐业，就会给企业营销营造良好的环境；相反，如果政局不稳、社会矛盾尖锐、秩序混乱，就会影响经济发展和市场的稳定。企业在市场营销中要认真进行研究，领会其实质，了解和接受国家的宏观管理，而且还要随时了解和研究各个阶段的各项具体方针和政策以及变化趋势。

对服装企业营销活动的影响主要表现为国家政府所制定的方针政策，如人口政策、能源政策、物价政策、财政政策、货币政策等，都会给服装企业营销活动带来影响。例如，国家通过降低利率来刺激消费的增长；通过征收个人所得税调节消费者收入的差异，从而影响人们的购买及消费需求。

2．国际政治环境

主要指国际市场营销政治环境的研究，一般分为政治权力和政治冲突两部分。随着经济的全球化发展，我国企业对国际营销环境的研究将越来越重要。

政治权力是指一国政府通过正式手段对外来企业权利予以约束，在国际贸易中，不同的国家也会制定一些相应的政策来干预外国企业在本国的营销活动。主要措施包括：进口限制、税收政策、价格管制、外汇管制以及国有化政策。

政治冲突主要指国际上重大事件和突发性事件对企业营销活动的影响，包括直接冲突与间接冲突。

（二）法律环境

法律环境指国家或地方政府颁布的各项法规、法令和条例等。法律环境对市场消费需求的形成和实现具有一定的调节作用。服装企业研究并熟悉法律环境，既能保证自身严格依法管理和经营，也可运用法律手段保障自身权益。

近年来，为适应经济体制改革和对外开放的需要，我国陆续制定和颁布了一系列法律法规，例如《中华人民共和国产品质量法》、《企业法》、《经济合同法》、《涉外经济合同法》、《商标法》、《专利法》、《广告法》、《食品卫生法》、《环境保护法》、《反不正当竞争法》、《消费者权益保护法》、《进出口商品检验条例》等。服装企业的营销管理者必须熟知有关的法律条文，才能保证企业经营的合法性，运用法律武器来保护企业与消费者的合法权益。对于从事国际服装市场营销的企业来说，不仅要遵守本国的法律制度，还要了解和遵守国外的法律制度和有关的国际法规、惯例以及准则。

六、社会文化环境

在企业面临的诸多方面环境中，社会文化环境是较为特殊的。它不像其他环境因素那样显而易见、易于理解，但又无时不刻不在深刻影响着企业的市场营销活动。

社会文化，作为一个社会历史范畴，涵盖面很广，一般主要指一个国家或地区的民族特征、价值观念、生活方式、风俗习惯、宗教信仰、伦理道德、教育水平和语言文字等的总和。

主体文化是由千百年的历史所形成的占据支配地位的文化，起着凝聚整个国家和民族的作用，包括价值观、人生观等。次级文化是指在主体文化支配下所形成的文化分支，包括种族、地域、宗教等。文化对所有营销的参与者的影响是多层次、全方位、渗透性的。它不仅影响服装企业营销组合，而且还影响消费心理、消费习惯等，这些影响多半是通过间接的、潜移默化的方式来进行的。这里主要从以下几方面进行分析。

（一）教育水平

教育是按照一定目的要求，对受教育者施以影响的一种有计划的活动，是传授生产经验和生活经验的必要手段，反映并影响着一定的社会生产力、生产关系和经济状况。教育水平的高低不仅直接影响着人们的消费行为和消费结构，而且制约着服装企业的市场营销活动。教育水平高的消费者对新产品的接受能力较强，他们对商品的内在质量、外观形象、技术说明以及服务有较高的要求。而教育水平低的消费者对新产品的接受能力弱，他们对操作简单方便的商品、通俗易懂的说明书有着更高的要求。对于企业来说，在教育水平高的国家或地区，可以雇用调研人员或委托当地的调研机构完成所需调研的项目，服装企业的促销宣传要灵活多变，可选择报纸、杂志等媒体。而在教育水平低或文盲率高的国家或地区，服装企业在开展调研时要有充分的人员准备和适当的方法，在开展促销宣传时应更多地选择电视、广播媒体等。

（二）宗教信仰

从历史角度看，世界各民族消费习俗的产生和发展变化与宗教信仰是息息相关的。不同的宗教信仰者有不同的文化倾向和戒律，从而影响着人们认识事物的方式、行为准则和价值观念，影响着人们的消费行为、消费习惯，进而影响市场消费结构。因此，企业应了解各种宗教信仰对企业市场营销和消费者购买行为的影响，尊重教派和图腾崇拜，针对不同宗教信仰者的追求、偏爱，提供不同的产品，并在产品的设计、制造、包装、促销等方面制定相应的营销策略，否则企业的营销工作就会遭到麻烦，甚至造成重大损失。

宗教对营销活动的影响可以从以下几方面分析：宗教分布状况、宗教要求与禁忌以及宗教组织与宗教派别。

（三）价值观念

价值观念是指人们对社会生活中各种事物的态度和看法。在不同的文化背景下，人们的价值观念差异很大，而且一旦形成很难改变。价值观的不同，必然带来消费者对商品需求以及购买行为上的差异。

面对价值观不同的消费者，服装企业市场营销人员必须采取不同的策略。对于乐于变革、喜欢新奇、富于冒险精神、比较开放的消费者，服装企业应重点强调商品的新颖和奇特；对于那些比较保守、喜欢沿袭传统消费方式的消费者，服装企业在制定有关策略时，应把产品与目标市场的文化传统结合起来。对于不同的价值观念，营销管理者应研究并采取不同的营销策略。

（四）消费习俗

消费习俗是指从以前一直传递至今的消费方式，也是人们在长期经济活动与社会活动中所形成的一种消费风俗习惯。消费习俗在饮食、服饰、居住、婚丧、节日、人情往来等方面都表现出独特的心理特征、伦理道德、行为方式和生活习惯。例如，英国人星期天不做生意，商店必须停业，因为他们认为星期天是宗教上的安息日。当然，风俗习惯也不是一成不变的，会相互影响。例如，西方人崇尚的圣诞节，近年来在我国一些地方特别是大城市已出现流行的趋势，过圣诞的年轻人越来越多。

不同的消费习俗具有不同的商品需求，这会给企业带来营销机会。服装企业研究消费习俗，不但有利于组织好消费品的生产与销售，而且有利于正确、主动地引导健康的消费。了解目标市场消费者的禁忌、习俗、信仰、伦理以及避讳等，做到入乡随俗，是服装企业有针对性地开展营销活动并取得成功的重要前提。

（五）消费流行

社会文化多方面的影响使消费者产生共同的审美观念、生活方式和情趣爱好，从而导致社会需求的一致性，这就是消费流行。消费流行在服饰、家电以及某些保健品方面表现最为突出。

（六）亚文化群

每一个社会或每一种文化都可以按照某种标志分为若干个不同的亚文化群，如种族亚文化群、民族亚文化群、宗教亚文化群、地理亚文化群、职业亚文化群以及年龄亚文化群等。从企业营销角度看，更应侧重研究亚文化群的消费者行为特点。

第三节 服装市场营销微观环境分析

服装企业的微观环境主要由企业内部参与营销的各部门以及企业的供应商、营销中介、顾客、竞争者和社会公众组成。

一、服装企业内部因素

企业开展营销活动要充分考虑企业内部的环境力量和因素。企业是组织生产和经营的经济单位，是一个系统组织。除市场营销管理部门外，企业本身还包括最高管理层和其他职能部门，如制造部门、采购部门、研究开发部门及财务部门等。这些部门与市场营销管理部门一起在最高管理层的领导下，为实现企业目标共同努力着。正是企业内部的这些力量构成了企业内部营销环境。企业内部各职能部门的工作及其相互之间的协调关系，直接影响企业的整个营销活动。而市场营销部门在制订营销计划和决策时，不仅要考虑服装企业外部的环境力量，而且要考虑其与企业内部其他力量的协调。

二、市场营销渠道企业

（一）供应商

供应商是向服装企业及其竞争者提供生产经营所需资源的企业或个人，包括提供面辅料、零配件、设备、能源、劳务及其他用品等。供应商对服装企业营销业务有实质性的影响，它所供应的面辅料数量和质量将直接影响产品的数量和质量；所提供的资源价格会直接影响产品成本、价格和利润。在物资供应紧张时，供应商更起着决定性的作用。

1. 供应商的主要作用表现

（1）供货的稳定性和及时性。面料、辅料及机器设备等资源的保证是企业营销活动顺利进行的前提。供应量不足或供应短缺，都会影响企业按期完成交货任务。从短期来看，会使企业损失销售额；从长期来看，会损害企业在顾客中的信誉。因此，企业必须和供应商保持密切联系，及时了解和掌握供应商的变化和动态，使货源的供应在数量、时间和连续性上能得到切实的保证。

（2）供货的价格变动。毫无疑问，供货的价格直接影响企业的成本。如果供应商提供原材料的价格高，生产企业也将被迫提高产品价格。由此可能影响企业的销售量和利润。企业要注意价格变化趋势，特别是对面料和辅料的价格现状及趋势要做到心中有数，这样才能使企业应变自如，不至于面对突发情况而措手不及。

（3）供货的质量水平。供货的质量包括两个方面。一方面是供应商所提供的商品本身的质量。如果提供的货物质量不高，或有这样那样的问题，那么企业生产出来的产品就不可能是高质量的产品。为此，企业必须了解供应商的产品，分析产品的质量标准，从而保证自己产品的质量，赢得消费者、赢得市场；另一方面，供货的质量还包括各种售前和售后服务。

供应商是对服装企业的生产经营活动产生巨大影响的力量之一。供应商资源供应的稳定性与及时性、资源供应的价格变动以及供应资源的质量水平，直接影响服装企业产品的价格、销量、利润乃至企业的信誉与生存。服装企业应选择那些能保证质量、交货期准确以及成本低的供应商，并且避免对某一家供应商过分依赖，不至于受该供应商突然提价或限制供应的控制。

2. 选择供应商需要注意的问题

（1）慎重选择供应商。服装企业应在全面了解供应商的实力、信誉和供应资源的质量后，慎重选择那些综合实力强、企业信誉好、产品质量高、成本低以及交货期准的供应商。

（2）区别对待供应商。服装企业应根据不同的供应商在资源供应中的地位和作用予以区别对待，把那些为企业提供必需资源的少数重点供应商视为合作伙伴并加以建设，设法帮助他们提高供货质量和供货的及时性，以保证各类资源的有效供应。

（3）选择适当数量的供应商。服装企业应选择适当数量的供应商，拓宽供货渠道，按不同比重分别从他们那里进货，使他们互相竞争，从而迫使供应商通过提高服务质量和价格折扣来提高自己的供货比重。这样有利于企业节约成本，确保原材料等资源的供应，避免过分依赖某一家企业而造成不应有的损失。

对于供应商，越来越多的服装企业开始视其为合作伙伴，保持良好合作关系，及时地了解供应商的动态，使货源供应在时间和连续性上能得到切实保证。企业除了保证商品本身的内在质量外，还要有各种售前和售后服务，对主要面辅料的价格水平及变化趋势也要做到心中有数，应变自如。根据不同供应商所供货物在营销活动中的重要性，服装企业应对供应商进行等级归类，以便合理协调，抓住重点，兼顾一般。

（二）营销中介

营销中介主要指协助企业促销、销售和经销其产品给最终购买者的机构，包括中间商、物流公司、营销服务机构和财务中介机构。

1. 中间商

中间商是指把产品从生产商流向消费者的中间环节或渠道，它主要包括批发商和零售商两大类。中间商对企业营销具有极其重要的影响，它能帮助服装企业寻找目标顾客，为产品打开销路，为顾客创造地点效用、时间效用和持有效用。一般企业都需要与中间商合作，来完成企业营销目标。为此，服装企业需要选择适合自己营销的合格中间商，与其建立良好的合作关系，这就必须了解和分析其经营活动，并采取一些激励性措施来推动其业务活动的开展。

2. 物流公司

物流公司主要职能是协助厂商储存并把货物运送至目的地的仓储公司。实体分配的要素包括包装、运输、仓储、装卸、搬运、库存控制和订单处理六个方面，基本功能是调节生产与消费之间的矛盾，协助企业将服装产品运往销售目的地，完成产品空间位置的移动。产品到达目的地之后，还有一段待售时间，物流公司需要协助保管和储存。这些物流公司是否安全、便利、经济会直接影响企业营销效果。因此，企业在营销活动中，必须了解和研究物流公司及其业务变化动态，以便适时、适地和适量地把产品供给消费者。

3. 营销服务机构

营销服务机构包括广告公司、传播公司等。企业可自设营销服务机构，也可委托外部营销服务机构代理有关业务，并定期评估其绩效，促进创造力、质量和服务水平的提高。这些机构对服装企业的营销活动会产生直接的影响，它们的主要任务是协助企业明确市场定位，进行市场推广。一些大的服装企业或公司往往有自己的广告和市场调研部门，但大多数企业则以合同方式委托专业公司来办理有关事务。为此，企业需要关注、分析这些营销服务机构，选择最能为本企业提供有效服务的机构。

4. 金融机构

金融机构指企业营销活动中进行资金融通的机构，包括银行、信托公司、保险公司等。金融机构的主要功能是为服装企业营销活动提供融资及保险服务。在现代化社会中，任何企业都要通过金融机构开展经营业务往来。金融机构业务活动的变化还会影响企业的营销活动，比如银行贷款利率上升，会使企业成本增加；信贷资金来源受到限制，会使企业经营陷入困境。为此，服装企业应与这些公司保持良好的关系，以保证融资及信贷业务的稳定和渠道的畅通。

供应商和营销中介都是服装企业向消费者提供产品或服务价值过程中不可缺少的支持力量，是价值让渡系统中主要的组成部分。企业不仅仅把它们视为营销渠道成员，更要视为伙伴，追求整个价值让渡系统业绩的最大化。

三、顾客

顾客，即服装企业的目标市场，也是服装企业服务的对象，是企业的“上帝”。顾客可以是个人、家庭，也可以是机构组织和政府部门。他们可能与企业同在一个国家，也可能在其他国家和地区。企业应按照顾客及其购买目的的不同来细分目标市场。根据购买者的购买动机的不同对企业的目标顾客进行分类（图 3 –4）。

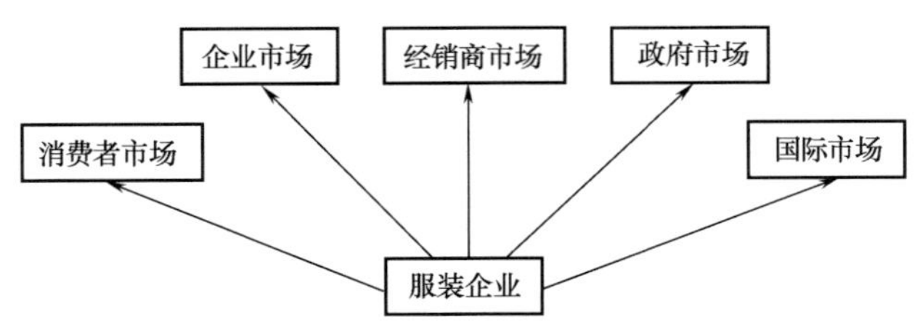

图 3 –4　微观环境中的顾客

（1）消费者市场。指为满足个人或家庭消费需求购买产品或服务的个人和家庭。

（2）生产者市场。指为了加工制造进而销售产品或服务，以赚取利润而购买的个人和企业。

（3）中间商市场。指为了转售购买产品或服务来获取利润而购买的批发商和零售商。

（4）政府市场。指购买产品或服务，以提供公共服务或把这些产品及服务转让给其他需要的人以及各级政府机构。

（5）国际市场。指国外购买产品或服务的个人及组织，包括外国消费者、生产商、中间商及政府。

上述五种市场，每个又可以细分为若干不同的市场部分或亚市场。这些顾客不同的变化需求，要求企业以不同的方式提供不同的产品或服务，影响了服装企业营销决策的制定和实施。

四、竞争者

企业不能独占市场，总会面对形形色色的竞争对手（图 3－5）。在竞争性的市场上，除来自本行业的竞争外，还有来自替代品生产者、潜在加入者、原材料供应者和购买者等多种力量的竞争。每个服装企业的产品在市场上都存在数量不等的业内产品竞争者，想要成功，必须在满足消费者需求和欲望方面比竞争对手做得更好。企业的营销活动时刻处于业内竞争者的干扰和影响的环境之下，服装企业必须加强对竞争者的研究，了解对本企业形成威胁的主要竞争对手及其策略以及双方力量大小，做到知己知彼，采取适当的战略谋取胜利，扬长避短，不断巩固和扩大市场，才能在消费者心目中强有力地确定其所提供产品的地位，以获取战略优势。

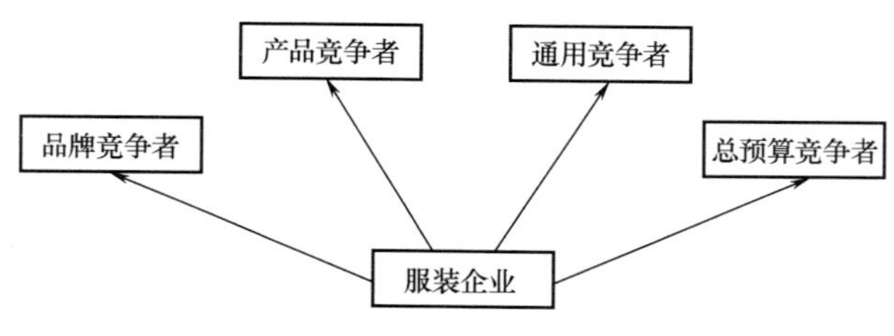

图 3－5 微观环境中的竞争者

五、公众

公众是指对本企业实现营销目标的能力具有实际的或潜在利益关系以及影响力的群体或个人。公众对服装企业的态度会对其营销活动产生巨大的影响，既有助于企业树立良好的形象，也可能损害企业的形象。所以，服装企业必须处理好与主要公众的关系，争取公众的支持和偏爱，为自己营造和谐、宽松的社会环境。

（1）融资公众。指影响企业融资能力的金融机构，如银行、投资公司、证券经纪公司、保险公司等。

（2）媒介公众。主要是指报纸、杂志、广播电台和电视台等大众传播媒体。

（3）政府公众。指负责管理企业营销业务的有关政府机构。企业的发展战略与营销计划，必须和政府的发展计划、产业政策、法律法规保持一致，注意咨询有关产品安全卫生、广告真实性等法律问题，倡导同业者遵纪守法，向有关部门反映行业的实情，争取政府颁布有利于产业发展的法律。

（4）社团公众。包括保护消费者权益的组织、环保组织及其他群众团体等。

（5）社区公众。指企业所在地邻近的居民和社区组织。

（6）一般公众。指上述各种关系公众之外的社会公众。一般公众虽未有组织地对企业采取行动，但企业形象会影响他们的惠顾。

（7）内部公众。企业的员工，包括高层管理人员和一般职工，都属于内部公众。企业的营销计划，需要全体职工的充分理解、支持和具体执行。经常向员工通报有关情况、介绍企业发展计划，发动员工出谋献策，关心职工福利，奖励有功人员，可以增强企业内部凝聚力。员工的责任感和满意度必然会传播并影响外部公众，从而对企业塑造良好形象产生影响。

第四节　服装市场营销环境分析与营销对策

一、营销环境的分析与评价

（一）机会与威胁分析

服装市场营销环境是通过对服装企业构成威胁或提供机会而影响营销活动的。环境威胁是指环境中不利于企业营销的因素及其发展趋势对企业形成的挑战或对企业的市场地位构成的威胁。这种挑战可能来自国际经济形势的变化，例如，2008 年爆发的全球金融危机给世界大多数国家的经济和贸易带来负面影响。挑战也可能来自社会文化环境的变化，例如，国内外对环境保护要求有所提高，一些国家实施的“绿色壁垒”对那些生产不完全符合环保要求的服装产品的企业，无疑也是一种严峻的挑战。

市场机会是指对企业营销活动富有吸引力的领域。在这些领域，企业拥有竞争优势。环境机会对不同企业有不同的影响力，企业在每一特定的市场机会中成功的概率取决于其业务实力是否与该行业所需要的成功条件相符合，例如，企业是否具备实现营销目标所必需的资源，企业是否能利用同一市场机会比竞争者获得更大的“差别利益”。

（二）SWOT 分析法

在服装企业战略性营销分析中，简便易行的 SWOT 分析法较为流行。SWOT 分析法（自我诊断方法）是一种能够较客观而准确地分析和研究一个企业现实情况的方法。利用这种方法可以从中找出对自己有利的、值得发扬的因素，以及对自己不利的、如何去避开的因素，发现存在的问题，找出解决办法，并明确以后的发展方向。根据这种分析法，可以将问题按轻重缓急分类，明确哪些是目前急需解决的问题，哪些是可以稍微拖后的事情，哪些是属于战略目标上的障碍，哪些是属于战术上的问题。这种方法具有针对性，有利于领导者和管理者在单位的发展上做出较正确的决策和规划。

“S”（Strength）是指企业内部的能力，“W”（Weakness）是指企业的薄弱点，“O”（Opportunity）表示来自企业外部的机会，“T”（Threat）表示企业面临的外部威胁。一般来说，分析企业的内外部状况通常是从这四个方面入手的。当前在运用SWOT分析法研究企业的战略性营销规划发展时，要强调寻找这四个方面中的与企业战略性营销密切相关的主要因素，而不是把企业的所有能力、薄弱点、外部机会与威胁逐项列出和汇集。

运用SWOT方法，不仅可以分析本企业的实力与弱点，还可以用来分析主要竞争对手。通过对企业与竞争对手在人力、物力、财力以及管理能力等方面的比较，做出企业的“实力—弱点”对照表，结合“机会—威胁”的分析，最后确定服装企业的发展战略。

（三）威胁与机会的分析、评价

服装企业面对不同威胁程度和市场机会吸引力的营销环境，需要通过环境分析来评估环境机会与环境威胁。企业最高管理层可采用威胁分析矩阵图和机会分析矩阵图来分析、评价营销环境。

1．**威胁分析**

对环境威胁的分析，一般着眼于两个方面（图3－6）：一是分析威胁的潜在严重性，即影响程度；二是分析威胁出现的可能性，即出现概率。

影响程度 \ 出现概率	高	低
大	3　5	1　6
小	2 4 8	7

图3－6　威胁分析矩阵图

如图所示，处于3、5位置的威胁出现的概率和影响程度都大，企业必须特别重视，制定相应的对策；处于7位置的威胁出现的概率和影响程度均小，企业不必过于担心，但应注意其发展变化；处于1、6位置的威胁出现概率虽小，但影响程度较大，必须密切关注其出现与发展；处于2、4、8位置的威胁影响程度较小，但出现的概率大，也必须充分重视。

2．**机会分析**

机会分析主要考虑其潜在的吸引力（赢利性）和成功的可能性（企业优势）大小（图3－7）。

如图3－7所示，处于3、7位置的机会，潜在的吸引力和威胁的可能性都大，有极大

潜在的吸引力		大	小
	大	3 7	4 2
	小	6	1 5 8

图3－7　机会分析矩阵图

可能给企业带来巨额利润，企业应把握时机，全力发展；而处于1、5、8位置的机会，不仅潜在利益小，成功的概率也小，企业应改善自身条件，重视机会的发展变化，审慎适时地开展营销活动。

3. **机会/威胁分析**

通过对市场机会与环境威胁的分析，服装企业可以准确地找到自己面临的市场机会和环境威胁的位置，确定主攻方向。同时，对市场机会和环境威胁进行比较，通过分析是机会占主导地位还是威胁占主导地位，还可以确定企业的发展前景。如果将市场机会矩阵和环境威胁矩阵结合起来分析，就可以得出机会/威胁分析矩阵（图3－8）。

		威胁水平	
		高	低
机会水平	高	Ⅰ	Ⅱ
	低	Ⅲ	Ⅳ

图3－8　机会/威胁矩阵图

在机会/威胁分析矩阵中，纵轴代表机会水平，横轴代表威胁水平，通过机会/威胁分析矩阵，可以归纳出以下不同的四种环境状况：

区域Ⅰ：机会水平高，威胁水平也高，处于这种环境的企业被称为“面临冒险环境的企业”。

区域Ⅱ：机会水平高，威胁水平低，处于这种环境的企业被称为“面临理想环境的企业”。

区域Ⅲ：机会水平低，威胁水平也低，处于这种环境的企业被称为“面临成熟环境的企业”。

区域Ⅳ：机会水平低，威胁水平高，处于这种环境的企业被称为“面临困难环境的企业”。

企业处于何种环境状态在很大程度上是宏观环境造成的。因此，企业要经常监视和预测宏观环境的变化，善于分析和识别由于环境发展变化给企业造成的主要机会和威胁，以便及时采取适当的对策，使企业与环境变化相适应。

在环境分析与评价的基础上，服装企业对威胁与机会水平不等的各种营销业务，要分别采取不同的对策。

（1）面临理想环境应采取的对策。在这种环境下，服装企业面临的机会水平高，威胁水平低。因此，服装企业要不失时机地利用机会，扬长避短，开发新产品和服务，或者在原有的基础上扩大生产和经营规模，充分运用6P组合策略，全面提高产品或企业的市场地位，争取将产品和企业分别培育为名牌产品和名牌企业。

（2）面临冒险环境应采取的对策。在这种环境下，服装企业面临的机会水平高，威胁水平也高。因此，服装企业的领导层应当抓住机会，勇于冒险，果断决策，努力在冒险性环境中捕捉商机，开拓业务。面对威胁，要冷静分析，在慎重调研的基础上弄清企业面临的主要威胁是什么、来自何方，要善于扬长补短，以调整市场营销组合策略来改善环境、适应环境变化，减轻威胁给服装企业营销带来的不利影响。或者，通过努力限制或扭转企业所面临的环境威胁，争取使服装企业向理想环境方向转换。

（3）面临成熟环境应采取的对策。在这种环境下，服装企业的机会水平低，威胁水平也低。因此，服装企业一方面可以维持正常的经营，另一方面，应积极、主动地做好应变的准备，企业不可能一劳永逸地利用同一市场机会。为了在竞争中取得主动，服装企业要积极寻找适合自己生存的环境，开拓新的营销领域。在宏观环境一时无法改变的情况下，努力改善微观环境，创造出新的营销空间，以使服装企业长盛不衰。

（4）面临困难环境应采取的对策。在这种环境下，服装企业的机会水平低，威胁水平高。因此，服装企业要迅速摆脱这种不利局面，尽快开拓新的目标市场，实施新的营销手段和策略，既要减轻、摆脱威胁，又要及时发现机会，将服装企业的业务尽快转移到赢利水平更高的其他行业或市场。或者，实行多元化经营，尽快使企业走出困境，以避免更大的损失。

二、服装企业营销对策

（一）服装企业面对机会的对策

对市场机会的分析，服装企业必须深入分析机会的性质，以寻找对自身发展最有利的市场机会。

1．环境市场机会与企业市场机会

市场机会实质上是“未满足的需求”。伴随着需求的变化和产品生命周期的演变，会不断出现新的市场机会。但是，对不同企业而言，环境机会并非都是最佳机会，只有理想业务和成熟业务才是最适宜的机会。

2．行业市场机会与边缘市场机会

企业通常都有其特定的经营领域，出现在本企业经营领域内的市场机会，即行业市场机会，而出现于不同行业之间的交叉与结合部分的市场机会，则被称为边缘市场机会。一

般说来，进入边缘市场机会的业务的难度要大于进入行业市场机会的业务，但是行业与行业之间的边缘地带，有时会存在市场空隙，企业在发展中可用其发挥自身的优势。

3．目前市场机会与未来市场机会

从环境变化的动态性来分析，企业既要注意发现目前环境变化中的市场机会，也要面对未来，预测未来可能出现的大量需求或大多数人的消费倾向，发现和把握未来的市场机会。

（二）服装企业面对环境威胁的对策

面对环境对企业可能造成的威胁，企业常用的方法有以下三种。

1．对抗策略

也称抗争策略，即试图通过自己的努力限制或扭转环境中不利因素的发展。例如，通过各种方式促使（或阻止）政府通过某种法令或有关权威组织达成某种协议，以抵消不利因素的影响。

2．减轻策略

也称削弱策略，即企业力图通过改变自己的某些策略，降低环境变化威胁对企业的负面影响程度。

3．转移策略

也称转变或回避策略，即指企业通过改变自己受到威胁的主要产品的现有市场或转移投资方向来避免环境变化对企业的威胁，主要包括：原有销售市场的转移；不仅改变目标市场，而且做自身行业方面的调整；依据营销环境的变化，放弃自己原有的主营产品或服务，将主要力量转移到另一个新的行业中。

本章小结

- 服装市场营销环境由能影响服装企业有效地为目标市场服务能力的外部所有行动者和力量所组成，包括宏观环境和微观环境。服装企业的宏观环境又被称为间接营销环境，包括与服装企业营销活动密切相关的各种社会力量：人口环境、经济环境、科技环境、自然环境、政治法律环境、社会文化环境。服装企业的微观环境又被称为直接营销环境，包括企业内部环境、供应商、营销中介、顾客、竞争者和公众。服装企业面临的宏观营销环境和微观营销环境会给企业带来各种直接或间接的影响，分析服装市场营销环境是服装企业的一项重要工作。
- 服装企业处在复杂多变的市场营销环境中，环境变化给企业带来有利的市场机会和不利的环境威胁。服装企业要能动地适应市场营销环境，对营销环境的监视和预测是营销成败的关键。服装企业要分析市场机会和环境威胁，对市场机会采用及时利用、适时利用、果断放弃的对策，对环境威胁采取反抗、减轻、转移的决策。

思考题

1. 服装市场营销环境有哪些特点？企业分析服装市场营销环境有何意义？
2. 构成服装市场营销环境的宏观环境有哪些因素？
3. 构成服装市场营销环境的微观环境有哪些因素？
4. 联系实际谈谈服装企业面临环境威胁和机会时如何选择对策？

小课堂

李宁公司营销环境分析

一、李宁公司概况

李宁公司是著名体操运动员李宁在1990年创立的体育用品企业，经过20多年的探索、发展，李宁公司已经逐步发展成为中国、国际领先的体育用品企业。李宁公司产品主要包括运动及休闲的鞋类、服装以及体育器材和配件产品。截至2012年7月，李宁品牌的常规店、旗舰店、工厂店以及折扣店的店铺数量达7300多间、营业收入38.80亿元、毛利17亿元，紧随阿迪达斯和耐克两大巨头之后排名市场第三位。

二、李宁公司宏观环境分析

1. 经济环境分析

随着经济增长、消费者人均收入的增加，其支出模式也发生了变化。居民用于购买食物的支出逐步减少，而用于教育、卫生、娱乐、健身等方面的支出显著增加。此外，随着社会福利和社会保障的逐步完善，人们拥有了更多的闲暇时光，也刺激了人们对体育健身的需求。

2. 社会文化环境分析

奥运引发的全民运动，随着我国运动员在国际赛场尤其是奥运会上的表现越来越好，吸引了更多的民众开始关注中国的体育事业，尤其是北京奥运会的召开无疑刺激了人们对于体育事业的关注。中国也提出了全民奥运的口号。政府加大对于体育设施的投入，完善了体育运动的配套设施，大街小巷都可以见到从事体育运动的各类人群，引发了全民运动的浪潮，对于体育用品的需求也空前高涨。

3. 科技环境分析

经过20几年的发展，虽然中国产生了李宁、安踏、361°、鸿星尔克等本土品牌逐渐缩小了同国外品牌的差距，但是这些品牌还不足以与耐克、阿迪达斯、卡帕、彪马等国际品牌相匹敌，其自主研发、设计及运营管理的能力与国际品牌还存在很大的差距。国内的企业大都是在模仿国外企业的产品样式、企业运作模式，缺乏独立自主的创新成果和自己的专利技术。目前，我国体育用品企业普遍缺乏支撑自身品牌运营的产品设计与开发能力，我国大部分体育用品制造企业还停留在为大品牌代工的初级阶段，从整体上看设计水平偏低。

三、李宁公司微观环境分析

（一）渠道分析

1. 供应商分析

李宁选择的供应商均是国际上各自领域中的领先企业，包括米其林、杜邦、莱卡和3M等。一方面，这些各自领域的领先企业为李宁公司提供了高质量的产品、提高了李宁公司产品的质量和认可度；另一方面，这些公司对于李宁公司的依赖比较低，一旦他们的产品产生质量问题，李宁公司会面临高昂的转换供应商的成本，容易被供应商绑架。

2. 分销渠道分析

李宁公司作为中国领先的体育品牌企业之一，拥有很强的经销及零售实力。公司已在中国市场建立广泛的经销商及零售商网络，经销商在集团的统一指导下进行经营。李宁公司由经销商经营5300多间店铺，同时在北京、上海等13的省份拥有375间直营店，其分销网络是国内运动服饰企业中最广的。同时，李宁公司亦自行经营李宁牌零售店及特许专卖。但是，李宁公司的渠道存在零售网点位置一般、商场内的陈列设计不合理、不同店铺的协调工作差、打折不统一且不能同时进行、IT网络落后等问题。

（二）消费者分析

李宁公司的主要消费群体集中在25岁以上，以女性居多。这部分消费者有固定的收入，月均收入在2000～3000元之间，属于价格导向型消费者。李宁公司产品虽然没有耐克和阿迪达斯这么强大的品牌效应，但也是国内体育用品的第一品牌，而且价格适中，宣扬的是一种亲和、友好、民族荣誉感的氛围，介于运动与休闲之间，符合他们的消费心理，因而成为他们的首选。

（三）企业内部分析

在产品开发方面，李宁公司拥有亚洲一流的产品设计研发中心，引进了国际先进的开发管理机制，聘请了国内外一流的设计师等，大力加强了市场调研和设计开发力量以逐步增强品牌的竞争力。李宁公司目前发展重点是提升产品设计、加强科技应用，其在香港设有研发团队。同时，李宁公司把生产外包给全球最大的制鞋企业裕元集团，而把企业重心放在了产品设计、分销及品牌形象的打造上。

（四）竞争者分析

目前，李宁公司最主要的竞争对手是在我国市场占有率和销售额较为领先的高端国外品牌，如耐克、阿迪达斯以及国内中低端品牌代表安踏、鸿星尔克等。

1. 耐克

耐克的品牌个性是挑战、热情、信心，在竞争中体味快乐，其核心是“以专业体育用品市场来引导大众市场”。耐克在中国消费者心中是最酷的品牌，耐克进入中国时就义无反顾地选择了本土化，从培育目标消费群的基础做起。在中国，耐克所拥有的个性化、创造性、专业性以及休闲性等基本价值观正成为最受欢迎的文化。因此，耐克的高价不但不是销售的障碍，反而是其产品价值的体现，这也就不难理解为何在运动产品降价的大趋势下耐克却逆流而上提高产品价格了。

2. 安踏

安踏的品牌个性是专注、务实、不断超越，在产品的成本、价格上存在优势，同时将主要的市场重点放在二、三线城市，其在中低端品牌中性价比较高，口碑一直不错，拥有很大一部分自己的忠诚客户。此外，无论是邀请运动巨星代言，还是赞助重大的体育赛事，安踏在营销上的巨额投入气势丝毫不差李宁。最近几年安踏赞助 CBA 并成功成为中国奥委会合作伙伴，有在品牌知名度上超越李宁的趋势。在产品的实际销售上，虽然安踏的销量远不及李宁，但是产品的净利润已经超过李宁。

四、对李宁公司的策略建议

（一）坚持技术研发、走自主创新之路

在当今时代，企业之间的竞争已经是技术和品牌的竞争，而品牌的竞争又要基于自己独特的技术基础之上，没有哪个知名品牌是没有自己独特的技术作为支撑的。只有坚持自己的自主技术创新，形成自己的专利技术，才能树立自己的品牌优势，在今后日趋激烈的行业竞争之中占有立足之地。因此，李宁公司必须坚持技术研发并走自主创新之路。

（二）立足本土化、提高民族特性

李宁公司应充分利用李宁品牌的民族企业定位，大力发展本土市场，不要急功近利去开拓国际市场而使自己的原有本土市场被耐克、阿迪乃至其他本土品牌乘虚而入。李宁公司应立足本土市场，提高自己产品的民族特性，充分利用自己的品牌优势以及对于中国文化和大众需求特点的了解，建立自己牢固的大本营，巩固和加强北京奥运会之后的新增市场。

（三）准确市场定位、有效实施差异化营销

李宁公司的衰退一部分原因是经济大环境和行业需求的下降，但很大程度上是对于市场定位的错误造成的。从自身品牌塑造上来讲，李宁抛弃了原有的忠诚客户，去追求90后客户群，但是却对他们的需求特点不了解，没有取得新客户群的认可，也丢掉了老客户的忠诚。从对外竞争上看，对于自身品牌盲目乐观，认为自己可以和耐克、阿迪达斯一较高下，把自己的产品价格定得偏高，使自己处于一个比上不足比下有余的尴尬地位，既没有开发出高端市场也丢掉了低端市场。李宁公司应该重新认识自己，制订准确的市场定位。李宁公司要采取差异化的营销策略，发展自己的品牌特性，不能用自己不擅长的方面和别人的优势进行竞争，应避其锋芒、攻其不备。

第四章　服装消费行为分析

课程名称： 服装消费行为分析

课程内容： 服装消费者购买行为
影响消费者购买行为的主要因素
服装消费者购买决策过程

课程时间： 3 课时

教学目的： 向学生介绍服装消费者在购买过程中的行为模式，重点通过分析影响消费者购买行为的因素，让学生理解服装消费者购买决策的过程，并以此为市场调研的依据。

教学方式： 理论教学

教学要求： 1. 了解和认识服装消费者市场及其特点。
2. 熟悉影响服装消费者市场购买行为的因素。
3. 掌握服装消费者市场购买决策类型与决策过程。

课前准备： 阅读有关消费心理和消费行为方面的书籍。

第一节　服装消费者购买行为

一、消费者市场

消费者市场也被称为最终产品市场，是指个人或家庭为生活消费而购买、租赁产品或服务的市场。它是市场营销学研究的主要对象，是所有商品的最终市场。无论是产业市场还是中间商市场，其最终的服务对象都是消费品市场。因此，全面动态地了解消费者需求、掌握消费者市场的特征及其发展趋势是服装企业生存与发展的重要前提。

二、服装消费者的需求及其特点

（一）消费者需求概述

消费者需求是指人们为了满足物质和文化生活的需求而对物质产品和服务的具有货币支付能力的欲望和购买能力的总和。

随着市场经济的迅猛发展，“顾客至上”已成为许多服装企业的服务理念。消费的需求就是销售者的市场，怎样把握这个市场就成为各服装企业长期探究的问题。

从新产品创意的产生到创意的筛选、产品概念的形成、市场营销战略的制定、商业情况分析、产品的开发、市场信息试销，直至最后产品正式上市，这一系列环节都不是孤立的，它们都与消费者的需求反映密切相关。不论哪个环节都离不开消费者的需求反映。离开了消费者需求的产品就不再是商品。

一个企业要使自己生产的产品达到好的销售水平，提高自己产品的市场占有率、扩大销售额，就要对消费者需求进行分析。首先，必须要了解消费者的需求心理，对于他们要购买什么、何时购买、何处购买、由谁购买、为何购买以及如何购买这一系列问题进行客观的市场调研分析，准确掌握消费者的需求特性，以利于企业更好地开展活动。

（二）服装消费者需求特点

根据市场综合分析，服装消费者需求存在着以下特点。

1．对服装产品品种需求的差异性

我国消费市场广大，人数众多。不同的民族、不同的地区存在着差异，同一民族、同一地区的消费者又因为性别、年龄、职业、知识层面、性格等不同，存在着不同的消费喜好，这就要求企业销售的产品要满足多品种、小批量的要求。

2. 对服装产品档次需求的层次性

马斯洛需求层次理论把人们的需求分为：生理需求、安全需求、社会需求、尊重需求、自我实现需求。由于经济因素的影响，人们的需求行为总是从低级需求向高级需求发展。只有当低一级的需求得到满足时，人们才开始追求高一级的需求。处于不同层次的消费者，对需求的要求也各不相同。这就要求企业在开发多品牌、不同档次的服装产品来满足大部分消费者的同时，还要抓住 VIP 消费者。

3. 服装消费者需求存在诱导性

消费者不等于购买者，也不等于使用者。由于这三者之间存在过渡，就使得消费者需求存在诱导性。消费者是一个笼统的概念，它集发起者、影响者、决策者、购买者、使用者五个角色于一身。不同品牌和种类的产品在不同的销售时间、地点下，购买者对其有很大的选择性。购买者不仅仅像使用者那样过于注重产品的功效，而更有可能因产品包装、价格、销售方式的不同产生购买行为的变化，这就要求服装企业在产品销售时，采用正确的产品组合策略、价格策略、渠道策略和促销方式对产品进行销售。

4. 服装消费者需求存在时代性

经济的快速发展、人民生活水平的逐步提高，使时尚成为大多数消费者追求的目标，特别是女性消费者，她们的消费理念不仅限于满足基本的物质需求，而是开始更多地追求享受性消费和智能性消费。这就要求服装企业在产品开发时注重创新意识，多开发新奇的产品，而不只是复制产品。

5. 服装消费者需求还存在着季节性

随着四季气候的周期变化，消费者消费需求也存在着周期的变化。当然，这不排除部分消费者因为价格因素，出现“夏买棉袄、冬买凉鞋”的行为。但这毕竟是少部分消费群体。服装本身的季节性和流行性特点要求服装企业在产品定购上做好计划，通过一些现代的方法确定经济批量，做好仓储管理中的安全库存部分，确保服装企业能有效均匀的运行。

另外，消费者的购买需求活动还是一个情绪上的变化过程，分为悬念阶段（对新产品产生的不安情绪阶段）、定向阶段（对产品初步印象进行定向的阶段）、强化阶段（对购买决策的制订阶段）、冲突阶段（对购买决定的行动表现阶段）。在这四个阶段中，销售者想要成功地推出自己的产品，就必须抓住消费者的强化阶段。通过各种强化措施，刺激消费。根据消费者在购买动机上表现的追求实用、追求健康、追求便利、追求廉价、追求新奇、追求美感、追求名望等不同，掌握其购买特性，对自己企业的销售方式、销售时间、销售地点、销售内容进行科学的市场分析，从而达到业绩上的凸显。

正是因为消费者这种需求特性的差异，服装企业在开发产品、推出产品时，要对宣传、广告、价格等方面进行细化的市场分析。根据消费者的需求动机、购买力进行自己产品档次的确定，从而开发出既适合市场、又让消费者满意的产品，使销售商，消费者达到互赢的效果。

三、服装消费者的购买动机及其类型

（一）服装消费者购买动机

购买动机是使消费者做出购买某种商品决策的内在驱动力，是引起购买行为的前提，即引起行为的缘由，有什么样的动机就有什么样的行为。

动机分为两类：第一类是生理性动机，如前面提到的，肚子饿了会产生对食物的需求，口渴了会产生对水的需求，这些都属于生理需求，企业改变不了，也不是营销研究的对象，只能去适应它；第二类是心理性动机，顾客想不想买，是可以通过营销努力来改变的，这是我们研究的重点。

（二）常见的服装消费者购买动机

1. 求实购买动机

它是指消费者以追求商品或服务的使用价值为主导倾向的购买动机，注重实惠和实用原则，强调服装产品的效用和质量，讲求朴实大方、经久耐穿、使用便利，不过分关心产品的造型、品牌和包装。

2. 求新、求异购买动机

它是指消费者以追求服装商品和服务的时尚、新颖、奇特为主导倾向的购买动机，注重服装产品的“时髦”和“新奇”，讲求产品的款式和社会流行样式。尤其在追求个性化的青年人中，这类动机普遍存在。

3. 求美购买动机

它是指消费者以追求商品欣赏价值和艺术价值为主要倾向的购买动机，注重产品的颜色、造型、款式和包装等外观因素，讲求服装产品的风格和个性化特征的美化、装饰作用及其所带来的美感享受。

4. 求名、求优购买动机

它是指消费者以追求名牌、高档商品，借以显示或提高自己的身份、地位而形成的购买动机，注重服装产品的社会声誉和象征意义，讲求产品与其生活水平、社会地位和个性特征的关联性。

5. 求廉、求利购买动机

它是指消费者以追求商品、服务的价格低廉为主导倾向的购买动机，注重“廉价”和“物美”原则，非常注重服装产品的价格变动，而对服装产品的质量、花色、款式、品牌和包装等不十分挑剔。

6. 求便购买动机

它是指消费者以追求商品购买和使用过程中的省时、便利为主导倾向的购买动机，注重购买过程的时间和效率，希望能快速、便捷地购买到中意、适合需要的服装。

7. 模仿或从众动机

它是指消费者在购买商品时自觉不自觉地模仿他人的购买行为而形成的购买动机，该动机通常在相关群体和社会风气的影响下产生，跟随他人购买特定品牌、特定款式的服装，而未顾及自身特点和需要，因此会有一定的盲目性和不成熟性。

需要指出的是，上述购买动机绝不是彼此孤立的，而是相互交错、相互制约的。在有些情况下，一种动机居支配地位，其他动机起辅助作用。在另外一些情况下，可能是另外的动机起主导作用，或者是几种动机共同起作用。因此，在调查、了解和研究过程中，对消费者购买动机切忌做静态和简单的分析。

四、服装消费者购买行为

（一）服装消费者购买行为的含义

服装消费者购买行为是指消费者为满足其个人或家庭生活而发生的购买服装商品的决策过程。

消费者购买行为较为复杂，其购买行为的产生是受到内在因素和外在因素的相互促进交互影响的。企业营销应通过对消费者购买行为的研究，掌握其购买行为的规律，从而制定有效的市场营销策略，实现企业营销目标。

（二）服装消费者购买行为模式

消费者市场人数众多，购买品种成千上万，消费者因其个性、经历、需求等不同而呈现不同的购买行为，分析起来比较困难。对此，营销学家归纳出七个主要问题用来描述市场。

对消费者购买行为规律的研究首先涉及消费者购买行为的基本模式，主要要回答以下一些问题：

形成购买群体的是哪些人？ 购买者 （Occupants）
他们要购买什么商品？ 购买对象 （Object）
他们为什么要购买这些商品？ 购买目的 （Objective）
哪些人参与了购买决策过程？ 购买组织 （Organization）
他们以什么方式购买？ 购买方式 （Operation）
他们在什么时候购买？ 购买时间 （Occasion）
他们在哪里购买？ 购买地点 （Outlet）

由于上述七种要素的英文单词的首字母都是O，所以有人将其简称为“7O”研究法。营销人员在制定针对消费者市场的营销组合之前，必须先研究消费者购买行为。

研究消费者购买行为的理论中最具有代表性的是“刺激—反应”模式，这是研究购买者行为最基本的方法，任何购买者的购买决策都是在一定的内在因素的促动和外在因素的激励之下产生的。要使企业的营销活动获得成功，关键要看这些活动是怎样对消费者产生影响的，不同的消费者又各自会对其做出怎样的反应，形成不同反应的原因又到底是什么。我们可从“刺激—反应”模式出发去建立消费者的购买行为模式（图 4 –1）。

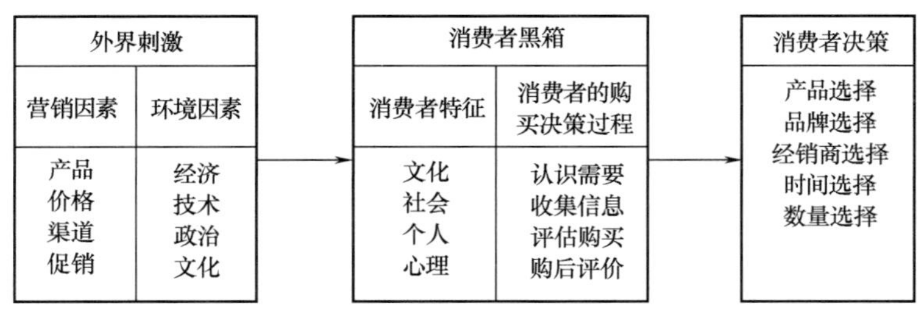

图 4 –1　消费者购买行为模式

从这一模式中我们可以看到，具有一定潜在需求的消费者首先是受到服装企业的营销活动刺激和各种外部环境因素的影响而产生购买意向的。而不同特征的消费者对于外界的各种刺激和影响又会基于特定的内在因素和决策方式做出不同的反应，从而形成不同的购买意向和购买行为。这就是消费者购买行为的一般规律。

在这一购买行为模式中，“外界刺激”是可以看得到的，购买者最后的决策和选择也是可以看得到的，但是购买者如何根据外部的刺激进行判断和决策的过程却是看不见的。这就是心理学中所谓的“黑箱”效应。购买者行为分析就是要对这一“黑箱”进行分析，设法了解消费者的购买决策过程以及影响这一决策过程的各种因素的影响规律。

第二节　影响消费者购买行为的主要因素

研究影响消费者购买行为因素（图 4 –2），对服装企业开展有效的市场营销活动至关重要。影响消费者购买行为的非经济因素主要有内外两个方面：外部因素主要有消费者所处的文化环境、消费者所在的社会阶层、消费者所接触的各种社会团体以及消费者在这些社会团体中的角色和地位等；内部因素则是指消费者的个人因素和心理因素，个人因素包括消费者的性别、年龄、职业、教育、个性、经历与生活方式等，心理因素包括购买动机、对外界刺激的反应方式、学习方式以及态度与信念等。这些因素不仅在某种程度上决定着消费者的决策行为，而且对外部环境与营销刺激的影响也起着放大或抑制作用。

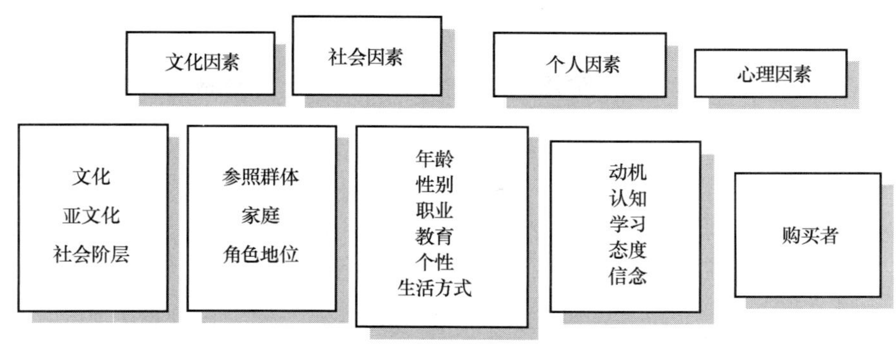

图 4－2 影响消费者购买行为的因素

一、文化因素

（一）文化

1. 文化的概述

文化有广义与狭义之分。广义文化是指人类创造的一切物质财富和精神财富的总和。狭义文化是指人类精神活动所创造的成果，如哲学、宗教、科学、艺术、道德等。在消费者行为研究中，由于研究者主要关心文化对消费者行为的影响，所以我们将文化定义为一定社会经过学习获得的、用以指导消费者行为的信念、价值观和习惯的总和。文化具有习得性、动态性、群体性、社会性和无形性的特点。

文化通过对个体行为进行规范和界定进而影响家庭等社会组织。文化本身也随着价值观、环境的变化或重大事件的发生而变化。价值观是关于理想的最终状态和行为方式的持久信念，它代表着一个社会或群体对理想的最终状态和行为方式的某种共同看法，为社会成员提供了关于什么是重要的、什么是正确的以及人们应追求一个什么样的最终状态的共同信念。它是人们用于指导行为、态度和判断的标准，而人们对于特定事物的态度一般也会反映和支持他的价值观。

文化价值观可分为三类：有关社会成员间关系的价值观、有关人类环境的价值观以及有关自我的价值观。这些价值观对于消费者行为具有重要影响，并最终影响着服装企业营销策略的选择及成败得失。有关社会成员之间关系的价值观反映的是一个社会关于该社会中个体与群体、个体之间以及群体之间适当关系的看法，包括个人与集体、成人与孩子、青年与老年、男性与女性、竞争与协作等方面。有关环境的价值观反映的是一个社会关于该社会与自然、经济以及技术等环境之间关系的看法，包括自然界、个人成就与出身、风险与安全、乐观与悲观等方面。有关自我的价值观反映的是社会各成员的理想生活目标及实现途径，包括动与静、物质与非物质主义、工作与休闲、现在与未来、欲望与节制、幽默与严肃等方面。

不同国家、地区或不同群体之间，语言上的差异是比较容易察觉的，但容易被人们所忽视的往往是那些非语言沟通的文化因素，包括时间、空间、礼仪、象征、契约和友谊等。这些因素上的差异往往也是难以察觉、理解和处理的。对一定社会各种文化因素的了解将有助于营销者提高消费者对其产品的接受程度。

2．文化对消费行为的影响

文化对于人们行为的影响有着以下一些特征。

（1）具有明显的区域属性。生活在不同地理区域的人们的文化特征会有较大的差异，这是因为文化本身也是一定的生产方式和生活方式的产物。同一区域的人们具有基本相同的生产方式和生活方式，能进行较为频繁的相互交流，因此能形成基本相同的文化特征。而不同区域的人们由于生产与生活方式上的差异，交流的机会也比较少，文化特征的差异比较大。例如，西方人由于注重个人创造能力发挥，比较崇尚个人的奋斗精神，注重个人自由权的保护；而东方人由于注重集体协作力量的利用，比较讲究团队精神，注重团体利益和领导权威性的保护。这种文化意识往往通过正规的教育和社会环境的潜移默化，自幼就在人们的心中形成。然而，随着区域间人们交流频率的提高和交流范围的扩大，区域间的文化也会相互影响和相互交融，并可能对相互区域文化逐步地改变。例如，我国自20世纪80年代实行改革开放以来，已融入了相当多的西方文化，牛仔裤、肯德基快餐等都已成为我国当代文化不可忽略的组成部分。

（2）具有很强的传统属性。文化的遗传性是不可忽略的。由于文化影响着教育、道德观念甚至法律等对人们的思想和行为发生深层次影响的社会因素，所以一定的文化特征能够在一定的区域范围内得到长期延续。对某一服装市场的文化背景进行分析时，一定要重视对传统文化特征的分析和研究。此外，必须注意到的是，文化的传统性会引发两种不同的社会效应：一是怀旧复古效应，利用人们对传统文化的依恋，可创造出很多市场机会；二是追新求异效应，即大多数年轻人所追求的“代沟”效应。这提醒我们在研究文化特征时必须注意多元文化的影响，可利用这些效应创造新的市场机会。

（3）具有间接的影响作用。文化对人们的影响在大多数情况下是间接的，即所谓的“潜移默化”。首先，往往影响人们的生活和工作环境，进而再影响人们的行为。例如，一个在农村长期生活的农民，在家乡时可放任不羁地大声说笑，随地吐痰，进城到某外资企业办事，马上就会变得斯斯文文，彬彬有礼，这就是外资企业的文化环境对其产生了影响。一些企业注意到这一点，通过改变人们的生活环境来影响人们的消费习惯的做法往往十分见效。

（二）亚文化

亚文化是一个不同于文化类型的概念。所谓亚文化，是指某一文化群体所属次级群体的成员共有的独特信念、价值观和生活习惯。每一亚文化都会坚持其所在的社会群体中主要的文化信念、价值观和行为模式。同时，每一文化又都包含着能为其成员提供更为具体的认同感和社会化的较小的亚文化。目前，国内外营销学者普遍接受的是按民族、宗教、种族、地理划分亚文化的分类方法。

1．民族亚文化

几乎每个国家都是由不同民族所构成的。不同的民族都有其独特的风俗习惯和文化传统。我国有56个民族，民族亚文化对消费者行为的影响是巨大的。

2．宗教亚文化

不同的宗教群体具有不同的文化倾向、习俗和禁忌。例如，我国有佛教、道教、伊斯兰教、天主教、基督教等，这些宗教的信仰者都有其各自的信仰、生活方式和消费习惯。宗教能影响人们行为，也能影响人们的价值观。

3．种族亚文化

白种人、黄种人、黑种人都各有其独特的文化传统、文化风格和态度。他们即使生活在同一国家甚至同一城市，也会有自己特殊的需求、爱好和购买习惯。

4．地理亚文化

地理环境上的差异也会导致人们在消费习俗和消费特点上有所不同。长期形成的地域习惯，一般比较稳定。自然地理环境不仅决定着一个地区的产业和贸易发展格局，而且间接影响着一个地区消费者的生活方式、生活水平、购买力的大小和消费结构，从而在不同的地域形成不同的商业文化。

不同的亚文化会形成不同的消费亚文化。消费亚文化是一个独特的社会群体，这个群体以产品、品牌或消费方式为基础，形成独特的模式。这些亚文化具有一些共有的内容，比如一种确定的社会等级结构、一套共有的信仰或价值观以及独特的用语、仪式和有象征意义的表达方式等。消费亚文化对营销者很重要，有时，一种产品就是构成亚文化的基础，是亚文化成员身份的象征，例如高级轿车。符合某种亚文化的产品会受到其他社会成员的喜爱。

（三）社会阶层

社会阶层是由具有相同或类似社会地位的社会成员组成的相对持久的群体。每一个体都会在社会中占据一定的位置，社会成员分成高低有序的层次或阶层。社会阶层是一种普遍存在的社会现象，导致社会阶层出现的终极原因是社会分工和财产的个人所有。

通过分析消费者行为来分析社会阶层，可以了解不同阶层的消费者在购买、消费、沟通、个人偏好等方面具有哪些独特性以及哪些行为是各社会阶层成员共有的。

吉尔伯特和卡尔将决定社会阶层的因素分为三类：经济变量、社会互动变量和政治变量。经济变量包括职业、收入和教育；社会互动变量包括个人声望、社会联系和社会化；政治变量则包括权力、阶层意识和流动性。

在社会互动变量中，个人声望表明群体其他成员对某人是否尊重以及尊重程度如何。社会联系涉及个体与其他成员的日常交往、他与哪些人在一起以及与哪些人相处得好。社会化则是个体习得技能、态度和习惯的过程，家庭、学校、朋友对个体的社会化具有决定性影响。在政治变量中，阶层意识是指某一社会阶层的人意识到自己属于一个具有共同的政治和经济利益的独特群体的程度。人们越具有阶层或群体意识，就越可能组织政治团体、工会来推进和维护其利益。

不同社会阶层消费者的行为在很多方面存在差异，比如支出模式上的差异、休闲活动上的差异、信息接收和处理上的差异以及购物方式上的差异等。对于某些产品，社会阶层提供了一种合适的细分依据或细分基础，依据社会阶层可以制定相应的市场营销战略。具体步骤如下：首先，决定企业的产品及其消费过程在哪些方面受社会阶层的影响，然后将相关的阶层变量与产品消费联系起来。为此，除了运用相关变量对社会阶层分层以外，还要搜集消费者在产品使用、购买动机、产品的社会含义等方面的数据。其次，确定应以哪一社会阶层的消费者为目标市场。既要考虑不同社会阶层作为目标市场的吸引力，也要考虑服装企业自身的优势和特点。再次，根据目标消费者的需求与特点，为产品定位。最后，制定市场营销组合策略，以达到定位目的。

需要注意的是，不同社会阶层的消费者由于在职业、收入、教育等方面存在明显差异，因此，即使购买同一产品，其趣味、偏好和动机也会不同。例如，同样是购买牛仔裤，劳动阶层的消费者可能看中的是它的耐用性和经济性，而上层社会的消费者可能注重的是它流行程度和自我表现力。事实上，对于市场上现有的产品和品牌，消费者会自觉或不自觉地将它们归入适合或不适合自己这一阶层消费。

另外，处于某一社会阶层的消费者会试图模仿或追求更高层次的生活方式。因此，以中层消费者为目标市场的品牌，根据中上层生活方式定位可能更为合适。

二、社会因素

（一）参照群体

1. 参照群体概述

参照群体是与消费者密切相关的社会群体，它与隶属群体相对应。参照群体又可分为直接参照群体和间接参照群体（图4－3）。

直接参照群体	间接参照群体
首要群体 次要群体	向往群体 厌恶群体

图4－3　参照群体分类

参照群体可分为三类：一是对个人影响最大的群体，如家庭、亲朋好友、邻居和同事等；二是影响较次一级的群体，如个人所参加的各种社会团体；三是个人并不直接参加，但对其影响也很显著的群体，如社会名流、影视明星、体育明星等，这些被称为崇拜性群体，他们的一举一动常会成为人们模仿的样板，因此很多服装企业花高价请明星们穿用他们的产品，可以收到显著的示范效应。但是，参照群体对消费者的影响，因购买的商品不同也有所不同，对价值小和使用时不易被他人觉察的服装商品影响较小，而对价值大和使用时易为他人觉察的商品影响较大。

参照群体对其成员的影响程度取决于多方面的因素，主要有：产品使用时的可见性；产品的必需程度；产品与群体的相关性；产品的生命周期；个体对群体的忠诚程度；个体在购买中的自信程度。

2．*参照群体概念在服装营销中的运用*

（1）名人效应。对很多人来说，名人生活代表了一种理想化的生活模式。正因为如此，服装企业花巨额费用聘请名人来促销其产品。研究发现，用名人作支持的广告较不用名人的广告的评价更正面、更积极，这一点在青少年群体上体现得更为明显。运用名人效应的方式多种多样，例如，可以用名人作为产品或公司代言人，也可以用名人做证词广告，即在广告中引述广告产品或服务的优点和长处，又或者介绍其使用该产品或服务的体验，还可以采用将名人的名字使用于产品或包装上等做法。

（2）专家效应。专家是指在某一专业领域受过专门训练，具有专门知识、经验和特长的人。医生、律师、营养学家等均是各自领域的专家。专家所具有的丰富知识和经验，使其在介绍、推荐产品与服务时较一般人更具权威性，从而产生专家所特有的公信力和影响力。当然，在运用专家效应时，一方面应注意法律的限制，另一方面，应避免公众对专家的公正性、客观性产生质疑。

（3）“普通人”效应。运用满意顾客的证词来宣传企业的产品是广告中常用的方法之一。由于出现在荧屏上或画面上的代言人是和潜在顾客一样的普通消费者，会使受众感到亲近，从而使广告诉求更容易引起共鸣。例如，一些服装公司在电视广告中展示普通消费者或普通家庭如何用广告中的产品、如何从产品的消费中获得美感等。

（4）经理型代言人。自20世纪70年代以来，越来越多的企业在广告中用公司总裁或总经理作代言人。

（二）家庭

家庭是社会最基本的组织细胞，也是最典型的消费单位，研究影响消费者购买行为的社会因素不能不研究家庭。家庭对购买行为的影响主要取决于家庭的规模、家庭的性质（家庭生命周期）以及家庭的购买决策方式等几个方面。

不同规模的家庭有着不同的消费特征与购买方式。家庭也有其发展的生命周期，处于发展周期不同阶段的家庭，由于家庭性质的差异，其消费与购买行为也有很大的不同。一般来说，家庭的生命周期可划分为八个主要阶段（图4－4）。

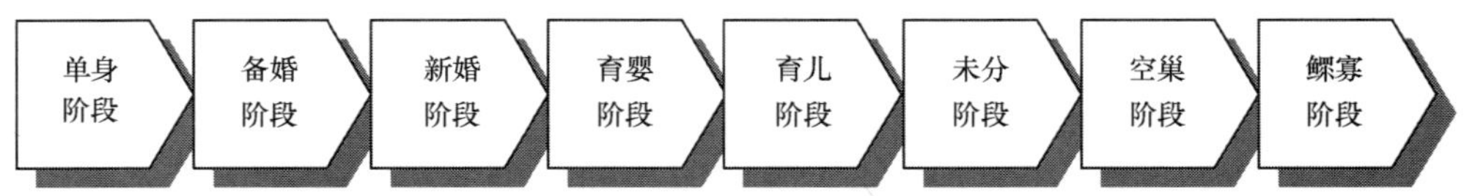

图 4－4　家庭生命周期

1．单身阶段

已参加工作，独立生活，处于恋爱，择偶时期。处于这一阶段的年轻人几乎没有经济负担，大量的收入主要花费在食品、书籍、时装、社交和娱乐等消费上。

2．备婚阶段

已确定未婚夫妻关系并积极筹备婚事。处于这一阶段的人们为构筑一个幸福的小家庭，购置成套家具、耐用消费品、高级时装、各种结婚用品以及装修新房等成了他们除了工作以外的基本生活内容，这就使得这一阶段成为家庭生命周期中一个消费相对集中的阶段。应当指出的是，备婚阶段在我国等东方民族比较明显，而在西方国家却不太突出。因为西方人的习惯是婚后才逐步添置家庭生活用品，所以这一阶段的消费并不十分集中。

3．新婚阶段

已经结婚，但孩子尚未降临家庭。这一阶段，家庭将继续添置一些应购未购的生活用品，如果经济条件允许，娱乐方面的花费可能增多。

4．育婴阶段（满巢 1）

有 6 岁以下孩子的家庭。按照传统观念，有孩子的家庭才是完整的家庭，故称“满巢”。孩子诞生后，孩子将成为家庭消费的重点。因此，这一阶段的家庭会在哺育婴儿的相关消费上作比较大的投资。

5．育儿阶段（满巢 2）

有 6～18 岁孩子的家庭。孩子在逐步长大成人，家庭的主要消费仍在孩子身上。与育婴阶段不同的是，这一阶段孩子的教育费用将成为家庭消费的重要组成部分。除学费之外，各种课外学习与娱乐的开支也会大大增加。

6．未分阶段（满巢 3）

有 18 岁以上尚未独立生活的子女的家庭。此时，子女已经长大成人，但仍同父母住在一起。这一阶段家庭消费的主要特点是家庭的消费中心发生了分化。父母不再将全部消费放在子女身上，也开始注重自身的消费；而子女随着年龄的增大，在消费方面的自主权开始增加，有些子女参加了工作，有了一定的经济来源，消费的独立性会更为明显。

7．空巢阶段

孩子相继成家，独立生活。这一时期的老年夫妇家庭，由于经济负担减轻，消费数量将减少，消费质量将提高。保健、旅游将成为消费的重点，社交活动也会有所增加。在我国，一些老人经常会毫不吝啬地将钱花在第三代身上。

8. 鳏寡阶段

夫妻一方先去世，家庭重新回到单人世界，此时最需要的消费是医疗保健、生活服务和老年社交活动。

不同阶段的家庭有不同的需求特点，营销者只有明确自己的目标市场处于家庭生命周期的什么阶段并据以发展适销的产品和拟订适当的营销计划，才能取得成功。

（三）角色

1. 角色决定在群体中的地位

“角色”这个概念是从戏剧中借用过来的。我们这里所指的角色就是和一定社会位置相关联的行为模式。换句话说，角色就是社会对个人职能的划分，它指出了个人在社会中的地位和在社会关系中的位置，代表了每个人的身份。身份也常用于指个人的社会地位。从事不同职业和担任不同职务的人，由于在工作环境、劳动性质以及要求的知识水平、年龄、性别、所接触的群体内其他成员等方面存在差异，因而影响个体的消费行为。不仅在购买商品的类别、品种、质量、价格等方面有别，即使对同一商品，也会出于截然不同的购买动机和需要，而有着明显的差异。

2. 角色形成不同的社交方式

不同的社交所交往的人不同，交往的方式不同，对商品的要求也不同。这点在许多消费者购买服装产品时，反映得比较明显，可以从购买服装的品牌、数量、质量上看出来。如学生们购买服装选择一般品牌或者一些不知名的牌子；中老年人往往选择中档及以上的品牌服装。

3. 角色决定个体生活方式

这点在消费态度、消费习惯上比较突出。有时并不是经济收入方面的原因。如某一职业和担任某一职务的消费者，其家庭的室内陈设、吃穿标准、接待客人的标准等往往要保持与同等角色和身份的人相似或相近。

4. 角色多样化使购买行为出现差异

一个人可以同时属于不同的几个群体，并在其中担任不同的角色，每一角色会不同程度地影响其消费行为。如一个男性消费者在作为一个教师给自己买衣服时，可能考虑要大方庄重、结实耐穿；作为丈夫给妻子买衣服时，可能就会选择色彩鲜艳、式样时尚的服装；作为父亲给孩子买衣服，可能希望新颖活泼、价格便宜；作为朋友给要好的同事买衣服，又可能要求包装精美、品牌著名。

一个人担任的角色越多，其消费行为越复杂。他有时考虑对自己的效用，有时要出于他人的效用，有时还要考虑社会效果。有人曾对北京某商店购买糕点的消费者进行调查，发现他们的购买目的基本属于两类：一类是本人自己食用或与家人一起食用；另一类是送礼用。前一类选商品时考虑的因素依次为：风味、营养、名气、包装。后一类消费者则是包装、名气、风味、营养。

三、个人因素

除了文化和社会的差异之外，消费者的个人因素在其购买决策中也发挥着重要作用。我们可以看到，在相同的社会和文化背景下，消费者的购买行为也存在着相当大的差异。生活在同一个家庭中的姐妹，有的喜欢在家看书，有的喜欢外出旅游；在同一单位工作的同事，有的花钱大方，有的十分节俭。这说明，除了文化与社会的因素之外，消费者的个人因素对于其购买行为起着更为明显的作用。个人因素包含年龄与性别、职业与教育、生活方式以及个性等。

（一）年龄与性别

年龄与性别是消费者最为基本的个人因素，具有较大的共性特征。了解不同年龄层次和不同性别消费者的购买特征，才能针对不同的商品和顾客制定准确的营销方案。

例如，追求时髦的大都是年轻人，因为年轻人热情奔放，喜欢接受新事物；老年人一般比较稳健，不会轻易冲动，但相对也比较保守。又如，男性与女性在购买内容和购买方式上的差异也特别明显。购买商品时，大多数男士不挑不选，试了就买；而大多数女士则要反复挑选试穿，甚至还要讨价还价。

（二）职业与教育

由于从事的职业不同，人们的价值观念、消费习惯和行为方式也存在着较大的差异。职业的差别使人们在衣、食、住、行等方面的选择上有着显著的不同。例如，通常从事不同职业的消费者在衣着的款式、档次上会做出不同的选择，以符合自己的职业特点和社会身份。

又如，一个大学生，在学校期间喜欢穿运动衫、蹬旅游鞋，背着登山背包，骑一辆山地跑车，显得青春焕发、朝气蓬勃；而毕业以后，进入大公司当了白领，立刻就西装革履，夹起了公文包，坐上了出租车。从衣着打扮到言谈举止都发生了很大的变化。这就是因为运动衫、登山包是大学生的身份象征，而西装和公文包则是公司白领的角色标志。这些在消费者的购买行为中会有强烈的表现。

另外，受教育的程度也越来越成为影响家庭收入高低的重要因素。受教育的程度部分决定了人们的收入和职业，进而影响着人们的购买行为。同时，它也影响着人们的思维方式、决策方式以及与他人交往的方式，从而极大地影响着人们的消费品位和消费偏好。

（三）生活方式

生活方式是个体在成长过程中、在与社会因素相互作用下表现出来的活动、兴趣和态度模式。生活方式包括个人和家庭两个方面，两者相互影响。

生活方式与个性既有联系又有区别。一方面，生活方式很大程度上受个性的影响。一个性格保守、拘谨的消费者，其生活方式不大可能太多地包容如攀岩、跳伞、蹦极之类的活动。另一方面，生活方式关心的是人们如何生活、如何消费、如何消磨时间等外在行为，而个性则侧重从内部来描述个体，更多地反映个体思维、情感和知觉特征。可以说，两者是从不同的层面来刻画个体。区分个性和生活方式在营销活动中具有重要的意义。一些研究人员认为，在市场细分过程中过早以个性区分市场，会使目标市场过于狭窄。因此，他们建议，营销者应先根据生活方式细分市场，然后再分析每一细分市场内消费者在个性上的差异，这样可使营销者识别出具有相似生活方式的消费者。

研究消费者生活方式通常有两种途径：一种途径是直接研究人们的生活方式；另一种途径是通过具体的消费活动进行研究。生活方式对消费者购买决策的影响往往是隐形的。例如，在购买登山鞋、野营帐篷等产品时，很少有消费者想到这是为了保持其生活方式。然而，对于那些喜欢户外活动的人来说这种影响确实是客观存在的。

（四）个性

由于个性的不同，不同消费者的消费倾向和购买习惯也不一定一样。就人的个性来说，分有外向与内向、细腻与粗犷、稳重与急躁、乐观与悲观、领导型与追随型、独立型与依赖型等。生活方式是指一个人在生活方面表现出来的活动、兴趣和看法的模式。具有不同个性和不同生活方式的人对产品有不同的要求，企业在设计、生产、销售产品时，一定要充分考虑消费者个性及生活方式方面的差异，以使产品更具有竞争力（表4－1）。

表4－1　个性与生活方式的关系

个性特征	欲望特征	生活方式
活跃好动	改变现状 获得信息 积极创意	不断追求新的生活方式 渴望了解更多的知识和信息 总想做些事情来充实自己
喜欢分享	和睦相处 有归属感 广泛社交	愿与亲朋好友共度好时光 想同其他人一样生活 不放弃任何与他人交往的机会
追求自由	自我中心 追求个性 甘于寂寞	按自己的意愿生活而不顾及他人 努力与他人有所区别 拥有自己的世界而不愿他人涉足
稳健保守	休闲消遣 注意安全 重视健康	喜欢轻松自在，不求刺激 重视既得利益的保护 注重健康投资

四、心理因素

心理是人的大脑对于外界刺激的反应方式与反应过程。正如我们一开始就指出的，消费者的购买行为模式在很大程度上就是建立在对外界刺激的心理反应基础之上的。但我们可以发现，人们之间的心理状况是很不相同的。这是因为除了人们天生就有的无条件反射之外，人的绝大多数心理特征都是在其生活经历中逐步形成的。由于人们生活经历的千差万别，所以心理状况也就千变万化、各不相同了。这是使得消费者购买行为变得十分复杂的重要原因。影响消费者购买行为的心理因素主要包括：动机、认知、学习、态度和信念等各个方面。

（一）动机

动机是一种无法直观的内在力量，它是人们因为某种需求产生的具有明确目标指向和即时实现愿望的欲求。动机是购买行为的原动力，需求是产生动机的基本原因，但需求并不等于动机，动机有其固有的表现形态。

亚伯拉罕·马斯洛著名的“需求层次论”（图 4－5）。说明了需求和动机在不同的环境条件下侧重点是不同的。从基本的生理需求出发，人们首先会产生寻求食物充饥和获得衣物御寒等最基本的动机；当饥寒问题解决了以后，安全又会成为人们所关心的问题，人们不再会不顾一切地去寻求食物等基本生活资料，即使敢冒风险，也绝不是出于生理的需求，可能是为了更高层次需求的满足（如为了爱情或事业）；生活有了充分保障的人们又会把社交作为重要的追求，以满足其社会归属感；而有了一定社交圈的人又十分重视他人对其的尊重，重视在社会上的身份和地位；追求自我价值的实现是最高层次的需求和动机，人们会在各种需求已基本满足的前提下，努力按自己的意愿去做一些能体现自我价值的事情，并从中寻求一种满足感。马斯洛认为，低层次需求尚未得到满足的人们一般不会产生高层次的动机。然而，这一结论似乎有些机械。事实上，人世间为理想而甘冒风险、为朋友而忍饥挨饿的例子也并不在少数。但是，马斯洛的理论对于企业分析和研究市场却不失为重要的理论依据。例如，当我们分析顾客购买某种商品的动机时就应当弄清楚，他是为了满足自己的某种需求，还是为了送给朋友，以满足社交的需求。针对不同的需求，营销的策略和方法是很不一样的。

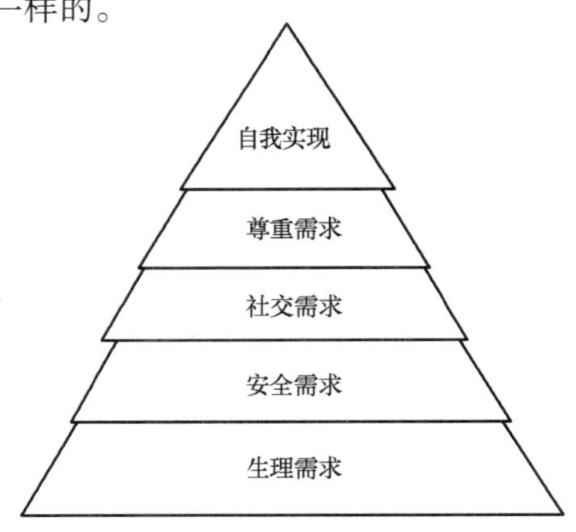

图 4－5　马斯洛的需求层次论

弗雷德利克·赫茨伯格的“双因素理论”对于需求动机的研究同样是很重要的。“双因素理论”认为人们“不满意”的对立面不是“满意”，而是“没有不满意”。同样，“满意”的对立面也不是“不满意”，而是“没有满意”，即“没有不满意”只是人们对所获得的商品和服务的基本要求，但并非其购买的原因和动机，如人们选择到某地旅游是由于该地的宜人景色令人满意，而服务是否周到并非人们选择旅游点的主要原因。人们不会由于在服务上没有不满意而到一个不能满足其旅游欲望的地方去旅游。

从商业的角度思考，人们的购买动机又可分为两大类型。一是本能动机。本能动机又是原始动机，它直接产生于本能需求。本能动机是基本的，也是低层次的。二是心理动机。心理动机是人们通过复杂的心理过程形成的动机。

心理动机又可可分成三类。第一，情感类心理动机。人们有高兴、愉快、好胜、好奇等情感和情绪，表现在购买动机上常有以下特征：求新，注重新颖，追求时尚；求美，注重造型，讲究格调，追求商品的艺术欣赏价值；求奇，追求出奇制胜，与众不同。第二，理智类心理动机。经过客观分析形成的心理动机，被称为理智型动机。这种理智型购买动机在购买行为上表现为以下几个特点：求实，注重质量，讲究效用；求廉，注重商品的价格；求安全，希望商品使用顺利，有可靠的服务保障。第三，惠顾类动机。消费者基于经验和情感，对特定的商品、品牌、商店产生特殊的信任和偏爱，从而引起重复购买的动机，被称为惠顾类动机。

（二）认知

认知是人们的一种基本心理现象，是人们对外界刺激产生反应的首要过程。人们不会去注意其没有认知的事物，不可能去购买没有认知的商品。只有觉察和注意到某一商品存在并与自身需要相联系，购买决策才有可能产生。

认知是一种人的内外因素共同作用的过程，取决于两个方面：一是外界的刺激，没有刺激认知就没有对象；二是人们的反应，没有反应，刺激就不能发挥作用。然而在实际生活中真正能使两者完全结合的并不多，原因是人们认知能力的局限，对外界刺激的接受只能是有选择的。具体而言，反映在三个方面，即选择性注意，选择性理解和选择性记忆。

1. 选择性注意

人们对外界的刺激源不会全都注意，对许多可能视而不见、听而不闻。引发人们注意的因素主要有两个：一是人们的需要和兴趣，这是引发注意的内在因素；二是刺激的力度，这是引发注意的外在因素。表 4 - 2 反映了外在刺激物的特征与引发认知的关系，这说明除了了解消费者的需求和兴趣并有的放矢地进行刺激之外，调整刺激的方式和力度也是很重要的。

表 4－2　外在刺激物的特征与引发认知的关系

刺激物的特征	容易引起认知	不易引起认知
规模	大	小
位置	显著	偏僻
色彩	鲜艳	暗淡
动静	运动	静止
反差（对比）	明显	模糊
强度	强烈	微弱

2. 选择性理解

人们对接受的刺激和信息的理解会有一定的差异，这是由于人们在接受外在刺激和信息前，已经形成了自己的意识和观念。他们会以自己已有的意识和观念去理解外来的刺激和信息，从而产生不同的认识。例如，对于“红豆”这样一种标志物，大多数中国人可能都会联想到“相思”这样一种情感，因为他们熟知“红豆生南国，春来发几枝。愿君多采撷，此物最相思”的诗句。但对于大多数外国人来说，“红豆”可能最多只意味着是一种好看的植物，而不可能产生爱情之类的联想。

3. 选择性记忆

记忆在商业活动中是很重要的，消费者能否对企业的广告和品牌记忆深刻，关系企业的产品销路和市场竞争力。另外，人们在记忆方面也是有选择的。强化记忆的因素有三个方面，除了人们的兴趣、刺激的强度这两个引发注意的因素对于强化记忆能发挥作用，记忆坐标这一影响因素也是很重要的。所谓“记忆坐标”，是指当人们接受的某一信息是同时接受的另一信息，它可成为人们记住某一信息的“坐标”。例如，利用某种谐音可使人们记住难记的电话号码，另外，也可利用某种有特征的环境因素让人们记住在此环境下发生的事情。积极创立各种记忆坐标是促使消费者记住企业和产品特征的重要方法。

从消费者行为角度来看，唤起认知的主要是销售刺激。销售刺激分为两种：第一种是商品刺激，刺激源是商品本身，它包括商品的功能、用途、款式和包装等；第二种是信息刺激，是除商品外各种引发消费者注意和产生兴趣的信息，包括通过广告、宣传、服务及购物环境等表现出来的语言、文字、画面、音乐、形象设计等。

（三）学习

消费者的大多数行为都是学习得来的，消费者通过学习获得了商品知识和购买经验，并用之于未来的购买行为。

消费者的学习方式大致有以下四种类型：

（1）行为的学习。人们在日常生活中，不断学得许多有用的行为，包括干活、读书与人交往等。消费者要不断地学习各种消费行为，行为学习的方式主要是模仿。通过模仿，人们学会吃饭、喝水、喝咖啡、听音乐、看电视、用洗衣机洗衣服、唱卡拉OK、跳舞等。模仿的对象也是众多的，孩子模仿父母、学生模仿老师、观众模仿影视人物以及人们之间的相互模仿等。

（2）符号的学习。借助外界的宣传教育，人们了解各种符号，如语言、文字、造型、色彩、音乐的含义，通过广告、商标、装潢、标语、招牌与生产商和制造商进行沟通。

（3）解决问题的学习。人们通过思考和见解的不断深化来完成对解决问题方式的学习。思考就是对各种消费行为和各种体现现实世界的符号进行分析，从而形成各种意义的结合。思考的结果便是见解，见解是对问题中各种关系的理解。消费者经常思考如何满足自身的需求，思考的结果常被用于指导消费者行为。

（4）情感的学习。消费者的购买行为带有明显的情感色彩，如偏爱某个公司、某家商店、某种商品或劳务以及某种品牌等。这些来源于消费者的感受包括消费者自身的实践体会和外界的鼓励、支持、劝阻、制裁等因素。消费者这种感受的积累和定型便是情感学习的过程。

消费者的基本学习模型由内驱力（动机）、提示（线索）、反应（行为）、强化四个部分组成（图4-6）。内驱力是指人们的心理紧张状态，分为原始驱力和衍生驱力。原始驱力是由生理需求引发，如饥饿、口渴等。衍生驱力是后天学来的，如寻找面包因为能够充饥、购买饮料因为能够解渴。提示又是线索，是引导人们寻求满足方式的一种启示，例如人们饥饿的时候常会被饭店的招牌、食物的香味所吸引，因为以往学习的知识和经验告诉他们那里是解决饥饿的去处。反应就是对提示采取的行动，有不同的层次，如婴儿饥饿的反应是啼哭或吸奶的动作，成年人饥饿会买各种喜欢的食品。强化则是强化某种反应并使其稳定下来。强化的结果是对某种行为加以肯定并能不断重复这一行为，例如人们对某一品牌的商品产生品牌忠实度，这就是刺激不断强化的结果。

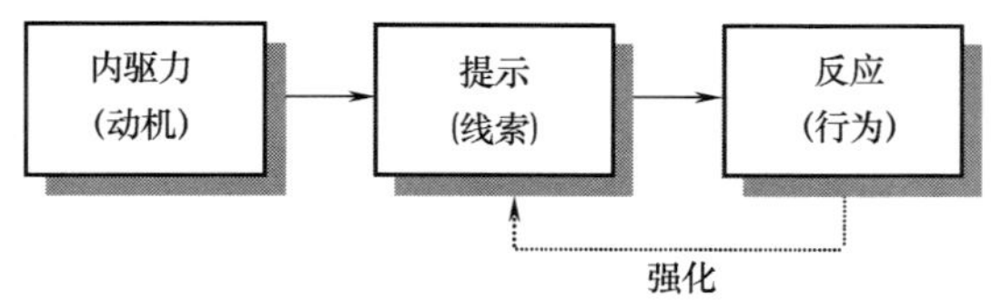

图4-6 消费者的基本学习模型（刺激—反应模式）

（四）态度和信念

消费者的态度是消费者对有关事物的概括性评估，是以持续的赞成或不赞成的方法表现出来的对客观事物的倾向。态度带有浓厚的感情色彩，它往往是思考和判断的结果。信念是在态度得到不断强化的基础上所产生的对客观事物的稳定认识和倾向性评价。对在信念指导下的行为往往不再进行认真的思考，这种行为逐渐成为一种惯性。

态度具有以下三个明显特征：

（1）态度具有方向和程度。态度具有正反两种方向：正向即消费者对某一客体感到喜欢，表示赞成；反向即消费者对某一客体感到不喜欢，表示不赞成。所谓程度就是指消费者对某一客体表示赞成或不赞成的程度。

（2）态度具有一定的结构。消费者的态度是一个系统，其核心是个人的价值观念。各种具体的态度分布在价值观念这一中心周围，它们相对独立，但不是孤立存在，而是具有一定程度的一致性，都受价值观念的影响。它们参差不齐，离中心较近的态度具有较高的向心性，离中心较远的态度则向心性程度低。另外，形成时间较长的态度比较稳定，新形成的态度则比较容易改变。

（3）态度是学来的。态度是经验的升华，是学习的结果，包括自身的学习和向他人的学习。消费者自身的经历和体会，例如得到过的好处和教训，都会建立和改变人们的态度；家人、朋友以及推销人员所提供意见和看法也是一种间接的经验，同样会对人们的态度产生正面或反面的影响。

相对态度而言，信念更为稳定。使消费者建立对自身产品的积极信念应当是企业营销活动的主要目标。而消费者如果对竞争者的产品建立了信念，则会对企业构成很大威胁。从某种程度上讲，建立和改变消费者的信念就是对市场的直接争夺，可采用以下两种策略进行。

（1）适应策略。适应策略是通过适应消费者的需求来建立消费者的态度和信念，这种策略具体有四种做法：一是通过不断提高产品质量、改进款式、完善售后服务以及不间断地做广告，来不断增强现有消费者的积极态度；二是为现有消费者提供新产品、新品牌，满足他们的需求，以增加现有消费者对企业的好感；三是强调现有产品的特点，吸引新的消费者；四是及时了解市场新动向，为新的消费者提供新的产品。

（2）改变策略。改变消费者的态度和信念远比适应消费者的态度和信念困难得多，这种策略的做法主要有：突出强调企业产品的优点；尽量冲淡产品较弱属性的影响，例如，直接可以告诉消费者产品的某一些不足并不像他们想象得那么严重而且无伤大局等；采取一些必要的补偿措施，例如，降低价格、实行“三包”等，使消费者心理得到平衡。

出于趋利避害的考虑，消费者更倾向于接纳那些与其态度相一致的信息。当消费者对某种产品产生好感时，与此相关的信息更容易被注意。反之，则会出现相反的结果。因此，态度是进行市场细分和制定新产品开发策略的基础。

第三节　服装消费者购买决策过程

一、服装消费者购买决策过程的参与者

购买决策在许多情况下并不是由一个人单独做出的，而是有其他成员的参与，是一种

群体决策的过程。消费者在选择和决定购买某种个人消费品时，常常会同他人商量或者听取他人的意见。

认识购买决策的群体参与性的重要性，对于服装企业营销活动是有十分重要的意义。一方面，服装企业可根据各种不同角色在购买决策过程中的作用，有的放矢地按一定的程序分别进行营销宣传活动；另一方面，服装企业也必须注意到某些商品购买决策中的角色错位，例如，男士的内衣、剃须刀等生活用品有时会由其妻子决策和采购等，这样才能找到准确的营销对象，提高营销活动的效果。

一般来说，参与购买决策的成员大体有五种主要角色：

（1）发起者。即购买行为的建议人，首先提出要购买某种服装产品。

（2）影响者。对发起者的建议表示支持或者反对的人，这些人不能对购买行为的本身进行最终决策，但是他们的意见会对购买决策者产生影响。

（3）决策者。对是否购买、怎样购买有权进行最终决策的人。

（4）购买者。执行具体购买任务的人，会对产品的价格、质量、购买地点进行比较选择，并同卖主进行谈判和成交。

（5）使用者。服装产品的实际使用人，他们对产品的满意程度会影响购买后的行为和再次购买的决策。

这五种角色相辅相成，共同促成了购买行为，是服装企业营销的主要对象。必须指出的是，这五种角色的存在并不意味着每一种购买决策都必须要五人以上才能做出。在实际购买行为中，有些角色可在一个人身上兼而有之，如使用者可能也是发起者，决策者可能也是购买者。而且在非重要的购买决策活动中，决策参与的角色也会少一些。

二、消费者购买行为的类型

消费者的购买行为除了受动机支配外，在具体购买活动中还受到如个人性格、修养、气质、情绪等个性的影响。因此，消费者的购买行为可划分为不同的类型。

按参与者介入程度和品牌间的差异程度划分：

1. 习惯性购买行为

习惯性购买行为是消费者对价格低廉、经常购买、品牌差异小的产品花最少的时间，就近购买的一种购买行为。它是最简单的购买行为，如购买便利品的行为。

针对习惯性购买行为，服装企业应采取的营销策略包括：产品改良、突出品牌效应，即增加产品新的用途与功能，保质保量，创立名牌；利用价格与促销吸引消费者试用；在居民区和人口流动性大的地区广设销售网点，使消费者能够随时随地购买；加大促销力度，利用促销吸引新顾客、回报老顾客，在广告宣传上力争简洁明快，突出视觉符号与视觉形象。

2. 多样性购买行为

多样性购买行为是指消费者对产品品牌差异大、功效近似的产品，不愿多花时间进行选择，而是随意购买的一种购买行为。

针对多样化购买行为服装企业应采取的营销策略包括：采取多品牌策略，突出各种品牌的优势；价格拉开档次；占据有利的货架位置，扩大本企业产品的货架面积，保证供应；加大广告投入，树立品牌形象，使消费者形成习惯性购买行为。

3. 协调性购买行为

协调性购买行为是指消费者对品牌差异小并不经常购买的单价高、购买风险大的产品，需要花费大量时间和精力去选购，购后又容易出现不满意等失衡心理状态，需要商家及时化解的购买行为，例如，购买家用电器、旅游度假等。消费者购买此类产品往往是“货比三家”，谨防上当受骗。

针对协调性购买行为服装企业应采取的营销策略包括：价格公道、真诚服务、创名牌，树立企业良好形象；选择最佳的销售地点，即与竞争对手同处一地，便于消费者选购；采用人员推销策略，及时向消费者介绍产品的优势，化解消费者心中的疑虑，消除消费者的失落感。

4. 复杂性购买行为

复杂性购买行为是指消费者对价格昂贵、品牌差异大、功能复杂的产品，由于缺乏必要的产品知识，需要慎重选择、仔细对比，以求降低风险的购买行为。消费者在购买此类产品过程中，经历了收集信息、产品评价、慎重决策，用后评价等阶段，其购买过程就是一个学习过程，在广泛了解产品功能、特点的基础上，才能做出购买决策，例如，购买计算机、汽车、商品房等。

针对复杂性购买行为服装企业应采取的营销策略包括：制作产品说明书，帮助消费者及时全面了解本企业产品知识、产品优势及同类其他产品的状况，增强消费者对本企业产品的信心；实行灵活的定价策略；加大广告力度，创名牌产品；运用人员推销，聘请训练有素、专业知识丰富的推销员推销产品，简化购买过程；实行售后跟踪服务策略，加大企业与消费者之间的亲和力。

三、服装消费者购买决策过程一般模型

服装消费者的购买决策（图 4 -7）是一个动态发展的过程，分为五个阶段：引起需求、收集信息、评估比较、购买决策、购后感受。

图 4 -7 服装消费者决策过程的一般模型

（一）引起需求

引起需求是购买者行为的起点。对商品的需求可能由内在的生理活动引起，也可能是

由外界的某种刺激引起，例如，看到别人用新款手机，自己也想购买；或者是内外两方面因素共同作用的结果。

作为营销者，要弄清是哪些因素刺激了消费者产生购买愿望，要不失时机地采取适当措施，唤起和强化消费者的需求。

（二）收集信息

如果唤起的需求很强烈，可满足需要的商品易于到手，消费者就会希望马上满足需求。但在多数情况下，消费者的需求并非马上就能获得满足，他必须积极地寻找或收集信息，以便尽快完成从知晓到确信的心理程序，做出购买决策。

信息的来源可分四种：个人来源，即从家庭、朋友、同事、邻居、熟人得到信息；商业来源，即从广告、推销员、经销商、包装、展览等得到信息；公共来源，即从报刊、电视等大众媒体的宣传报道以及消费者组织的有关评论中得到信息；经验来源，即通过自己参观、试验和实际使用商品得来的经验。

商业来源是最多的信息来源，一般起通知作用；个人来源、经验来源、公共来源起评价作用，影响力最大的是经验来源。消费者筛选信息的过程，如图 4－8 所示。

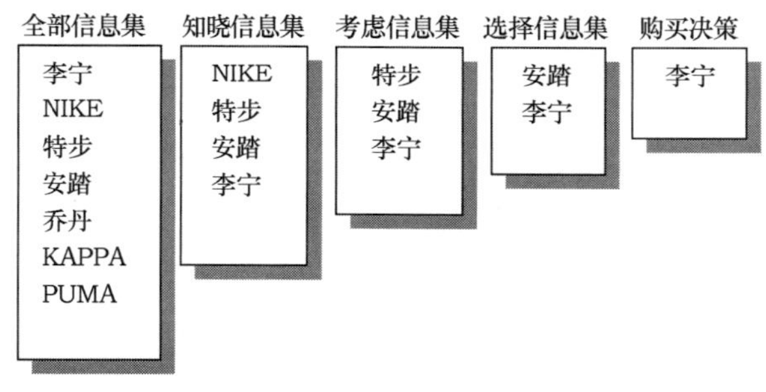

图 4－8　消费者筛选信息过程

营销者要想方设法地使品牌进入潜在顾客的知晓信息集、考虑信息集和选择信息集，深入研究有哪些其他的品牌留在消费者的选择信息集中，以便制订具有竞争力的计划。

（三）评估比较

消费者进行评估比较的目的是识别哪一种品牌、哪一种类型的商品最适合自己的需求。这是根据收集的信息资料，对商品属性做出的价值判断。

在消费者的评估选择过程中，营销者应该注意：第一，产品性能是购买者所考虑的首要问题；第二，不同消费者对产品的各种性能给予的重视程度不同或评估标准不同；第三，多数消费者的评选过程是将实际产品同自己理想中的产品相比较的过程。由此，营销者要注意了解并努力提高本企业产品的知名度，使其列入消费者比较评价的范围之内，这样产品才有可能被选为购买目标。同时，还要调查研究消费者比较评价某类商品时所考虑的主要因素，并突出对这方面的宣传，对消费者购买选择产生最大影响。

（四）购买决策

经过评估比较阶段，消费者可能会形成某种购买意图。然而，在购买意图与购买决策之间，有两种因素会影响其做出最终购买决策（图 4－9）。

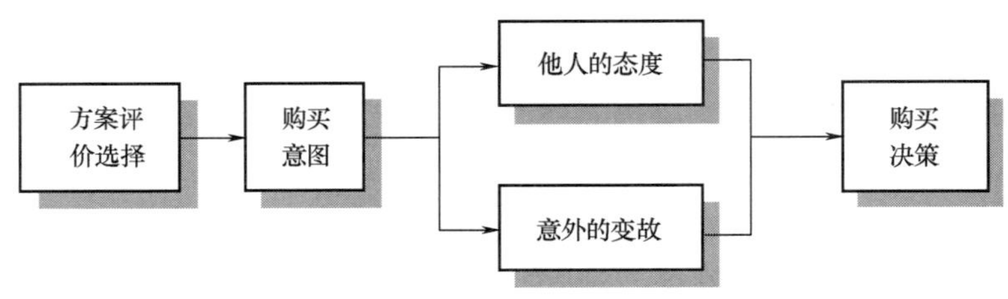

图 4－9　购买决策的影响因素

1．*他人的态度*

其他人如果在消费者准备进行购买时提出反对意见或提出了更有吸引力的建议，会有可能使消费者推迟购买或放弃购买。

2．*意外的变故*

在消费者准备进行购买时所出现的一些意外变故也可能使消费者改变或放弃购买决策。例如，消费者家中有意外急需、消费者突然失去工作或稳定的收入来源等都是一些有可能改变消费者购买决策的突变因素。

影响消费者进行最终购买决策的根本问题是消费者对购买风险的预期，如果消费者认为购买之后会给其带来某些不利的影响而且难以挽回，消费者改变或推迟购买的可能性就比较大。所以，营销者必须设法降低消费者的预期购买风险，这样就可能促使消费者做出最终的购买决策。

（五）购后感受

消费者购买了商品并不意味着购买行为过程的结束，因为其对于所购买的商品是否满意以及会采取怎样的行为对于企业目前和以后的经营活动都会带来很大的影响。所以，重视消费者购后的感觉和行为并采取相应的营销策略同售前的营销活动一样都是很重要的。图 4－10 展示了消费者购买后的感觉及行为特征。

消费者的购后感受主要有：满意、基本满意和不满意。决定满意不满意的是消费者期望与实际获得效果之间的差距。也就是说，如果购后感受在实际消费中符合预期的效果，则感到基本满意；超过预期，则很满意；未达到预期，则不满意或很不满意。实际同预期的效果差距愈大，不满意的程度也就愈大。由此，营销者对其产品的广告宣传必须实事求是、符合实际，售后也要保持与消费者的沟通，以使购买者感到满意。

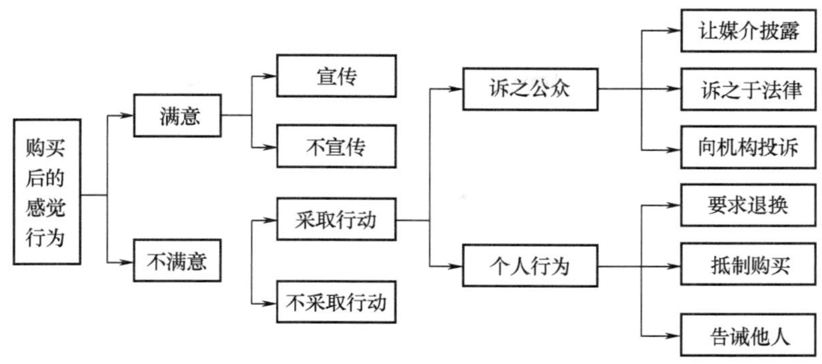

图 4－10 消费者购买后的感觉及行为特征

购买者购后感受企业产品是否适销的一种极为重要的信息反馈，它关系服装企业产品的市场命运。不仅涉及消费者本人是否继续购买，还涉及别人是否购买。消费者会把他的赞扬或不满告诉周围的人，这种影响是非常大的。西方许多企业信奉的名言是："最好的广告是满意的顾客。"因此，营销者要注意及时收集信息、加强售后服务、采取相应措施，进一步改善消费者购后感受和提高产品的适销程度。

在评价过程和抱怨过程后，消费者会产生某种程度的再购买动机。消费者可能会强烈希望在未来避免选择该品牌或者愿意将来一直购买该品牌，甚至成为该品牌的忠诚顾客。在后一种情况下，消费者对品牌形成了偏爱并乐意重复选择该品牌。

营销战略并不总是以创造忠诚的顾客为目标。营销经理应该审视该品牌当前顾客与潜在顾客的构成，然后根据组织的整体目标来确定营销目标。在服装企业与顾客之间建立一种持久的信任关系，它被用来促进产品消费、重复购买和创造忠诚的顾客。

本章小结

- 购买者行为模式是指具有一定潜在需求的消费者首先受到企业的营销活动刺激和各种外部环境因素的影响而产生购买取向，而不同特征的消费者对于外界的各种刺激和影响又会基于其特定的内在因素和决策方式做出不同的反应，从而形成不同的购买取向和购买行为。
- 消费者的购买行为不仅受经济因素的影响，还会受到其他多种因素的影响，从而产生很大的差异。影响消费者购买行为的非经济因素主要有：消费者所处的文化环境、消费者所在的社会阶层、消费者所接触的各种社会团体（包括家庭）以及消费者在这些社会团体中的角色和地位等。另外，还包括消费者的个人因素和心理因素。个人因素是指消费者的性别、年龄、职业、教育、个性、经历与生活方式等；心理因素则是指购买动机、对外界刺激的反应、学习方式以及态度与信念等。这些因素从不同的角度影响着消费者购买行为模式的形成。

- 消费者购买行为通常是一种群体决策行为，决策群体中一般包括发起者、影响者、决策者、购买者和使用者等不同的角色。这五种角色相辅相成，共同促成了购买行为，是企业营销的主要对象。
- 根据消费者对产品的熟悉程度和购买决策的风险大小，我们可以将购买行为分成复杂性购买、协调性购买、多样性购买和习惯性购买四种类型。消费者典型的购买决策过程一般可分为引起需求、收集信息、评估比较、购买决策、购后感觉五个阶段。

思考题

1. 简述马斯洛的需求层次论及其对营销的启示。

2. 影响消费者购买行为的主要因素有哪些？请举例说明这些因素对购买决策行为的影响。

3. 请列举一个你主要依据理性思考做出购买决定的例子，并描述当时的情境和购买决策过程。

4. 去一家大型百货商场调查各女装品牌主要消费者的年龄、服装款式及其受欢迎程度，并写出调查报告。

小课堂

老年人消费行为分析及企业的营销对策

消费心理是消费者在满足消费需求活动中的思想意识，它支配着消费者的购买行为。人进入老年后，生理器官的变化必然地引起心理上的变化。研究老年人的心理特征有助于了解和掌握老年消费者的消费心理，为企业的营销决策提供依据。

某服装企业在为老年人提供服装时采用了以下一些营销措施：

（1）在广告宣传策略上，着重宣传产品的大方实用，易洗易脱，轻便、宽松；

（2）在媒体的选择上，主要采用电视和报纸杂志渠道；

（3）在信息沟通的方法上主要选择介绍、提示、理性说服，而力求避免炫耀性、夸张性广告，不邀请名人明星；

（4）在促销手段上，主要采用价格折扣，展销会；

（5）在销售现场，生产厂商派出中年促销人员，为老年消费者提供热情周到的服务，为他们详细介绍商品的特点和用途，若有需要，就送货上门；

（6）在销售渠道的选择上，主要选择大商场，靠近居民区，并设立了老年专柜或老年店中店；

（7）产品的款式上以庄重、淡雅，民族性为主，价格以中低档价格为主，面料的选择以轻薄、柔软为主，适当地配以福、寿等喜庆寓意的图案；

（8）在老年顾客的接待上，厂家再三要求销售人员在接待过程中要有耐心，以介绍质量可靠、方便健康、经济实用为主，在介绍品牌、包装时注意顾客的神色、身体语言，适可而止，不硬性推销。

第五章　服装市场调查与预测

课程名称：服装市场调查与预测

课程内容：服装市场调查

服装市场预测

课程时间：4 课时

教学目的：向学生介绍服装市场调查的基本概念、类型，重点通过对服装市场调查内容与方法的讲解，让学生了解服装市场调查对营销的作用，使学生认识到市场调查的重要性，引起学生对市场调查预测的思考。

教学方式：理论 + 实践

教学要求：1．了解服装市场调查的概念、类型、内容和步骤以及调查机构。

2．掌握市场调查的方法。

3．熟悉市场预测的方法。

课前准备：阅读有关市场调查方面的书籍。

市场信息是一个企业赖以生存和发展的基础，是企业在市场经济环境下取得竞争优势的重要保障。市场经济活动中的各种消息、情报、数据和资料是企业制订生产计划和经营战略的前提。在服装行业，服装的设计、生产和销售过程中产生的服装市场信息成为服装企业的重要资源，必须牢牢把握。

服装企业的经营决策要以掌握充分、准确的市场信息为基础。而市场信息在生成过程中经常处于分散、无序状态，必须经过有目的的收集、整理和加工分析，使之集中化、有序化，才能成为可用的信息，这就需要进行市场调查，通过一定的预测方法将调查获取的信息作为服装企业经营者制定经营策略、落实营销方案、掌握服装市场未来变化趋势的重要依据。

第一节　服装市场调查

一、服装市场调查概述

有人说，21 世纪的竞争不是企业与企业的竞争，而是供应链与供应链之间的竞争。所以，对服装市场调查的理解应从整个服装产业链着手，其调查范围应包括服装生产前的原料市场调查、生产过程中同行业生产能力调查、同行业产品销售能力调查以及市场需求调查。

因此，服装市场调查应被定义为：服装市场调查是运用科学的方法，有组织、有计划地系统、全面、准确、及时地收集、整理和分析服装市场现象的各种资料的活动过程。从事市场调查，要遵循一定的客观要求，要做到实事求是、全面系统、深入反馈、勤俭节约，使调查工作既落到实处、讲求效果，又注重效率。

二、服装市场调查的类型与步骤

（一）服装市场调查类型的划分

1. 按照调查的目的和功能划分

按照调查的目的和功能划分，市场调查可以分为探索性调查、描述性调查和因果性调查。

（1）探索性调查。探索性调查通常采用小样本，较少采用严格的样本分析技术。在大规模的定量研究中，较少使用探索性调查。探索性调查通常是小规模调研，目的是确切掌握问题的性质和更好地了解问题发生的环境。这种调查特别有助于把一个大而模糊的问题表达为小而准确的子问题，并识别出需要进一步调研的信息。例如，某服装公司的利润额去年下降了，公司无法一一查知原因，就可用探索性调查来发掘问题，是因为管理出现漏洞、成本提高、促销策略失效、竞争者增加、消费者收入下降，还是因为消费者的偏好改变了等。总之，探索性调查具有灵活性和多样性的特点，适合于调查那些我们知之甚少的问题。在不能肯定问题性质时，可用探索性调查。

（2）描述性调查。描述性调查是寻求对“谁”、“什么事情”、“什么时候”、“什么地点”这样一些问题的回答。它可以描述不同消费者群体在需求、态度、行为等方面的差异。描述的结果尽管不能对“为什么”给出回答，但也可用作解决营销问题所需的全部信息。例如，某服装商店了解到该店 71% 的顾客的主要年龄在 18 ~ 44 岁之间的女性，并经常带着家人、朋友一起来购买。这种描述性调查提供了重要的决策信息，使商店重视直接向女性开展促销活动。

进行描述性调查的一个假设是调查人员对调查问题状况有非常多的提前了解。实际上，探索性调查和描述性调查的一个关键区别在于描述性调查形成了具体的假设，这样就非常清楚地知道需要哪些信息。

（3）因果性调查。因果性调查是调查一个因素的改变是否引起另一个因素改变的研究活动，目的是识别变量之间的因果关系。例如，预期价格、包装及广告费用等对销售额的影响。这项工作要求调研人员对所研究的课题有相当充足的知识，能够判断一种情况出现了，另一种情况会接着发生，并能说明原因所在。

因果关系调查的目的是找出关联现象或变量之间的因果关系。描述性调查可以说明某些现象或变量之间相互关联，但要说明某个变量是否引起或决定着其他变量的变化，就需要用因果关系调查。

2. 按照服装市场商品消费的目的划分

按照服装市场商品消费的目的，可以分为服装消费者市场调查和服装生产者市场调查。

（1）服装消费者市场调查。这里所说的消费者，是指以满足个人生活需求为目的的服装商品购买者和使用者，是服装商品的最终消费者。服装消费者市场调查的目的主要是了解消费者需求数量和结构及变化。而消费者的需求数量和结构的变化受到多方面因素的影响，如人口、经济、社会文化、购买心理和购买行为等。因此，对消费者市场进行调查，除直接了解需求数量及其结构外，还必须对诸多的影响因素进行调查。

（2）服装生产者市场调查。服装生产者市场调查是指对为了满足服装加工制造等生产性需要而形成的市场（也被称为服装生产资料市场）的调查。这个市场上交易的商品是服装生产资料，如各种服装面辅料、服装挂饰等。参加交易活动的购买者主要是服装生产企业，购买商品的目的是为了满足服装生产过程中的需要。服装产品的质量与价格跟服装原料质量成本是密切相关的，只有符合标准的原料才能生产出更加优质的服装产品。因此，调查服装生产者市场是非常必要的。

3．按照其他方式划分

（1）按照流通领域的不同环节来划分。可分为服装批发市场调查和服装零售市场调查，它们与服装生产者市场调查和服装消费者市场调查紧密联系在一起，形成服装市场调查体系。

（2）按照产品结构层次划分。可分为男装调查、女装调查、童装调查，也可分为运动装调查、职业装调查、休闲装调查等。

（3）按照调查空间范围划分。可分为国内市场调查和国际市场调查。国内市场调查则包括全国性调查、地区性调查及城市调查和农村调查。

（4）按照调查时间划分。可分为经常性调查、定期调查、临时性调查。

（二）服装市场调查步骤

市场调查是由一系列收集和分析市场数据的步骤组成。某一步骤做出的决定可能影响其他后续步骤，某一步骤所做的修改往往意味着其他步骤也可能需要修改。市场调查的步骤一般按如下程序进行：第一步，确定问题与假设；第二步，确定所需资料；第三步，确定收集资料的方式；第四步，抽样设计；第五步，数据收集；第六步，数据分析；第七步，调查报告。

1．确定问题与假设

由于市场调查的主要目的是收集与分析资料来帮助企业更好地做出决策，以减少决策的失误。因此，调查的第一步就要求决策人员和调查人员认真地确定研究的目标。在任何一个问题上都存在着许许多多可以调查的事情，如果对该问题不做出清晰的定义，那么收集信息的成本可能会超过调查提出的结果价值。例如，某服装公司发现其销售量已连续下降达 6 个月之久，管理者想知道真正原因究竟是什么，是经济衰退、广告支出减少、消费者偏爱转变，还是代理商推销不力。市场调查者应先分析有关资料，然后找出研究问题并进一步做出假设、提出研究目标。假如调查人员认为上述问题是消费者偏爱转变的话，再进一步分析、提出若干假设，例如：消费者认为该公司产品设计落伍、竞争产品品牌的广告设计较佳等。做出假设、给出研究目标的主要原因是为了限定调查的范围，并通过将来调查所得出的资料来检验所作的假设是否成立，并写出调查报告。

2．确定所需资料

确定问题和假设后，下一步就应决定要收集哪些资料，这自然应与调查的目标有关。例如，消费者对本公司服装产品及其品牌的态度如何、消费者对本公司服装品牌产品的价格的看法如何、本公司品牌的电视广告与竞争品牌的广告在消费者心目中的评价如何以及不同社会阶层对本公司品牌与竞争品牌的态度有无差别等。

3．确定收集资料的方式

确定收集资料的方式要求制定一个收集所需信息的最有效的方式，需要确定的有：数据来源、调查方法、调查工具、抽样计划及接触方法。

如果没有适用的现成资料（第二手资料），原始资料（第一手资料）的收集就成为必需步骤。采用何种方式收集资料与所需资料的性质有关，包括实验法、观察法和询问法。前面例子谈到所需资料是关于消费者的态度，因此，市场调查者可采用询问法收集资料。对消费者的调查，采用个人访问方式比较适宜，便于相互之间深入交流。

4. **抽样设计**

在调查设计阶段就应决定抽样对象是谁，提出抽样设计问题。首先，究竟是概率抽样还是非概率抽样，具体视该调查所要求的准确程度而定。概率抽样的估计准确性较高，并且可估计抽样误差。从统计效率来说，自然以概率抽样为好。不过从经济角度出发，非概率抽样设计简单，可节省时间与费用。其次，一个必须决定的问题是样本数目，而这又需要考虑到统计与经济效益问题。

5. **数据收集**

数据收集必须通过调查员来完成，调查员的素质会影响调查结果的正确性。调查员以大学的市场营销学、心理学或社会学的学生最为理想，因为他们已受过调查理论与技术的训练，可降低调查误差。

6. **数据分析**

资料收集后，应检查所有答案，不完整的答案应考虑剔除或者再询问该应答者，以求填补资料空缺。

资料分析应将分析结果编成统计表或统计图，方便读者了解分析结果，并可从统计资料中看出与第一步确定问题与假设之间的关系。同时，又应将结果以各类资料的百分比与平均数形式表示，使读者可以对分析结果进行清晰对比。不过，各种资料的百分率与平均数之间的差异是否真正有统计意义，应使用适当的统计检验方法来鉴定。

7. **调查报告**

市场调查的最后一步是编写一份书面报告。一般而言，书面调查报告可分两类：

（1）专门性报告。专门性报告的读者是对整个调查设计、分析方法、研究结果以及各类统计表感兴趣者，他们对市场调查的技术已有所了解。

（2）通俗性报告。通俗性报告读者的主要兴趣在于听取市场调查专家的建议，例如一些服装企业的最高决策者。

三、服装市场调查机构

市场调查机构是受企业委托，专门从事市场调查的单位或组织。服装市场调查机构则是受服装企业委托，专门从事服装市场信息调查的专业单位或部门组织。

市场调查机构规模有大有小，其隶属关系及独立程度也不一样，名称更是五花八门。但归纳起来，基本上有以下几类。

（一）各级政府部门组织的调查机构

我国最大的市场调查机构为国家统计部门，国家统计局、各级主管部门和地方统计机构负责管理和分布统一的市场调查资料，便于企业了解市场环境变化及发展，指导企业微观经营活动。此外，为适应经济形势发展的需要，统计部门还相继成立了城市社会经济调查队、农村社会经济调查队、企业调查队和人口调查队等调查队伍。除统计机构外，中央和地方的各级财政、计划、银行、工商、税务等职能部门也都设有各种形式的市场调查机构。

（二）新闻单位、大学和研究机关的调查机构

这些机构也都开展独立的市场调查活动，定期或不定期地公布一些市场信息。例如，中国纺织工业联合会主办、中国纺织信息中心承办的中国纺织经济信息网，在这里可以获取最新的有关纺织服装行业的相关信息。

（三）专业性市场调查机构

这类调查机构在国外的数量是很多的，它们的产生是社会分工日益专业化的表现，也是当今信息社会的必然产物。专业市场调查机构主要有三种类型（表5－1）。

表5－1　专业性市场调查机构

调查机构类别	主要职能
综合性市场调查公司	这类公司专门搜集各种市场信息，当有关单位和企业需要时，只需交纳一定费用，就可随时获得所需资料。同时，它们也承接各种调查委托，有涉及面广、综合性强的特点
咨询公司	这类公司一般是由资深的专家、学者和有丰富实践经验的人员组成，为企业和单位进行诊断，充当顾问。这类公司在为委托方进行服务时，也要进行市场调查，对企业的咨询目标进行可行性分析。当然，它们也可接受企业或单位的委托，代理或参与调查设计和具体调查工作
广告公司的调查部门	广告公司为了制作出打动人心的广告、取得良好的广告效果，就要对市场环境和消费者进行调查。广告公司大都设立调查部门，经常大量地承接广告制作和市场调查

近年来，我国也出现了许多专门从事经济信息调查和咨询的服务公司，它们既有国有公司，也有集体、私营公司（集体和私营公司的不断发展趋势尤为引人注目）。它们承接市场调查任务，提供商品信息，指导企业生产经营活动，在为社会服务的同时，自身也取得了很好的经济效益。

（四）企业内部的调查机构

目前，国外许多大的服装企业和组织，根据生产经营的需要，大都设立了专门的调查机构，市场调查已成为这类企业固定性、经常性的工作。服装公司的营销中心往往都设有市场调查部门，进行定期或不定期市场行情跟踪和调查。

四、服装市场调查的内容

服装市场调查的内容十分广泛，企业在实际运营中面临的问题也各有不同。因此，调

查的内容也就不一样，企业可以根据调查目的和假设来确定市场调查的内容。而影响服装企业运营的环境包括企业内外部。所以，服装企业市场调查可以从宏观环境和微观环境上进行调查。

（一）服装市场宏观环境调查

市场宏观环境是影响服装企业的外部环境。服装企业的任何经营活动都处在这一环境中。宏观环境不以人的意志为转移，虽不易对服装企业某一项业务活动产生直接影响，但企业却不能忽视。企业身处其中，既可能面对机遇，也可能面对挑战，关键是企业要在充分了解宏观环境的基础上抓住机遇、应对挑战，这样才能取得成功。其调查的内容包括政治环境、法律环境、经济环境、社会文化环境、科技环境、地理和气候环境。

1. 政治环境

主要调查影响服装企业生产运营的国内外各种国家制度和政策、国有化政策、政治和社会动乱、国家或地区之间的政治关系等。

2. 法律环境

主要了解国内外各种经济合同法、商标法、专利法、广告法、环境保护法、进出口贸易法等多种经济法规和条例，这些都将对企业营销活动产生重要的影响。

3. 经济环境

对经济环境的调查，主要可以从生产和消费两个方面进行。

（1）生产方面。生产决定消费，市场供应、居民消费都有赖于生产。生产方面调查主要是针对某一国家（或地区）的能源和资源状况、交通运输条件、经济增长速度及趋势产业结构、国民生产总值、通货膨胀率、失业率以及农、轻、重比例关系等进行调查。

（2）消费方面。消费对生产具有反作用，消费规模决定市场的容量，也是经济环境调查不可忽视的重要因素。消费方面调查主要是了解某一国家（或地区）的国民收入、消费水平、消费结构、物价水平、物价指数等。

4. 社会文化环境

社会文化环境调查主要是了解不同国家或地区的传统思想、道德规范、风俗习惯、宗教信仰、文化修养、艺术创造、审美观念、价值观念等，这些都直接影响人们对服装产品的需求和消费习惯。

5. 科技环境

科学技术是生产力，要及时了解服装新技术、新材料、新产品的状况，国内外服装科技总的发展水平和发展趋势，本企业所涉及的技术领域的发展情况以及专业渗透范围、服装产品技术质量检验指标和技术标准等，这些都是科技环境调查的主要内容。

6. 地理和气候环境

各个国家和地区由于地理位置不同，气候和其他自然环境也有很大的差异，它们不是人为造成的，也很难通过人的作用去加以控制，只能在了解的基础上去适应。应注意对地区条件、气候条件、季节因素、使用条件等方面进行调查。气候对人们的服装消费行为有很大的影响，从而制约着服装产品的生产和经营。

（二）服装市场微观环境调查

服装市场微观环境既包括企业内部环境，也包括企业外部微观，它对服装企业的经营活动产生直接的影响。总的来看，主要从以下方面对服装市场进行调查：服装市场需求调查、服装市场供给调查、服装市场营销活动调查。

1．服装市场需求调查

市场是企业经营的出发点和归宿点，服装市场需求调查是服装市场调查中最基本的内容，主要包括需求量调查、需求结构调查、购买动机和消费行为调查。

（1）需求量调查。需求量受到地区人口数量和居民可支配收入的影响。因此，在调查过程中强调地区人口总数和人均收入水平的调查。

（2）需求结构调查。需求结构是指消费者将其货币收入用于不同商品消费的比例，它决定消费者的消费投资方向。需求结构受到地区人口构成、家庭规模构成、消费构成、收入人均增长状况、服装商品供应状况、服装价格变化等因素的影响。因此，对需求结构的调查应从以上这几方面进行。

（3）购买动机和消费行为调查。购买动机是产生消费行为的前提。消费者购买动机调查的目的主要是弄清购买动机产生的各种原因，以便采取相应的诱发措施。一般来说，购买动机受到消费者的心理性格、个人偏好、宗教信仰、文化程度、消费习惯等主观因素影响，这也就是调查的主要内容。

消费者购买行为是消费者购买动机在实际购买过程中的具体表现。消费者购买行为调查就是对消费者购买模式和习惯的调查，即通常所讲的“3W”、“1H”调查，即了解消费者在何时购买（When）、何处购买（Where）、由谁购买（Who）以及如何购买（How）的情况。通过对这几方面的调查与了解，服装经营者能够更好地选择和安排销售网点，合理安排营业时间和营业人员数量或者适当调整营销渠道模式，从而做出正确的经营策略。

2．服装市场供给调查

服装市场供给是指全社会所有服装经营实体在一定时期内对市场提供的可交换的服装商品的总量，它们是市场需求得以实现的物质保证。作为单个服装企业，在调查中既要了解本企业的市场供给能力，也要了解竞争对手和整个市场的服装供给情况，做到知己知彼。

对服装市场供给的调查，可着重从以下几个方面入手。

（1）服装商品供给来源及供应能力调查。主要包括原料的来源、成品的来源以及本地区和国内外服装企业的技术装备水平、资金状况、管理水平、人员素质等情况的调查。

（2）服装商品供应范围调查。服装商品供应范围及其变化，会直接影响商品销售量的变化。范围扩大意味着可能购买本企业商品的用户数量的增加，在正常情况下会带来销售总量的增加；反之，则会使销售总量减少。

3. 服装市场营销活动调查

市场营销活动调查也要围绕营销组合活动展开，主要包括竞争对手状况调查、产品实体调查、产品包装调查、产品寿命周期调查、服装价格调查、服装销售渠道调查和服装促销活动调查等。

（1）竞争对手状况调查。调查的内容主要包括：有没有直接或间接的竞争对手，如果有的话，是哪些；竞争对手的所在地、销售渠道和活动范围；竞争对手的生产经营规模和资金状况；竞争对手生产经营商品的品种、质量、价格、服务及在消费者中的声誉和形象；竞争对手技术水平和新产品开发经营情况；竞争对手的宣传手段和广告策略。

通过调查，可将本企业的现有条件与竞争对手进行对比，为制定有效的竞争策略提供依据。

（2）产品实体调查。主要了解服装的款式、类型、色彩、搭配、面料、衬料及制作工艺的质量状况、产品的规格和实用性能等。对服装实体本身的调查，应根据不同的消费群体调查其对服装的不同要求，从而在产品用料、结构设计、工艺、色彩搭配等方面做到最切合需求。

例如，近年来美国许多青年人喜欢穿纯棉制作的衬衫，而不喜欢穿化纤类衬衫。在服装色彩上，老年人中意古朴、淡雅的色调；而大多年轻人则更偏重鲜艳、阳光活泼的色调等。

（3）产品包装调查。包装不仅保护产品、方便物流，更重要的是它能够促进服装的销售。按照不同的包装类型，对包装调查的内容也包括很多方面（表5－2）。

表5－2 商品包装调查

包装种类		调查内容
销售包装	消费品包装	①包装与市场环境是否协调 ②消费者喜欢什么样的包装外形 ③包装应该传递哪些信息 ④竞争产品需要何种包装样式和包装规格
	工业品包装	①包装是否易于储存、拆封 ②包装是否便于识别商品 ③包装是否经济，是否便于退回、回收和重新利用等
运输包装		①包装是否能适应运输途中不同地点的搬运方式 ②是否能够保证防热、防潮、防盗以及适应各种不利的气候条件 ③运输的时间长短和包装费用为多少等

（4）产品生命周期调查。服装产品在不同的生命周期里表现出不同的市场特征，企业

应通过对销售量、市场需求的调查，进而判断和掌握自己所生产和经营的产品处在什么样的生命周期阶段，以制定相应的对策。

（5）服装价格调查。价格调查的内容包括：国家在商品价格上有何控制和具体的规定；企业商品的定价是否合理，如何定价才能使企业增加赢利；消费者对什么样的价格容易接受以及接受程度如何；消费者的价格心理状态如何；商品需求和供给的价格弹性有多大、影响因素是什么等。

（6）服装销售渠道调查。企业应善于利用原有的销售渠道，并不断开拓新的渠道。对于企业来讲，目前可供选择的销售渠道有很多，如批发商、零售商等。对于销往国际市场的服装商品，还要选择进口商。

为了选好中间商，有必要了解以下几方面的情况：企业现有销售渠道能否满足销售商品的需要；企业是否有通畅的销售渠道，如果不通畅，阻塞的原因是什么；销售渠道中各个环节的商品库存是否合理，能否满足随时供应市场的需要，有无积压和脱销现象；销售渠道中的每一个环节能对商品销售提供哪些支持，能否为销售提供技术服务或开展推销活动；市场上是否存在经销某种或某类服装商品的权威性机构，如果存在，他们促销的商品目前在市场上所占的份额是多少；市场上经营本商品的主要中间商对经销本商品有何要求。

上述调查有助于企业评价和选择中间商，开辟合理的、效益最佳的销售渠道。

（7）服装促销活动调查。服装产品的促销活动包括广告、公关活动、服装表演、促销等一系列活动。促销活动调查是对促销活动的实际效果进行调查，为服装企业制定最优的促销组合提供依据。广告调查是用科学的方法了解广告宣传活动的情况和过程，为广告主制定决策、达到预定的广告目标提供依据。广告调查的内容包括广告诉求调查、广告媒体调查和广告效果调查等。除对服装广告进行调查外，服装企业根据需要还可对公共关系活动、降价、有奖销售、馈赠礼品、服装表演、价格优惠等措施进行调查。

五、服装市场调查方法

（一）服装市场文案调查法

1. 服装市场文案调查法的概念

文案调查法又被称为间接调查法，它是利用服装企业内部和外部现有的各种信息、情报资料，对调查内容进行分析研究的一种调查方法。

2. 服装市场文案调查法的特点

文案调查法是收集已经加工过的次级资料，而不是对原始资料的收集。文案调查法以收集文献性学习为主，我国目前以收集印刷型文献资料为主。另外，文案调查法所收集的资料包括动态和静态两个方面，尤其偏重于从动态角度收集各种反映市场变化的历史与现实资料。

3. 服装市场文案调查法的原则

文案调查的特点和功能，决定了调查人员在进行文案调查时应遵循以下基本原则和要求。

（1）广泛性原则。对现有资料的收集必须周详，要通过各种信息渠道，利用各种机会，采取各种方式大量收集各方面有价值的资料。

（2）针对性原则。要着重收集、调查与主题紧密相关的资料，善于对一般性资料进行摘取、整理、传递和选择，得到对企业生产经营有参考价值的信息。

（3）时效性原则。要考虑所收集整理的时间是否能保证调查的需要。服装市场信息瞬息万变，信息一旦过时便毫无价值。所以，要用最快的速度及时了解、收集、分析，以保证各种资料的时间价值。

（4）连续性原则。要注意所调查的资料在时间上是否连续。

4. 服装市场文案调查的渠道

文案调查是围绕调查目的展开，收集一切可利用的现有资料。从企业经营的角度看，现有资料可分为服装企业内部资料和外部资料，这也是文案调查的两个主要渠道。

内部资料是调查人员最先取得的资料，主要来自企业的内部，如业务资料、统计资料、财务资料、企业积累的其他资料等。企业从外部收集外部资料的途径相当广泛，一般从一些机构和文献中获取，下面列出几种主要的方式。

（1）统计部门与各级各类政府主管部门公布的资料，包括各类统计年鉴、有关服装行业的工业普查资料、统计资料汇编、商业地图等。

（2）纺织工业信息中心、服装信息咨询机构、服装行业协会提供的市场信息和相关行业情报。

（3）国内外有关服装类的书籍、报刊、杂志所提供的文献资料，包括各种统计资料、广告资料、市场行情和各种预测资料等。

（4）有关服装生产和经营机构提供的商品目录、广告说明书，专利资料及商品价目表等。

（5）各国家、各地区电台、电视台提供的有关市场信息。

（6）各种国际组织、外国使馆、商会所提供的国际市场信息。

（7）国内外各种服装博览会、展销会、交易会、订货会等促销会议以及专业性、学术性经验交流会议上所发放的文件和材料。

（8）互联网与市场信息网络提供的信息。

5. 服装市场文案调查法的工作程序

服装市场文案的目的是为决策者更好的决策提供信息，因此，调查应该围绕这一目的进行。其调查法包含 7 个程序（图 5－1）。

6. 服装市场文案调查法的优点和局限性

（1）优点。

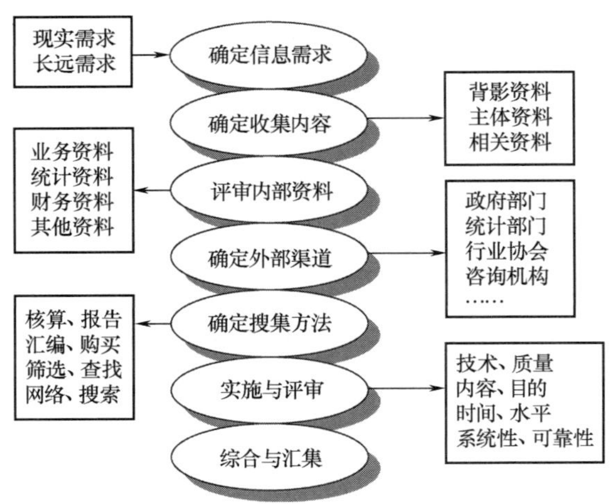

图 5-1　服装市场文案调查法的工作程序

①迅速便捷和低成本。通过文案调查，可以初步了解调查对象的性质、范围、内容和重点等，并能提供实地调查无法或难以取得的市场环境等宏观资料。

②可以克服时空条件的限制。从时间上看，文案调查不仅可以掌握现实资料，还可获得实地调查无法取得的历史资料。从空间上看，文案调查既能对企业内部资料进行收集，还可掌握大量的有关市场环境方面的资料。

③受各种影响因素小。

（2）局限性。

①这种方法依据的主要是历史资料，过时资料比较多，现实中正在发生变化的新情况、新问题难以得到及时的反映。

②所收集、整理的资料和调查目的往往不能很好地吻合。数据对解决问题不能完全适用，收集资料时易有遗漏。

③文案调查要求调查人员有较广的理论知识、较深的专业知识及技能。

④二手信息的可信度问题。

（二）服装市场访问调查法

1．服装市场访问调查法的概念与类型

访问调查法简称访问法或询问法，是指调查者以访谈询问的形式或通过电话访谈、邮寄问卷、留置问卷、小组座谈、个别访问等询问形式向被调查者搜集市场调查资料的一种方法。其形式一般有以下几种。

（1）按访问形式不同划分，有面谈访问、电话询问、留置问卷访问、邮寄访问等方法。

（2）按访问方式不同划分，有直接访问和间接访问。直接访问包括面谈访问（小组

座谈、个别访问）；间接访问包括电话询问、邮寄询问、留置问卷询问等。

（3）按访问内容不同划分，有标准化访问和非标准化访问。标准化访问是指根据调查问卷或调查表向被调查者访问，主要用于定量研究；非标准化访问是指根据粗略的提纲自由地向被调查者访问，主要用于定性研究。

2. 常用的访问调查法

（1）电话访问。指调查者通过查找电话号码簿，用电话向被调查者进行访问，以搜集市场调查资料的一种方法。主要用于民意测验和一些较为简单的市场调查项目，分为传统电话访问和计算机辅助电话访问两种形式。

①传统电话访问。传统电话访问就是选取一个被调查者的样本，然后拨通电话，询问一系列的问题。调查员（也叫访员）用一份问卷和一张答案纸，在访问过程中用笔随时记下答案。要求有专门的场所或电话访问间，调查员应经过专门训练，问卷应简单明了。

②计算机辅助电话访问。计算机辅助电话访问是使用一份按计算机设计方法设计的问卷，用电话向被调查者进行访问，并用计算机进行录入和统计。在发达国家使用比较普遍。通常是在一个装备有 CATI 设备的中心地点进行。

电话访问的主要优点包括以下几点。

①搜集市场调查资料速度快，费用低，可节省大量调查时间和调查经费。

②覆盖面广，可以对任何有电话的地区、单位和个人直接进行电话询问调查。

③可以免去被调查者的心理压力，易被人接受，尤其有些家庭不欢迎陌生人进入，电话询问可免除心理防范，让被调查者能畅所欲言。特别对于那些难以见面的某些名人，采用电话询问尤为重要。

电话访问的主要缺点包括以下几点。

①只能限于有电话的地区、单位和个人，电话普及率高才能广泛采用。在通讯条件落后的地区，这种方法受到限制。

②无法观察到被调查者的表情和反应，也无法出示调查说明、图片等背景资料，只能凭听觉得到口头资料，不能使问题深入。

③对于回答问题的真实性很难做出准确的判断。

（2）面谈访问。这是调查者与被调查者面对面交谈的一种方法，是最直接的访问调查方法。面谈调查可以采用个人访问或召开座谈会的方式，二者的被调查者都应具有一定的代表性。面谈访问的过程是面谈双方互相作用、互相影响的过程，不仅访问者通过访问作用于被访问者，而且被访问者的回答也作用于访问者。访问者的人际交往能力是访问成功的关键，只有被访问者有了对访问者的基本信任，消除了紧张与疑虑，才能愉快、顺利地回答问题。因此，面谈访问有相当难度，要求访问者能熟练掌握访谈技巧。面谈访问的过程，是访问者逐渐接近被访问者的过程。只有接近了被访问者，取得了访问的基本条件，访问活动才能顺利进行。

谈话是通向理解的坦途，人们渴望沟通理解，但实际生活中有很多矛盾，会影响这种沟通。应该正视和克服这些矛盾，积极地交谈，通过谈话通向理解。一次成功的谈话，可以促使访问调查的成功。

面谈访问一般应做到以下几点。

①克服羞怯心理。羞怯是交谈中最容易出现的心理障碍。严重的羞怯甚至会影响交谈的顺利进行。脸红、心跳频率加快、出汗、语无伦次等会影响潜力的发挥，访问者应该努力克服羞怯心理。

②真诚是使谈话成功的第一要素。人与人之间的关系应该是真诚的。所以，与人交谈不必像出征的骑士，背负着那么重的铠甲，尽可以放下心理负担。

③了解对象。了解不同职业的人的不同要求、不同性格等，做到知己知彼、有的放矢。这样，说话成功的把握就大些。

④明确讲话的目的。要准确、清楚地传达信息。

⑤以微笑示人。微笑是面谈访问中必不可少的润滑剂。汉语词汇中有关笑的词有 100 多个，但唯有微笑最受赏识。

访问过程中接近被访问者的方法如下。

①自然接近。在共同活动中自然地接近被访问者后，再说明访问意图。

②正面接近。开门见山地直接介绍自己并说明访问的目的和内容等。在被访问者理解调查活动、不存在顾虑的情况下，采用正面接近的方法，可节省调查时间、提高工作效率。

③求同接近。访问者主动寻找与被访问者的共同之处（如同学、同乡、同兴趣、同经历等），可以给接近被访问者带来一些方便。

④友好接近。访问者以友好的态度关心被访问者，帮助其解决所面临的难题，以求顺利地接近对方。

面谈调查有很多优点：可直接了解消费者的态度，真实性较高；可对调查提纲进行及时修改和补充，具有较大的灵活性；还可互相启发并向被调查者解释某些问题。但面谈调查也有缺点，如被调查者的主观偏见常常影响资料的准确性、成本费用较高、调查的范围较广、信息反馈不及时等。

（3）邮寄访问。这是将设计好的调查问卷以信函形式寄给被调查者，由被调查者填写意见后寄回的一种访问方法。这种调查方法的成本低、调查范围广，被调查者可以自由、充分地回答问题，使答复较为真实可靠。但这种方式也有缺点，如回收率较低，影响调查效果；如果调查问卷不被调查者正确理解，会出现答非所问的现象；有些答卷者可能迟迟不寄回答案，收集信息的时间较长；有些答卷者也可能不是所要调查的对象等。

目前，我国市场调查中极少采用邮寄访问的方法来收集数据。在欧洲，邮寄调查所占的比例也远远低于电话访问和面访访问。原因主要是由于邮寄访问的上述局限性。一般来说，当调查的时效性要求不高，调查对象的名单地址都比较清楚，调查经费比较紧缺，而调查的内容又比较多、比较敏感的情况下，采用邮寄调查是比较合适的。

（4）留置问卷访问。这是指将调查问卷当面交给被调查者，说明填写的要求并留下问卷，请被调查者自行填写，由调查人员定期收回的一种调查方法。这是介于面谈访问法和邮寄访问法之间的一种调查方法，它综合了邮寄访问保密性强和面谈访问回收率高的优点，可以消除面谈访问和邮寄访问的一些不足。

留置问卷访问的优点如下。

①调查问卷回收率高。由于当面递交问卷，说明填写要求和方法，解释清楚疑问，因此，可以减少误差，而且能控制回收时间，提高回收率。

②答案正确率高。被调查者有充分的时间来考虑问题，并不受调查人员的影响，能做出比较准确的回答。

（三）服装市场观察调查法

1. 服装市场观察调查法的概念与种类

观察法又被称为实地观察法，是指调查者到现场凭自己的视觉、听觉或借助摄影录像器材，直接或间接地观察和记录正在发生的市场行为或状况，以获取有关原始信息的一种实地调查法。

按观察的形式不同可分为直接观察法、间接观察法（图 5－2）。

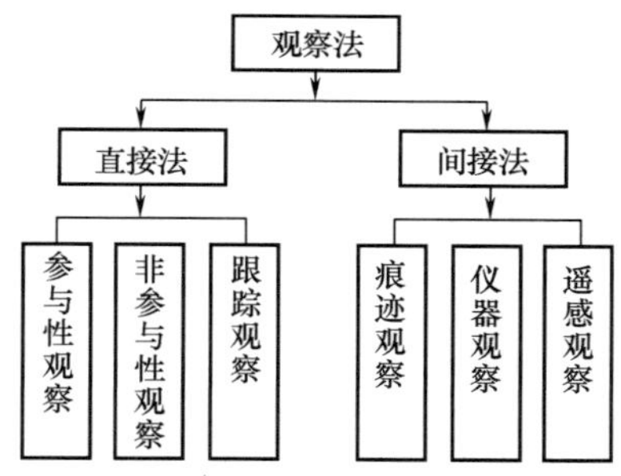

图 5－2　服装市场观察调查法分类

（1）直接观察法。直接观察法是调查者直接深入到调查现场，对正在发生的市场行为和状况进行观察和记录。主要观察方式包括如下几点。

①参与性观察。是指调查者直接参与到特定的环境和被调查对象中去，与被调查者一起从事某些社会经济活动，甚至改变自己的身份，身临其境地收集获取有关的信息。如法国居伊梅戈点子公司发明的神秘购物法（Mystery Shopping Study）就是观察法在实际中的一种应用。该方法依靠那些经过专门训练的神秘顾客（他们本身是普通消费者），由他们进行伪装购物，详细记录下购物或接受服务时发生的一切情况，发现商家在经营管理中存在的各种缺陷，进而反馈给调查公司。

②非参与性观察。又被称为局外观察，是指调查者以局外人的身份深入调查现场，从侧面观察、记录所发生的市场行为或状况，用以获取所需的信息。如供货现场观察、销售

现场观察、使用现场观察。

③跟踪观察。是指调查员对被调查者进行连续性的跟踪观察。如商场顾客购物跟踪观察、女士着装跟踪观察、用户产品使用跟踪观察等。

（2）间接观察法。间接观察法是指对调查者采用各种间接观察的手段（痕迹观察、仪器观察等）进行观察，用以获取有关的信息。

①痕迹观察。是通过对现场遗留下来的实物或痕迹进行观察，用以了解或推断过去的市场行为。如食品橱柜观察法、垃圾清点观察法。

②仪器观察。仪器观察是指在特定的场所安装录像机、录音机或计数仪器等器材，通过自动录音、录像、计数等获取有关信息。如商场顾客流量自动测量、交通路口车流量自动测量、电视收视率自动测量等。

③遥感观察。是指利用遥感技术、航测技术等现代科学技术搜集调查资料的方法，如地矿资源、水土资源、森林资源、农产品播种面积与产量估计、水旱灾害、地震灾害等均可采用遥感技术搜集资料。这种方法目前在服装市场调查中应用较少。

2. 服装市场观察调查法的主要优缺点

（1）主要优点。直观可靠；简便易行；可发现新情况、新问题；可克服语言交流带来的干扰。

（2）主要缺点。时间长，费用高，受时间、空间和费用限制；只能观察表象资料，不能观察内在原因；对观察人员素质要求高，观察者素质不同，观察的结果也不同，易产生观察者误差。

（3）注意事项。为减少观察者误差，在应用观察法进行调查时，应注意以下事项。

①为了使观察结果具有代表性，能够反映某类事物的一般情况，应注意选择那些有代表性的典型对象，在最适当的时间内进行观察。

②在进行现场观察时，最好不要让被调查者有所察觉，尤其是使用仪器观察时更要注意隐蔽性，以保证被调查者处于自然状态下。

③挑选有经验的人员充当观察员，并进行必要的培训。在实际观察和解释观察结果时，必须实事求是、客观公正，不得带有主观偏见，更不能歪曲事实真相。

④观察者的观察项目和记录用纸有一定的格式，以便尽可能详细地记录观察内容。

3. 服装市场观察调查法的具体应用

（1）在服装商品库存调查中，对库存商品直接盘点计数，并观察库存商品残次情况。

（2）在消费者需求调查中，对消费者购物时对服装品种、规格、花色、包装、价格等要求进行观察。

（3）在商场经营环境调查中，对服装商品陈列、橱窗布置、所临街道的车流量、客流量情况进行观察。

例如，商场的经营者可以通过公开的观察来记录顾客流量，统计客流规律和商店购买人次，重新设计服装商品的陈列和布局。在美国服装商店的入口处，通常陈列着厂家来推销的新产品或者商店要推销的季节性商品。顾客走进商店时，多半会驻足观看甚至选购这些商品。市场调查人员可以利用这一机会，观察和收集消费者对新产品或季节性产品的注意力以及购买情况的资料。

此外，观察法还可用于服装产品质量调查、广告调查等方面。

（四）服装市场实验调查法

实验调查法又被称为实验观察法，它是通过实验设计和观测实验结果而获取有关信息。从影响调查问题的许多可变因素中，选出一个或两个因素，将它们置于同一条件下进行小规模实验，然后对实验观察的数据进行处理和分析，确定研究结果是否值得大规模推广。

1. 常用的服装市场实验调查法

在实际调查活动中，一般是通过不同的实验设计来得出调查结果，其形式多种多样。下面介绍几种常用的实验方法。

（1）事前事后对比实验。通过记录观察对象在实验前后的结果，了解实验变化的效果。观察对象只有一个实验单位，实验因素也只有一个。

例如，某服装企业生产 A、B、C 三种产品，企业打算提高 A 产品价格，以刺激 B、C 两种产品的市场需求。在特定的商场实验一个月，实验前后均统计一个月的产品销售量，结果见表 5 -3。

表 5 -3　A、B、C 三种服装产品销售测验统计

产品	销售价格（元）		销售量（件）		销售变动（件）
	实验前	实验后	实验前	实验后	
A	80	100	3000	2000	-1000
B	90	90	2000	3200	1200
C	95	95	1800	2800	1000
合计	—	—	6800	8000	1200

实验测试表明，A 产品提价后，销售量下降 1000 件，但 B、C 两种产品销售量分别增加了 1200 件和 1000 件，表明 A 产品提价，对 B、C 两种产品的销售具有刺激作用，故 A 产品价格调整是成功的。

（2）控制组同实验组对比实验。设置控制组和实验组，控制组和实验组的条件应大体相同，控制组在实验前后均经销原产品，实验组在实验前后均经销新产品，然后对实验前后的观察数据进行分析，得出实验结果。

例如，某服装公司新设计了一个电视广告，用乡村、小溪、流水等具有强烈艺术感染力、风土人情气息的广告形式代替原有的口号式广告，并决定采用控制组同实验组对比的实验来观察效果。初步选定 6 个地区，其中 A、B、C 市为控制组，D、E、F 为实验组（A

与D、B与E、C与F市的市场规格、人口数量、经济发达程度、地区特征等具有相似性）。控制组沿用原广告，实验组采用新设计广告，实验时间为3个月。经过3个月的实验，统计分析的新广告和原有广告的注意率结果见表5－4。

表5－4　广告注意率实验结果测量表

控制组		实验组	
地区	原有广告注意率（%）	地区	新广告请注意率（%）
A	45	D	70
B	44	E	65
C	46	F	68
平均	45	平均	68

通过表5－2的实验结果可以看出，新广告形式的平均注意率为68%，比原广告形式的注意率45%提高了23个百分点。而且逐个对比，D比A提高了25个百分点，E比B提高了21个百分点，F比C提高了22个百分点，三个相似地区的实验组结果比类似地区的控制组效果显著。因此，可以得出结论，推广使用新广告形式是可行的。

（3）控制组与实验组连续对比实验。为了消除非实验因素的影响，可采用控制组与实验组连续对比实验。控制组在实验前后均经销原产品，实验组在实验前经销原产品，实验期间经销新产品，然后通过数据分析得出实验结果。

例如，某企业拟测度某种服装产品新包装的市场效果，选择A、B、C三家卖场为实验组，D、E、F三家卖场为控制组，实验期为1个月，其销售量统计见表5－5。

表5－5　某服装新包装销售测验统计　　单位：件

组　别	实验前	实验后	变动量
实验组	750（原包装）	1018（新包装）	268
控制组	738（原包装）	813（原包装）	75

通过表5－5可以看出，实验组的新包装服装产品比原包装产品在实验后销量增加了268件，扣除控制组增加的75件和实验前两组的差异12件，实验结果表明新包装的服装产品比原包装扩大了销售181件，改进后的新包装的市场效果是显著的。

2．**实验调查法的优缺点**

（1）主要优点。实验调查法是在一种真实的或模拟真实环境下的具体的调查方法，因而调查结果具有较强的客观性和实用性；实验调查可以主动地进行实验控制，较为准确地观察和分析某些现象之间的因果关系及其相互影响；可以探索在特定的环境中不明确的市场关系或行动方案；实验结果具有较强的说服力，可以帮助决定行动的取舍。

（2）主要缺点。时间长、费用多；具有一定的局限性，只能识别实验变量与有关因素之间的关系，而不能解释众多因素的影响；具有一定的时间限制。

（五）服装市场网络调查法

1．服装市场网络调查法的概念

网络调查又被称为网上调查或网络调研，是指企业利用互联网搜集和掌握市场信息的一种调查方法。网上调查的大规模发展源于20世纪90年代，具有经济性、范围广、周期短、互动性、客观性、可靠性等特点。

2．服装市场网络调查法的方法

网络调查法按照采用的技术方法不同，可分为站点法、电子邮件法、随机IP法、视讯会议法等；按照调查者组织调查样本的行为不同，可分为主动调查法和被动调查法，主动调查法是指调查者主动组织调查样本，完成有关调查，被动调查法是指被调查者被动地等待调查样本单位造访，完成有关调查。

（1）站点法。将问卷置于网络中供受访者自行填答后传回。

（2）电子邮件法。通过向被调查者发送电子邮件，将调查问卷发送给一些特定的网上用户，由用户填写后又以电子邮件的形式反馈给调查者。

（3）随机IP法。随机产生一批IP地址作为抽样样本进行调查的方法，其理论基础是随机抽样。

（4）视讯会议法。视讯会议法是基于Web的计算机辅助访问，它将分散在不同地域的被调查者通过互联网视讯会议功能虚拟地组织起来，在主持人的引导下讨论所要调查的问题。

（5）在线访谈法。调查人员利用网上聊天室或BBS与不相识的网友交谈、讨论问题、寻求帮助，获取有关信息。

（6）搜索引擎。利用网络的搜索服务功能，通过输入关键词就可以搜索到大量的现成资料。也可直接进入政府部门或行业管理网站，搜集有关的统计数据和相关资料。此外，搜索引擎还能够为市场调查策划提供许多相关的知识和信息支持。

3．服装市场网络调查法的优缺点

（1）网络调查法的优点。组织简单，费用低廉；调查结果的客观性高，信息质量可靠；速度快，不受时空与地域限制，大大缩短了调查的周期。

（2）网络调查法的缺点。网民的代表性存在不准确性；网络的安全性不高；受访对象难以限制。

由以上可知，每一种调查方法在反馈率、真实性及调查费用等方面都有不同特点。对于特定的市场研究问题，调查方法的选择一般不是单一的，要根据问题的性质、研究的目的和要求、经费和时间的限制等方面，选择适当的调查方法进行组合，完成预定的市场研究项目。

第二节 服装市场预测

一、服装市场预测概述

预测是针对某一目前还不明确的事物，根据其过去和现在的已知情况，估计和推测未来可能出现的趋势。这种估计和推测，应该是在正确的理论指导下，通过广泛调查取得第一手资料或第二手资料，再运用定性分析和定量分析的方法，对市场今后的发展变化做出质的描述和量的估计。

市场预测与市场调查的区别在于，前者是人们对市场未来的认识，后者是人们对市场过去和现在的认识。市场预测能帮助经营者制定适应市场的行动方案，使自己在市场竞争中处于主动地位。

（一）服装市场预测的含义

服装市场预测是在对影响服装市场供求变化的诸因素进行调查研究的基础上，运用科学的方法，对未来市场服装商品供应和需求的发展趋势以及有关因素的变化，进行分析、估计和判断。预测的目的在于最大限度地减少不确定性因素对预测对象的影响，为科学决策提供依据。例如，对服装企业的某个服装产品的需求情况的预测，销售发展变化情况的预测，对服装原料、服装设备、服装价格的预测，对消费者心理、习惯和购买状况变化的预测等。

（二）市场预测的基本原理

市场之所以可以被预测，是因为人们通过长期的认识，积累了丰富的经验和知识，可以逐步了解市场变化规律。然后，凭借各种先进的科学手段，根据市场发展历史和现状，推演市场发展的趋势，做出相应的估计和推测。具体而言，市场预测需要以下几条原理作指导：

1. 惯性原理

任何事物的发展在时间上都具有连续性，表现为特有的过去、现在和未来这样一个过程。没有一种事物的发展与其过去的行为没有联系，过去的行为不仅影响现在，还会影响未来。因此，可以从事物的历史和现状推演出事物的未来。市场的发展也有一个过程，在时间上也表现为一定的连续性。尽管市场瞬息万变，但这种发展变化在长期的过程中也存在一些规律性（如竞争规律、价值规律等），可以被人们所认识。惯性原理是时间序列分析法的主要依据。

2. 因果原理

任何事物都不可能孤立存在，都是与周围的各种事物相互制约、相互促进的。一个事物的发展变化，必然影响其他有关事物的发展变化。例如，一个国家在一定时期内采用某种特定的经济政策，势必对市场发展产生某种影响。这时的政策是因，市场变化情况是果。过一段时间，国家根据市场发展变化的新情况，又会制订新的经济政策来刺激市场或是稳定市场、限制市场，甚至改变市场发展方向等。市场情况成为因，经济政策又变为果。当然，一因多果或一果多因的现象也经常出现，但有其因就必有其果，这是规律。因此，从已知某一事物的变化规律，推演与之相关的其他事物的发展变化趋势，是合理的，也是可能的。投入产出分析法就是对因果原理的最好运用。

3. 类推原理

许多事物在结构、模式、性质、发展趋势等方面客观存在着相似之处。根据这种相似性，人们可以在已知某一事物的发展变化情况的基础上，通过类推的方法推演出相似事物未来可能的发展趋势。例如，彩色电视机的发展与黑白电视机的发展就有某些类似之处，我们可以利用黑白电视机的发展规律类推彩电的发展规律。类推原理在领先指标法中得到了很好的运用。

4. 概率原理

任何事物的发展都有一个被认识的过程。人们在充分认识事物之前，只知道其中有些因素是确定的，有些因素是不确定的，即存在着偶然性因素。市场的发展过程中也存在必然性和偶然性，而且在偶然性中隐藏着必然性。通过对市场发展偶然性的分析，揭示其内部隐藏着的必然性，可以凭此推测市场发展的未来。从偶然性中发现必然性是通过概率论和数理统计方法，求出随机事件出现各种状态的概率，然后根据概率去预测对象的未来状态。

（三）服装市场预测的基本要求

市场预测的准确度越高，预测效果就越好。然而，由于各种主客观原因，预测不可能没有误差。为了提高预测的准确程度，预测工作应该具有客观性、全面性、及时性、科学性、持续性和经济性等基本要求。

1. 客观性

市场预测是一种客观的市场研究活动，但这种研究是通过人的主观活动来完成的。因此，预测工作不能主观随意地“想当然”，更不能弄虚作假。

2. 全面性

影响市场活动的因素，除经济活动本身外，还有政治、社会、科学技术等因素。这些因素的作用使市场呈现纷繁复杂的局面。预测人员应具有广博的知识和丰富的经验，能从各个角度归纳和概括市场的变化，避免出现以偏概全的现象。当然，全面性也是相对的，无边无际的市场预测既不可能、也无必要。

3. 及时性

信息无处不在、无时不有，任何信息对经营者来说，既是机会又是风险。为了帮助企业经营者不失时机地做出决策，要求市场预测快速提供必要的信息。过时的信息是毫无价值的。信息越及时，不能预料的因素就越少，预测的误差就越小。

4. 科学性

预测所采用的资料，必须经过去粗取精、去伪存真的筛选过程，才能反映预测对象的客观规律。运用资料时，应遵循近期资料影响大、远期资料影响小的规则。预测模型也应精心挑选，必要时还需先进行试验，找出最能代表事物本质的模型，以减少预测误差。

5. 持续性

市场的变化是连续不断的，不可能停留在某一个时点上。相应地，市场预测需不间断地持续进行。实际工作中，一旦市场预测有了初步结果，就应当将预测结果与实际情况相比较，及时纠正预测误差，使市场预测保持较高的动态准确性。

6. 经济性

市场预测是要耗费资源的。有些预测项目，由于预测所需时间长，预测的因素又较多，往往需要投入大量的人力、物力和财力，这就要求预测工作本身必须量力而行，讲求经济效益。如果企业自己预测所需成本太高时，可委托专门机构或咨询公司来进行预测。

（四）服装市场预测的种类

服装市场预测按不同的划分方法，有多种不同的分类，一般来说可以有以下几种不同的种类。

1. 范围不同的预测

服装市场预测按预测范围不同划分，可分为宏观预测和微观预测。

（1）宏观预测。是指从国民经济全局出发，对服装商品生产和流通总体的发展方向所作的预测，如社会服装商品零售总额预测、社会服装商品购买力预测等。

（2）微观预测。是指从服装企业角度出发，对影响企业经营的市场环境及企业经营的商品和市场占有率等方面的预测，可以为服装企业经营决策提供依据。

2. 期限不同的预测

服装市场预测按预测期限不同划分，可分为短期预测、中期预测和长期预测。

（1）短期预测。通常是指一年或更短一些时间的市场变化预测，如年度预测、半年预测、季度预测等，可以为企业制订年度、季度和月度计划提供依据。

（2）中期预测。通常是指一年以上、五年以内的市场变化预测，可以为企业实现五年计划和长期规划方案提供依据。

（3）长期预测。通常是指五年以上的预测，可以为企业制定长期规划和重大决策提供科学依据。

3. 性质不同的预测

服装市场预测按预测性质不同划分，可分为定性预测和定量预测。

（1）定性预测。是对未来服装市场发展的大致方向或趋势做出预测，如某一服装经济指标是上升还是下降、是供过于求还是供不应求。定性预测主要靠人们的主观判断进行预测。

（2）定量预测。是指利用各种经济因素的统计数据或它们之间的数量依存关系来推测未来事件的发展程度，主要依靠数学模型进行预测。定量预测按其预测数值的表现形式，又可分为点值预测和区间值预测。

①点值预测。是指预测数值表现为单个数值，如某服装流通企业预测下一年某款服装的销售量为 3 0000 件。

②区间值预测。是指预测数值表现为上限和下限两个数值所规定的区间，如某服装流通企业预测下一年某款服装的销售量在 2 5000 ~ 3 5000 件。

4. 综合程度不同的预测

服装市场预测按预测商品综合程度不同划分，可分为单项产品需求量预测、大类产品需求量预测和总体商品需求量预测。

（1）单项产品需求量预测。是指对某单项服装产品（如衬衫、西服、皮衣等）按品牌、规格、质量、档次等分别预测其市场需求量。

（2）大类产品需求量预测。是指对某一大类产品的预测，如对针织类服装的需求量预测、对纯毛类服装的预测、对纯棉类服装的预测等。

（3）总体商品销售量预测。是指对服装消费需求的各种服装产品总量进行预测。

二、服装市场预测的内容

市场预测的内容非常广泛，不同的市场主体或不同的预测目的决定了市场预测有不同的侧重点。企业所进行的预测，主要包括市场需求预测、市场资源预测和市场营销组合预测。

（一）服装市场需求预测

市场需求是指特定的时间、特定的地域和特定的顾客群体，对某种服装商品现实和潜在的需求量。对服装市场的需求预测，不仅包括服装需求量的预测，还包括服装商品的品种、规格、花色、型号、款式、质量、包装、品牌、商标、需求时间的预测等。市场需求受很多因素的影响，有市场主体外部的因素，如政治、法律、文化、技术、消费心理和消费习惯等；也有市场主体内部的因素，如服装目标市场的选择、销售价格的制定与变动、促销手段的选择与实施、营销方法的确定等。市场需求预测正是在全面考察这些因素后对市场需求量进行的估计和推测。

（二）服装市场资源预测

市场需求和市场资源是构成市场活动的两个基本因素。满足市场需求，一方面要有充分的货币支付能力，另一方面要有充分的商品资源。否则，市场上就会出现商品购买力与商品可供量之间的不平衡，给企业的经营活动和国民经济的发展带来不利的影响。

通过市场资源预测，可以预见市场的供需趋势，为服装企业确定生产规模、发展速度和质量水平等提供依据。还可了解新产品开发和老产品更新换代的信息，帮助企业正确面对新产品对老产品的影响。在宏观方面，市场资源预测还能为调节供需平衡提供依据。

（三）服装市场营销组合预测

服装市场营销组合预测是对服装企业的产品、价格、销售渠道和促销方式等营销因素所进行的预测。

1．产品预测

现代产品，不仅指产品的物质实体，还包含产品的商标、包装以及安装、维修、咨询等方面。服装产品组合是由产品线的不同宽度、深度和关联度所决定的生产策略。现代服装企业既要提高专业化程度，组织大批量生产，强化产品线的深度；又要实行多样化经营，适应市场变化的需要，扩大产品线的宽度。前者可以更加广泛地满足各种需求，甚至是特殊的消费需求，有利于占领更多的细分市场；后者有利于挖掘企业潜力，分散投资风险，不断占领新的市场。加强产品线的关联性，则可以增强企业的竞争地位，提高产品的市场占有率。开展产品组合预测，有利于服装企业制定正确的产品组合策略，提高企业在行业中的优势。

服装产品的商标，是现代整体产品的组成部分。消费者购买某款服装产品，有时候是奔着该商标来的，因为他们认为该商标产品的质量信得过，价格也合理，还可以享受到良好的服务。服装产品的包装，除了能保护商品、方便运输外，还起着“无声的推销员”的作用。高质量的售后服务，能使用户得到更大的满足，促使其重复购买。对市场上将会受欢迎的商标、包装和售后服务进行预测，有利于合理运用营销手段，促进服装的销售。

2．价格预测

价格是市场营销活动最重要的内容。每个服装企业都需要了解竞争企业或竞争产品的价格，而且还必须注意不同价格水平会导致不同的需求量。因此，企业需要对竞争产品的成本和价格进行预测。产品价格确定后，企业应当及时地调查价格是否偏高或偏低、是否对消费者与经营者都有利以及与竞争对手相比是否具有优势或主动性等。

有条件的企业，还应当进行产品需求曲线的预测。当服装产品需求曲线呈缺乏弹性的时候，提高产品价格可以增加企业收入；如果产品需求曲线呈富有弹性的时候，降低价格则可以增加企业收入。企业掌握这些情况，对产品价格的及时调整很有帮助。

3．销售渠道预测

销售渠道即商品流通渠道，是企业产品实现其价值的重要环节，包括合理制定分销路线、选择与配置中间商、有效地安排运输与储存、适时地向用户提供适用的商品等。如果企业销售渠道的数量多，商品流通的路线就会广，市场占有率也会高。消费品的销售渠道，可以在代理、批发和零售等中间商中选择一个或几个层次；生产资料的销售渠道一般不需要零售中间商。

生产者选择销售渠道时，应对自身的条件、产品的情况和所处的市场进行综合分析。如企业的资本、商誉、服务和管理能力等，产品的单价高低、体积大小、易毁或易腐、通用或专用等，市场上同类商品的多少、潜在顾客的数量、购买者的习惯等。服装企业开展销售渠道的预测，就是要对这些影响因素的未来变化情况做出推测与判断，以确定相应的策略。

4．促销预测

促销是服装企业通过一定的方法或手段向消费者传递信息，从而促进消费者对产品或企业的了解，并影响消费者的购买行为。市场营销的实践表明，客户接受一种产品的前提，首先是接受消费这一产品的观念。通过多种媒介传递信息，说服客户，就能创造使用这种产品的社会氛围。

企业促销方式主要有广告、人员推销、促销和公共关系四种具体形式。各种形式都有自身的特点，相互之间又存在着一定的替代性。营销部门在大多数情况下都必须配合使用。企业开展促销方式的预测，就是要估计不同产品最适合的信息传递途径，推测顾客在不同促销方式下消费观念的变化，测算企业在各种促销组合下的经济效益。

上述营销要素各自的单体优势不一定能形成整体优势，单体优势之间还有一个整体优化问题。因此，必须结合起来进行整体研究，将服装企业的产品、价格、销售渠道和促销方式结合起来，进行综合性的预测，是市场营销组合预测的关键。

三、服装市场预测的步骤

市场预测的程序就是开展预测工作的步骤，它是提高预测工作效率和质量的重要保证。完整的预测工作一般包含以下几个步骤（图 5－3）。

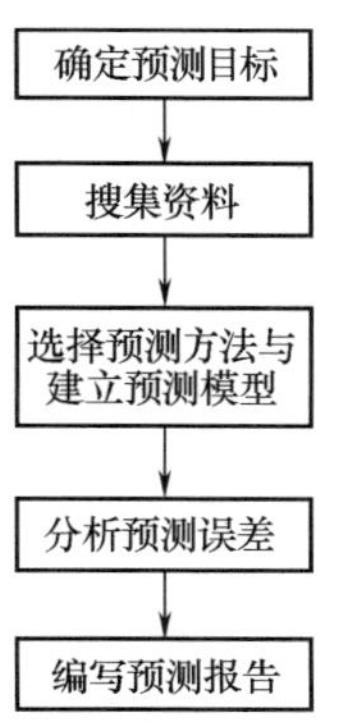

图 5－3 服装市场预测的步骤

（一）确定预测目标

由于预测的目标、对象、期限、精度、成本和技术力量等不同，预测所采用的方法、资料数据收集也有所不同。明确预测的具体目标，是为了抓住重点，避免盲目性，提高预测工作的效率。例如，预测某款服装商品的需求量，就是一个具体的预测目标。确定了这个目标之后，才能为搜集市场商情资料、选择预测方案、配备技术力量和预算所需费用指明方向。只有根据服装企业经营活动的需要制订预测工作计划、编造预算、调配力量、组织实施，才能以较少费用，取得满意的预测结果。

（二）搜集资料

资料是预测的依据，有了充分的资料才能为市场预测提供可靠的数据。搜集有关服装市场中的各种资料是进行服装市场预测重要的基础工作，如果某些预测方法所需的资料无法搜集或搜集的成本过高，即便有理想的预测方法也无法使用。广泛收集影响预测对象的一切资料，注意资料的真实性和可靠性，剔除偶然性因素造成的不正常情况，是定量预测模型的基础条件。

（三）选择预测方法与建立预测模型

市场预测方法有很多，但并不是每个预测方法都适合所有被预测的问题。预测方法选用是否得当，将直接影响预测的精确性和可靠性。根据预测的目的、费用、时间、设备和人员等条件选择合适的方法是预测成功的关键。对同一个预测目标，一般应同时采用两种以上的预测方法，以比较和鉴别预测结果的可信度。定量预测模型应该在满足预测要求的前提下，尽量简单、方便和实用。

（四）分析预测误差

预测是估计和推测，很难与实际情况百分之百吻合。预测模型又是简化了的数学模型，不可能包罗影响预测对象的所有因素，出现误差是不可避免的。产生误差的原因，一种可能是收集的资料有遗漏和篡改或预测方法有缺陷；另一种可能是工作中的处理方法失当、工作人员的偏好影响等。因此，每次预测实施后，要利用数学模型计算的理论预测值，与过去同期实际观察值相比较，计算出预测误差，估计可信度。同时，还要分析各种数学模型所产生误差的大小，以便对各种预测模型做出改进或取舍。误差分析往往同选择预测方法结合进行。

以上几个预测步骤是密切联系的，在先后顺序上有时也可交叉进行。市场调研人员应当根据预测的目的要求和实际工作进程灵活把控。

（五）编写预测报告

预测报告是对预测工作的总结，也是向使用者做出的汇报。预测结果出来之后，要及时编写预测报告。报告的内容，除了应列出预测结果外，一般还应包括资料的搜集与处理过程、选用的预测模型、对预测模型的检验、对预测结果的评价（包括修正预测结果的理由和修正的方法）以及其他需要说明的问题等。预测报告的表述应尽可能利用统计图表及数据，做到形象直观、准确可靠。

四、服装市场的预测方法

服装市场的预测方法，总体来看可以从定性与定量两方面进行预测。

（一）定性预测法

定性预测是指在服装市场预测中，预测者根据服装市场信息资料，不依托数学模型，而是运用经验和主观分析判断或者依靠集体智慧进行综合分析，对未来服装市场发展作出判断预测的一种方法。这种方法在社会经济生活中有广泛的应用，特别是在预测对象的影响因素难以分清主次或其主要因素难以用数学表达式模拟时，预测者可以凭借自己的业务知识、经验和综合分析的能力，运用已掌握的历史资料和直观资料，对事物发展的趋势、方向和重大转折点做出估计与推测。

定性预测的主要方法有专家预测法、营销人员意见综合预测法和购买意向调查预测法等。

1. 专家预测法

专家预测法是以专家为索取信息的对象，运用专家的知识和经验，考虑预测对象的社会环境，直接分析研究和寻求其特征规律，并推测未来的一种预测方法，主要包括个人判断法、集体判断法和德尔菲法。

（1）个人判断法。个人判断法是用规定程序对服装专家个人进行调查的方法。这种方法是依靠个别专家的服装专业知识和特殊才能来进行判断预测的。其优点是能利用专家个人的创造能力，不受外界影响，简单易行，费用也不多。但是，依靠个人的判断容易受专家的知识面宽窄、知识深度高低、占有资料是否充分以及对预测问题有无兴趣所左右，难免带有片面性。

专家的个人意见往往容易忽略或贬低相邻部门或相邻学科的研究成果，专家之间的当面讨论还可能产生不和谐的情况。因此，这种方法最好与其他方法结合使用，让被调查的专家之间不发生直接联系，并给时间让专家反复修改个人的见解，这样才能取得较好的效果。

（2）集体判断法。这种方法是在个人判断法的基础上，通过会议进行集体的分析判断，将专家个人的见解综合起来，寻求较为一致结论的预测方法。这种方法参加的人数多，所拥有的信息量远远大于个人拥有的信息量，因而能凝集众多专家的智慧，避免个人判断法的不足，在一些重大问题的预测方面较为可信。但是，集体判断的参与人员也可能受到感情、个性、时间及利益等因素的影响，不能充分或真实地表明自己的判断。

因此，运用集体判断法，会议主持人要尊重每一位与会者，鼓励与会者各抒己见，使与会者在积极发言的同时要保持谦虚恭敬的态度，对任何意见都不应带有倾向性。同时，还要掌握好会议的时间和节奏，既不能拖得太长，也不要草草收场。当话题分散或意见相持不下时，能适当提醒或调节会议的进程等。

（3）德尔菲法。德尔菲法是为避免专家会议法之不足而采用的预测方法。这种方法的应用始于美国兰德公司，在国外颇为流行。这一方法的特点是，聘请一批专家以相互独立的匿名形式就预测内容各自发表意见，用书面形式独立地回答预测者提出的问题，并反复多次修改各自的意见，最后由预测者综合确定市场预测的结论。

运用德尔菲法进行市场预测的步骤：

①做好准备。准备好已搜集的有关资料，拟定向专家小组提出问题（问题要提得明确）。

②请专家做出初步判断。在做好准备的基础上，邀请有关专家成立专家小组，将书面问题寄发各专家（如有其他资料也随同寄发），请他们在互不通气的情况下，对所咨询的问题作出自己的初次书面分析判断，按规定期限寄回。

③请专家修改初次判断。为使专家集思广益，对收到各专家寄回的第一次书面分析判断意见加以综合后，归纳出几种不同判断，并请身份类似的专家予以文字说明和评论，再以书面形式寄发各专家，请他们以与第一次同样的方式比较自己与别人的不同意见，修改第一次的判断，做出第二次分析判断，按期寄回。如此反复修改多次，直到各专家对自己的判断意见比较固定，不再修改为止。在一般情形下，经过三次反馈，即经过初次判断和两次修改，就可以使判断意见趋于稳定。

④确定预测值。在专家小组比较稳定的判断意见的基础上，运用统计方法加以综合，最后做出市场预测结论。

2. **营销人员意见综合预测法**

这里所指的营销人员除了直接从事服装销售的人员还包括管理部门的工作人员和销售主管等人员。营销人员意见综合预测法在实施过程中要求每一位预测者给出各自的销售额的“最高”、“最可能”、“最低”预测值，并且就预测的“最高”、“最可能”、“最低”出现的概率达成共识。

这种预测方法的具体做法是：假设第i位预测者（i=1，2，3，4，5……n）给出的预测值为F_{ij}，其中j=1表示预测最高值，j=2表示预测最可能值，j=3表示预测最低值。最高预测值给出的概率是P_1，最可能值给出的概率是P_2，最低值给出的概率是P_3。

若第i位预测者的意见权重为W_i（i=1，2，……n），则最终预测结果为：$Fi=\sum W_i F_i$

例如，某服装公司销售经理和两位副经理对某地区本公司的服装产品的销售量进行预测，得到如下数据，试求预测值（表5-6）。

表 5－6 预测数据表 单位：万元

	最高销量（万元）	最可能销量（万元）	最低销量（万元）	权重
经理	2720	2510	2350	0.6
副经理甲	1900	1800	1700	0.2
副经理乙	2510	2490	2380	0.2
概率	0.3	0.4	0.3	

经理的预测值为：

$F_1 = 0.3 \times 2720 + 0.4 \times 2510 + 0.3 \times 2350 = 2525$（万元）

副经理甲的预测值为：

$F_2 = 0.3 \times 1900 + 0.4 \times 1800 + 0.3 \times 1700 = 1800$（万元）

副经理乙的预测值为：

$F_3 = 0.3 \times 2510 + 0.4 \times 2490 + 0.3 \times 2380 = 2463$（万元）

最终预测值为：

$F = 0.6 \times 2525 + 0.2 \times 1800 + 0.2 \times 2463 = 2367.6$（万元）

3. 购买意向调查预测法

意向预测法是一种在市场研究中最常用的市场需求预测方法。这种方法与问卷形式征询潜在的购买者未来的购买量，由此预测出市场未来的需求。由于市场需求是由未来的购买者实现的，因此，如果在征询中，潜在的购买者如实反映购买意向的话，那么据此做出的市场需求预测将是相当有价值的。在应用这一方法时，对生产资料和耐用消费品的预测较非耐用品精确，这是因为消费者对非耐用消费品的购买意向容易受到多种因素的影响而发生变化。

（二）定量预测法

我们知道定性预测法是预测者运用经验和主观分析判断或者依靠集体智慧进行预测从而得出预测结果，但在许多情况下，要科学、准确地对市场做出预测，还需要采用定量预测方法。定量预测也称统计预测，它是根据已掌握的比较完备的历史统计数据，运用一定的数学方法或数学模型进行科学的加工整理，借以揭示有关变量之间的规律性联系，用于预测和推测未来发展变化情况的一类预测方法。定量预测方法有很多，本书主要介绍简易平均法、移动平均法、直线趋势延伸法和季节指数法。

1. 简易平均法

简易平均法是以观察期内时间序列的各期数据（观察变量）的平均数作为下期预测值的方法。简易平均法中的具体方法有很多，这里介绍最常用的简单算术平均法和加权算术平均法。

（1）简单算术平均法。简单算术平均法是以过去若干期的销售量或销售金额的算术平均值作为计划期间的销售预测值，其计算公式为：

$$\bar{x}=\frac{x_1+x_2+\cdots+x_n}{n}=\frac{\sum_{i=1}^{n}x_i}{n}\qquad (\mathrm{i}=1,\ 2,\ 3,\ \cdots,\ n)$$

或简写为：$\bar{x}=\frac{\sum x}{n}$

式中：$\bar{x}$ 为历史资料的平均数，作为预测期的预测值。

x_i 为历史资料的每个数据（销售量或销售额）。

n 为历史资料的个数。

i 为历史资料编号。

例如，某服装企业 2009 年 1 月、2 月、3 月服装销售额分别为 234 万元、236 万元、232 万元，预测 4 月份的销售额。

$$\bar{x}_4=\frac{234+236+232}{3}=234\text{（万元）}$$

用算术平均法进行市场预测，需要一定的条件，只有当数据的时间序列表现出水平型趋势，即无显著的长趋势变化和季节变动时，才能采用此法进行预测。如果数列存在明显的长期趋势变动和季节变动时，则不宜使用。

（2）加权算术平均法。加权算术平均法是简单算术平均法的一种改进，它是对过去不同时期的数据按其对预测期的影响程度分别给以不同的权数，然后计算出加权算术平均数，作为预测期的预测值。其计算公式为：

$$\bar{x}=\frac{x_1w_1+x_2w_2+\cdots+x_nw_n}{w_1+w_2+\cdots+w_n}$$

$$=\frac{\sum_{i=1}^{n}x_iw_i}{\sum_{i=1}^{n}w_i}\quad (i=1,\ 2,\ 3\cdots n)$$

或简写为：$\bar{x}=\frac{\sum xw}{\sum w}$

例如，如上例资料，分别赋予 1 月、2 月、3 月数据的权数依次为 1、2、3 时，预测 4 月份的服装销售额。

$$\bar{x}_4=\frac{234\times1+236\times2+232\times3}{1+2+3}\approx233.67\text{（万元）}$$

在统计计算中，用来衡量总体中各单位标志值在总体中作用（影响）大小的数值叫权数。权数的确定对于使用加权平均法预测未来预测值是非常关键的，权数的大小往往是凭预测者的经验来确定的。一般而言，在剔除一些特殊的影响因素后，距离预测期越近的观察期数据对预测值的影响越大，所以，对其数据给定的权数就越大；而距离预测期越远的观察期数据对预测值的影响越小，所给定的权数就越小。

加权算术平均法比简单算术平均法有一定的优越性，它没有把观察期的历史数据简单地等同对待，而是根据对各个数据的具体分析，区别对待，给予不同程度的重视。这种方法比较真实地反映了时间序列的规律，考虑了事件的长期发展趋势。

2. **移动平均法**

移动平均法是取预测对象最近一组历史数据的平均值作为预测值的方法。这种方法不是仅取最近一期的历史数据作为下一期的预测值，而是取最近一组历史数据的平均值作为下一期的预测值，这一方法使近期历史数据参与预测，使历史数据的随机成分有可能互相抵消，平均值所含的随机成分也会随之相应减少。

移动平均法的“平均”是指对历史数据的“算术平均”，而“移动”是指参与平均的历史数据随预测值的推进而不断更新。当一个新的历史数据进入平均值时，要剔除原先参与预测平均的陈旧的一个历史数据，并且每一次参与平均的历史数据的个数是相同的。移动平均法分为一次移动平均法和二次移动平均法，本书主要介绍一次移动平均法，包括简单算术移动平均法和加权移动平均法。

（1）简单算术移动平均法

简单算术移动平均法是指将观察期的数据由远而近按一定跨越期进行一次移动平均，以最后一个移动平均值为确定预测值的依据的一种预测方法。其计算公式为：

$$\hat{X}_{t+1} = M_t^{(1)} = \frac{X_t + X_{t-1} + \cdots + X_{t-n+1}}{n} \quad (i = t,\ t-1,\ t-2,\ \cdots t-n+1)$$

式中：

$\hat{X}_{t+1}$为预测期第 $t+1$ 期的预测值。

X_i 为观察期内时间序列的观察值。

$M_t^{(1)}$ 为时间序列中时间为 t 的一次移动平均值，即作为第 $t+1$ 期的预测值。

n 为每一移动平均值的跨越期。

（2）加权移动平均法

加权移动平均法就是根据同一个移动段内不同时间的数据对预测值的影响程度，分别给予不同的权数，然后再进行平均移动以预测未来值。

加权移动平均法不像简单移动平均法那样，在计算平均值时对移动期内的数据同等看待，而是根据越是近期数据对预测值影响越大这一特点，不同地对待移动期内的各个数据。对近期数据给予较大的权数，对较远的数据给予较小的权数，以此来弥补简单移动平均法的不足。其计算公式为：

$$\hat{X}_{t+1} = M_t^{(1)} = \frac{X_t W_t + X_{t-1} W_{t-1} + \cdots + X_{t-n+1} W_{t-n+1}}{W_t + W_{t-1} + \cdots + W_{t-n+1}} = \frac{\sum X_i W_i}{\sum W_i}$$

$$(i = t,\ t-1,\ t-2,\ \cdots,\ t-n+1)$$

式中：$\hat{X}_{t+1}$为预测期第 $t+1$ 期的预测值。

$M_t^{(1)}$ 为时间序列中时间为 t 的一次移动平均值，即作为第 $t+1$ 期的预测值。

X_i 为观察期内时间序列的观察值。

n 为每一移动平均值的跨越期。

W_i 为与 X_i 相对应的相对数。

3. **直线趋势延伸法**

直线趋势延伸法是指对具有线性变化趋势的时间序列拟合出直线方程，进行预测的方法。线性变化趋势的直观表现是时间序列呈增长趋势，而且增长幅度大致接近。直线方程为：

$$Y_t = a + bt$$

式中：Y_t 为预测值。

t 为时间变量。

a、b 为待定参数。a 表示 $t=0$ 时，Y_t 的数值，即长期趋势的基期状态；b 表示 t 每变动一个单位 Y 的增减量。

运用最小二乘法，确定 a，b 的值，求出直线方程：

$$a = \frac{\sum Y_i - b\sum t_i}{n}$$

$$b = \frac{n\sum t_i Y_i - (\sum t_i)(\sum Y_i)}{n\sum t_i^2 - (\sum t_i)^2}$$

t_i 是时间序列的编号，为简化计算，通常按 $\sum t_i = 0$ 的原则编号，这样将上式简化为：

$$a = \frac{\sum Y_i}{n}$$

$$b = \frac{\sum t_i Y_i}{\sum t_i^2}$$

选取 t 值要分两种情况：当观察值个数 n 是奇数时，令中间观察值的 $t=0$，t 的间隔为 1，即取值为…，-3，-2，-1，0，1，2，3，…；当观察值个数 n 是偶数时，令中间两期观察值的 t 之和等于 0，t 的间隔为 2，即取值为…，-5，-3，-1，1，3，5，…。

例如，某服装公司 2002～2008 年保暖内衣的销售量资料见表 5-7，用直线趋势延伸法预测 2009 年该公司保暖内衣的销售量。

表 5-7　某公司保暖内衣年销售量表

年份	销售量（Y_i）（万件）	t_i	t_iY_i	t_i^2
2002	124	-3	-372	9
2003	138	-2	-276	4
2004	167	-1	-167	1
2005	189	0	0	0
2006	205	1	205	1
2007	237	2	474	4
2008	259	3	777	9
$\sum$	1319	0	641	28

将表中计算结果代入上式，得出：

$$a=\frac{\sum Y_t}{n}=\frac{1319}{7}\approx 188.43$$

$$b=\frac{\sum t_i Y_i}{\sum t_i^2}=\frac{641}{28}\approx 22.89$$

将 a、b 代入直线方程中，得到：$Y_t=188.43+22.89t$

由直线方程可得 2009 年的销售量为：

$t=4$ 时，$Y_t=188.43+22.89\times 4\approx 280$（万件）

4. 季节指数法

季节变动是指由于某些市场现象受自然气候、生产条件、生活习惯等因素的影响，在一定时间中随季节的变化而呈现出周期性的变化规律。服装产品的市场需求呈明显的季节性变动，而且这种波动是有规律的变化。如 T 恤、羊毛衫、保暖内衣等受自然气候影响，形成市场需求量的季节性变动。

季节变动的主要特点是，每年都重复出现，各年同月（季）具有相同的变动方向，变动幅度一般相差不大。因此，研究市场现象的季节变动、收集时间序列的资料一般应以月（季）为单位，并且至少需要有三年或三年以上的各月（季）市场现象的资料，才能观察到季节变动的一般规律性。

季节指数法，就是根据预测目标各年按月（季）编制的时间数列资料，以统计方法测定出反映季节变动规律的季节指数，并利用季节指数进行预测的预测方法。因为服装产品具有明显的季节波动性，因此季节指数法经常被用于预测服装市场未来的供应量、需求量及价格变动趋势。

例如，某服装企业羊绒衫的销售量三年内各季节的销售资料见表 5-8。

表 5-8 2007~2009 年某公司羊绒衫各季销售情况 单位：万件

季节 / 年度	春季	夏季	秋季	冬季	各季平均	年销售总量
2007	67	23	76	129	73.75	295
2008	72	28	86	142	82	328
2009	80	35	94	179	97	388
总计	219	86	256	450	252.75	1011

（1）计算各年度季平均销售量，计算公式为：

$$季平均销售量=\frac{全年销售量}{4}$$

则 2007 年季平均销售量 $=\frac{67+23+76+129}{4}=73.75$（万件），2008 年、2009 年以此

类推。

（2）计算各年各季的季节指数，计算公式为：

$$某季的季节指数 = \frac{某季的销售量}{当年季平均销售量} \times 100\%$$

则 2007 年春季的季节指数 $= \frac{67}{73.75} \times 100\% \approx 90.85\%$，以此类推计算出三年各季的季节指数。

（3）计算平均季节指数，其计算公式为：

$$平均季节指数 = \frac{各年同季季节指数之和}{观察年数}$$

则三年中，春季平均季节指数 $= \frac{90.85\% + 87.80\% + 82.47\%}{3} = 87.04\%$，以此类推，夏、秋、冬季平均季节指数同理计算，结果填入表 5－9。

表 5－9　2007～2009 年季节指数与平均季节指数　　单位：%

季节／年度	春季	夏季	秋季	冬季
2007	90.85	31.19	103.05	174.92
2008	87.80	34.15	104.88	173.17
2009	82.47	36.08	96.91	184.54
平均季节指数	87.04	33.81	101.61	177.54

（4）计算预测年度某季的预测销售量，计算公式为：

某季预测销售量 $= \frac{年预测销售量}{4} \times$ 该季节平均季节指数

现预计 2009 年全年该企业羊绒衫销售量是 475 万件，各季节的销售量预测值为：

春季：$\frac{475}{4} \times 87.04\% = 103.36$（万件）

夏季：$\frac{475}{4} \times 33.815\% \approx 40.15$（万件）

秋季：$\frac{475}{4} \times 101.61\% \approx 120.66$（万件）

冬季：$\frac{475}{4} \times 177.54\% \approx 210.83$（万件）

本章小结

- 服装市场调查与预测是服装市场营销学的重要章节之一，市场调查和市场预测是服装企业研究服装市场变化的重要方法。服装市场调查是服装市场预测的前提和基础，服装市场预测是服装市场调查的目的和延续。同时，服装市场调查对市场预测的结果又可以起到验证和修正的作用。
- 服装市场调查是运用科学的方法，有组织并有计划地系统、全面、准确及时地收集、整理和分析服装市场现象的各种资料的活动过程。市场调查的步骤一般按如下程序进行：确定问题与假设、确定所需资料、确定收集资料的方式、抽样设计、数据收集、数据分析、调查报告。服装企业市场调查可以从宏观环境和微观环境两方面进行调查，宏观环境调查的内容包括政治环境、法律环境、经济环境、社会文化环境、科技环境、地理和气候环境。微观环境调查的内容包括服装市场需求调查、服装市场供给调查、服装市场营销活动调查。
- 服装市场调查方法包含服装市场文案调查法、服装市场访问调查法、服装市场观察调查法、服装市场实验调查法、服装市场网络调查法等。
- 服装市场预测是在对影响服装市场供求变化的诸因素进行调查研究的基础上，运用科学的方法，对未来市场服装商品供应和需求的发展趋势以及有关因素的变化，进行分析、估计和判断。为了提高预测的准确程度，预测工作应该具有客观性、全面性、及时性、科学性、持续性和经济性等基本要求。服装企业所进行的预测，主要包括市场需求预测、市场资源预测和市场营销组合预测。其预测的程序一般包括：确定预测目标、搜集资料、选择预测方法、建立预测模型、分析预测误差、编写预测报告。服装市场预测方法主要包括定性预测法与定量预测法。其中，定性预测法主要有专家预测法、销售人员意见综合法和购买意向调查预测法等；定量预测法主要有简易平均法、移动平均法、直线趋势延伸法和季节指数法。

思考题

1. 简述服装市场调查的概念及其内容。
2. 简述服装市场调查的一般流程。

3. 实验调查法的形式有哪些？

4. 简述服装市场预测的一般流程。

5. 某服装公司 2009 年的销售额资料如下：

月份	1	2	3	4	5	6	7	8	9	10	11	12
销售额（万元）	700	800	720	900	800	920	1000	1200	1100	1040	1160	1040

（1）用简单算术平均法预测 2010 年 1 月的销售额。

（2）用加权算术平均法预测 2010 年 1 月的销售额，权数由远至近采用等差数列分别为：1，2，3，…，n。

（3）取 $n=3$ 和 $n=5$，用简单移动平均法预测 2010 年的销售额。

6. 某服装卖场 2005 ~2009 年销售资料如下：

年份	2005	2006	2007	2008	2009
销售额（万元）	200	230	260	296	336

用直线趋势延伸法预测 2010 年的销售额。

7. 某品牌休闲装的销售量 3 年内各季节的销售资料如下：

单位：万元

季度 年度	春季	夏季	秋季	冬季
2007	78	140	50	48
2008	84	148	44	40
2009	90	150	52	40

现推测 2010 年年销售总额为 336 万元，计算 2010 年各季的销售额。

小课堂

卡玛服装：神秘顾客调查每年投入成本约为 20 万

如何有效地改善服务质量、提高顾客满意度，各行各业的营销精英们高招迭出，八仙过海，各显神通。其中，聘请一般消费者通过暗中接受服务或实际消费，然后进行打分或评价的“神秘顾客”方法被专业人士视为企业的“一级商业机密”，对外鲜有宣传。

“神秘顾客”（Mysterious Customer）是由经过严格培训的调查员，在规定或指定的时间里扮演成顾客，对事先设计的一系列问题逐一进行评估或评定的一种商业调查方式。由于被检查或需要被评定的对象，事先无法识别或确认“神秘顾客”的身份，故该调查方式能真实、准确地反映客观存在的实际问题。

肯德基遍布全球60多个国家，其连锁店有9900多个。然而，美国肯德基国际公司在万里之外，又怎么能相信它的各个分店都能“循规蹈矩”呢？一次，上海肯德基有限公司收到三份国际公司寄来的鉴定书，对他们外滩快餐厅的工作质量分三次鉴定评分，分别为83分、85分、88分。这三次鉴定评分让公司中的外方经理都瞠目结舌，它们是怎么评定的？原来，肯德基国际公司雇用、培训了一批人，让他们佯装顾客，秘密潜入店内进行检查评分。这些“神秘顾客”来无影、去无踪，而且没有时间规律，这就使快餐厅的经理、雇员时时感受到压力，丝毫不敢懈怠。

“神秘顾客”方法最早由肯德基、罗杰斯、诺基亚、摩托罗拉、飞利浦等一批国际跨国公司引进国内，为其连锁分部进行管理服务。如今，服饰品牌也开始使用“神秘顾客”了，北京卡玛就是这个方法的受益者。

作为一个并没有太长历史的品牌，卡玛在成长期内并没有大规模地进行广告宣传、没有请明星代言，甚至没有参加各地的专业展会，但这并不影响它的成长速度，也令同行急切想了解它的成功秘诀。有一次，卡玛的品牌顾问王先生在给其他服装品牌做培训时，某一品牌的老总很直白地对他说：“你只要告诉我，卡玛在做什么就行了。”

在北京SOHO现代城的卡玛原创服装服饰有限公司，记者见到了卡玛的操盘手——执行董事赵波。在他看来，对终端店铺的有效管理、对店铺服务的高度重视以及将顾客满意作为企业生存的基础，是卡玛成功的核心。

目前，卡玛品牌在全国一共有300多家店铺，其中60%是直营店。与以纯、森马、班尼路等休闲服装品牌相比，卡玛的店铺数量并不多。“我们注重的不是量，而是质。”赵波说。

从2005年开始，卡玛在终端店铺中引入“神秘顾客”。赵波说：“我们希望从顾客的角度体验店铺的服务，听取顾客对品牌的感觉与建议。而神秘顾客方式最能反映店铺服务的常态水平。因为员工不知道谁是神秘人、谁是普通顾客，在这种状态下，店员最能表现出日常服务的真实水平，而不是在事先知道的情况下做好准备以应对上司检查。”

然而，卡玛刚实行这个方法时，遭到了加盟商的抵触。“加盟商认为开店只要能赚钱就行，不过通过沟通后，他们基本上都能响应。”赵波与加盟商沟通的要点，是告诉加盟商顾客满意能带来持续的生意。

“品牌形象和口碑树立是长远而共同的利益，顾客才不管是加盟还是直营店，他们只认卡玛品牌，所以我们必须树立统一的标准，这也是做连锁店的根本。”赵波说。

目前，卡玛公司一年会进行四次神秘顾客调查，调查内容包括顾客对店铺及导购的第一印象，离店的每个步骤、环节，甚至还包括导购如何打招呼、如何与客人道别等。卡玛每次所调查的店铺都是随机抽取的，每次抽取 20% 的店铺，所以每个区域经理都不会存在侥幸心理。为了“神秘顾客”这一项，卡玛公司每年投入的资金大约为 20 多万元。

对于神秘顾客的评估结果，卡玛公司将以此来考核区域经理的绩效，并决定其奖金和升职机会。对于那些表现不佳的店铺，卡玛并没有惩罚性措施，而是通过开会与店长及区域经理共同探讨改善店铺经营的方案。

赵波认为，神秘顾客之于卡玛，主要作用有两个方面：“一是推动服务，让每个同事都意识到顾客满意的重要性，从而不断提升服务水平，并让店铺间也能形成竞争效果；二是监控，随着店铺数量增多，地域越来越广，如果没有这个方法，就很难反馈店铺实际的服务水平，容易失控。”

实行神秘顾客制度的零售企业普遍认为最大的困难就是神秘顾客评分的尺度。“需要不断地达成共识，要求他们在打分的同时，有行为的描述，方便我们追踪。”赵波说。而解决这个困难的主要方法，是选择一家专业的第三方公司。赵波建议，企业应谨慎挑选第三方公司，并建立一套约束制度。像那种不经任何培训的随意招聘是不专业的做法。

第六章　服装市场细分与市场定位

课程名称： 服装市场细分与市场定位

课程内容： 服装市场细分与目标市场的选择

目标市场的确定与战略

市场定位

课程时间： 4 课时

教学目的： 使学生能独立细分消费者市场，重点是通过分析市场的不同特点，明确目标市场营销策略，并进行市场定位，明白服装买手是如何帮助服装企业细分市场、明确营销策略、实施市场定位，从而使销售达到预期目标。

教学方式： 理论教学

教学要求： 1. 能独立细分消费者市场。

2. 明确目标市场营销策略。

3. 进行市场定位。

4. 通过模拟服装买手比赛实践市场细分与市场定位。

课前准备： 阅读有关市场细分和服装买手方面的书籍。

服装企业无法用有限的资源来生产纷繁复杂的服装种类，以满足每一个顾客的需求。因此，如何从企业自身特色与能力出发去开发服装市场成为企业参与激烈竞争的重要砝码。而 STP 营销（市场细分、目标市场和产品定位）则是调节砝码的关键所在。服装 STP 营销，即市场细分（Segmenting）、目标市场（Targeting）和产品定位（Positioning）。STP 营销可以通过市场细分和目标市场的定位，明确最适合企业或品牌的发展方向，并且能够满足不同层次消费者的需求。

在市场细分的基础上，服装企业结合自身的情况进行目标市场的选择。在目标市场的设定过程中，企业必须与营销战略紧密结合。目标市场确定后，企业将确定产品定位。

第一节　服装市场细分与目标市场的选择

一、服装市场细分和服装买手

（一）服装市场细分

市场细分是营销学中较为重要的要素，也是营销的一个基本理念：每一个产品不可能会满足所有消费者的需求，聪明的服装企业会根据消费者需求的差别将市场细分，确定目标消费者。因此，企业需要将产品定位，在目标消费者所偏爱的个性基础上，通过一系列营销流程向目标消费者传达定位信息，使消费者注意到这一品牌并感知那就是他们所需要的，这样才能真正占据消费者的心，使选定的目标市场真正成为自己的市场。

1. 市场细分含义和发展

市场细分是美国市场营销学家温德尔·史密斯（Wendell. Smith）在 1956 年提出来的，这是他在总结了企业营销活动实践的基础上提出来的新概念。他主张凡是市场上的产品或劳务的购买者超过两人以上，这个市场就有被细分为许多个亚市场的可能。这个观点顺应了第二次世界大战后美国众多产品由卖方市场转变为买方市场这一新的市场形势。这个观点一经提出，立即受到工商企业家和理论界的重视，现在已成为市场营销理论的重要组成部分。在西方发达国家，市场细分策略思想的形成大致经历了三个阶段：大量营销阶段、产品多样化营销阶段、目标市场营销阶段。

（1）大量营销阶段（生产导向阶段）。这是西方国家在 20 世纪 20 年代以前，由于生产能力比较落后，商品供不应求，生产观念支配企业的经营管理而出现的营销阶段。当时的营销者们认为，只要顾客在市场上看到本企业的产品，而且价格比同类产品便宜，就一定会购买。

（2）产品多样化营销阶段（销售导向阶段）。企业生产经营多种不同规格、质量、特色和风格的同类产品，以适应各类顾客的不同需求，为顾客提供较大的选择范围。西方国家在20世纪20年代末到20世纪50年代以前处于此阶段。由于市场竞争激烈，企业逐步意识到产品多样化的潜在价值，开始实行产品多样化营销，使消费者有了较大的选择机会。但是，这种多样化营销并不是建立在市场细分的基础上，不是从目标市场的需求出发来组织生产经营的。

（3）目标市场营销阶段（需求导向阶段）。企业通过市场细分选择一个或几个细分部分作为自己的目标市场，专门研究其需求特点，有针对性地设计适当产品，确定适当价格，选用适当的分销渠道和促销渠道，开展营销活动。其市场环境表现为：社会生产力发展迅速，产品供应量剧增，花色品种繁多，消费者对产品优中选优，是典型的买方市场。目标市场营销由三个步骤组成：市场细分、目标市场选择以及市场定位。

2. 服装市场细分含义

服装市场细分（Market Segmentation）是服装企业根据消费者需求的不同，把整个市场划分成不同的消费者群的过程。

3. 服装市场细分的作用

细分市场的主要目的在于：通过科学的、详尽的市场调研，发现整个市场购买潜力最大的某一目标市场，结合自有资源，挖掘和发展产品的特质与潜力，进行产品定位，以便将营销组合有效地用于明确的目标，达到更好地创造消费、引导消费的营销目的。

（二）服装买手

一般，根据企业不同的运作习惯，服装买手（Fashion Buyer）会为企业提前半年或者更长时间买好下一季要销售的商品。因此，买手必须是时尚、流行趋势的正确把握者。并且，为了达到顺利销售的目的，买手还必须对市场发展具有敏锐的洞察力和掌控能力。买手的后期工作还涉及对当季货品销售过程的监控和调配，以达到销售效率的最大化。这个职位一直出现在奢侈品牌以及服饰品牌中，服装买手负责一个品牌不同季节的货品采买、货品质量把控、货品销售途径、销售数据的把控以及库存量的平衡。服装买手也是时尚买手，是目前被媒体以及各行业热推的时尚职业。在国外，服装买手很多都是时尚博主，他们分享穿衣经验以及超越了流行发布趋势的时尚眼光。也就是说，服装买手是在服装企业中具体执行服装市场细分和市场定位的人。服装买手的职责要包括以下三个方面：

①商品计划的立案。年度、季度、月度的商品计划制订，包括中心商品的提案乃至中心商品内容的展开都需要公司的买手作为源点，将其需要明确化、具体化，甚至于买手必须要承担起决定上游供应商以及商品调配的具体工作责任。

②数据核算责任。买手最终的责任就是要确保公司的毛利率。近年来，数据化营销管理的模式正在兴起，通过“商品回转率”、“交叉比率”、“平效”、“消化率”等综合数据来确定商品内容进而规避库存的买手逐渐成为热点。

③商品计划执行。适时适量地调节控制货品、满足顾客需求的卖场调整以及避免季末库存产生的销售指导等，从没有商品到有了商品再到没有商品的一系列过程，都需要买手来承担责任，通过商品计划的执行效果来考察买手的真正水平。

买手的职责因公司而异，但是所有的服装买手都会监督一系列产品的研发，这些产品有其特定的顾客群及价格范围。小型商店的买手可能只有一个人，会同时参与产品的销售和促销，而大型服装公司在一个采购团队中有各种不同级别的买手，包括受训买手、助理买手、买手以及采购经理，他们共同由一个采购主管来领导。服装买手这类公司，人们通常称买手为“挑选者”（Selector）。一个采购团队需要的是高效的交际能手，因为他们大部分的工作实践都是在和供应商以及内部其他部门人员进行沟通和谈判。

二、服装市场细分的标准和原则

细分消费者市场所依据的变数可以概括为四大类：地理环境因素、人口统计因素、消费心理因素和购买行为因素。

（一）地理环境因素

按照消费者所处的地理位置、自然环境来细分市场，具体变量包括国家、地区、城市规模、气候、人口密度以及交通条件等。处于不同地理位置的消费者，对同一类产品往往呈现出差别较大的需求特征，对企业营销组合的反应也存在较大的差别。例如，对防暑降温、御寒保暖之类的消费品按照不同气候带细分市场是很有意义的。另外，地理细分对不同区域市场的识别和划分也有很大意义。企业可以根据产品在该区域上市的时间，将市场分为引入或发育期市场（1 ~5 年）、成长期市场（6 ~11 年）、成熟期市场（11 年以上）。

（二）人口统计因素

这是根据人口统计变数来细分市场。企业可以按人口统计资料所反映的内容，包括年龄、性别、家庭人数、家庭生命周期、收入、职业、教育、宗教、种族、国籍等作为细分标准来细分消费者市场。长期以来，人口因素一直是消费者市场最主要的细分标准。这是因为消费者的欲望、偏好和使用率往往和人口变数有关系，人口变数比其他变数也更容易衡量。

1．年龄与生命周期阶段

不同年龄和生命阶段的消费者的需求和购买力有明显的差异。例如，儿童对玩具、少儿读物的需求最多；青少年对时装、旅游、娱乐的需求最多；而营养滋补品和医疗保健用品的需求者多为老年人等。玩具、服装、食品等市场均可按年龄细分。

2．家庭人口与家庭生命周期

家庭生命周期的不同，人们对商品的需求也不一样，例如，家庭中有子女与无子女、有年幼子女与成年子女，其需求特点就大不相同。目前，中国三口之家越来越多，家庭规模趋向小型化，企业在进行市场细分时，必须考虑这种趋势变化。

3. 性别

性别也是影响消费者行为的一个重要因素。在服装、美容美发、洗涤用品和化妆品等市场上，因性别不同而产生的差异极其明显。因此，在上述行业中性别早已成为一个常用的细分变数（表6－1）。

表6－1 购买决策的性别差别

	女性	男性
决策速度	做决定时感到不确定，容易被说服，决策速度慢	决定自己想要买什么，不易被说服，决策速度快
决策方式	在进行购买决策时，更多考虑其他人的因素，具有公共性	在进行购买决策时，更多考虑自己的目的，并且只关注关键利益

4. 收入

收入细分是市场细分的重要因素。

5. 职业与受教育程度

职业与受教育的程度直接影响消费者的行为以及消费的层次。

（三）消费心理因素

按照消费者的心理特征细分市场。在有关心理因素的作用下，人们的生活方式可以分为“传统型”、“新潮型”、“奢靡型”、“活泼型”、“社交型”等不同类型。消费心理因素是指消费者在购买过程中对产品不同效用的重视程度。

（四）行为因素

1. 购买时机

根据消费者需求、购买和使用时机细分市场，例如，泳衣夏天畅销，羽绒服则适宜秋冬市场。企业通过这种行为细分，抓住有利时机开展营销活动，会收到很好的效果。

2. 消费者追求的利益

根据消费者购买或使用物品时强调利益和效用细分市场。例如，农村女性选购服装要求服装价廉耐穿，都市女性讲究舒适，都市少女则强调款式与色彩的表现力。

3. 使用者情况

许多商品的市场都可以按照使用者情况细分，例如，根据未使用者、以前曾经使用者、潜在使用者、初次使用者和经常使用者等来细分。一般来说，实力雄厚的大企业应着重吸引潜在使用者，以扩大市场阵地；而中小企业力量薄弱，应注意吸引经常使用者，以巩固市场，同时，也要根据自己的实力去争取潜在使用者。企业应密切注意需求动向，按使用状况细分市场，并制定营销组合策略。

4. 使用率

企业可以把消费者分为少量使用者、中度使用者、大量使用者三个细分市场。值得注意的是，大量使用者的人数占消费者总数的比例较小，而所消费的商品数量却在消费总量中占较大比重，少量使用者反之。这是相关企业重点开发的目标市场。

5. 忠诚度

服装消费者中不少人是品牌忠诚者，他们有自己明确的品牌倾向定位；有的则只是追逐名牌却不知道品牌的理念和内涵；而有的处于游离状态，可有可无。

6. 态度

消费者态度一般可分为热爱、肯定、不感兴趣、否定和敌对五种类型。针对持有这五种不同态度的消费者，企业应分别采取相应的营销措施。对持否定、敌对态度的顾客，应仔细分析原因所在，通过恰当的手段改变其态度，但不要强行推销；而对那些持热爱、肯定态度的顾客，要不断鼓励与巩固；对不感兴趣的顾客要尽量争取。

三、服装目标市场的选择

服装企业在其经营领域中不可能完全满足消费者的所有产品需求，如何选择目标市场是企业营销战略的最关键问题。企业确定目标市场是在市场细分的基础上，根据自己的力量、特长和拥有的资源，结合营销目标，规划企业经营的领域、产品投放市场的计划及范围。

企业根据消费者需求行为进行市场细分，再从这些市场机会中选择若干特定目标作为营销对象。并不是所有的市场机会都能被企业利用和把握，这种特定类型目标市场的设定和定位与确定市场营销的战略重点有关。

四、市场细分的原则

从企业市场营销的角度看，无论消费者市场还是产业市场，并非所有的细分市场都有意义。所选择的细分市场必须具备一定的条件：市场细分是目标市场设定和定位的前提条件；目标市场设立后，要确定与该目标消费需求相吻合的市场营销组合；通过确立目标市场和市场营销组合，才能制定合适的市场营销战略。

服装企业设立目标市场是一项战略性工作，一旦确定以后，需要长期投入，以树立与目标市场相一致的声誉和形象，一般不宜多变。

跨国公司在中国市场的市场细分与市场定位做得比较好的公司有：男装方面，例如，Hugo Boss、Zegna、Dunhill、Armani 等；女装方面，例如，Etam、Esprit、ZARA、H&M等；童装方面，例如，迪斯尼（Disney）、AOL 时代华纳（AOL Time Warner）、阿卡邦（Agabang）、耐克（Nike）、阿迪达斯（Adidas）、樱桃小丸子等；内衣方面，例如，黛安芬、华歌尔、力特克思（Little Kiss）等。

第二节 目标市场的确定与战略

目标市场与市场细分是两个既有联系又有区别的概念。市场细分是将整个市场划分为若干个具有明显差异的子市场，而目标市场是企业为开展营销活动所选择的特定细分市场。市场细分是目标市场选择的前提和条件，目标市场的选择是市场细分的目的和归宿。

一个企业不可能满足所有消费者的需求，而只能满足市场中一部分消费者的需求。其次，并非所有的细分市场对本企业都具有吸引力。企业必须根据自身的人力、财力、物力以及产、供、销的条件，即根据本企业的市场相对优势选择目标市场。有时，各个子市场之间会有矛盾，各个目标并非一致。企业必须从经济效益上对细分市场进行评价，决定取舍，避免效率下降和人力、物力、财力等资源的浪费。

一、评估与选择目标市场

（一）企业评估细分市场的内容

目标市场是企业决定作为自己服务对象的有关市场（顾客群）。因此，企业必须对每一个细分市场的获利性进行评估。

1. 企业的规模和发展潜力

面对大市场，小企业缺乏足够的资源进入，并且小企业在大市场上很难与大企业相抗衡；而面对小市场大企业又不值得涉足。市场发展潜力的大小关系企业营业额和利润的增长，但市场发展潜力大的市场往往会招来竞争者争夺，获利机会也就随之减少。

2. 细分市场结构的吸引力

吸引力主要指长期获利率的大小。一个市场也许具有适当的规模和发展潜力，但从获利观点来看不一定具有吸引力。一个市场是否具有长期的吸引力主要取决于五种力量，即现实竞争者、潜在竞争者、替代产品、购买者和供应者。企业必须充分估计这五种力量对长期获利率的影响。

3. 企业目标和能力

某些细分市场虽然有较大吸引力，但不能推动企业实现发展目标，甚至会分散企业的精力，使之无法完成主要目标，这样的市场应考虑放弃。另一方面，还应考虑企业的资源条件是否适合在某一细分市场经营，如果不符合，也必须放弃。

参照以上标准，进行比较，然后选择符合企业目标、资源和能力的目标市场。首先考虑企业规模的大小，是否有足够的购买力，足以实现预期销售额，与企业实力匹配；其次要考虑市场成长的潜力，市场有无尚待满足的需求、充分的发展余地和空间；最后还要考虑企业的竞争优势和市场地位。

服装企业通过细分的市场进行评估以后，就会发现一些良好的市场机会，这时企业就要决定选择哪些具体的细分市场作为自己服务的目标市场。

（二）服装目标市场范围选择

服装企业在评估不同的细分市场以后，可以根据自身情况决定为多少个子市场服务。一般来说，目标市场主要有五种范围模式：市场集中化、产品专业化、市场专业化、选择性专业化、全方位进入。

1．市场集中化

最简单的方式是公司选择一个细分市场集中营销。服装公司通过密集营销，更加了解本细分市场的需求，集中力量只生产或经营某一种产品，供应某一类市场，因此便可在该细分市场建立稳固的市场地位。如果细分市场补缺得当，服装公司的投资便可获得高报酬。这种模式的优点是企业可以集中力量了解一个细分市场的特点，实行专业生产和经营，但经营风险较大。一般适宜实力较弱的中、小企业使用。许多公司宁愿在若干个细分市场分散营销。

2．产品专业化

用此法集中生产一种产品，服装公司向各类顾客销售这种产品。面对不同的子市场，产品的式样、档次有所不同。这种模式的优点是能分散企业的经营风险，即使其中某个子市场失去了吸引力，企业还能在其他市场获利，但产品有了替代品，就会给企业造成威胁。

3．市场专业化

专门为满足某个顾客群体的各种需求而服务。企业以所有产品，供应给某一类顾客群，产品的性能有所区别。例如，企业专为学校实验室生产经营各种实验室用品。这种模式有利于与顾客建立稳固的关系。

4．选择性专业化

采用此法选择若干个细分市场，其中每个细分市场在客观上都有吸引力，并且符合公司的目标和资源。但在各细分市场之间很少有或者根本没有任何联系，然而每个细分市场都有可能赢利。这种多细分市场目标优于单细分市场目标，可以分散公司的风险，即使某个细分市场失去吸引力，公司仍可继续在其他细分市场获取利润。这种模式有利于分散企业经营风险。

5．全方位进入

公司为所有顾客群供应其需要的各种产品。实力强大的企业为了占据市场领先地位常采用这种模式。

二、市场营销战略

服装企业进入目标市场，一般有三种战略可以选择。

（一）无差异性营销战略

无差异性营销战略指企业不考虑或忽略了各个细分市场的特性，将产品的整个市场视为一个目标市场，用单一的营销战略开拓市场，即用一种产品和一套营销方案吸引尽可能多的购买者的营销战略。在20世纪60年代以前，美国可口可乐公司一直奉行典型的无差异战略，以单一的品种、标准的瓶装和统一的广告宣传，长期占领世界非酒类饮料市场。在大量生产、大量销售的产品导向时代，企业多数采用无差异性营销战略进行经营。实行无差异战略的另一种思想是：企业经过市场调查之后，认为某些特定产品的消费者需求大致相同或有较少差异，比如食盐，因此可以采用大致相同的市场营销战略。从这个意义上讲，它更加符合现代市场营销理念。

无差异性营销战略的优点在于：由于大批量生产和经营以及销售渠道的单一，生产成本、管理费用、销售费用相对低，有利于提高企业的利润水平。

无差异性营销战略的缺点在于：由于只生产单一的产品，难以满足消费者的需求，不能适应瞬息万变的市场形势，应变能力较差。一旦市场上出现竞争对手时，企业往往失去优势，从而使获利机会减少。

这种营销战略适用于刚起步的企业，可以在刚刚开始时采用，等到取得一定成功和发展后，再选择其他营销策略（图6－1）。

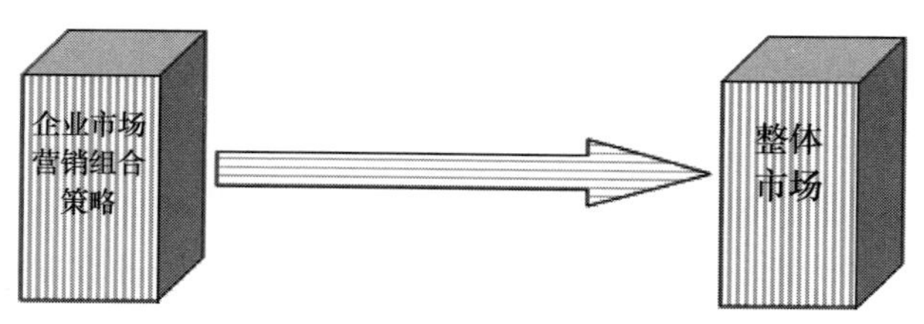

图6－1　企业市场营销组合策略与整体市场

（二）差异性营销战略

差异性营销战略是将整体市场划分为若干个细分市场，针对每一细分市场制定一套独立的营销方案。例如，服装生产企业针对不同性别、不同收入水平的消费者推出不同品牌、不同价格的产品，并采用不同的广告主题来宣传这些产品，这就是采用的差异性营销战略。

差异性营销战略的优点在于：可以有针对性地满足具有不同特征的顾客群的需求，提高产品的竞争能力，扩大商品销售量；同时，通过强有力的市场营销组合来增强竞争力，可以提高市场占有率。

差异性营销战略的缺点在于：增加营销成本，由于产品品种多，管理和存货成本将增加，另外，公司必须针对不同的细分市场发展独立的营销计划，会增加企业在市场调研、促销和渠道管理等方面的营销成本；可能使企业的资源配置不能有效集中，市场效益并不具有保证，甚至在企业内部出现彼此争夺资源的现象，使拳头产品难以形成优势。

企业在市场营销中有时需要进行“反细分”或“扩大顾客的基数”，作为对于差异性营销战略的完善和补充（图6－2）。

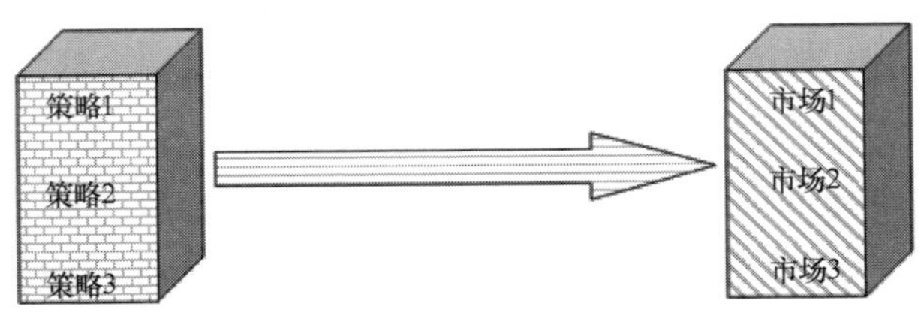

图6－2　不同的策略针对不同的市场

（三）密集性营销战略

密集性营销战略是在将整体市场分割为若干个细分市场后，只选择其中某一细分市场作为目标市场。其指导思想是把企业的人力、财力、物力集中用于某一个或几个小型市场，不求在较多的细分市场上都获得较小的市场份额，而要求在少数较小的市场上得到较大的市场份额。这种战略适合资源稀少的小企业。

密集性营销战略的优点在于：由于目标集中，可以大大节省营销费用和增加赢利；由于生产、销售渠道和促销的专业化，能够更好地满足这部分特定消费者的需求，企业易于取得稳固的市场地位。

密集性营销战略的缺点在于：市场区域相对较小，企业发展受到限制；潜伏着较大的经营风险，如果目标市场的需求情况突然发生变化，目标消费者的兴趣突然转移（这种情况多发生于时尚商品）或是市场上出现了更强有力的竞争对手，企业就可能陷入困境（图6－3）。

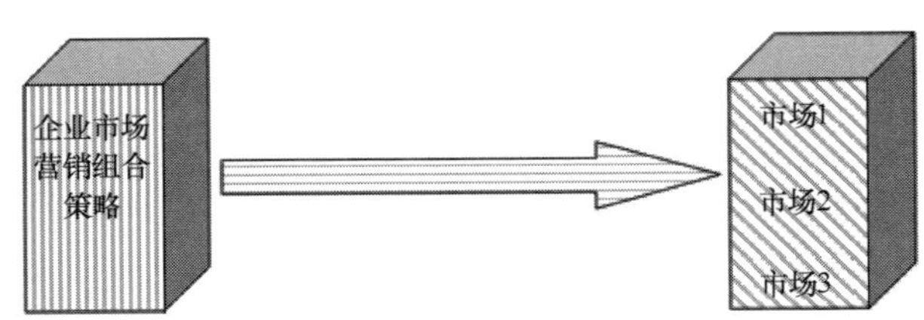

图6－3　企业市场营销组合策略与不同的市场

三、影响目标市场战略选择的因素

以上三种市场营销战略各有利弊，它们各自适用于不同的情况。企业在具体运用时，必须全面考虑各种因素，权衡得失，慎重选择。

（一）企业资源

包括企业的人力、物力、财力以及生产、技术、营销能力等。如果企业实力强，就可以采取差异性营销战略；如果企业实力较弱，宜采取无差异性营销战略或密集性营销战略。

（二）产品同质性

指在消费者眼里，不同企业生产的产品在性能、特点等方面的差异性大小。例如米面、盐、食油、白糖等日用生活消费品，虽然由于原材料和加工不同，使得产品质量上存在差别，但这种差别不十分明显，因此可视为“同质”产品，可采取无差异性营销战略，竞争将主要集中在价格上；反之，对于家用电器、服装、照相机、化妆品、汽车等商品，因其品质差异较大，消费者选购时十分注意商品的特性、功能、价格等，产品选择性强，消费者常常要反复比较、评价，然后选择，对售后服务要求也很高，这类产品应实行差异性营销战略或密集性营销战略。

（三）市场同质性

市场上所有消费者对某些产品的需求欲望、兴趣爱好的相似程度高，并且对营销刺激的反应相同，市场同质性高，就意味着各细分市场相似程度高，不同顾客对同一营销方案的反应大致相同。此时，企业可考虑采取无差异性营销战略。反之，市场需求差别大，消费者挑选性又强，宜采用差异性或密集性营销战略。

（四）产品所处生命周期的不同阶段

产品生命周期有介绍期、成长期、成熟期、衰退期等阶段。对处于不同生命周期阶段的产品，应采用不同的营销战略。处于介绍期和成长期的新产品，同类竞争品不多，竞争不激烈，营销的重点是启发和巩固消费者的偏好，企业可采用无差异性营销战略。当产品进入成长期或成熟期时，同类产品增多，市场竞争加剧，消费者需求日益多样化，无差异性营销战略则完全失效，企业可考虑采用差异性营销战略。当产品步入衰退期，为保持市场地位，以维持和延长产品的生命周期，全力对付竞争者，避免或减少企业损失，可考虑采用密集性营销战略。

（五）竞争者的市场营销战略

企业选择目标市场策略时，还要充分考虑竞争者尤其是主要竞争对手的营销战略。如果竞争对手实力强大并实行无差异性营销战略时，无论企业本身实力大小，应采用差异性营销或密集性营销战略；如果竞争对手采用了差异性营销战略，而本企业采用无差异性营销战略，则无法有效地投入竞争，很难赢得较大的市场份额，因此必须以密集性营销战略来对付。这只是一般原则，并没有固定模式可循，营销者在实际工作中应根据竞争双方的力量对比和市场具体情况灵活运用。

（六）竞争者的数目

当市场上同类产品的竞争者较少，竞争不激烈时，可采用无差异性营销策略。当竞争者较多并且竞争激烈时，可采用差异性营销战略或密集性营销战略。

第三节 市场定位

企业在市场细分的基础上选择了自己的目标市场，并确定了目标市场营销战略，这就明确了企业的服务对象和经营范围，接下来面临的课题就是市场定位。

市场竞争日趋激烈，品牌层出不穷，产品间的差异性越来越小，同质性越来越高，占有市场份额日益困难，服装企业要使品牌能吸引消费者，而不被商品大潮所淹没，就要制造差异，与众不同，使消费者易于将其与其他品牌区分开来，即为企业树立形象、为产品赋予特色，以独到之处取胜。这种形象和特色可以是实物方面的，也可以是心理方面的，或二者兼之，如质优、价廉、服务周到、技术超群等，都可作为定位观念。

一、服装市场定位

所谓市场定位就是企业根据目标市场上同类产品竞争状况，针对顾客对该类产品某些特征或属性的重视程度，为本企业产品塑造强有力的、与众不同的鲜明个性，并将其形象生动地传递给顾客，求得顾客认同。市场定位的实质是使本企业与其他企业严格区分开来，使顾客明显感觉和认识到这种差别，从而在顾客心目中占有与众不同的有价值的位置。

二、进行市场定位的方式

市场定位的主要任务就是在市场上让自己的企业、产品与竞争者有所不同，是企业向社会、公众以及顾客的承诺。为了使定位被正面接受，企业首先应当具备履行承诺的能力。

市场定位作为一种竞争战略，显示了一种产品或一家企业同类似的产品或企业之间的竞争关系。定位方式不同，竞争态势也不同，下面主要分析三种定位方式。

（一）避强定位

这是一种避开强有力的竞争对手的市场定位。企业不与对手直接对抗，而是将自己置于某个市场“空隙”，发展目前市场上没有的特色产品，拓展新的市场领域。这种定位的优点是能够迅速地在市场上站稳脚跟，并在消费者心中尽快树立起一定形象。由于这种定位方式市场风险较小，成功率较高，常常为多数企业所采用。

（二）对抗性定位

这是一种与在市场上占据支配地位的、最强的竞争对手“对着干”的定位方式。企业选择与竞争对手重合的市场位置，争取同样的目标顾客，在产品、价格、分销、供给等方面稍有差别。显然，这种定位有时会产生危险，但不少企业认为能够激励自己奋发上进，一旦成功就会取得巨大的市场优势。例如，可口可乐与百事可乐之间持续不断地争斗以及“汉堡王”与“麦当劳”之间的竞争等。实行对抗性定位，必须知己知彼，尤其应清醒估计自己的实力，不一定试图压垮对方，只要能够平分秋色就已经是巨大的成功。否则，迎头定位可能会成为一种非常危险的战术，将企业引入歧途。

（三）重新定位

这是对销路少、市场反应差的产品进行的二次定位。这种重新定位旨在摆脱困境、重新获得增长与活力，是重新获得竞争力和增长的手段。不过，重新定位也可作为一种战术策略，并不一定是因为陷入了困境，相反，可能是由于发现产品新的市场范围而引起的。例如，专为青年人设计的某种款式的服装在中老年消费者中也流行开来，这种服饰就会因此被重新定位。

实行市场定位应与产品差异化结合起来。如上所述，定位更多地表现在心理特征方面，它使潜在的消费者或用户对一种产品形成了特定的观念和态度；产品差异化是在类似产品之间造成区别的一种战略。因而，产品差异化是实现市场定位目标的一种手段。

三、市场定位的效用

（一）定位是制定营销策略的依据

企业要实行目标市场营销，第一步是进行市场细分，第二步是选择对本企业最有吸引力的细分部分作为自己的目标市场，第三步是在目标顾客心目中树立起适当的产品形象，做好市场定位工作。定位工作做好了，才能更准确地确定实施营销组合的策略。即围绕所要树立的形象，设计相应产品，制定合适的价格，选择最有效的分销渠道，有针对性地进行广告宣传。

（二）定位能引起消费者特别注意

人的一生中时刻面临着许多刺激物，从商业广告角度来说，我们每天都会见到各种广告，不可能都会注意，绝大多数一闪即逝，留不下什么印象。而通过定位，给产品描绘一个鲜明的、有别于竞争对手的形象，再把定位信息传递给消费者，就能使差异性清楚地表现在消费者面前，引起消费者的注意，并产生联想。若定位正符合顾客的需求，那么该品牌就可以长驻消费者心中。

（三）定位形成竞争优势

在这个定位时代，单凭质量上的优势或价格的低廉已难以获得竞争优势，关键不是对一件产品本身做些什么，而是在消费者心目中做些什么。

本章小结

- 服装市场是瞬息万变的，消费需求是十分复杂的。任何一个实力强大的企业，都很难充分满足整体市场中每一个消费者的需求。那么，就要进行市场细分，力图用最少的经营费用取得最大的经营效益。当然，服装市场有效细分必须达到差异性、可衡量性、可进入性、效益性和稳定性条件。细分消费者市场可以地理环境，人口环境，消费心理和购买行为四大类变数为细分依据。
- 细分市场后，接着选择目标市场。企业在评估细分市场时，要考虑到各细分市场的规模和发展潜力、市场的盈利可能性以及企业的资源与目标，来决定为多少个子市场服务。归纳起来主要有五种范围模式：产品—市场集中化、产品专业化、市场专业化、选择性专业化、全方位进入。在确定目标市场模式后，一般有三种目标市场营销战略可供企业选择：一是无差异性市场营销；二是差异性市场营销；三是集中性市场营销。最后，实施市场定位，可运用先入为主、填空补缺、针锋相对和另辟蹊径等定位战略。

思考题

1. 服装市场细分的意义及作用是什么？
2. 市场营销战略有哪几种？
3. 如何进行市场定位？

小课堂

Esprit 的市场定位和传播

Esprit 的成功就获益于准确的市场定位和传播。Esprit1997 年全球营业额达 50 亿港币，在全球拥有 6500 家专柜、专卖店，3700 家特许经营商，经营范围遍布 44 个国家。1999 年，Esprit 又在香港推出全新的 4 家营业面积达 13000 平方英尺的店铺。

Esprit 的定位可用一句话来概括：在乎心态而非年龄。自 1992 年首次来到中国上海，Esprit 不事张扬的自然风格也随即扎了根。它一年四次定期的橱窗展示，对当时的上海时装界来说是首开先河。一直以来，Esprit 习惯用店堂内外的展示和服务传达企业文化，就像它的创始人从一名普通家庭妇女默默工作直到成功的经历一样。

普通人的生活是 Esprit 推广活动的诉求点，所以 Esprit 的形象模特中见不到熟悉的名模，见不到夸张的背景。美贵在真实。稚气未脱、略显羞涩的小姑娘、顽皮的孩童，都会成为 Esprit 的模特。Esprit 1999 年的春夏装广告是在夏威夷拍摄的，模特选用了当地的一对新婚夫妇，两个人脸上自然的笑容让人过目难忘；童装则选择了当地的爷孙俩儿，效果同样感人。这种普通人对生活的热爱之情衬托出 Esprit 的大众情怀。

企业经常会发现，制订一个好的定位策略要比执行它容易得多。选择定位或是改变定位通常要花费很长的时间，而用了几年时间才建立起来的定位优势却可能一转眼就丢掉。因此，一旦企业建立了它想要的定位，就必须通过持续不断的努力和沟通小心地维护它。企业必须根据顾客的需求和竞争者策略的变化不断调整定位策略。但是，企业应该避免定位策略的突然变化，因为这可能会造成顾客的误解。总之，产品的定位一定要适应不断变化的营销环境。

第七章　服装产品策略

课程名称： 服装产品策略

课程内容： 服装产品组合策略
服装产品生命周期策略
服装新产品开发策略
服装品牌策略

课程时间： 4 课时

教学目的： 向学生介绍服装产品组合策略、产品生命周期策略、新产品开发和服装品牌策略的概念，使学生在今后的社会实践或工作中能较好地运用服装产品策略。

教学方式： 理论教学

教学要求： 1. 理解产品整体概念及层次构成。
2. 掌握品牌与商标的联系与区别。
3. 掌握服装企业中产品组合策略、产品生命周期营销组合策略、新产品和品牌策略。
4. 掌握并能正确运用产品组合策略、品牌策略去实现服装企业经营目标。

课前准备： 掌握服装结构、面料等方面的一些基础知识。

第一节　服装产品组合策略

一、服装产品的概念

产品是企业经过生产过程而产生的有形物品，用以满足消费者的需求和欲望。服装产品除了服装实体之外，还包括服装的品牌、款式、花色、服务等。

市场营销学认为，广义的产品是指人们通过购买而获得的能够满足某种需求和欲望的物品的总和，既包括具有物质形态的产品实体，又包括非物质形态的利益，这就是“产品的整体概念”。

物质产品包括实体及其品质、特色、式样、品牌、包装、商标，即产品实体和产品外观，是可以触摸的有形产品，能满足消费者对产品使用价值的需求。非物质形态的服务，包括不提供物质产品而能使需求得到满足的劳务和各种服务以及能够给消费者带来心理上的满足感和信任感的产品形象等。产品整体概念包含三个层次（图 7－1）：核心产品、形式产品和附加产品。任何一个想要在市场中取胜的企业都必须首先树立产品的整体概念。

（一）核心产品

核心产品是消费者购买某种产品时所追求的效用与利益，是消费者真正购买的东西，是产品整体概念中最基本的层次。

图 7－1　产品整体概念的三层含义

（二）形式产品

形式产品是直接提供给消费者的产品形体或外在质量，包括产品的包装、品牌、特色和品质等。

（三）附加产品

是消费者购买产品形体所获得的全部附加服务和利益，给消费者需求以更大的满足。它泛指产品知识、免费送货、保养、投诉等售前售后服务，来源于人们对市场需求认识的深化。

产品整体化表现了以满足消费者需求为中心来衡量某一产品效用价值好坏的标准，它不是掌握在生产者或经营者手中，而是掌握在消费者手中。随着生产的发展和消费结构的变革，产品整体的三层之间的比重必将发生变化。也就是说，企业的产品要赢得消费者的好评，除了生产适销对路、质优价廉的产品，更重要的在于满足消费者需求的程度及提供的服务。

二、服装产品组合概念

所谓服装产品组合，是指一个服装企业生产或经营的全部产品线、产品项目的组合方式。产品线是指一组密切相关的产品，它们有类似的功能，能满足顾客同质的需求，只是在规格、档次、款式等方面有所不同，产品线又由若干产品项目组成，每一产品系列是一条产品线。产品项目构成产品线，产品项目是指那些品牌、规格或价格档次有所不同的单个品种，如“A 型男装”。

服装产品组合包括四个变数：宽度、长度、深度和密度。产品组合的宽度也称产品组合广度，指一个企业生产经营的产品线（或大类）的多少；产品组合的长度是指企业所有产品线中的产品项目总和，如以产品项目总数除以产品线数就可得到产品线的平均长度；产品组合的深度是指企业各条产品线中每种产品所提供的花色、规格的多少；产品组合的密度是指各产品线在最终使用、生产技术、销售等方面的相互关联程度，也称产品组合相关度。

产品组合的宽度越大，说明企业的产品线越多；反之，产品线越少。产品组合的深度越大，说明企业产品的规格、品种就越多；反之，则越少。产品组合的深度越浅、宽度越窄，说明产品组合的关联性越大；反之，则关联性越小。

产品组合的宽度、长度、深度和密度对企业的营销活动会产生重大影响。一般而言，增加产品组合的宽度，即增加产品线和扩大经营范围，可以使企业获得新的发展机会，更充分地利用各种资源，也可以分散企业的投资风险。增加产品组合的长度和深度，会使各产品线具有更多规格、型号和花色的产品，更好地满足消费者的不同需求和偏好，增强行业竞争力。增加产品组合的密度，可发挥企业在其擅长领域的资源优势，避免进入不熟悉行业可能带来的经营风险。因此，产品组合决策就是企业根据市场需求、竞争形势和自身能力，对产品组合的宽度、长度、深度和密度方面做出的决策。

三、产品组合策略

企业在进行产品组合时，涉及三个层次的问题需要做出抉择：是否增加、修改或剔除产品项目；是否扩展、填充和删除产品线；哪些产品线需要增设、加强、简化或淘汰。以此来确定最佳的产品组合。三个层次问题的抉择应该遵循既有利于促进销售又有利于增加企业的总利润这个基本原则。

产品组合的四个因素和企业促进销售、增加利润有密切的联系。一般来说，拓宽、增加产品线有利于发挥企业的潜力、开拓新的市场；延长或加深产品线可以满足更多的消费者需求；加强产品线之间的一致性，可以增强企业的市场地位，使企业发挥和提高在有关专业上的能力。

1. 扩大产品组合策略

扩大产品组合策略包括开拓产品组合的广度和加强产品组合的深度，开拓广度即增加产品线，加强深度则在原有产品线中增加新的产品项目，扩展经营范围，生产经营更多的产品以满足市场需求。此外，企业还可能开发与原有产品线毫不相关的产品。

扩大产品组合可以使企业充分利用人力、财力、物力资源，利用剩余生产能力，降低成本，增加企业竞争力。同时，还可以减少季节性和市场需求的波动，分散企业经营的风险，增强经营的稳定性。

一般来说，当企业预测现有产品线的销售额和赢利率在未来几年要下降时，往往就会考虑这一策略。当然，扩大产品组合策略也往往会分散经营者的精力，增加管理困难，有时会使边际成本加大，甚至由于新产品的质量、功能等问题，影响企业原有产品的信誉。

2. 缩减产品组合策略

缩减产品组合策略是企业从产品组合中剔除那些获利小的产品线或产品项目，集中经营那些获利最多的产品线和产品项目。企业应用此策略取消一些产品系列或产品项目，集中力量实行高度专业化，试图通过生产经营较少的产品获得更多的利润。名牌服装只在一些特殊的情况下才偶尔采用这一策略。

缩减产品组合的方式有：减少产品线数量，实现专业化生产经营；保留原产品线，削减产品项目，停止生产某类产品，外购同类产品继续销售。

缩减产品组合的优点有：集中资源和技术力量改进保留产品的品质，提高产品商标的知名度；生产经营专业化，提高生产效率，降低生产成本；有利于企业向市场的纵深发展，寻求合适的目标市场；减少资金占用，加速资金周转。

3. 改进现有产品策略

现代社会科技发展突飞猛进，产品的开发也在日新月异。企业可以选择不增加全新的产品，而是在现有产品组合中有选择地改进已有产品，来适应新的市场或满足消费者不断变化的需求。其改进的部分包括产品功能、外观设计、体积大小、重量等。

4. 产品线差异策略

每个公司的产品线只是该行业整个范围的一部分，如果公司超过现有的范围来增加产品线长度，就叫作产品线延伸，具体包括向下延伸、向上延伸和双向延伸。

（1）向下延伸。向下延伸是企业原来生产高档产品，以后增加低档产品的生产。采取向下延伸策略主要是因为高档产品在市场上受到竞争者的威胁，企业产品在该市场的销售增长速度趋于缓慢，企业必须向下延伸寻找新的经济增长点。同时，某些企业出于填补产品线空缺、防止新的竞争者加入的考虑，也实施这一策略。

向下延伸策略的优势是显而易见的，既可以节约新品牌的推广费用，又可使新产品搭乘原品牌的声誉便车，很快得到消费者承认。同时，企业又可以充分利用各项资源。

但是必须指出，向下延伸策略并不是一副“灵丹妙药”，处理不好也可能弄巧成拙，使企业陷入困境。因为推出低档产品会使企业在原高档市场的投入相对减少，使该市场相对萎缩。由于向下延伸，侵犯了低档市场竞争者的利益，可能刺激新竞争对手的种种反击。另外，经销商也可能不愿意经营低档次商品等。

高档产品向下延伸是一把“双刃剑”，既可能低成本拓展业务，也可能使企业陷入陷阱。最大的陷阱是损害原品牌的高品质形象。

（2）向上延伸策略。向上延伸是指企业原来生产低档产品，后来决定增加高档产品。企业采取这一策略的原因是：市场对高档产品需求增加；高档产品销路广，利润高；企业希望自己生产经营产品的档次更全、占领更多市场；企业希望提高产品的市场形象。

向上延伸也有可能带来风险：可能引起原来生产高档产品的竞争者采取向下延伸策略，从而增加自己的竞争压力；市场可能对该企业生产高档产品的能力缺乏信任；原来的生产、销售等环节没有这方面足够的技能和经验。

（3）双向延伸策略。原来生产经营中档产品，现在同时向高档和低档产品延伸，一方面增加高档产品，另一方面增加低档产品，扩大市场阵营。

由于市场需求和竞争形势的变化，产品组合中的每个项目都必然会在变化的市场环境下发生分化，一部分产品获得较快的成长，一部分产品继续取得较高的利润，另有一部分产品则趋于衰落。企业如果不重视新产品的开发和衰退产品的剔除，则必将出现不健全的、不平衡的产品组合。为此，企业需要经常分析产品组合中各个产品项目或产品线的销售成长率、利润率和市场占有率，判断各产品项目或产品线销售的成长潜力或发展趋势，以确定企业资金的运用方向，做出开发新产品和剔除衰退产品的决策，以调整产品组合。所以，所谓产品组合的动态平衡是指企业根据市场环境和资源条件的变动，适时增加应开发的新产品和淘汰应退出的衰退产品，从而帮助企业确定仍能维持住最大利润的产品组合。可见，及时调整产品组合是保持产品组合动态平衡的条件。动态平衡的产品组合也称为最佳产品组合。

产品组合的动态平衡，实际上是产品组合动态优化的问题，只能通过不断开发新产品和淘汰衰退产品来实现。产品组合动态平衡的形成需要综合性地研究企业资源和市场环境可能发生的变化，各产品项目或产品线的成长率、利润率、市场占有率将会发生的变化以及这些变化对企业总利润率的影响。对一个产品项目或产品线众多的企业来说，这是一个非常复杂的问题。目前，系统分析方法和电子计算机的应用已为解决产品组合最佳化问题提供了良好的前景。

第二节　服装产品生命周期策略

一、服装产品生命周期的基本概念

产品生命周期（Product Life Cycle，PLC），是指产品的市场寿命，即一种新产品从开始进入市场到被市场淘汰的整个过程。

服装产品如同生命现象一样，也有一个从产生到消失的周期。服装产品的生命周期又被称为产品市场的寿命周期，它是指一种（或一个系列的）服装产品从计划、设计、研制、生产、包装、储运、投入市场开始销售，到试销、推销、倾销，直到最后被淘汰出市场所经历的一段时间。确定和影响服装产品寿命的主要因素有市场需求和新产品对旧产品的冲击等。

根据产品开发及上市销售的情况，可以把服装产品的生命周期大体划分为孕育期、准备期、投入期、成长期、成熟期、衰退期、回升期、退出期等。在服装产品生命周期的各个阶段，企业具有不同的管理特点。

1．**孕育期**

孕育期是指设计人员及开发人员通过对以往市场的大量调研，构思未来替代产品的计划时期。孕育期的长短与企业经营情况有关。开辟国外市场时，设计师至少需要提前半年开始调研目标市场。国内市场进行批量生产时，也需要提前三个月计划。在这一时期，设计师通过生活体验，开发人员通过预测和判断，要产生初步的构思方案，并通过企业内有关部门的“会诊”。一般情况下，企业的规模越大，对这一时期的重视程度就越高。

2．**准备期**

当初步方案通过精心测算以后，就要投入生产前的技术准备工作，尤其是一些主要的文案工作，如原材料计划、生产计划、样品制作、工艺文件的制订等，甚至包括小量的试生产和试销售。这种战略叫作试探性切入市场的战略。

3．**投入期**

新产品的款式结构确定下来以后，就要被投入市场。一般情况下，这一阶段的产品设计还没有完全定型，工艺可能还不成熟，生产批量仍然不大。所以，单件服装的成本仍然较高。另外，在这一时期，用户对产品还不甚了解。表现在销售方面，销售量缓慢增长，并显示不稳定的状态。产品处在这一时期时，不仅利润较低，而且风险较大。因此，企业需要密切关注市场，及时采取措施，解决技术难题，调整设计的具体细节方案。同时，还要研究市场策略问题。

4. 成长期

服装产品由试制试销开始转向大批量生产并进入服装市场，销售量迅速增长，产品步入市场的成长期。在成长期，消费者开始对产品有所了解和接受。由于生产批量大，工艺也趋于成熟，所以生产成本和销售成本都大大下降。这时，企业决策的要点是保证质量和信誉，同时要研究制订相应的同类产品或模仿产品的竞争对策，保持销售的持续增长，最大限度地延长成长期。成长期是企业需要保持头脑清醒和警觉的时期，否则将会出现“大意失荆州”的被动局面。

5. 成熟期

当某系列的服装产品在市场上已被广泛认识和接受之后，销售量通过稳步增长达到最高阶段，产品进入市场的成熟期。在这一时期，产品生产及工艺更加成熟，成本进一步下落，但竞争却更为激烈，市场已基本趋于饱和。在成熟期的后期，产品销售量开始下降。这一时期需要企业及时果断地采取应急性战略，如降价倾销策略、移地销售策略等，尽可能地延长本企业产品的成熟期。另外，本企业产品可能在某地区进入成熟后期，但在另一地区可能处于上升期，这样对于企业生产来说，仍然是处在生产和销售的上升期。

6. 衰退期

衰退期是指上市产品已开始老化，流行即将过去，造型风格已不能适应消费者求新求异的心理需求。销售量由缓慢下降转为急剧下降，已有新的流行产品进入市场。这一阶段，在新产品的冲击下，老产品多靠降价来维持生存。销售量可能下降不大，但销售利润却急剧下降。因此，企业要加强财务核算，密切关注亏损的可能性，适时放弃老产品。事实上，当一种款式进入成熟期的时候，由开发部门设计的新款系列已经开始运作，新一轮的产品生命周期已经开始，即流行是“一波未平一波又起”。

7. 回升期

如果产品库存还比较大，虽然生产已经放弃，但销售是不能放弃的，必须把这批“积压品”彻底变成可以用于流动的资金。利用服装流行的“时空差”，采取移地销售，不失为一种好的方法。也可以通过强有力的广告攻势，加强销售现场的服务、调整价格策略、利用某些销售时机等，使某一产品“起死回生”。从生产的角度看，对于服装来说，很难由一种风格永领风骚。所以，企业应把重点放在新款式的开发上。但从市场的角度看，一些定型的服装造型风格被相对地稳定下来，只是在面料、色彩和细节上表现流行性，如西装、衬衫、针织运动衣等。定型款式与时尚款式有着不同的周期模式。

8. 退出期

一种产品从产生开始即向消亡迈进，这是一种生态规律。一种产品在完成一个完整的生产周期之后，企业要及时总结经验，不断完善管理，使企业在新一轮的竞争中，提高水平。

二、产品生命周期各阶段的营销策略

（一）投入期市场营销策略

引入期的特征是产品销量少，促销费用高，制造成本高，销售利润很低甚至为负值。根据这一阶段的特点，企业应努力做到：投入市场的产品要有针对性；进入市场的时机要合适；设法把销售力量直接投向最有可能的购买者，使市场尽快接受该产品，以缩短介绍期，更快地进入成长期。

在产品的引入期，一般可以由产品、分销、价格、促销四个基本要素组合成各种不同的市场营销策略。仅将价格高低与促销费用高低结合起来考虑，就有以下四种策略。

（1）快速撇脂策略。以高价格、高促销费用推出新产品。实行高价策略可在每单位销售额中获取最大利润，尽快收回投资；高促销费用能够快速建立知名度，占领市场。实施这一策略须具备以下条件：产品有较大的需求潜力；目标顾客求新心理强，急于购买新产品；企业面临潜在竞争者的威胁，需要及早树立品牌形象。一般而言，在产品引入阶段，只要新产品比替代的产品有明显的优势，市场对其价格就不会那么计较。

（2）缓慢撇脂策略。以高价格、低促销费用推出新产品，目的是以尽可能低的费用开支求得更多的利润。实施这一策略的条件是：市场规模较小；产品已有一定的知名度；目标顾客愿意支付高价；潜在竞争的威胁不大。

（3）快速渗透策略。以低价格、高促销费用推出新产品。目的在于先发制人，以最快的速度打入市场，取得尽可能大的市场占有率。然后，再随着销量和产量的扩大，使单位成本降低，取得规模效益。实施这一策略的条件是该产品市场容量相当大；潜在消费者对产品不了解并且对价格十分敏感；潜在竞争较为激烈；产品的单位制造成本可随生产规模和销售量的扩大迅速降低。

（4）缓慢渗透策略。以低价格、低促销费用推出新产品。低价可扩大销售，低促销费用可降低营销成本，增加利润。这种策略的适用条件是：市场容量很大；市场上该产品的知名度较高；市场对价格十分敏感；存在某些潜在的竞争者，但威胁不大。

（二）成长期市场营销策略

新产品经过市场介绍期以后，消费者对该产品已经熟悉，消费习惯业已形成，销售量迅速增长，这种新产品就进入了成长期。进入成长期以后，老顾客重复购买，并且带来了新的顾客，销售量激增，企业利润迅速增长，在这一阶段达到高峰。随着销售量的增大，企业生产规模也逐步扩大，产品成本逐步降低，新的竞争者会加入竞争。随着竞争的加剧，新的产品特性开始出现，产品市场开始细分，分销渠道增加。企业为维持市场的继续成长，需要保持或稍微增加促销费用，但由于销量增加，平均促销费用会有所下降。针对成长期的特点，企业为维持其市场增长率，延长获取最大利润的时间，可以采取下面几种策略。

（1）改善产品品质。如增加新的功能、改变产品款式、发展新的型号、开发新的用途等。对产品进行改进，可以提高产品的竞争能力，满足顾客更广泛的需求，吸引更多的顾客。

（2）寻找新的细分市场。通过市场细分，找到新的尚未满足的细分市场，根据其需要组织生产，迅速进入这一新的市场。

（3）改变广告宣传的重点。把广告宣传的重心从介绍产品转到建立产品形象上来，树立产品名牌，维系老顾客，吸引新顾客。

（4）适时降价。在适当的时机，可以采取降价策略，以激发那些对价格比较敏感的消费者产生购买动机和采取购买行动。

（三）成熟期市场营销策略

进入成熟期以后，产品的销售量增长缓慢，逐步达到最高峰，然后缓慢下降，产品的销售利润也从成长期的最高点开始下降。市场竞争非常激烈，各种品牌、各种款式的同类产品不断出现。

对成熟期的产品，宜采取主动出击的策略，使成熟期延长或使产品生命周期出现再循环。为此，可以采取以下三种策略。

（1）市场调整。这种策略不是要调整产品本身，而是发现产品的新用途、寻求新的用户或改变推销方式等，以使产品销售量得以扩大。

（2）产品调整。这种策略是通过产品自身的调整来满足顾客的不同需求，吸引有不同需求的顾客。产品整体概念的任何一层次的调整都可被视为产品再推出。

（3）市场营销组合调整。通过对产品、定价、渠道、促销四个市场营销组合因素加以综合调整，刺激销售量的回升，常用的方法包括降价、提高促销水平、扩展分销渠道和提高服务质量等。

（四）衰退期市场营销策略

衰退期的主要特点是产品销售量急剧下降；企业从这种产品中获得的利润很低，甚至为零；大量的竞争者退出市场；消费者的消费习惯已发生改变等。面对处于衰退期的产品，企业需要进行认真的研究分析，决定采取什么策略、在什么时间退出市场。通常有以下几种策略可供选择。

（1）继续策略。继续沿用过去的策略，仍根据原来的细分市场，使用相同的分销渠道、定价及促销方式，直到这种产品完全退出市场为止。

（2）集中策略。把企业能力和资源集中在最有利的细分市场和分销渠道上，从中获取利润。这样有利于缩短产品退出市场的时间，同时又能为企业创造更多的利润。

（3）收缩策略。抛弃无希望的顾客群体，大幅度降低促销水平，尽量减少促销费用，以增加目前的利润。这样可能导致产品在市场上的衰退加速，但也能从忠实于这种产品的顾客中得到利润。

（4）放弃策略。对于衰退比较迅速的产品，应该当机立断，放弃经营。可以采取完全放弃的形式，如把产品完全转移出去或立即停止生产。也可采取逐步放弃的方式，使其占用的资源逐步转向其他的产品。

第三节　服装新产品开发策略

一、服装产品的概念

在当今竞争激烈的市场上，产品日新月异，企业要想长久地占领市场，仅靠现有产品是绝对不行的，必须不断更新换代，推陈出新，才能适应不断变化的市场需求以及科学技术的快速发展和产品市场生命周期日益缩短的要求。因此，开发新产品越来越成为企业生存与发展的重要问题。

服装产品是文化的外溢，是时代精神的反映，服装行业经营者对服装产品内涵及外延的正确把握尤为重要，是其能否成功的关键。

1．服装

服装是日常穿着的各类衣、裤、裙、袍的总称。服装既作为人类文明与进步的象征，同时也是一个国家、民族文化艺术的组成部分，因此对一个民族对服装来说，是随着民族文化的延续发展而不断发展的，它不仅具体地反映了人们的生活形式和生活水平，而且形象地体现了人们的思想意识和审美观念的变化和升华。

2．时装

时装是目前使用较广泛、较为流行的一个概念，是属于服装大类中的一个分支，指在一定时期、一定地区最流行、最新颖的装束，不论式样造型、面料的色彩和纹样，还是附属品的搭配，都应能反映当时、当地的社会潮流和穿着风貌，并有着浓郁的时代气息，是一种时尚的、富有时代感的服装。时装一般可分为高级时装和普通时装。

3．成衣

成衣是指按标准号型、尺码规格批量生产的成品服装，是服装生产工业化的结果。服装商店中出售的服装都是成衣，成衣包括传统款式造型的服装，如西装、衬衫等，也包括时髦款式的流行时装。

二、服装新产品开发的含义

企业生存和发展的关键在于不断开发服装新产品，不断开拓新市场。在激烈的市场竞争中，在服装工艺技术、服装面料日新月异的时代，一个企业如果不积极发展新产品，就没有能力适应环境的变化，就不可能在竞争中取得优势。

1. 服装产品开发的时间表

服装产品的开发，由于涉及很多环节，从流行色的确定，经过纺织到服装，最后到消费者手中，这是一个漫长的过程，可以分成四个阶段：流行色确定、面料与纱线确定、服装确定、媒体的宣传。

2. 服装新产品开发的意义

发展新产品是企业制定产品组合的重要途径之一，企业的生存与发展关键在于是否重视产品创新。随着市场需求的变化和纺织科学技术的不断发展，服装产品也会不断地得到更新和改良。对于企业来说，服装新产品开发具有极其重要的意义。

（1）更好地满足现在和潜在的消费者需求。消费结构的变化加快，消费选择更加多样化，产品生命周期日益缩短。

（2）增加企业赢利，增加企业的竞争能力和经济实力。

（3）开发新产品可以减少企业的风险。如果企业不开发新产品，当产品走向衰落时，企业也同样走到了生命周期的终点。相反，企业如果能不断开发新产品，就可以在原有产品退出市场舞台时利用新产品占领市场。

（4）有利于企业树立形象、主导市场的流行潮流。市场竞争的加剧迫使企业不断开发新产品，只有不断创新、开发新产品，才能在市场上占据领先地位，增强企业的活力。

企业要得到新产品，并不意味着必须由企业独立完成新产品的创意到生产的全过程。除了自己开发，企业还可以通过购买专利、经营特许、联合经营甚至直接购买现成的新产品等来开发、取得新产品。

三、新产品开发程序

服装新产品开发是一项难度很大的工作，需要掌握流行信息，运用灵感和想象，从设计造型式样到选择材料、颜色等整体配合。另外，还要考虑消费者心理需求、当地的风俗习惯和审美标准以及服装企业的生产条件等。从确定开发方向到组织实施，到最后开发完成，要经历以下几个阶段（图7－2）：

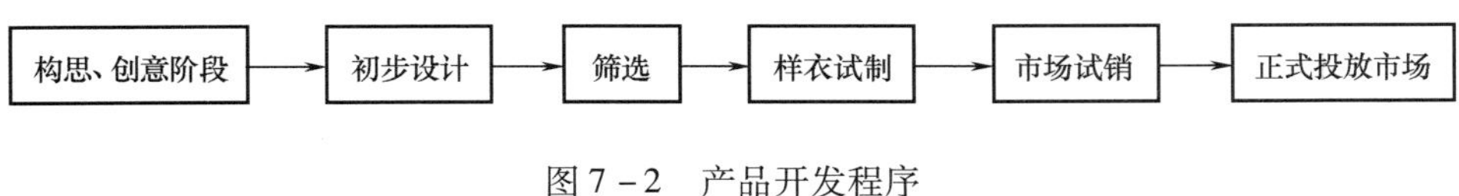

图7－2　产品开发程序

1. 构思、创意阶段

设计新产品的目的是满足消费者需求，由于消费者审美标准千差万别，除了通过调查研究收集消费者的需求特征和即将流行的造型式样、颜色、面料以及当地消费者的风俗习惯、体型特征等信息，进行产品构思。另外，新产品创意还来源于顾客、竞争对手、企业的推销人员和经销商、企业高层管理人员、市场研究公司、广告代理商等。按照市场营销的概念，顾客需求和欲望是寻找新产品创意的起点。据美国专家调查，新产品有60%～80%来自顾客的建议，不仅要把顾客合理的要求作为构思的源泉，也要注意一些听起来不甚合理的要求。另外，在构思过程中还要注意收集以下几方面的资料：明确新产品的消费者；消费者在什么时候、什么地点以什么形式穿此服装；消费者的消费水平以及市场相似服装供求情况；企业的技术情况、生产能力等。

2. 初步设计

服装初步设计包括：绘制服装效果图、产品外形结构设计、工艺制作说明。绘制服装效果图是表达设计构思的重要手段，目的是将更好地表达设计师的设计意图，设计内容放在首位。结构设计主要研究以人为本的服装平面分解、立体构成规律和方法，研究服装结构的内涵和各部相互关系。工艺制作说明服装制作工序。

3. 筛选

在选择评审各种设计方案时，其具体标准可归纳为希望成功的评定和风险分析。

（1）希望成功的评定。主要包括：设计构思是否符合市场需求；款式是否符合当前潮流，选料和配色是否恰当；结构及工艺是否合理；加工技术条件是否合理，成批生产原材料供应有无保证；结算出成本，制定初步价格，分析产品的经济效益。

（2）风险分析。主要包括：销售风险和供应风险；市场消费者接受的风险，市场占有率风险；被新的竞争产品取代的风险和被仿制的风险等。

4. 样衣试制

样衣即服装的实际样品，为使其与大货保持一致，样衣通常采用与缝制车间相同的机器设备和操作规程制作。服装的大货生产要以样衣为基准，样衣不仅仅给出了服装产品的款式和类型，同时还显示出产品的质量水平和工艺要求。因此，服装样衣试制是产品正式投产前一道重要工序，须予以高度重视。样衣试制的流程包含样衣试制准备工作、样衣生产过程、样衣检验以及封样。准备工作包含掌握样衣基本情况、分析款式图或来样、绘制结构图，完成纸样、准备材料、准备设备、工具。生产过程经过裁剪、缝制、审视和评价环节。样衣检验主要是对款式造型与实样以及样板、工艺及装备进行审核。如果样衣检验合格，要送交客户进行最终确认存档，即封样。对于客户提出的要求、来样来料的产品、新产品、服装某些因素或要求较含糊、易混淆、不易表述等，则需封样来澄清；在样衣试制过程中，由于客观原因，样品试制后发现产品无法达到原合约要求，须做部分修改，有时为简便起见，可用封样来处理。

5. 市场试销

由于新产品在销售过程中，会有许多意想不到的事情发生，所以首先要进行试销。试销的目的就在于了解经销商和消费者对于经营、使用和再购买该产品的情况、市场反应和市场的大小。通过试销，企业可以获得不少有价值的信息。市场试验的规模决定于两个方面：一是投资费用和风险大小，对于投资费用大和风险大的新产品，规模应大一些；二是市场试验费用和时间，市场试验费用大和时间长的新产品，规模应小一些。

6. **正式投放市场**

新产品进行市场试验成功且通过技术鉴定后，就可正式批量生产，全面推向市场，企业在此阶段应做好以下决策。

（1）何时推出新产品。指企业高层管理者要决定在什么时候将新产品投放市场最适宜。如果新产品是替代老产品的，就应该尽快将老产品卖掉，然后再将新产品推出，以免影响老产品销售，造成损失。如果新产品的需求有一定的季节性，就应该在销售旺季刚开始时将新产品推出。

（2）何地推出新产品。指企业高层管理者要决定在什么地方（某一地区或某些地区、全国市场或国际市场）推出新产品最适宜。应该先在市场购买力高、有潜力、企业在该地区的声誉好、投放成本较低、容易进入市场的地区投放，然后再逐渐扩展到其他地区。例如，康师傅方便面就是把城市作为首选市场，在城市打响之后，再迅速深入农村各地，现已成为我国最具价值的方便面名牌。

（3）向谁推出新产品。指企业高层管理者要把它的分销和促销目标面向最优秀的顾客群。应当以早期使用者、能够较多使用的消费者、在社会上影响力较大的消费者为投放的最佳对象，利用他们带动其他消费者。

（4）如何推出新产品。企业管理部门要制订开始投放市场的市场营销战略。

四、新产品采用者的类型

在新产品的市场扩散过程中，由于个人性格、文化背景、受教育程度和社会地位等因素的影响，不同的消费者对新产品接受的快慢程度不同。

1. **创新采用者**

他们富有个性，受过高等教育，勇于革新冒险，性格活跃，消费行为很少听取他人意见，经济宽裕，社会地位较高。这类采用者占全部潜在采用者的2.5%，广告等促销手段对他们有很大的影响力。

2. **早期采用者**

这类消费者一般也接受过较高的教育，年轻并富于探索，对新事物比较敏感，有较强的适应性，经济情况良好，他们对早期采用新产品具有自豪感。这类采用者占全部潜在采用者的13.5%。他们对广告及其他渠道传播的新产品信息很少有成见，促销媒体对他们有较大的影响力。

3. **早期大众**

这类人群一般较少有保守思想，接受过一定的教育，有较好的工作环境和固定的收入，对社会中有影响的人物，特别是自己所崇拜的“舆论领袖”的消费行为具有较强的模仿心理。他们不甘落后潮流，但受特定的经济地位所限，他们在购买高档产品时，一般持非常谨慎的态度。他们常常是在征询了早期采用者的意见后才采纳新产品。这类采用者的采用时间较平均采用时间要早，占有34%的市场份额。

4. 晚期大众

属于较晚跟上消费潮流的人群，他们的工作岗位、受教育水平及收入状况往往比早期大众略差，对新事物、新环境多持怀疑态度，对周围的一切变化持观望的态度。他们的购买行为往往发生在产品成熟阶段。这类采用者的采用时间较平均采用时间稍晚，占有34%的市场份额。

5. 落后采用者

这类人群受传统思想束缚很深，思想非常保守，怀疑任何变化，对新事物、新变化多持反对态度，固守传统消费行为方式。这类采用者是采用创新产品的落伍者，占有16%的市场份额。

第四节　服装品牌策略

品牌是企业更重要、更长久的资产，品牌的知晓率、美誉度、忠诚度、认知形象、认知质量以及诸如专利、商标和渠道关系等其他资产越高，品牌的资产价值也就越高。在服装行业发展国际化、竞争同质化的大背景下，服装产品的质量与创新已不是获取持续竞争优势的关键因素，而系统性、战略性品牌的塑造与管理才是建立顾客忠诚、赢得市场竞争地位的核心手段。因此，服装企业应把品牌管理作为一种重要的营销工具。

一、品牌的内涵与架构

（一）品牌的定义

品牌的英文单词Brand，源出古挪威文Brandr，意思是“烧灼”。人们用这种方式来标记家畜等需要与其他人相区别的私有财产。在物品上作记号最早出现于古希腊，陶土上的记号有标明物品的产地及主人的作用。到了中世纪的欧洲，手工艺匠人用这种打烙印的方法在自己的手工艺品上烙下标记，以便顾客识别产品的产地和生产者。这就产生了最初的商标，并以此为消费者提供担保，同时向生产者提供法律保护。

在《牛津大辞典》里，品牌被解释为“用来证明所有权，作为质量的标志或其他用途”，即用以区别和证明品质。随着时间的推移，商业竞争格局以及零售业形态不断变迁，品牌承载的含义也越来越丰富，甚至形成了专门的研究领域——品牌学。

1. 一般意义上的定义

市场营销专家菲利普·科特勒博士认为：“品牌是一个名称、名词、符号或设计，或者是它们的组合，其目的是识别某个销售者或某群销售者的产品或劳务，并使之同竞争对手的产品和劳务区别开来。”

2. 作为品牌战略开发的定义

品牌是通过以上要素和一系列市场活动而表现出来的结果所形成的一种形象认知度、感觉、品质认知以及通过这些而表现出来的客户忠诚度。总体来讲，它属于一种无形资产。所以，这时候的品牌是作为一种无形资产出现的。

3. 品牌是无形资产的浓缩

品牌是企业或品牌主体（包括城市、个人等）一切无形资产总和的全息浓缩，而“这一浓缩”又可以以特定的“符号”来识别。它是主体与客体、主体与社会、企业与消费者相互作用的产物。

从服装企业的角度看，“品牌是为识别某一企业或企业集团的商品或服务以体现与同行竞争者的商品的区别，而采用的名称、图案及其组合”。品牌不应单纯被看作是一个名称，服装企业应把它视作服装营销的核心，并努力将其培养成一个企业的象征。不论企业的规模大小，品牌都是企业与最终消费者进行沟通和信息传递的有效工具。

从消费者的角度看，品牌是具有某种共性（如风格、理念、商品特征、背景等）的一类服装产品集合体的代称，包含了对某种价值和特征的认可以及对产品的态度。

（二）服装品牌的架构

1. 品牌的内涵构造

品牌的内涵构造可划分为三个层次（图7-3）。

（1）核心层。作为物的存在的产品本身，即物品的价值。包括质量、性能、尺寸、价格等属性。

（2）中间层。赋予产品名称、语言、符号、象征、设计等表现要素。

（3）品牌形象。包括消费者对品牌的印象、形象、感情、评价等整体意识，即通常所称的品牌形象部分，可被称为意识的价值。

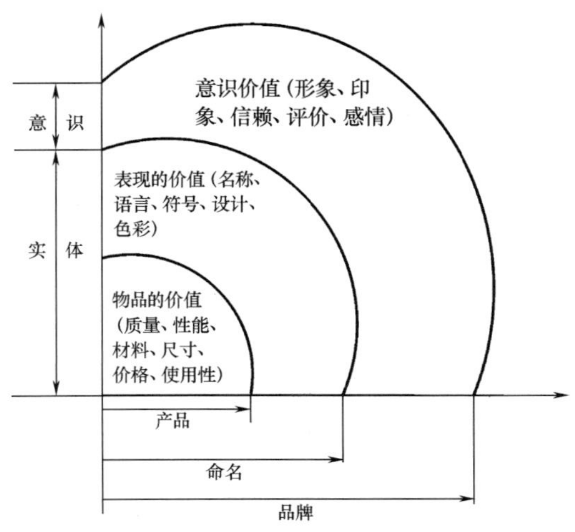

图7-3 品牌的内涵构造

2. 品牌的意识价值

市场营销的目标之一就是培育意识上具有价值的品牌。没有意识上具有价值的品牌商品，就仅是一件独立的物品。品牌意识上的价值是指消费者与商品之间的某种精神联系，这种联系导致了消费者相应的消费行为。不同的意识价值暗示着消费者持有的不同态度以及采取的不同行为，品牌意识上的价值可以超越物质而在意识层面存在。

当与同属商品群共同要素相区别的意识和价值得到认可，“从物品独立出来”的意识存在就开始形成，即商品开始意识化。这种意识化具有各种心理表现特征，对消费者行为具有重大影响。

二、品牌的特征

（一）品牌是专有的品牌

品牌是用以识别生产或销售者的产品或服务的。品牌拥有者经过法律程序的认定，享有品牌的专有权，有权要求其他企业或个人不能仿冒、伪造。例如，爱马仕早在1977年就在法国国内注册了其国际通用英文商标Hermès，但令人意外的是，爱马仕迟迟没有注册中文商标。此后，该中文商标被达丰制衣抢注用于服装类商品，爱马仕在申请中文商标时被国家工商总局商标评审委员会（以下简称商评委）驳回。之后，爱马仕将商评委告上法庭，目前法院维持了商评委的驳回裁定。

（二）品牌是企业的无形资源

由于品牌拥有者可以凭借品牌的优势不断获取利益，也可以利用品牌的市场开拓力、形象扩张力、资本内蓄力不断发展，因此我们可以看到品牌的价值。我们并不能像物质资产那样用实物的形式表述这种价值，但它能使企业的无形资产迅速增大，并且可以作为商品在市场上进行交易。

2011年，在大连夏季达沃斯论坛期间揭晓的“2011最佳中国品牌价值排行榜”中，中国运动鞋品牌领军企业安踏继2010年成功上榜后，2011年上升四位，位于该榜第17位，并位列所属的运动行业中最高位置。其品牌价值比2010年提升了73%，达到91亿元人民币，形成了巨大的无形资产。据悉，该榜单是由国际领先的综合性品牌战略顾问和设计公司Interbrand设立并评选的。

作为无形资产，品牌的价值可以被有形量化，同时作为商品交易，比如有以品牌入股形式组建企业，有以品牌的号召进行特许经营，更有加盟到名牌门下，以图发展。

（三）品牌转化具有一定的风险及不确定性

品牌创立后，在其成长的过程中，由于市场的不断变化、需求的不断提高，企业的品牌资本可能壮大，也可能缩小，甚至某一品牌在竞争中会退出市场。因此，品牌的成长存在一定风险，对其评估也存在难度。有时由于企业的产品质量出现意外，有时由于服务不过关，有时由于品牌资本盲目扩张导致运作不佳，这些都给企业进行品牌维护带来难度，对企业品牌效益的评估也会出现不确定性。

（四）品牌的表象性

品牌是企业的无形资产，不具有独立的实体，不占有空间，但它最原始的目的就是让人们通过一个比较容易记忆的形式来记住某一产品或企业。因此，品牌必须有物质载体，需要通过一系列的物质载体来表现自己，使品牌形式化。品牌的直接载体主要是文字、图案和符号，间接载体主要有产品的质量、产品服务、知名度、美誉度、市场占有率。没有物质载体，品牌就无法表现出来，更不可能达到品牌的整体传播效果。优秀的品牌在载体方面表现较为突出，例如“可口可乐”的文字，使人们联想到这种饮料的饮后效果，其红色图案及相应的包装起到视觉上独特的冲击效果，再如“麦当劳”，其黄色的拱形“M”也会给人们带来独特的视觉效果。

（五）品牌的扩张性

品牌具有识别功能，代表一种产品、一个企业，企业可以利用这一优点展示对市场的开拓能力，还可以帮助企业进行扩张。

三、品牌的作用

（一）品牌——消费者或用户记忆商品的工具

不仅要将商品销售给目标消费者或用户，而且要使消费者或用户通过使用对商品产生好感，从而重复购买，不断宣传商品，形成品牌忠诚度。消费者或用户通过对品牌产品的使用形成满意度，就会围绕品牌形成消费经验，存贮在记忆中，为将来的消费决策提供依据。一些企业更为自己的品牌树立了良好的形象，赋予其美好的情感，或代表了一定的文化，使品牌及品牌产品在消费者或用户心中形成了美好的记忆，例如“麦当劳”，通过这个品牌消费者感受到一种美国文化、快餐文化，会联想到质量、标准和卫生，也能由“麦当劳”品牌激起在麦当劳餐厅里欢乐用餐的回忆。

（二）品牌——识别商品的分辨器

品牌的建立是由于竞争的需要，用来识别某个销售者的产品或服务的。品牌设计应具有独特性，有鲜明的个性特征、品牌图案以及文字等与竞争对手相区别，代表本企业的特点。同时，互不相同的品牌各自代表着不同形式、不同质量、不同服务的产品，可为消费者或用户购买、使用提供借鉴。通过品牌人们可以认识产品，并依据品牌选择购买。例如，人们购买运动服装时有多种品牌可供选择，如耐克、阿迪达斯、李宁、安踏等，每种品牌运动装代表了不同的产品特性、不同的文化背景、不同的设计理念、不同的心理目标，消费者和用户便可根据自身的需求，依据产品特性进行选择。

（三）品牌——质量和信誉的保证

企业设计品牌、创立品牌、培养品牌的目的是希望该品牌能够变为名牌，于是在产品质量上下工夫、在售后服务上作努力。同时，品牌代表企业，从长远发展的角度看，企业必须在产品质量上下工夫，特别是名牌产品、名牌企业、知名品牌，它们代表了一类产品的质量档次，也代表了企业的信誉。例如“海尔”，作为家电品牌人们提到优质“海尔”就会联想到海尔家电的高质量、海尔的优质售后服务及海尔人为消费者着想的画面。再如“耐克”，作为运动鞋的世界知名品牌，其人性化的设计、高科技的原料、高质量的产品为人们所共睹，“耐克”代表的是企业的信誉、产品的质量品牌，这些就是企业竞争的武器。

树品牌、创名牌是企业在市场竞争的条件下逐渐形成的共识，人们希望通过品牌对产品、企业加以区别，通过品牌形成品牌追随，通过品牌扩展市场。品牌的创立、名牌的形成正好能帮助企业实现上述目的，使品牌成为企业有力的竞争武器。品牌，特别是名牌的出现，使用户形成了一定程度的忠诚度、信任度、追随度，由此使企业在与对手竞争中拥有了后盾基础。品牌可以利用市场扩展能力，带动企业进入新市场，带动新产品打入市场。另外，品牌可以利用品牌资本运营的能力，通过一定的形式如特许经营、合同管理等形式进行企业扩张。总之，品牌作为市场竞争的武器常常会给企业带来意想不到的效果。

（四）品牌——企业的“摇钱树”

品牌以质量取胜，品牌常附有文化、情感内涵，所以品牌给产品增加了附加值。同时，品牌有一定的信任度、追随度，企业可以为品牌制定相对较高的价格，获得较高的利润。品牌中的知名品牌在这一方面表现得最为突出，如海尔家电的价格一般比同类产品高，耐克运动鞋，比同类的李宁运动鞋、安踏运动鞋高出几百元。还有著名饮料企业可口可乐的例子，可口可乐公司 1999 年的销售总额为 90 亿美元，利润率为 30%，27 亿美元，除去 5% 由资产投资带来的利润，其余 22.5 亿美元均为品牌为企业带来的高额利润。由此可见，品牌特别是名牌会给企业带来较大的收益，而品牌作为无形资产，已被人们认可。

四、品牌在市场营销中的作用与意义

（一）方便消费者进行产品选择，缩短消费者的购买决策过程

选择知名的品牌，对于消费者而言无疑是一种省事、可靠又减少风险的方法。尤其在大众消费品领域，同类产品可供消费者选择的品牌一般都有十几个，多的甚至几十个。面对如此众多的商品和服务提供商，消费者是无法通过比较产品服务本身来做出准确判断的。这时，在消费者的购买决策过程中就出现了对产品的“感觉风险”（即认为可能产生

不良后果的心理风险）的影响。这种“感觉风险”的大小取决于产品的价值高低、产品性能的不确定性以及消费者的自信心等因素。消费者为了回避风险，往往偏爱拥有知名品牌的产品，以坚定购买的信心。而品牌在消费者心目中是产品的标志，它代表着产品的品质和特色，同时也是企业的代言人，意味着企业的经营特长和管理水准。因此，品牌缩短了消费者的购买决策过程。

（二）造就强势品牌能使企业享有较高的利润空间

在传统的市场竞争中，当消费者形成鲜明的品牌概念后，价格差异就会显得比较次要。当给不同品牌赋予特殊的个性时，这种情况就更为明显。

曾有调查表明，市场领袖品牌的平均利润率为第二品牌的 4 倍，而在英国更高达 6 倍。强势品牌的高利润空间尤其在市场不景气或削价竞争的条件下表现出了重要的作用。事实上，这种优势不仅仅得益于通常我们认为的规模经济，更重要的是来自于消费者对该品牌产品价值的认同，也就是对价格差异的认同。

（三）品牌可以超越产品的生命周期

由于需求的变更和竞争的推动，除了少数产品，绝大多数产品不会长久地被消费者接受。一般而言，产品都有一个生命周期，会经历从投放市场到被淘汰退出市场的整个过程，包括孕育期、准备期、投入期、成长期、成熟期、衰退期、回升期、退出期、新生期八个阶段。

但是品牌却不同，它有可能超越生命周期，是一种无形资产。一个品牌一旦拥有广大的忠诚顾客，其领导地位就可以经久不变，即使产品已历经改良和替换。波士顿咨询集团研究了 30 大类产品中的市场领先品牌，发现“1929 年的 30 个领袖品牌中有 27 个在 l988 年依然勇居市场第一。这些经典品牌有象牙香皂、坎贝尔汤和金牌面粉”。像我们熟悉的一些海外著名品牌，也都是有悠久的历史，如吉列（始于 1895 年）、万宝路（始于 1924 年）、可口可乐（始于 1886 年）、雀巢（始于 1938 年）。同样，我国的不少老字号在今天的市场竞争中也依然有着品牌优势，如同仁堂等。

由此可见，品牌的概念比产品本身要广泛得多。它可以随着市场变换加以调整，只要能跟得上市场变化和消费进步，通过改进或创新产品以及保持品牌个性始终如一，可使品牌长期延续下去。

也正是因为品牌可以超越生命周期，因此，品牌也从开始依附在产品身上慢慢地发展到与具体产品相对独立开来，并可使消费者长期积累对它的认同和偏好，从而使品牌作为一种无形资产成为可能。品牌本身也可以作为商品参与市场交易，而且品牌与产品的相对独立也导致了品牌延伸的出现，同一品牌拥有众多类别的产品，品牌成为了产品的核心。

五、品牌命名的原则

（一）合法

合法是指能够在法律上得到保护，这是品牌命名的首要前提。再好的名字，如果不能注册，得不到法律保护，就不是真正属于自己的品牌。在2000年的保暖内衣大战中，“南极人”品牌就是由于缺乏保护，而被数十个厂家共享。一个厂家所投放的广告费为大家作了公共费用，非常可惜。大量厂家对同一个品牌开始了掠夺性的开发使用，使消费者难分彼此。面对同一个品牌，却是完全不同的价格、完全不同的品质，最后消费者把账都算到了“南极人”这个品牌上，逐渐对其失去了信任。

再如，米勒公司（Miller）推出一种淡啤酒，取名为Lite，即“淡”的英文light的变异，生意兴旺，其他啤酒厂纷纷仿效，也推出以Lite命名的淡啤酒。由于Lite是直接描绘某类特定产品的普通词汇，法院判决不予保护。因此，米勒公司失去了对Lite的商标专用权。由此可见，一个品牌是否合法及能否受到法律保护对公司至关重要。

（二）尊重文化与跨越地理限制

由于世界各国和各地区消费者在历史文化、风俗习惯、价值观念等方面存在一定差异，他们对同一品牌的看法也会有所不同。在这一个国家是非常美好的意思，可是到了另一个国家其含义却可能完全相反。例如，蝙蝠在我国，因蝠与福同音，被认为有美好的联想，因此在我国有“蝙蝠”电扇，而在英语里，蝙蝠的英语Bat却是吸血鬼的意思。

我国的绝大多数品牌，由于只以汉字命名，在走出国门时容易让当地人莫名所以。有一些品牌采用汉语拼音作为变通措施，被证明也是行不通的，因为外国人并不懂拼音所代表的含义。例如长虹，以其汉语拼音changhong作为附注商标，但changhong在外国人眼里却没有任何含义。而海信，则具备了全球战略眼光，注册了“HiSense”的英文商标，它来自High Sense，是“高灵敏、高清晰”的意思，这非常符合其产品特性。同时，High Sense又可被译为“高远的见识”，体现了品牌的远大理想。

可以说，品牌名已成为国内品牌全球化发展的一道门槛。由于对国外文化的不了解，中国品牌的国际化命名中也出了一些洋相。“芳芳”牌化妆品在国外的商标被翻译为“FangFang”，而fang在英文中是指“有毒的蛇牙”，如此一来，还有谁敢把有毒的东西用在自己身上，“芳芳”牌化妆品的受挫也就是情理之中的事情了。当然，除了国内品牌，国际品牌在进入不同的国家和地区时，也有犯错的时候。Whisky是世界知名的酒类品牌，进入香港和内地，被译成“威士忌”，被认为是“威严的绅士忌讳喝它”，所以绅士们自然对它有所顾忌。而Brandy被译成“白兰地”，被认为是“洁白如雪的兰花盛开在大地上”，意境优美至极，绅士们自然更愿意喝它。

（三）简单易记忆

为品牌取名也要遵循简洁的原则。越单纯、明快的名称，越易于和消费者进行交流。根据调查，企业名称越短越利于传播，四个字的名称平均认知度为11.3%，八个字的名称认知度则只有2.88%。今天，我们耳熟能详的一些品牌名称，如青岛、999、燕京、白沙、小天鹅、方太、圣象等，都非常简单好记。IBM是全球十大品牌之一，身为世界上最大的电脑制造商，它被誉为“蓝色巨人”。它的全称是“国际商用机器公司”（International Business Machines），这样的名称不但难记忆，而且不易读写，首先在传播上就自己给自己制造了障碍。于是，国际商用机器公司设计出了简单的IBM字体造型，对外传播，造就了其高科技领域的领导者形象。

名字是打造品牌中最不可忽视的要素。“旺旺”品牌仅凭这个名字每年就赚得盆满钵满。就空调产品来说，格力不仅中文名字比对手的名字好听，其英文名“Gree”也高人一筹，简短、有力，与“Sony”颇有异曲同工之妙，天生具有成为世界级品牌的模样。而早期的空调品牌，如古桥、迎燕、宝花等，注定不可能取得多大成功。

（四）上口易传播

发音响亮、朗朗上口的名称，比那些难发音或音韵不好的名称容易传诵。吉普（Jeep）汽车的车身都带有GP标志，并标明是通用型越野车，Jeep是通用型的英文General Purpose首字缩写GP的发音。但也有另一种来源之说，称其来源于一部连环画中的一个怪物，这个怪物总是发出“吉——普，吉——普”的声音，非常容易发音和易于传播。

（五）正面联想

金字招牌“金利来”原名为“金狮”，按粤语发音，便是“尽输”。香港人非常讲究吉利，如此忌讳的名字自然无人光顾。后来，曾宪梓先生将Goldlion分成两部分，前部分Gold译为金，后部分lion音译为利来，取名“金利来”之后，公司发展情形大为改观，吉祥如意的名字立即为金利来带来了好运。可以说，“金利来”能够取得今天的成就，其品牌名称功不可没。

（六）暗示产品属性

有一些品牌，人们可以从它的名字一眼就看出它是什么类型的产品，例如劲霸用于电池，恰当地表达了产品持久强劲的特点；固特异用于轮胎，准确地展现了产品坚固而耐用的属性。它们中的一些品牌甚至已经成为同类产品的代名词，让后来者难以下手。“商务通”的命名，使得它几乎成为掌上电脑的代名词，消费者去购买掌上电脑时，大多数人会直接指名购买“商务通”，甚至以为“商务通”即掌上电脑，掌上电脑即“商务通”。

需要指出的是，与产品属性联系比较紧密的这类品牌名，大多实施专业化策略。如果一个品牌需要实施多元化战略，其品牌名与产品属性联系越紧密，则对其今后的发展越不利。

（七）预埋发展管线

品牌在命名时就要考虑到，即使品牌发展到一定阶段时也要能够适应。对于一个多元化的品牌来说，如果品牌名称和某类产品联系太紧，就不利于品牌今后扩展到其他产品类型。通常，一个无具体意义而又不带任何负面效应的品牌名，比较适合于今后的品牌延伸。

例如，索尼（Sony），不论是中文名还是英文名，都没有具体的内涵，仅从名称上，不会联想到任何类型的产品。这样，品牌可以扩展到任何产品领域而不致作茧自缚。

六、品牌策略

品牌策略是企业依据产品状况和市场情况，最合理、有效地运用品牌，以达到预期的营销目的。企业品牌决策的主要内容如图 7－4 所示。

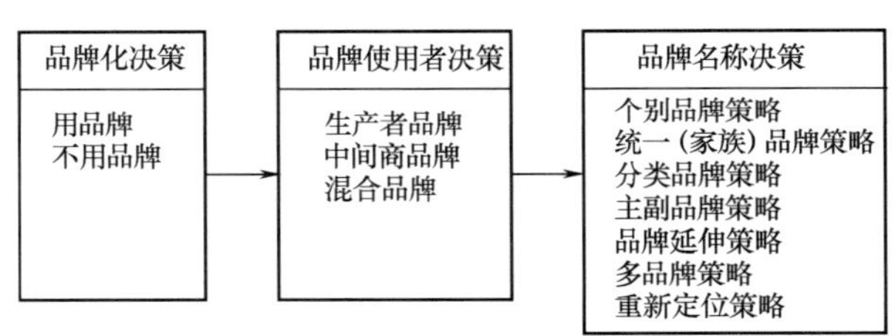

图 7－4　品牌决策主要内容

（一）品牌化决策

企业首先要决定是否给产品建立一个品牌。并不是所有的产品都必须使用品牌，但市场上大多数产品都是使用品牌的。使用品牌，特别是运作比较成功的品牌，给企业带来的益处是不可低估的。可口可乐的老板曾宣称："即使我的工厂在一夜间烧光，只要我的品牌还在，我就能马上恢复生产。"因为其品牌这一无形资产的价值，已超过了其有形资产的价值。

产品有可能是没有品牌的，因为建立品牌必然要付出相应的费用，包括设计费、制作费、注册登记费、广告费等，会增加企业经营总成本，并且当品牌不受顾客欢迎时，企业还要承担相应的风险。所以，出于对产品特征和生产者降低成本的考虑，有些产品有可能不使用品牌，而只注明产地或生产厂家的名称。一般来说，以下几种情况可以不使用品牌：产品技术要求简单，不会因为企业不同而形成产品的不同特点，如电力、煤炭、自来水、木材等；顾客习惯上不是认品牌购买的产品，如打火机、白糖、面粉等；小范围的生产和销售没有明确技术标准的产品，如土特产、手工艺品等；企业临时性或一次性生产的产品，如接受外来的加工业务等。

（二）品牌使用决策

品牌使用决策是指在决定使用品牌后，对要使用谁的品牌做出的决策。一般有三种选择。

1．企业品牌

也称生产者品牌，即企业使用属于自己的品牌，如“海尔”电器为青岛海尔集团制造。

2．中间商品牌

也称经销商品牌，即企业把产品销售给中间商，由中间商使用他自己的品牌将产品转卖出去。

中间商品牌能得到足够发展，其原因在于：由于较低的制造成本、简易的包装、减少交易环节和营业费用，使商品价格低廉；大型零售商业本身拥有覆盖面广、物流通畅的销售网络，商品分销具有无可比拟的优势；零售企业处于与顾客接触的最前沿，能够及时准确地把握市场需求，推进产品设计和开发。

3．混合品牌

企业对一部分产品用自己的品牌，而对另一部分产品用中间商的品牌。

（三）品牌名称决策

产品走向市场必须有一个名字，企业如何为产品命名，一般有以下几种策略可供选择。

1．个别品牌策略

个别品牌策略是企业给它的不同产品分别冠以不同的品牌，如上海牙膏厂生产的“美加净”、“中华”、“白玉”等不同品牌的牙膏。其优点是可以针对消费者不同的需求，设计不同品牌形象，有利于严格区分不同档次的产品，显示企业的雄厚实力。尤其对于那些生产或销售许多不同类型产品的企业而言，企业的整个声誉不至于受其某种商品声誉的影响，能够增强企业的竞争性，提高市场占有率，同时增强抗风险能力。当某个品牌得不到消费者的青睐时，尚有其他品牌作支撑。一个生产高档产品的企业在推出低档产品时，如果低档产品另外有自己的品牌，则高档产品品牌的声誉不会因低档产品的推出受影响。其缺点是广告和促销费用较高，而且，多个品牌统一的企业形象难以建立。

2．统一品牌策略

统一品牌策略也叫家族品牌，即生产者的各种产品使用相同的品牌推向市场，如美国通用电气公司所有产品只用一个品牌——GE。

使用这一策略的优点在于：推出新产品可以省去命名的麻烦，可以节省发展多产品的各种费用、节省广告费；能以同一品牌众多产品来显示企业实力；新产品上市可以借助已有品牌的信誉，更容易打入市场；如果企业的整体形象比较好，则其各种产品均可从中受益。其缺点是：家庭品牌中一个成员出了问题，很容易牵连其他成员，甚至影响品牌声誉；档次质量不同的产品难以区分，令消费者感觉不便。因此，使用统一品牌的企业，必须对所有产品的质量严加控制。

3. 分类品牌策略

企业对所有产品分类，在此基础上各类产品使用不同的品牌。如法国欧莱雅集团公司拥有不同价位的产品线，兰蔻等面对富有阶层，美宝莲、欧莱雅则走大众路线。这种策略实际上是前两种策略的一种折中，它既可以区分在需求上具有显著差异的产品类别，又可以反映出强强联合的产品优势，对于多元化经营企业尤其适用。

4. 主副品牌策略

通常以企业名称作为主品牌，同时给各产品确定一个副品牌，以副品牌来突出产品的个性形象。例如，“海尔——小神童”洗衣机，副品牌“小神童”表达了“体积小、电脑控制、全自动、智能型”等特点和优势，但消费者对它的认可，主要是基于对海尔品牌的信赖。这种策略可以使新产品与老产品统一化，进而享受企业的整体信誉。同时，各种不同的新产品分别使用不同的品牌名称，又可以使新产品个性化。

5. 品牌延伸策略

指企业利用已经成功的品牌推出改良产品或新产品，如耐克，从运动鞋起步，后来逐步扩大到运动服和其他运动产品。这种策略的优点是可以降低广告宣传费用，有利于新产品投入市场，也有利于企业创名牌。但若推出的新产品不好，就会影响原来产品的形象。

6. 多品牌策略

指同一企业在同一种产品上设立两个或多个相互竞争的品牌，如美国的宝洁公司，它在洗发水等产品上同时使用海飞丝、飘柔、潘婷等多个品牌。

多品牌策略可以给企业带来几方面的好处：多种不同的品牌只要被零售商店接受，就可以占用更大的货架面积，而竞争者所占用的货架面积当然会相应减小；可以吸引喜好新品牌的消费者；使组织内部直接产生竞争，有利于提高企业的工作效率和管理效率；可以满足不同细分市场的需求，为提高总销售量创造条件。其存在的风险是：使用的品牌量过多，导致每种产品的市场份额很小；企业资源分散，不能集中到少数几个获利水平较高的品牌上。

7. 重新定位策略

指全部或部分调整或改变品牌原有市场定位的做法。由于市场环境的变化，品牌往往需要重新定位。品牌的重新定位一般需要改进产品性能、产品外观或广告宣传等。

本章小结

- 本章主要讨论发展什么样的服装产品组合来满足目标市场的需求，如何根据服装生命周期制订适当的营销策略。
- 所谓产品策略，是指企业制订经营战略时，首先要明确企业能提供什么样的产品和服务去满足消费者的需求，也就是要解决产品策略问题。它是市场营销组合策略的基础，从一定意义上讲，企业成功与发展的关键在于产品满足消费者需求的程度以及产品策略正确与否。这里的产品是指非物质形态的服务，即实体产品的转移以及转移过程中相应的辅助性服务。
- 产品是企业经过生产过程而产生的有形物品，用以满足消费者的需求和欲望。产品一般被理解为具有某种使用价值的实体，如衬衫、连衣裙、西装等，具有一定的形状，并各自具有不同的使用价值，能满足消费者某一物质内容的消费需求。
- 产品整体化表现了以满足消费者需求为中心衡量某一产品效用价值好坏的标准，它不是掌握在生产者或经营者手中，而是掌握在消费者手中。随着生产的发展和消费结构的变革，产品整体的三层之间的比重必将发生变化。也就是说，企业的产品要赢得消费者的好评，除了生产适销对路、质优价廉的产品，更重要的在于满足消费者需求的程度及提供的服务。
- 产品组合是指一个企业生产或经营的全部产品线、产品项目的组合方式，包括四个变数：宽度、长度、深度和密度。
- 服装新产品开发是一项难度较大的工作，需要掌握流行信息，运用灵感和想象，从设计造型式样到选择材料、颜色等整体配合。另外，还要考虑消费者心理需求、当地的风俗习惯和审美标准以及服装企业的生产条件等。从确定开发方向到组织实施，到最后开发完成，要经历以下几个阶段：构思创意、初步设计、筛选、样衣试制、市场试销、正式投放市场。
- 品牌在市场营销中的作用与意义：品牌的首要功能是在于可以方便消费者进行产品选择，缩短消费者的购买决策过程；造就强势品牌能使企业享有较高的利润空间；品牌可以超越产品的生命周期，是一种无形资产。
- 品牌策略是企业依据产品状况和市场情况，最合理、有效地运用品牌，以达到预期的营销目的。企业品牌决策的主要内容：品牌化决策、品牌使用决策、品牌名称决策。

思考题

1. 服装产品整体概念各层次的具体内容是什么?
2. 服装产品生命周期各阶段的特点有哪些?
3. 产品整体概念对服装企业营销有什么意义?

小课堂

服装产品策略

2003 年，上海朵彩棉服饰有限公司成立，同时创立“朵彩 docare”品牌，率先将彩棉应用到内衣产品的开发中，成功细分出中国彩棉内衣市场。

上海朵彩一直致力于“绿色、天然、环保、健康”服饰产业终端产品的开发与推广。目前主要以彩棉织品为主要产品线，是中国彩棉产业先锋企业。经过三年多的品牌推广和企业运作，旗下“朵彩”品牌已得到全国消费者和社会各界的广泛认可。“穿着特舒服”“消费者口碑极好”“全国销售势头迅猛”、“团购销量最多”成为朵彩最显著的市场特点。朵彩以其“内衣天使”、“绿色天然”的中高品牌定位，成为中国内衣中高端市场的代表。

“朵彩”首倡健康内衣 5C 品质（棉花 cotton、彩色 color、认证 CCEL、关怀 care、魅力 charm），宣扬“非化学、无污染”的品牌理念。其独占性市场定位有效地区隔了各种染色、化纤内衣，与传统内衣、保暖内衣形成了三足鼎立之势，掀起了中国内衣消费的又一次热潮。“朵彩”在抓住彩棉概念的同时，从整个彩棉产业链上全面整合资源，倾力打造出了市场上旺销的五大经典系列产品。

羊绒彩暖内衣：面料以生活在严寒高原的优质山羊绒与天山脚下天然彩棉按最佳搭配比例混纺精织，经进口织造设备科学加工而成，弥补了纯羊绒刺激皮肤的缺点，集羊绒的温馨与天然彩棉的舒适于一身，加上二者都兼有柔软、滑润的特性，都是保暖内衣材料中的极品，贵族气质浑然天成。天然彩棉更赋予其健康保暖的新概念，产品的价值感不言而喻。

斜纹皱彩暖内衣：采用国家专利技术依据人体特征立体裁剪织造，此款内衣在充分发挥天然彩棉远红外含量较高而具有其他材料难以媲美的较高保暖性的基础上，添加了微空间保暖层，使保暖性能达到趋近理想的境界。款式的设计突破了常规保暖内衣的设计理念，每一个新颖完美的细节，都体现了科技、环保、健康、舒适、保暖的产品特性。

纤体彩暖内衣：采用意大利 SANTONI 无缝编织技术立体编织而成，产品极具时尚感，能够有效雕塑体形，关爱健康，是美体内衣中的代表产品，尽显女性美体曼妙的曲线之美，深得都市丽人的青睐。

菠萝纹彩暖内衣：采用内衣织造工艺中最先进的空气层衬垫组织，里外层均使用被誉为“贵族纤维”“植物羊绒”的天然彩棉科学编织而成，外观设计非常到位，美观而大方，色泽自然，质的柔软舒适且透气、吸汗、排汗性奇佳。中、老年人很需要这样一套既具有抗寒效果又环保、健康、舒适的高效内衣，特别是在严寒的北方。

绒卡彩暖内衣：采用简约而又有效保暖的双面组织结构，无污染、真正绿色环保的新疆中国彩棉天彩精梳高支彩棉纱线配上美国杜邦莱卡弹性纤维，被纺织专家称之为“最佳搭档”。里层采用独创的16道磨毛工艺精心处理，绒面细腻柔软，轻柔体贴恰到好处，拥有丝般柔滑的质感。加上产品具备很好的回弹性，整体设计集常规内衣、美体内衣、保健内衣、运动内衣、保暖内衣于一身，风度与温度一项都不少。

“朵彩”彩棉内衣采用新疆的纯天然彩色棉花织造而成，具有如下六大特点。

（1）绿色环保。由于彩棉的种植过程采用了现代生物工程技术提高其抗虫、抗病特性，避免了化学农药中有害物质对棉纤维本质及生长环境的污染；种植过程中不使用化学农药，纺织、染整过程无须进行传统的漂白、染色工艺处理，所以成衣产品绝对不含偶氮、重金属离子、甲醛等有害物质。

（2）卫生健康。面料后处理的“温和整理工艺”使彩棉纤维本身有益于人体健康的蛋白质、维生素得以保留，pH值呈微酸性。舒适止痒，亲和皮肤，符合环保及人体健康的要求，是真正健康的“第二皮肤”。

（3）抗静电，不起球。彩棉内衣不带自由电荷，不会产生静电；棉纤维不易变形，不起球。

（4）透汗性能好，吸附人体皮肤上的汗水和微汗，通过彩棉针织面料的空隙排出，使体温迅速恢复正常，真正达到透气、吸汗的目的。同时由于彩棉纤维中腔没有被染料分子充塞，中腔空间得以保留，因而极具保暖，透气功能。

（5）彩棉中的远红外线作用于人体，能增加人体的微循环，激活组织细胞，使人体产生温热效应，有效的调节神经系统，疏通经络，改善睡眠质量。

（6）色牢度好。彩棉纤维细胞中的色素体从内而外逐渐变浅，它的色彩呈现是由纤维素堆积而成，较少受环境的影响，所以洗涤后不但不会掉色，纤维色泽还会逐渐加深。

市场竞争的本质是产品品质的竞争。没有物质基础，就谈不上上层建筑，产品是品牌的物质基础。万丈高楼平地起，“名牌”之所以成名，其产品质量必须过硬，价格必须合理。韩总说：“朵彩”要做第一品牌、做百年品牌，那么就必须做经销商看好的、消费者认可的，真正经典、优质的内衣！

第八章　服装价格策略

课程名称：服装价格策略

课程内容：服装产品价格构成

服装产品定价方法

服装产品定价策略

课程时间：4 课时

教学目的：向学生介绍服装的出厂价格和商业价格构成，重点是通过对服装企业产品定价方法的讲解，使学生掌握服装产品定价的特点。

教学方式：理论教学

教学要求：1．使学生了解服装价格的构成。

2．使学生掌握服装产品定价的一般方法。

3．使学生熟悉服装定价的基本策略。

课前准备：阅读有关产品定价方面的新闻及书籍。

价格是市场营销组合中十分敏感、活跃的因素。在市场经济条件下，服装价格对市场供求和消费者购买行为有着重要的影响。价格能起到调节市场需求和诱导市场需求的作用，价格的高低往往直接影响产品在市场中的地位和形象，影响顾客对该产品的态度，也影响产品的销量。合理的价格能对顾客的心理产生良好的刺激作用，可以说价格本身就是一种促销因素。

第一节　服装产品价格构成

商品的价格因素是市场营销组合的一个重要因素，价格是参与市场竞争的有效手段。在所有的市场竞争手段中，价格竞争可谓是最直接、最有效的一种手段。在同类产品中，价格越低，其市场竞争力越强。因此，价格也是竞争对手极为关心的问题。当一个企业做出价格调整的策略时，其他生产同类产品的企业，往往会对其产品价格的变化，尤其是对降价做出迅速的反映。但价格竞争也是最危险的一种竞争手段，一旦决策失误，往往会使企业陷入困难。因此，企业必须慎重使用。其次，价格是实现企业赢利的核心因素。在市场经济中，企业都是市场价格的适应者而非操纵者。因此，从这个意义上讲，企业的所有营销工作都必须围绕适应市场价格这一主题展开。企业要实现赢利目标，不仅要为消费者提供满足其需求的产品，也要制订出消费者接受的价格水平。服装的价格构成可以从出厂价格和商业价格两个方面考虑。

一、服装出厂价格构成

服装的出厂价格是服装生产企业出售服装产品的价格，其构成内容主要包括服装生产企业的各种制造成本和费用以及工业利润。其中，制造成本和费用的计算主要依据企业的财务成本。

（1）制造成本和费用。服装的制造成本主要包括原材料费用（布料、缝纫线、纽扣、拉链等）、包装材料费用（胶袋、纸盒、纸箱、大头针等）、人工费用（工人的工资、管理人员的工资等）、间接费用（设备的折旧等）、管理费用、财务费用以及销售费用等。另外，对于时装产品而言，尤其是高级时装，其成本还包括市场调查费用、设计费用和广告费用等。

（2）工业利润。工业利润是指生产者取得的利润。通常，一般服装加工企业的赢利能力较小，而拥有自己品牌和具有规模优势的服装企业的赢利能力较强。对于不同的服装，单位产品赢利水平的高低有很大差异。名牌服装较无牌服装赢利能力强，时装较传统服装赢利能力强。

二、服装商业价格构成

商业价格是指服装商业企业销售服装商品的价格，包含批发价格和零售价格。服装商业价格的构成要素主要包括以下几点。

（1）进价成本。进价成本是指商品流通企业购进服装商品时所支出的直接费用和间接费用。

（2）经营费用。经营费用是指商品流通企业在整个经营环节中所发生的各种费用，如店铺租金、运输费、装卸费、保管费、包装费和商品损耗等。

（3）管理费用。管理费用是指商品流通企业的行政管理部门对商品进行流通管理和组织商品经营活动所发生的各项费用，如招待费、注册费、易耗品摊销、修理费、坏账准备金等。一般的管理费用不直接计入某种商品的价格，而是进行分摊处理的。

（4）财务费用。财务费用是指商品流通企业为筹集资金而发生的各种费用，如利息支出、金融机构的手续费等。其中，利息支出往往占了财务费用的较大比重。

（5）商业利润。商业利润是指商品流通企业所取得的利润。服装企业如果选用中间商分销产品，就必须向商业企业让渡部分商业利润，其比例取决于服装企业的声誉及其产品的市场占有率。

（6）税金。计入商品价格的税金一般指价内转嫁税，如消费税、关税、资源税和营业税等。这些税金可以直接计入商品价格。增值税虽然是价外税，但其最终还是由消费者负担的，所以一般零售企业也把增值税计入商品的零售价中。上交税金是服装经营者应尽的义务，在对外报价或接受报价时，必须注意其价格是含税价还是不含税价，避免产生经济纠纷。

在服装的价格组成中，各个构成部分所占的比例往往存在较大的差异。在传统的市场营销观念中，企业往往采用机械的模式，利用服装产品的生产成本来确定服装销售价格水平，忽视市场需求对价格的影响，这种计价方式存在一定的弊端。一方面，以生产成本作为制订服装产品市场价格的依据，没有从根本上转变生产型的经营观念，所制订的价格往往脱离消费者的接受水平；另一方面，如果制订服装价格只考虑有形的生产成本，忽视营销成本或交易成本，很难提高服装产品的资本密集程度，也就摆脱不了服装营销在低水平上延伸的局面。在现代市场营销实践中，企业定价的成功与否依赖于有效的市场营销组合，服装产品的定价必须与企业产品、分销渠道、促销手段等营销因素互相配合。

企业必须把定价作为整体经营战略的一个组成部分，重点考虑在现有市场接受的价格水平下维持怎样的成本才能实现利润目标。例如，西班牙服装品牌 Zara，就是采用按需设计的模式，在保证产品质量的前提下，尽量减少服装中与时尚无关的细枝末节，最大限度地降低成本、提高利润。

服装的价格构成由出厂价格和商业价格两部分组成，但是影响服装价格的其他因素也十分重要。从整体上分析，影响服装价格的因素有内在的，也有外在的。内在因素主要有服装材料、服装质量、服装产量和服装品牌等。外部因素主要有：经济因素，服装作为人们生活的必需品，受经济因素的影响极大，经济发展水平越高，服装的价格可以制定得稍高，反之亦然；服装的流行情况，在服装流行的初期，服装的价格往往较高，而在服装流行的末期，服装的价格较低；服装的销售环境，在一个环境幽雅的购物环境中，消费者对这种环境中的商品也会产生一种信任感，服装的价格可以制订得稍高；服装的竞争环境，服装与其他产品不同，人们对服装的需求具有多样性，这就决定了服装的竞争手段的多样性，包括产品、品牌、价格、质量等；服装商品的比价与差价因素，服装商品的比价与差价是服装企业进行服装产品价格定位的一个重要参考因素。

第二节　服装产品定价方法

随着经济体制市场化改革的不断推进和价格改革的深化，企业已成为价格的决策主体。企业只有正确运用定价方法、研究定价技巧、制定价格策略，才能实现公平竞争，降低交易成本，提高经济效益。在给产品定价时，可供选择的定价方法有多种，每种方法都有其优缺点和适用范围。如果能够根据企业的定价目标、产品的特性、市场的需求、购买对象等因素来选择恰当的定价方法，并实施有效的营销组合策略，产品就能很快打开销路。

当了解了影响产品的价格因素后，在给产品定价时就应对这些因素给予综合考虑，重点抓住一两个因素。不过，这还停留在定性分析上，要确定产品价格的量值，还需使用定价的方法。

一、服装产品的定价方法

（一）成本导向定价法

成本导向定价法是以产品的成本为依据，从不同的角度制订对企业最有利的价格的定价方法，包括总成本加成定价法、盈亏平衡定价法、目标投资收益率定价法、边际贡献定价法。

1．*总成本加成定价法*

（1）顺加法。按照单位产品成本加上一定百分比的加成来制订产品销售价格。这种方法是我国一种传统的产品定价方法。计算公式为：

$$单位产品销售价 = 单位产品成本 \times（1 + 加成率）$$

$$加成率 = \frac{计划售价 - 成本}{成本} \times 100\%$$

例如，某厂生产某品牌服装，单位成本为 50 元，加成率为 40%，则每件服装的售价为 50 ×（1 +40%）=70（元）。

顺加法的优点主要是：成本资料直接可得，计算简便。这种方法的基本原则是："将本求利，水涨船高"。但这种方法只是从保证卖方利益出发而定价，忽视了市场需求者的利益，比较适合用于销量与单位成本相对稳定、供求双方竞争不甚激烈的商品定价。

（2）倒扣法。这种方法主要应用于零售企业，公式中的产品成本就是零售企业的进价。计算公式为：

$$单位产品销售价 = \frac{单位成品成本}{1 - 毛利率}$$

$$毛利率 = \frac{售价 - 进价}{售价} \times 100\%$$

例如，某零售企业购进一批高档手表，每只手表的进价为 1600 元，计划毛利率为 30%，则每只手表的销售定价为 1600 ÷（1 −30%）≈2286（元）。

加成率、毛利率的确定，因行业和产品特性的不同而有所差别，大众商品的加成率、毛利率较低，时尚、名牌、季节性、新鲜易腐产品的加成率、毛利率较高，服务行业的也高。

2. 盈亏平衡定价法

盈亏平衡定价法，也称保本定价法、收支平衡定价法。它是按照生产某种产品的总成本和销售收入维持平衡的原则，制订产品的保本价格。计算公式为：

$$单位产品保本价格 = \frac{固定成本总额 + 变动成本总额}{预期销售量}$$

$$= \frac{固定成本总额}{预期销售量} + 单位产品变动成本$$

盈亏平衡定价使企业无利润可言，只是在市场不景气时，企业为了维持生产不得已而采取的定价方法。采用这种方法的关键在于正确预测市场的销售量，如果销售量预测不准确，依此计算出来的保本价格也不会准确。

3. 目标投资收益率定价法

目标投资收益率定价法，也称目标利润定价法。它是以投资额为基础，再加上投资收益来制定价格的方法。目标投资收益率的确定在前面也陈述过。计算公式为：

$$单位产品价格 = \frac{总固定成本 + 目标收益}{预期销售量} + 单位商品变动成本$$

$$目标收益 = 投资总额 \times 投资收益率$$

例如，某企业的固定成本为 100 万元，计划销售量为 10 万件，单位变动成本为 5 元，该商品的投资收益率若定为 10%，求该商品的销售价格应为多少？

解：企业目标投资收益额为：

$$(1000000 + 5 \times 100000) \times 10\% = 150000（元）$$

目标投资收益的单位产品价格（保利价格）为：

$$\frac{1000000+150000}{100000}+5=16.5\text{（元）}$$

这种方法更全面地考虑了企业投资的经济效益，能够保证企业在一定时期内收回投资，有利于企业的发展。但是，与盈亏平衡定价法一样，市场需求的预测是否准确直接影响商品定价的准确性。同时，以这样的盈利价格能否达到预期销售量，也很难把握。

4．边际贡献定价法

（1）边际成本定价法。边际成本是指每增加或减少单位产品所引起的总成本变化量。由于边际成本与变动成本比较接近，而变动成本的计算更容易一些，所以在定价实务中多用变动成本替代边际成本，而边际成本定价法也被称为变动成本定价法。

采用边际成本定价法时是以单位产品变动成本作为定价依据和可接受价格的最低界限。在价格高于变动成本的情况下，企业出售产品的收入除完全补偿变动成本外，还可用来补偿一部分固定成本，甚至可能提供利润。

边际成本定价法改变了售价低于总成本便拒绝交易的传统做法，在竞争激烈的市场条件下具有极大的定价灵活性，对于有效地应对竞争、开拓新市场、调节需求的季节差异、形成最优产品组合，可以发挥巨大的作用。但是，过低的成本有可能被指控为从事不正当竞争，并招致竞争者的报复，在国际市场则易被进口国认定为“倾销”，产品价格会因“反倾销税”的征收而畸形上升，使结果适得其反。

（2）变动成本加成法。边际贡献就是销售收入减去变动成本后的差额。这种定价方法不计算固定成本，要点是：只要价格大于单位产品变动成本，就是生产企业可以接受的价格。计算公式为：

单位商品边际贡献 = 价格 − 单位产品可变成本

价格 = 单位产品可变成本 + 单位产品边际贡献

例如，某企业的年固定成本为 100 万元，每件产品的可变成本为 50 元，计划边际贡献为 40 万元，当销售量预计可达 10000 件时，其价格则为：$50+\frac{400000}{10000}=90$（元/件）。

（二）需求导向定价法

需求导向定价法是以消费者对产品价值的理解和需求强度为基础来制订价格的方法。它是以目标市场的消费者所能接受的价格来定价的，因而能够适应市场需求及其变化情况。

1．理解价值定价法

它是以消费者对商品价值的感受及理解程度作为基本依据的定价方法。定价时，把买方的价值判断与卖方的成本费用相比较，侧重考虑前者。因为消费者购买商品时总会在同类商品之间进行比较，选购那些既能满足其消费需求、又符合其支付标准的商品。消费者对商品价值的理解不同，会形成不同的价格限度，这个限度就是消费者宁愿付货款而不愿失去这次购买机会的价格。如果价格刚好定在这一限度内，消费者就会顺利购买。

为了加深消费者对商品价值的理解程度，从而提高其愿意支付的价格限度，企业定价时首先要做好商品的市场定位，拉开本企业商品与市场上同类商品的差异，突出商品的特征，并综合运用这种营销手段，加深消费者对商品的印象。使消费者感到购买这些商品能获得更多的相对利益，从而提高他们接受价格的限度，企业则据此提出一个可销价格，进而估算在此价格水平下商品的销量、成本及赢利状况，最后确定实际价格。

理解价值定价法的关键和难点，是获得消费者对有关商品价值理解的准确资料。企业如果过高估计消费者的理解价值，价格就可能过高，难以达到应有的销量；反之，若企业低估了消费者的理解价值，价格就可能低于应有水平，使企业收入减少。因此，企业必须通过广泛的市场调研，了解消费者的需求偏好，根据产品的性能、用途、质量、品牌、服务等要素，判定消费者对商品的理解价值，制订商品的初始价格。然后，在初始价格条件下，预测可能的销量，分析目标成本和销售收入。在比较成本与收入、销量与价格的基础上，确定该定价方案的可行性，并制订最终价格。

2. 需求差异定价法

所谓需求差异定价法，是指产品价格的确定以需求为依据，首先强调适应消费者需求的不同特性，而将成本补偿放在次要的地位。这种定价方法，对同一商品在同一市场上制订两个或两个以上的价格，或使不同商品价格之间的差额大于其成本之间的差额。好处在于可以使企业定价最大限度地符合市场需求，促进商品销售，有利于企业获取最佳的经济效益。

3. 逆向定价法

这种定价方法主要不是考虑产品成本，而是重点考虑需求状况。依据消费者能够接受的最终销售价格，逆向推算出中间商的批发价格和生产企业的出厂价格。逆向定价法的特点是：价格能反映市场需求情况，有利于加强与中间商的良好关系，保证中间商的正常利润，使产品迅速向市场渗透，并可根据市场供求情况及时调整，定价比较灵活。

（三）竞争导向定价法

竞争导向定价是指企业通过研究竞争对手的生产条件、服务状况、价格水平等因素，依据自身的竞争实力，参考成本和供求状况来确定产品价格的一种定价方法。主要方法有：随行就市定价法、密封投标定价法和拍卖定价法。

1. 随行就市定价法

这是根据平均定价水平作为本企业定价标准的一种定价方法。这种方法用于企业难以对顾客和竞争者的反应做出准确的估计、自己又难以另行定价的情况。随行就市是依照现有本行业的平均定价水平定价，这样就容易与同行业竞争者和平共处，并且易于集中本行业的智慧，获得合理的收益，少担风险。在竞争十分激烈的同一产品市场上，消费者对行情很清楚，企业彼此间也十分了解，价格稍有出入，顾客就会涌向价廉的企业。一家跌价，别家会跟着跌价，需求却不增加；一家提价，别家不一定提价，销量则下降。所以，随行就市定价是一种很流行的方法。随行就市定价法，主要应用于品质相同或相近的产品的定价。

2. 密封投标定价法

密封投标定价法是一种竞争性的定价方法，又称招标定价法。在国内外，许多大宗商品、原材料、成套设备和建筑工程项目的买卖和承包等，往往采用发包人招标、承包人投标的方式来确定承包者及最终承包价格。

一般来说，招标方只有一个，处于相对垄断地位，而投标方有多个，处于相互竞争地位。标的物价格由参与投标的各个竞争者在相互独立的条件下来确定。买方通常选择报价最低的投标者中标，中标价就是承包价格。这种定价的方法，包括以下三个主要步骤。

（1）招标。由买方发布招标公告，提出征求什么样的商品和服务及具体条件，引导卖方参加竞争。

（2）投标。卖方根据招标公告的内容和要求，结合自己的条件，考虑成本、赢利以及其他竞争者可能的报价，向买方密封提出自己的书面报价。

（3）开标。买方在招标期限内，积极进行选标，审查卖方的投标报价、技术力量、工程质量、信誉高低、资本大小、生产经验等，从而选择承包商，并到期开标。

当然，参加投标企业的定价也是有一定限度的。即使是一个迫切希望中标的企业，底价也不能低于边际成本，劳而无获。同时，企业也不能只图赢利，底价过高，这样很难中标。因此，参加投标的企业应当计算期望利润，然后根据最高期望利润确定底价。期望利润可以根据不同方案估计的中标率和利润来计算。

3. 拍卖定价法

拍卖定价是由卖方预先发布公告，公布时间、地点、拍卖物、拍卖起步价等，经买方看货后，卖方通过拍卖市场公开叫价，买方相互竞争，最终将商品卖给出价最高者的一种定价销售方式。拍卖定价法主要用于品质不易被标准化的商品的定价，如各类藏品、土地、房屋、企业或不能长期保存、季节性强、淘汰周期短的各类商品。

二、各种定价方法的运用

企业定价方法有很多，企业应根据不同经营战略和价格策略、不同市场环境和经济发展状况等，选择不同的定价方法。

1. 成本导向定价法

成本导向定价法是一种卖方定价导向，它忽视了市场需求、竞争和价格水平的变化，有时候与定价目标相脱节。此外，运用这一方法制定的价格均是建立在对销量主观预测的基础上，从而降低了价格制订的科学性。因此，在采用成本导向定价法时，还需要充分考虑需求和竞争状况，以此确定最终的市场价格水平。

2. 需求导向定价法

需求导向定价法是以市场需求为导向的定价方法，价格随市场需求的变化而变化，不与成本因素发生直接关系，符合现代市场营销观念要求，企业的一切生产经营以消费者需求为中心。

3．竞争导向定价法

竞争导向定价法是以竞争者的价格为导向的。它的特点是：价格与商品成本、需求不发生直接关系。商品成本或市场需求变化了，但竞争者的价格未变，就应维持原价。反之，虽然成本或需求都没有变动，但竞争者的价格变动了，则相应地调整商品价格。

当然，为实现企业的定价目标和总体经营战略目标，谋求企业的生存或发展，企业可以在其他营销手段的配合下，将价格定得高于或低于竞争者的价格，并不一定要求和竞争对手的产品价格完全保持一致。

第三节　服装产品定价策略

服装企业在采用成本导向定价法、需求导向定价法或者竞争导向定价法确定基本价格之后，针对不同的消费心理、销售条件、销售数量及销售方式，运用灵活的定价技巧对基本价格进行修改，是保证企业价格策略取得成功的重要手段。灵活的定价技巧是在具体场合将定价的科学性与艺术性相结合的体现。

一、定价技巧

（一）心理定价策略

心理定价策略是根据心理学的原理，以强化消费者某种购买心理动机而采取的销售策略。它主要包括以下几种。

1．尾数定价

尾数定价就是给商品一个带有零头的数作为结尾的非整数价格。尾数定价会给消费者价格低、定价认真的感觉，他们会认为有尾数的价格是经过认真核算才产生的，消费者对这种定价容易产生信任感。尾数定价一般用于中低价的日用消费品，而名牌、高质量的商品不宜采用，否则会影响名牌、高质量商品的声誉。

2．整数定价

整数定价是指企业在给产品定价时以整数结尾。这种策略适用于高档商品、名牌商品、礼品和消费者对性能不太了解的商品。

在现代商品交易中，生产者众多，花色品种各异，购买高档名牌商品的消费者往往有显示自己身份、地位的心理动机，他们对商品的质量和价格非常重视，认为“一分钱一分货”，价格越高，质量越好，越能显示自己的身份。在这种情况下，采用整数定价，可以抬高商品身价，这比尾数定价更能刺激顾客的购买欲。运用整数定价策略时，如果商品的价格在整数分界线以下，应将其提高到分界线以上，以显示消费者身份。

3. 声望定价

声望定价是指企业针对消费者“价高质必优”的心理，对在消费者心中享有一定威望、声誉和被信任的产品制定较高的价格。购买声望价格商品的顾客，一般不在意价格，只在乎商品能否显示其身份和地位，商品的商标、品牌以及价格能否起到炫耀的作用。因此，定价较高，不仅能增加赢利，还能给予顾客心理上的满足，有利于销售。

这种策略主要适用于：刚进入市场的新产品、质量容易被鉴定的产品、高档日用品和耐用消费品及装饰品等。企业在使用这种策略时应慎重，一般商品不以高质量作保证而盲目采用这种方法，可能会影响企业的声誉，失去市场。例如，20 世纪 80 年代，当时在香港的外国名牌衬衫一般定价为 160 港元。金利来公司推出男装衬衫时，并没有采取 148 港元的竞争价格策略，而是把价格定在了 178 港元，结果却取得了空前的成功。其成功的原因是采用了声望定价法，因为当年买得起 160 港元的消费者是金利来的目标顾客，他们的理解是：“148 港元一件的衬衫肯定在质地、档次上比外国名牌衬衫要差一些，既然买得起 160 港元的就没必要买 148 港元的。”消费者会认为：“金利来居然比外国名牌还贵出 18 港元，质量肯定好，买一件试试。”

4. 招徕定价

招徕定价就是将少数商品降价，有的商品降低的价格甚至低于成本，从而刺激顾客购买。近年来，越来越多零售商利用节假日和换季时机举行“酬宾大减价”等活动，把部分商品按原价打折出售，甚至把一部分商品作为“牺牲”的对象，以此吸引顾客，以超低价销售，并诱导消费者购买其他正常定价的商品，带动其他商品的销售。

5. 习惯定价

市场上许多产品由于销售已久，形成了一种习惯价格或便利价格，消费者习惯于按此价格购买。对于此类产品，任何企业要进入市场，必须依照习惯价格定价，这就是习惯定价。采用习惯定价的产品，纵使成本降低，也不要轻易降价，降价易引起消费者对产品质量的怀疑。若产品成本升高，也不要轻易升价，宁可在产品内容、包装、容量等方面进行调整，升价会导致消费者的不满。若要升价，也要尾随市场领导者之后。

（二）弹性定价策略

所谓弹性定价法是依据价格需求弹性的不同来确定合理的销售价格。价格的需求弹性是指市场需求对价格变化的反应程度，其计算公式为：

$$价格的需求弹性 = \frac{需求量变化的百分比}{价格变化的百分比}$$

一般以 $E\mathrm{p}$ 表示价格的需求弹性。

当 $E\mathrm{p} = 1$ 时，需求量的变动幅度与价格的变动幅度相同，这时企业无论调低或调高价格，其总收益是不变的。

当 $Ep>1$ 时，需求量变化的幅度大于价格变化的幅度，属于价格弹性充足的产品，这时如果企业调低价格，虽然价格下降了，但价格的降低会使销量上升较多，从而导致企业总收益的增加。

当 $Ep<1$ 时，需求量变化的幅度小于价格变化的幅度，属于弹性不足的产品，这时如果企业调低价格，由于销售量上升、幅度不大，反而会使企业利润减少。因此，这对调高价格会使总收益增加。

（三）折扣定价策略

价格折扣策略指企业根据产品的销售对象、成交数量、交货时间、付款条件等因素的不同，给予不同价格折扣的一种定价决策，其实质是减价策略。服装市场上的折扣定价表现为服装生产企业对服装经销商的折扣和服装零售商对顾客的折扣。

服装生产企业对服装经销商的折扣主要是在买方以现金支付货款或买方购买的批量较大时，卖方给买方一定的优惠。这是一种舍少得多、鼓励消费者购买、提高市场占有率的有效手段。价格折扣策略主要有以下几种。

1. 现金折扣

这是对按约定日期或者说提前以现金付款的购买者，根据其所购买商品原价给予一定优惠的策略。采用现金折扣一般要考虑三个因素：折扣率、给予折扣的时间期限、付清全部货款的期限。折扣率的高低，一般由买方付款期间利率的多少、付款期限和经营风险的大小来决定，这一折扣率必须提供给所有符合规定条件的消费者。现金折扣在许多行业已成习惯，其目的是鼓励消费者提前偿还欠款、加速资金周转、减少坏账损失。

2. 数量折扣

数量折扣是指根据购买数量的多少，分别给予不同的折扣。购买数量越多，折扣就越大。这种折扣必须提供给所有的消费者，但不能超过销售商大批量销售所节省的费用。数量折扣的实质是将大量购买时所节约费用的一部分返还给购买者，其目的是鼓励消费者大量购买或集中购买，期望顾客与本企业建立长期商业关系。数量折扣的关键在于合理确定给予折扣的起点、档次及每个档次的折扣率。

数量折扣可分为累计数量折扣和非累计数量折扣。

（1）累计数量折扣。累计数量折扣就是规定顾客在一定期间内，购买商品累计达到一定数量或一定金额时，按总量大小给予不同的折扣。这可以鼓励顾客经常向企业采购，成为可信赖的长期顾客。

（2）非累计数量折扣。非累计数量折扣就是顾客每次购买的数量达到折扣标准时就给予相应的折扣，这是鼓励大量购买的一种策略。反应在服装行业则表现为服装的批零差价，服装的批零差价是指服装商品的批发价格与零售价格之间的差额，主要由零售商的流通费用、税金及利润构成。考虑到服装商品的时效性和压货的风险，服装的这种批零差价可能较大，也可能不大。

数量折扣的作用非常明显，折扣使企业单位产品因利润减少而产生的损失完全可以从销量的增加中得到补偿。此外，销售速度的加快使企业资金周转次数增加、流通费用下降、产品成本降低，从而促使企业总赢利水平上升。

运用数量折扣策略的难点是如何确定合适的折扣标准和折扣率。如果享受折扣的数量标准定得太高，则只有很少的顾客才能获得优待，绝大多数顾客将感到失望；购买数量定得太低，比例不合理，企业的赢利水平就得不到提高。因此，企业应结合产品特点、销售目标、成本水平、资金利润、需求规模、购买频率、竞争者以及传统商业惯例等因素来制定科学的折扣标准和比例。

3．交易折扣

交易折扣是指企业根据各类中间商在市场中的不同地位和功能，给予不同的折扣，故又称功能折扣。折扣的大小随行业与产品的不同而有所区别，一般给予批发商的折扣较大，给予零售商的折扣较小，对工业使用者可能另定一种折扣。通常的做法是：先定好零售价，然后再按相应的折扣制订各环节的价格。

4．季节折扣

季节折扣是指生产季节性产品的企业对在消费淡季购买产品的顾客提供一定的价格折扣，目的在于鼓励顾客淡季采购，以减少企业的仓储费用和资金占用。这一策略主要用于常年生产的季节性产品。季节折扣率的确定，应考虑成本、储存费用、基价和资金利息等因素。

5．折让

常采用的折让有三种形式。

（1）推广让价。中间商为产品提供各种推广活动，如刊登地方性广告、布置专门橱窗等。对此，生产企业乐意给予津贴或减价作为报酬。

（2）运费让价。销售企业为较远的顾客送货困难大，便减价或以金钱形式给顾客以弥补。

（3）回扣和津贴。回扣是间接折扣的一种形式，是指购买者在按价格目录将货款全部支付给销售者以后，销售者再按一定比例将一部分货款返还给购买者。

津贴是企业为特殊目的，以特定形式给予特殊顾客的价格补贴。例如，当中间商为企业产品进行刊登地方性广告、设置样品陈列窗等各种促销活动时，生产企业会给予中间商一定数额的资助或补贴。又如，“以旧换新”，将旧货折算成一定的价格，用新产品的价格减旧货价格，顾客只付余额，以刺激消费者需求，促进产品的更新换代，扩大新一代产品的销售，这也是一种津贴的形式。

（四）服装组合定价策略

服装的组合是服装生产企业依靠原有生产某种名牌产品的能力，开发出一系列或一整套服装产品。产品组合定价策略主要包括以下四种。

1．产品线定价

企业一般都不只生产经营单一产品，而是生产经营一系列产品，并且使产品的品种、档次、规格、花色、式样、等级多样化。产品之间存在差异，因此在价格上也有所区别。

定价时，首先确定某种最低价格的产品，使它在产品线中充当招徕价格的产品，吸引顾客购买产品线中的其他产品。其次，确定产品线中某种最高价格的产品，使它在产品线中充当品牌质量象征和收回投资的重要角色。最后，根据其他产品的成本、特色、质量等再分别定价。

在许多行业，企业为产品线产品定价时，使用的是已经成熟的等级定价法。例如，经营服装的商店，一般都会有高、中、低三种等级的服装，以便满足不同阶层的顾客需求。

服装组合定价可以说是家族品牌定价中的一种。服装产品系列中的产品，其差异性不是很大，并带有较强的相关性，通过有效的组合定价，企业往往能获得更大的利润。如某大众休闲品牌的秋季产品组合价格，如表 8－1 所示。

表 8－1　大众休闲品牌的秋季产品组合价　　单位：元

服装款式	组合定价（单位：元）
男装长袖 T 恤	39、49、59、79
男装多色衬衫	119、139、159
秋季男装风衣	139
冬季男装厚外套	139、159、199
男装牛仔裤	89、109、119、139
女牛仔裤	99、119、139
男装衬衫	109
女装衬衫	49
休闲西装	79
袜子	20 元/3 双

通过这种定价策略，使各种产品组合成一个整体，既保持了产品形象又提高了赢利水平。

2．互补品定价

互补品是指需要配套使用的产品，如计算机硬件与软件、剃须刀架与刀片等。生产经营互补品的企业，对互补品的定价主要是：把成本高、购买频率低的主件产品的价格定得相对低一些，即有意识地降低赢利水平，扩大销售；把成本低、购买频率高的附件产品的价格定得相对高一些，即有意识地升高赢利水平，借此获取利润。互补品的市场需求表现为一个产品价格下降引起另一个产品需求的增加。

3．附带产品定价

附带产品是指与主要产品密切联系但又可独立使用的产品，例如，饭店经营的主要产品是饭菜，同时又可经营酒水饮料，消费者到饭店吃饭，除了消费饭菜，还可能消费酒水。对于这类附带产品，企业采用的一般定价策略是一高一低，利用低价格吸引顾客，利用高价格增加赢利。饭店可将饭菜定低价而把酒水定高价，以吸引顾客前来吃饭；也可以相反操作，以吸引顾客前来喝酒。而对于服装企业来说，在销售服装的同时，所以将服饰配件作为附带产品进行出售。例如，美特斯·邦威在以服装销售为主的同时，也销售包、鞋子、帽子、皮带、袜子以及挂饰等。这些附带产品不仅可以增加企业的收入，还以丰富品牌内容、强化品牌形象。

4. 成组产品定价

企业将生产经营的产品组合在一起成套销售，一方面便于顾客购买；另一方面可以扩大销售额，如化妆品组合、学生用具组合、名贵药材组合、手机套餐、旅游套餐等。服装领域较为常见的是运动装、童装的组合定价。企业对这些成套产品的定价，其价格应低于分别购买其中每一件产品价格的总和。

（五）差别定价策略

差别定价策略是指针对同一种产品，在不存在任何成本和费用差异的情况下，企业以不同价格出售给顾客的策略。而服装商品差价是指服装企业针对不同的购销环节、不同的销售地区、不同的销售季节以及不同的服装质量而采取的差异化定价，充分利用服装的地点效用、时间效用、质量效用，疏通服装商品流通渠道，促进服装销售。差别定价有以下四种。

1. 顾客差别定价

企业在推销产品时，针对不同顾客的身份，制订不同的产品或服务价格。例如，服装专卖店，对一般顾客按正常价格收费，而对持会员卡的长期顾客给予优惠价格。这种定价是依据国家政策、消费目的、消费水平和消费量等。

2. 产品形式差别定价

形式差别定价指对于同一品质的产品，由于其包装、款式、品牌、结构、式样、服务等不同，确定不同的价格。例如，不同花色的布匹、不同颜色的服装、不同款式的帽子，尽管品质一样，但可以制定不同的价格，但这种价格差异并不反映成本差异。这些差异化价格有利于企业引导消费者购买，满足各种消费层次的需求。

3. 时间差别定价

时间差别定价是指同种产品在不同时间，销售价格可以不同。最明显的是鲜活产品、食品、季节性产品等。反映在服装领域则是新款服装的价格一般高于旧款服装。从不同类型的服装产品上看，时装类的新旧款式服装的比价差异较高，而基本类的新旧款式服装的比价差异较低。这是因为时装类服装商品的时效性很强，过季后往往很难销售，所以季节差价较大，而基本类服装商品以后还可以继续销售，所以季节差价不大。例如，意大利以无积压商品而闻名的蒙玛公司，其成功的秘诀之一就是对时装分多段定价。它规定新时装上市，三天为一轮，一套时装以定价卖出后，每隔一轮按原价削减10%。以此类推，那么到十轮（一个月）之后，蒙玛公司的时装价格就削减到了只剩35%左右的成本价了。这时的时装，蒙玛公司就以成本价售出。

4．地区差价

服装的地区差价是指同种服装在同一时间、不同地区之间的价格差额，主要原因是由于到不同地区的流通费用不同，不同地区的需求价格弹性不同，或是地区促销因素造成的。一般流通费用和需求价格弹性高的地区，销售价格会高一些。

二、价格调整策略

企业处在一个动态变化的环境中，产品定价不可能一劳永逸。随着市场环境的变化，企业对价格也要不断进行调整。在竞争的市场上，企业的价格调整有两种情况：一是根据市场条件的变化主动进行调价；二是当竞争对手价格变动以后进行的应变调价。

（一）根据产品的生命周期调整价格策略

根据生命周期理论，产品从进入市场到从市场上被淘汰将经历引入期、成长期、成熟期、衰退期四个阶段，每个阶段的市场需求特征和竞争状况不同，这就要求企业采取不同的营销策略，企业的定价目标、定价方法也要相应地调整。

1．引入期的价格策略

在新产品刚刚投放市场的最初阶段，消费者对产品缺乏了解。新产品的定价合理与否关系新产品的开发与推广。在确定新产品的价格时，最重要的是充分考虑消费者愿意支付的价格。服装企业在推出新款服装时，价格定位十分重要。一方面，它影响服装消费者对服装新产品的接受程度；另一方面，也影响新产品的赢利能力。常见的新产品定价技巧和策略如下：

（1）撇脂定价。撇脂定价策略是一种高价策略，是企业在新产品刚投入市场时，制定一个远远高于成本的价格，尽可能在产品生命周期的最初阶段获取最大利润，尽快回收投资。撇脂原意是从鲜奶中提取乳酪，取其精华，该定价方法因此而得名。

采用这种定价策略的优点是：高价格、高利润，能迅速收回投资；随着产品销量的扩大，成本降低，可降价空间大；当竞争者加入时，可调低价格，巩固和进一步扩大市场，树立企业形象，创造名牌产品。其缺点是：定价较高，会限制需求，销路不易扩大；产品获利大，易诱发竞争，给企业形成大的压力；高价高利的时期也短。

实行撇脂定价策略的条件包括企业的产品同市场上现有产品相比，有明显的差异，优势显著，能引起顾客的偏好；短期内没有替代品或替代品少，如受保护的专利品；短期内竞争者不易进入市场以同样价格参加竞争。

（2）渗透定价。渗透定价策略是一种低价策略，是新产品刚投放市场时，企业把价格定得相对较低，以利于被市场所接受，迅速打开销路，扩大市场占有率。新产品低价投入市场，薄利多销，犹如往海绵里注水，因此得名。

采用渗透策略的优点是：低价薄利不易诱发竞争，能有效抑制竞争者的加入；能快速扩大产品销路；随着销量的增加，产品单位成本可因生产批量的扩大而降低，从而提高竞争力。其缺点是：投资回收期较长；当企业提价销售时，消费者的反感会增加。

实行渗透策略的条件：产品差异性小，价格需求弹性大，低价能迅速扩大销量和提高市场占有率；产品市场已被他人领先占领，为了挤进市场只好低价销售；潜在市场大，对新进入者有较大吸引力。

（3）满意定价。满意定价策略是一种温和中价定价策略，是新产品刚投放市场时，企业把价格定在一个比较合理的水平，使消费者比较满意，企业又能获得适当的利润。这种策略兼顾了生产者、中间商及消费者的利益，使各方面都感到满意。当企业处于优势地位，本可采用高价时，为了博得顾客的好感和长期合作，仍然选择中价，这样可赢得各方尊重。

满意定价策略的优点是：价格比较稳定，在正常情况下能实现企业赢利目标，赢得中间商和消费者的广泛合作。其缺点是：应变能力差，不适合复杂多变和竞争激烈的市场环境。

运用这一策略的具体定价一般采用反向定价法，即企业通过调查先拟出消费者易于接受的零售价，然后反向推算出其他环节的价格。

2. 成长期的价格策略

随着消费者对新产品的逐渐了解，产品的销售会有较快的增长，竞争者会陆续加入。企业应视市场增长和竞争情况，在适当的时机调整价格。成长期企业营销的重点是扩大市场占有率，加强企业的市场地位和竞争能力，通常的做法是在不损害企业和产品形象的前提下适当降价。

3. 成熟期的价格策略

经过一段时间的快速增长，产品的市场需求趋于饱和，市场竞争异常激烈，这时进入产品的成熟期。这个阶段的定价目标多为维持原有的市场份额，适应价格竞争。由于一些实力薄弱的中小竞争者被迫退出，市场上多呈现寡头垄断竞争的格局，各企业在原有产品价格的调整上比较慎重，竞争更多地集中在其他方面。随着改良产品的出现，企业需要为这些产品重新定价。总体而言，成熟期的价格策略多呈现低价的特点。

4. 衰退期的价格策略

随着市场的进一步饱和，新产品出现，消费者的兴趣开始转移。经过成熟期的激烈竞争，产品价格已降至最低水平，这是衰退期的主要特征。这一阶段的价格策略主要以保持营业为定价目标，通过更低的价格，一方面驱逐竞争对手，另一方面等待适当时机推出新产品。

（二）应变调价

1. 主动调整价格

企业对价格主动进行调整所采取的策略有两种：一是提高价格策略，二是降低价格策略。

（1）提高价格策略。是指在市场营销活动中，企业为了适应市场环境和自身内部条件的变化，把原有的价格调高。企业主动提高产品价格通常是基于下列条件发生变化的情况：产品品牌声誉提高，建立了质量信誉，对相当数量的消费者有吸引力；新产品采取渗透定价，经过一段时间对市场已经有了一定程度的控制；产品供不应求，企业通过提高价格抑制超前需求；产品成本上升，企业通过提高价格转嫁负担，这是企业提高价格的主要原因。

企业采用提高价格策略时有两种方式可供选择。

①直接升价，即直接提高产品的价格。在采取这一方式时，公司对一些技术性问题要给予充分重视。首先，要掌握好适当的涨价幅度，如果是差别较大的产品，对消费者吸引力强、需求价格弹性小，升价幅度可以大一些；反之，升价幅度应该小一些。如果是成本上升并且该行业竞争激烈，产品升价幅度一般以不超过成本为前提。其次，还要根据各类产品的不同情况选择恰当的升价时机。在国外，有些行业通常把升价放在通货膨胀时期，而且升价幅度往往高于通货膨胀率，这是因为消费者在通货膨胀时期容易接受加价。加价时，企业应通过各种方式与消费者沟通，如提高产品质量、适当增加产品分量以及赠送一些小礼品等，并通过广告宣传向消费者说明原因，在消费者心目中树立良好的形象，使消费者认同加价。而造成服装企业调高价格的原因可能是：面辅料成本上升，而企业生产效率的提高跟不上成本增加的速度，企业为了保持原有利润而不得不提高产品的价格。另外，由于市场竞争激烈，通货膨胀的影响导致服装企业调高价格的现象则很少见。

②间接升价，即企业采取一些方法使产品价格保持不变，但实际价格却是隐性上升。这些方法主要有：压缩产品分量而价格不变；使用便宜的材料或配件做替代品；减少或改变产品的特点，降低成本；改变或者减少服务项目；使用价格较为低廉的包装材料，以降低包装的相对成本。

（2）降低价格策略。这是企业为了适应市场环境和内部条件的变化，把原有产品的价格调低。引起企业降价的动机主要有：生产能力过剩，企业库存积压严重，需要扩大销售，但采用其他非价格竞争手段，如增加销售力量、改良产品、加强促销等都不能达到扩大销售目的时，企业就要考虑降价促销；产品进入成长期或成熟期后，平均成本随销售量增加而下降，企业通过降价增加销售来获得更多的利润；企业遇到激烈的价格竞争，市场占有率下降；新产品上市。

降低价格的方式与技巧有：在价格不变的情况下，企业增加运费支出，实行送货上门或免费安装、调试、维修等，这些费用应从价格中扣除，因而实际上降低了产品价格；改进产品性能，提高产品质量。在价格不变的情况下，实际上等于降低了产品价格；增加折扣或者在原有的基础上扩大各种折扣比例；在其他条件不变的情况下，给购买商品的顾客馈赠某种礼品，如玩具、工艺品等，馈赠礼品的费用本从商品价格中扣除，实际上也等于降低了商品的价格。

2. 被动价格调整

被动价格调整是指在竞争对手率先调价后，企业在价格方面所做的反应。在这种情况下，竞争企业应认真研究竞争者价格变动的意图和可持续的时间。分析这种变动对自己产品的市场可能产生的影响，对自己是否应调整价格做出决策。

企业要做出正确的反应，对于下列情况是必须了解和掌握的：竞争者调价的原因和目的是什么；竞争者调价的时间是临时的还是长期的；如果不予理睬，会对本企业产品的销售有何影响；本企业是否有能力做出相应的反应；如果本企业做出反应后，竞争者和其他企业又会有什么反应。

企业掌握的资料越全面，其做出反应的正确程度越高。当然，企业的被动调价总是落后于竞争者，因此，企业在平时应注重市场调查，事先对竞争者价格的调整做出预见，并事先确定各种应变的措施。

竞争对手的调价策略也分为调高价格策略和调低价格策略。在一般情况下，针对调高价格的反应比较容易做出，方法主要有跟随提价和价格不变。而针对调低价格作出反应就比较复杂，必须谨慎对待，一般可以分为三种类型。

（1）维持价格不变策略。这一策略主要是在差别产品市场上运用。在差别产品市场，由于顾客要考虑产品品质、服务水平、商标信赖等因素，这就会降低顾客对价格的敏感程度。在这种情况下，竞争者就不可能通过降价夺去本企业较多的市场占有率，最多只是夺去较差的市场。企业可以通过进一步改进产品品质、服务质量等，使顾客认为其支付的每一分钱都是物有所值，以稳定顾客的购买信心。

（2）相应降价策略。这一策略主要用于同质产品市场。在同质产品市场，由于产品没有差别，顾客是按技术规格指标购买，如果竞争对手降价，大部分顾客会转向最低价的销售者，本企业不降价就会降低市场占有率，因此只能跟随竞争对手采用相应的降价策略。

（3）部分降价策略。这是在维持价格不变与相应降价策略之间进行选择，降价幅度低于竞争企业的策略。这一策略也是用于差别产品市场，但产品的差别程度相对较小并且替代性较大。在这种情况下，企业在竞争者降价后，可根据本企业产品与竞争者产品的差别程度、市场占有率、品牌声誉等因素来确定一个恰当的降价幅度，与竞争者的价格保持一定距离。

本章小结

■ 价格是市场营销组合中十分敏感、活跃的因素。在市场经济条件下，服装价格对市场供求和消费者购买行为有着重要的影响。一方面，价格的高低关系企业的赢利水平和经济效益，影响企业产量和市场供应量；另一方面，价格高低影响消费者购买行为和产品需求量。同时，价格还是一种重要的竞争手段，竞争服装企业之间对产品价格的变化特别敏感，适当的价格能够提高产品竞争能力和市场占有率。因此，无论是生产者、消费者还是竞争对手，对服装产品的价格都十分关注。

■ 随着经济体制市场化改革的不断推进和价格改革的深化，企业已成为价格的决策主体。企业只有正确运用定价方法，研究定价技巧，制订价格策略，才能实现公平竞争，降低交易成本，提高经济效益。定价的方法有：成本导向定价法、需求导向定价法、竞争导向定价法。

■ 服装企业无论采用哪种定价法，在实际运用中，还要根据市场环境、产品特点、交易条件和消费者心理等因素，采取适当的定价策略，对一种定价方法做出灵活调整，使企业的服装价格更容易被消费者所接受，获得更高的利润。这些定价策略包括：心理定价策略、弹性定价策略、折扣定价策略、服装组合定价策略、差别定价策略。制定价格需要一套策略和技巧。定价方法侧重于产品的基础价格，定价技巧和策略侧重于根据市场的具体情况，从定价目标出发，运用价格手段，使企业朝着最有利的方向发展。

■ 企业对产品的定价，除采用各种定价方法外，还应当按照当时市场和产品的特点、消费心理、销售条件等，采取价格调整策略。价格调整分为主动调整和被动调整。其中，主动调整包括提高价格和降低价格。不管采用哪种方法，最后都是为了适应市场的不同情况，实现企业的营销目标。

思考题

1. 定价的基本方法有哪些？请简要阐述各种方法。
2. 阐述渗透定价策略和撇脂定价策略的不同。
3. 定价的基本策略有哪些？请简要阐述各种策略。

小课堂

营销策划：美特斯·邦威三招定天下

市场营销，风云变化，谁能成为最优秀的企业？关键靠你的智慧。美特斯·邦威的成功案例，值得营销界好好学习——一切都是策划出来的。

在外来休闲服装充斥中国市场的情况下，美特斯·邦威冲破阻力，一举成为中国内地最大的休闲品牌之一，创下了每2秒销售1件衣服的惊人速度。这不能不算是中国服装品牌的一个神话，美特斯·邦威成功借鉴耐克的“虚拟经营”的品牌战术成为范例被收入MBA课程。

尽管中国是一个服装出口大国，但是出口服装以中低档为主，中国服装的低价竞争已经成为国际服装界又恨又怕的问题。但是不断压低价格的恶性竞争已经引起了国外服装制造商的不满，前不久的西班牙“烧鞋事件”就可以窥豹一斑。

第一招，抓品牌。美特斯·邦威很清楚地认识到提高服装品牌附加值的重要性，开始把工作重心转移到品牌形象的树立上。在品牌宣传上美特斯·邦威下足了功夫，无论是调查还是定位都具有相当的专业水准。众所周知，广告是一笔不菲的资金，传统的电视、广播、报纸等媒体宣传是一个无底洞，更大风险的广告投入费用和销量提升并不是成正比的。美特斯·邦威成功地饶过了这一个难点，开始另类炒作。品牌是企业发展的核心，就像四大美女，为什么魅力呢？关键是品牌影响力。

这种炒作营销充分利用公关活动为品牌制造新闻，同时与广告代言人建立亲密关系，借助层出不穷的明星炒作来提升自己品牌的曝光率和知名度。诸葛道熹：明星代言是品牌战略的锋利武器。这种战略从2001年郭富城代言时就一直坚持下来。使得郭富城的形象及主打歌曲与美特斯·邦威的广告主题曲《不寻常》紧密联系在一起，随着《不寻常》打入排行榜，美特斯·邦威品牌本身也附带成为一个噱头；2003年6月选择深受年轻人喜爱的新人类音乐鬼才周杰伦作为新的代言人，通过赞助周杰伦的个人演唱会，使得美特斯·邦威的品牌深入歌迷人心。同时，还利用演唱会进行互动活动，购买一定数额的美特斯·邦威服装，就会得到周杰伦演唱会的赠票，这对于歌迷无疑是一个很大的吸引。诸葛道熹：客户是什么类别？喜欢哪些明星？明白这些，然后再去选择代言人，是成功的保证。

通过这一系列巧妙宣传，无孔不入但又看似漫不经心的广告策略，使得现在一提起美特斯·邦威，就会让人想起“周杰伦的衣服”，美特斯·邦威“好风凭借力，送我上青云”，借助周杰伦的超级天王人气，也成为人们眼中的另类宣言。

君子善假借人力，美特斯·邦威就是一个善于顺风行驶的品牌，借助中国服装生产制造商来生产，借助广告代言人的超级人气。当服装质量和品牌附加值得到有效提升之后，美特斯·邦威也就打响了。

第二招，抓联产。在确定了战略之后，美特斯·邦威选择了有很强生产能力的制造厂家。他们与广东、江苏等地的具有一流生产设备的服装加工厂建立长期的合作，形成了稳定的生产基地。这些厂家多达200多家，厂家具有年生产2000多万件的生产能力，保证了产品的质量和供应。这就成功地将投资高科技含量的生产设备的资金转移到品牌经营上，这种借鸡生蛋的做法使得美特斯·邦威真正摆脱了重复性投资。

第三招，抓连锁。美特斯·邦威在面临资金有限的问题时，聪明地采用"特许连锁经营"模式，将专卖店特许给加盟商经营，充分利用社会闲散资金，扩大了市场铺盖，同时对于品牌宣传具有重要的作用。诸葛道熹：连锁的好处很多，具有积聚资金、宣传品牌、扩大市场等优势。

美特斯·邦威"不走寻常路"的经营战略为我国服装界提供了一个优秀范例，事实证明，中国也可以摆脱低价恶性竞争的局面，整合资源，打造成功品牌。

第九章　服装营销渠道策略

课程名称： 服装营销渠道策略

课程内容： 服装营销渠道构成与功能
服装营销渠道策略
服装连锁经营管理

课程时间： 3 课时

教学目的： 向学生讲解服装营销渠道的构成和功能、销售渠道和连锁经营管理的知识，使学生掌握连锁经营的方式以及能够针对不同产品设计出不同的销售渠道。

教学方式： 理论教学

教学要求： 1. 掌握服装销售渠道的基本概念。
2. 掌握如何设计服装销售渠道。
3. 了解新型的服装销售渠道。
4. 掌握我国连锁店的经营管理方法。

课前准备： 掌握物流基础以及管理方面的一些基础知识。

第一节　服装营销渠道构成与功能

一、服装营销渠道的定义

美国市场营销学权威菲利普·科特勒认为："营销渠道是指某种货物或劳务从生产者向消费者移动时，取得这种货物或劳务所有权或帮助转移其所有权的所有企业或个人。"简单地说，营销渠道就是商品和服务从生产者向消费者转移过程的具体通道或路径。

服装营销中所谓的渠道，是指服装产品或服务从服装供应商到消费者手中的流通路径，人们也常常将其比喻为链条。在市场竞争激烈的情况下，供应商如何选择和建设渠道关系产品是否能够有效销售的问题，即渠道建设的好坏会影响企业产品的竞争能力和企业的市场反应能力。科学的渠道安排和控制能有效降低产品的销售成本和价格、提高销售效率和销售量，使产品在渠道中快速地流动。科学的渠道建设还能及时、准确地捕捉市场信息，从而能及时、准确地满足消费者需求，提高消费者的满意度。

二、服装营销渠道的构成

（一）服装营销渠道的成员

服装营销渠道是由拥有产品所有权并承担相应风险的企业和作为渠道终点的消费者构成，其基本成员包括四类。

1．服装生产商

服装生产商是指提供服装产品的生产企业，是服装销售渠道中最关键的因素。它不仅是服装销售渠道的源头和起点，而且是服装营销渠道的主要组织者和渠道创新的主要推动者。

2．服装中间商

服装中间商是指从事服装批零业务及代理业务的商业企业，包括生产商的销售机构、批发商、代理商、零售商等。

3．服装消费者

服装消费者是销售渠道的最后一个环节，也是服装产品服务的对象。

4．其他辅助商

辅助商是指其他一些支持渠道业务的成员，如运输公司、仓储公司、保险公司、银行、咨询公司、广告公司等。

（二）服装营销的中间渠道

各类服装中间商，就像是在厂家和消费者之间的一座桥梁，通过自身广泛的销售网络，把厂家的服装产品配送至零售终端，再销售到消费者手中。同时，又把市场的供求情况及时传达给厂家。

服装销售的中间渠道主要包括以下几个。

1. 服装批发商

服装批发商是指向服装生产企业购进产品，然后转售给服装零售商、产业用户或各种非营利组织，不直接服务于个人消费者的商业机构，位于商品流通的中间环节。

2. 服装零售商

服装零售商是指将服装商品直接销售给最终消费者的中间商，是相对于服装生产者和服装批发商而言的，处于商品流通的最终阶段。零售商的基本任务是直接为最终消费者服务，它的职能包括购、销、调、存、加工、拆零、分包、传递信息、提供销售服务等。在地点、时间与服务方面，方便消费者购买，是联系服装生产企业、服装批发商与服装消费者的桥梁，在分销途径中具有重要作用。面对个人服装消费者市场，零售商是分销渠道系统的终端，直接连接服装消费者，完成最终实现服装产品价值的任务。

3. 服装代理商

服装代理商是和服装经销商截然不同的概念。代理是代企业打理业务，不是买断企业的产品，而是厂家给额度的一种经营行为。货物的所有权属于厂家，而不是商家，他们是代企业转手卖出去。所以代理商一般是指赚取企业代理佣金的商业单位。代理商一般有级别之分，划分标准不一，有按区域划分，有按佣金金额划分。各级别的责任和权限不同，一般级别越高，其考核要求也越高。

（三）服装营销终端

营销终端是指在销售渠道中，处于直接面对消费者的卖场，属于企业营销渠道中最前线的一环。我国目前的服装销售终端主要包括以下几个。

1. 服装批发市场

服装批发市场不仅面对零售商，也可以直接面对消费者销售，从而成为服装销售终端的一部分。

2. 大型百货商场

百货商场是我国传统的购物场所，其良好的购物环境、齐全的商品品种、优良的服务措施和商业信誉，使其占据了中国服装营销第一渠道的地位。

3. 服装专卖店

服装专卖店是由服装生产企业或代理商在各个销售区域设立的专门经营其一条产品线或某个品牌产品的专业卖场。专卖店的特点是统一品牌管理、统一装修形象、统一经营模式、统一产品配送。开设服装专卖店不仅可以扩大品牌的影响力，也可以提高销售额。目前，专卖店往往是以连锁加盟的形式出现的，所以发展十分迅速。例如，真维斯1993年在上海开设了第一家“JEANSWEST真维斯”专卖店以来，已在国内20多省市开设2000多家专卖店，其中70%以上为自营店。以纯则是从2000年开始发展加盟连锁经营模式的销售网络，已拥有超过3000多家“YISHION以纯”专卖店，遍布全国各地，并在2004年走出国门。

4．服装超市与折扣店

服装超市与折扣店正成为服装销售市场上一道新的风景线。超市供应的服装往往不强调流行，而是以实惠的价格和优良的质量来吸引消费者。

5．店中店

店中店是高档或著名品牌服装经营者在大型的购物中心中开设专卖店的销售模式。

6．特色服装店

特色服装店一般是指规模较小的沿街服装店，店铺主要开在人流较为集中的街市和服装一条街上。

三、传统的营销渠道成员

（一）服装批发商的定义和作用

服装批发商是指服装生产企业制造产品，然后转售给其他批发商、零售商、各种非营利组织，不直接服务于个人消费者的商业机构，位于商品流通的中间环节。虽然服装生产企业可以越过它们，将服装直接售给零售商和最终消费者。但是批发商的优势在于：能更有效地执行推销和促销任务，使服装生产企业能以较小的成本开支接近许多小额购买顾客；能保持一定的库存，从而减少供应商和顾客的仓储成本和风险；能向买方快速送货；准许赊购或提早订货、按时付款；能向供应商提供有关竞争者的情况，并能经常帮助零售商改进经营活动等。

（二）服装批发商的类型及简介

服装批发商是服装销售渠道中的一个重要环节。现在，服装批发商有三种主要类型：服装商业批发商、服装代理商以及服装生产者自营营销组织。

1．服装商业批发商

服装商业批发商是指专门从事服装批发经营活动的企业。他们批量买下服装商品的所有权，然后再批量销售。他们是批发商中最重要，也是最接近传统模式的一部分。

根据批发商承担的职能和提供的服务是否完全，可以将其分为两种类型：完全职能或完全服务批发商，是指从事服装商品购销服务全部职能的批发商；有限职能或有限服务批发商，是指为了减少成本费用、降低批发价格，只执行批发商业的一部分职能和提供一部分服务商业的批发商，这些商业批发商又可分为三种类型：邮购批发商，指那些全部批发业务都采取邮购方式的批发商，他们经营品牌店、专卖店等，顾客是边远地区的小零售商等；货车批发商，他们从生产者那里把货物装上货车后，立即运送给各零售商店、品牌专卖店、专卖店等，不需要仓库和商品库存；直运批发商，他们拿到顾客的订货单，就向制造商进货，并通知生产者将货物直运给顾客，不需要仓库和商品库存，只要有一间办公室或营业厅就行了，因此，这种批发商又叫作“写字台批发商”。

根据批发商经营范围的大小，可以将其分为品牌专营批发商和综合批发商。品牌专营批发商是指经营某单一服装品牌的批发业务；综合批发商是指经营2个以上服装品牌的商业批发商。

另外，服装商业批发商还可以根据供货的地区进行划分，如当地服装批发商、区域服装批发商、全国服装批发商。

2. **服装代理商**

(1) 服装代理商的本质。服装代理商与独立服装批发商的主要区别在于：服装代理商对服装没有所有权，他们不经营服装，而是在买卖双方之间起媒介作用，促成交易，从中挣取佣金；服装代理商是独立自主经营的企业，不是所代理企业的雇员，他们获取的报酬是佣金，约占销售额的2% ~6%，不是薪金，也不是批发商的经营利润。另外，由于没有独立投资，服务代理商在服装分销过程中不承担风险。

(2) 选择服装代理商。目前，在发达国家，作为一种特殊形式的销售渠道，服装代理已被广泛采用，通过代理商销售服装的比例相当大。因此，生产商在选择销售代理时应进行详细的考察。

①充分发挥和认识代理商的作用。有人认为，选择一个合适的服装代理商比选择一个好的服装市场更为重要。在国外，甚至有人认为：“选好代理商，厂家可以高枕无忧了。”这些足以证明代理商在服装业中的重要性。

②尽量选择服装业发展比较发达地区的代理商。这样可以发挥多方面的优势：一是可以很好地发挥其促销作用或辐射作用，打开销售市场；二是可以让消费者有选择的余地，买到更好的服装；三是可以更好地接近顾客，了解服装市场行情；四是运送服装方便，可以节省费用，降低经营成本。

③尽量选择在服装市场上和社会上有影响力的代理商。这类代理商有宽广的网络、较大的经营规模和较高的声誉以及良好的人际关系。对委托人而言，是很好的资源，可以充分发挥代理商应有的作用。

④尽量选择具有服务能力的代理商。现代服装代理要求代理商有相关的配套服务设施和服务项目。例如，仓库设施、运输工具、信息传播、售前售后服务等。代理商具有良好的服务能力，可以维护和扩大委托人的形象，提高生产商的信誉。

⑤尽量选择具有融资能力的代理商。代理商的融资能力包括代理商具有的良好财产状况和承担风险的财力，有远见、有魄力，敢于投资。委托人如果能够选择具有良好融资能

力的代理商，就可以减少风险，扩大市场，加快发展。

⑥尽量选择具有良好管理水平的代理商。代理商具有较好的管理水平，可以调动服装业人员的主动性与积极性，可以更好地开拓市场。

⑦详细调查服装代理商的背景。选择服装代理商要慎重行事，不能急于求成，要做详细的调查研究。调查了解情况的方式多种多样，例如，要求回答一个问题或填写一些表格，或者通过政府和民间的商业机构进行了解。在选择服装代理时，不能贸然行事，最好派人去进行实地调查了解。在调查中与当地业者建立关系。然后，进一步考察，待时机成熟，再进行选择。

3. 服装生产者自营营销组织

随着服装生产企业发展规模日趋壮大、竞争日趋激烈，服装行业中由服装生产企业自营销售组织的现象呈现上升的趋势，尤其体现在服装批发领域。

（1）服装生产企业自营营销组织的优势。

①有利于服装生产企业制订灵活的销售策略。通过自营营销组织，服装生产者可以向消费者传递信息，使其产生购买行为，消费者也可以向服装生产商反馈信息。这样，服装生产企业就可以解决商品销售过程中的问题，再制订准确的销售策略。

②进入市场谈判成本低、速度快。服装生产企业如果借助中间商销售服装，必须在寻找中间商过程中花费不菲的费用。另外，鉴于服装产品具有时尚性、季节性等特点，在进行市场推广时，时间是保证服装推广成功的重要因素。因此，服装自营营销组织在进入市场时，具有一定的优势。

③节省佣金支出。服装生产企业使用代理商必须花费一定的佣金，佣金的数额与产品的性质、代理商的讨价还价能力等因素有关，一些大的代理商在价格谈判上具有较强的能力。因此，服装生产者自营营销组织可以节约佣金支出。

④自营营销组织对服装生产企业的忠诚度高。由于代理商销售企业的服装主要是从自身能否获利为出发点，而且服装代理商同时销售几个品牌的服装，这些服装在销售的过程中难免有竞争，代理商在推销某种服装时往往不会向服装生产企业自营营销组织那样费劲。后者是服装企业的一个组成部分，是企业的一个销售部门，与企业有着紧密的利益关系。

⑤市场独立性强，不易受大型代理商的限制。服装生产企业借助与少数大的代理商销售产品，久而久之对代理商形成依赖，导致企业的市场能力萎缩，代理商在与企业打交道的时候形成主导地位，这样从多方面影响企业，在不知不觉中取得了控制权，对企业来说是一大的危险。

（2）服装生产企业自营营销组织的劣势。

①成本高。组建销售组织是一项很复杂的工作，服装企业要构造比服装代理商效率高的销售组织需要投入很大费用，而在服装企业重视现金并将大量的现金投入销售组织的当今实施是有很大的风险的。

②对服装生产企业的管理能力要求高。销售组织是一项专业化的工作，企业自营营销组织不能像企业引进生产设备一样完全符合企业的需求，必须结合企业的实际情况制订适合的管理制度。

③容易在销售中产生惰性和企业腐败。认为销售终端是企业产生利润的唯一部门，是企业产生腐败的地方，这样就逐渐导致企业的衰败。

此外，服装生产企业自营营销组织不易形成规模效益，信息反馈渠道也较单一。

（三）服装零售商的定义和作用

1．服装零售商的定义

服装零售商是指以服装零售活动为主营业务的机构和个人。服装零售商是相对于服装生产企业和批发而言的，有服装零售行为的单位和个人并不都是零售商。服装零售商首先是经营的一种类型，该经营者的基本业务范围必须是零售。因此，对一些服装批零兼营的机构来说，只有服装销售量主要来自零售活动的商业单位，才能被称为服装零售商。

2．服装零售商的作用

（1）直接为最终消费者服务。服装零售交易主要是通过营业员与消费者直接接触，在单独分散的状态下完成。营业员的业务素质与服务水平，不仅对当次交易的成败，而且对全店吸引潜在顾客的能力，都有重大影响。

（2）最终实现产品价值。通过服装零售交易，服装产品被推出，进入流通消费，从而实现价值。这时，服装企业生产商的劳动消耗才真正意义上得到回报，服装再生产过程才能顺利进行。

（3）服装生产者和消费者沟通信息的重要纽带。由于直接接触消费者，服装零售商对消费者的需求及消费倾向最了解，反应也最为灵敏。通过服装零售商，服装企业一方面可以不断地向消费者输出商品信息；另一方面可以将消费者的信息及时反馈回来，更好地适应市场需求，组织生产经营活动。

（4）适应市场，保障供应。由于广大服装消费者的服装大部分都是通过零售环节获得的，庞大的服装零售大军成为人类社会的重要组成部分。适应消费者不断变化的需求，服装零售商不断地调整业态，改善经营，使服装消费者需求不断地得到满足。

（5）提供综合性服务。除了服务员的礼貌接待外，服装零售现场还通过、精美的摆设、温馨的环境，给顾客享受。另外，服装零售也在努力提高服装项目和质量，以迎合消费者的需要。

（四）服装零售商的类型

服装零售商面对的顾客十分分散，因此服装零售商的数量众多，通常超过服装生产企业和服装批发企业之和。其经营业态也多种多样，以下对主要的服装零售形式逐一介绍。

1. 百货商场服装部

服装通常是百货商场的经营大类之一。具有一定规模的百货商场都划分出专业的服装楼层，并且区分出男装、女装、童装、运动装、休闲装等专区。有一些分类更为细致的商场，针对买方的主力军——女装，还按年龄进一步划分为少女装、淑女装等专区。在各专区中，还按品牌进行划分，形成品牌专营的专卖等。

2. 超级市场服装部

超级市场是大规模、低成本并以消费者自我服务为主的零售形式。其经营目的是为了满足顾客日常生活的需要，商品的品质一定要有保障，但对档次没有较高的要求。超市中的服装部通常不是超市主要的经营项目，服装的品种较少，一般被放置在日用品专区的位置，主要销售日常穿着的内衣、睡衣、袜子和基本不具品牌效应的休闲装。在大型超市，像家乐福、沃尔玛等，内部也设有品牌专柜，一般是不知名的小品牌。

3. 折扣服装店

折扣服装店是一种专门以折扣形式销售低于服装标准价格的服装类产品的服装店。它与服装专卖店、百货商场偶尔的打折不同，这类服装店常年以折扣的形式销售服装，例如专业的反季节服装折扣店，夏天专卖皮革、羽绒服等冬季服装，冬天专卖纱裙、T 恤等夏季服装。这些服装不是次品，只是反季节销售，以折扣价格吸引顾客。

4. 减价服装店

这类服装店的大多数服装在季末从厂家或有多余存货的其他零售商手中购买服装。这些服装可能型号不全，颜色和款式不流行，也可能是残次品，总之减价零售能以原价的 1/5或 1/4 买来，再向消费者低价销售。近年来，出现的单一价服装店，例如 30 元店、40 元店等也属于这一类型。

5. 服装专业店

是指专门经营服装销售的服装店。

6. 服装专卖店

这是服装生产企业商自开的服装商店，主要销售自有服装品牌的服装。服装专卖店与服装专业店有所不同，主要区别是与两者的所有权关系不同，而且销售的服装品牌不同，因此服装的齐全程度也有差异。

（1）专业店是专业化程度较高的零售商店，归属于独立的商业经营单位，经营的唯一目的是获取利润。专卖店是由生产商或与生产商有亲密关系的公司创办经营的，目的不仅是获取利润，而且宣传自己的服装品牌，因此生活中存在着赔钱的专卖店。

（2）服装专业店常常以商品品类和商品品牌为取舍对象。专业店并不排斥品牌，所以可以更为广泛地征集服装，某一类服装的规格、花色、品种十分齐全，可以满足更多顾客的需要。而专卖店只卖自己品牌的服装，所以花色、号型都有限，集客能力也弱于专业店。

四、服装营销渠道的功能

（一）服装营销渠道的功能

1. 销售与促销

服装销售是我们的最终目的，也是唯一目的，建立好的营销渠道可以促进产品的分销，改善销售的通路质量。

2. 仓储与服务

服装营销渠道的成员，即各个服装营销公司，能够作为服装厂的仓储和发货配送的延伸，如果没有这些成员，服装企业就要建设巨大的仓库来储备产品，以满足消费者的需求。所以，渠道的成员实际上起到了仓储与服务的功能。

3. 融资

融资就是投资，商业客户拿资金来运作服装企业的产品，对服装厂家来说实际就是融资。如果不依靠分销商的合作，服装企业要运作同样一件事情可能需要几倍甚至几十倍的资金。

4. 风险承担

越到终端，单位的个数越多，比如服装厂和专卖店，总有一些服装厂和专卖店拖欠比较严重。如果仅仅依靠服装厂和专卖店的话，势必面临贷款的风险，而通过商业覆盖就可以让商业来分担一部分风险。此外，依靠销售渠道能够缓解价格涨落造成的影响，即发挥滞后效应。如果没有中间的分销商，价格稍微变化就会直接在终端消费者和厂家之间传达。

5. 信息传递

通过营销渠道，服装企业能够收集很多信息，比如流量表，服装营销企业每次销售都会记载某个产品在某个时间销给了某个消费者。每个服装营销企业需要什么货以及每个服装营销企业进了多少货，都有现成的数据，分销商在向服装企业提供这些数据时也就是替我们收集了需要的信息，从这些信息判断自己的产品是留作库存了还是真正消化了。

（二）服装营销渠道的功能分析

营销渠道对于一个服装企业来说有着非常重要的作用。综合来说，主要体现在以下六个方面。

1. 防范经营风险

在现有的市场环境下，一个服装企业不能防范经营风险，即如果卖了货、开了票，款却不能回来，不能形成良性循环。那么，这个服装企业就不能继续运作下去。所以，对任何服装企业来说，防范经营风险都是销售渠道的第一功能。

2. 企业的覆盖

在成本不变的情况下，服装企业产品覆盖率越高，销售的范围越广，销售额也就越大。所以，服装企业要在成本允许的条件下，尽可能覆盖更多的市场。但是要注意做到企业实力与市场机会的平衡，理智的选择、覆盖目标市场，在实力不够的情况下要首先覆盖目标市场，再逐步扩展到其他市场。

3. 流向清晰

营销渠道的功能之一就是流向清晰，即某个产品进入商业之后，从商业怎样流向服装销售企业。商品的进货量、销售对象、库存量等，这些数据服装企业都应该通过销售渠道了解清楚，做到流向清晰。

4. 有利的促销

这里指深度市场的开发，通过商业合作，在目标销售市场之外，能够扩大自然消化量，从而相对地降低成本、绝对地提高销售量。

5. 规范市场

通过营销功能和商业作用，还能有效地确定市场流向，规范市场秩序，平衡市场价格，保证市场畅通。如果离开营销渠道，各个市场之间就不能及时准确地交流信息，容易导致整个市场的运行出现阻碍。

6. 降低通路成本

通路成本包括直接成本和运作成本两大部分。直接成本主要包括商业客户返利和奖励；运作成本主要包括差旅费、交际费及电话费。降低通路成本能有效地帮助服装企业良性运作。

五、我国的服装营销渠道

我国服装商品的营销渠道是随着市场经济的发展而形成的一种多渠道的结构模式。在不同时期，服装的营销渠道也呈现出明显的差异性。

1. 较早期的渠道结构

我国较早期的服装营销渠道是由服装生产企业、一级批发站、二级批发站、三级批发站、零售商和消费者共同构成的。

2. 目前的渠道结构

从目前情况看，全国已形成了以浙江绍兴轻纺城、浙江义乌小商品市场、福建石狮服装市场、广东虎门富民时装城、广东西樵轻纺城、广州站前路服装批发市场、浙江桐乡羊毛衫市场等一批一级批发市场为基础，在内地其他地区发展起来多个二级和次级批发市场，再以次级批发市场为核心，辐射到周边省市和地区，由数百万批发和零售商组成的销售网络，覆盖了全国各地乡村，形成了多层次的批发零售农村市场体系。

3. 渠道发展的趋势

在服装销售的各种渠道中，服装生产企业——总经销（代理）商——二级分销商——

零售店——消费者，这种传统的渠道模式是以往比较常见的。然而，这样的销售网络却存在着许多问题。为了适应服装市场快速多变的需求，服装的销售渠道发展呈现出以下的趋势。

（1）渠道开始由金字塔式向扁平化方向转变。传统的销售渠道体制呈金字塔式，因其强大的辐射能力，为厂家产品占领市场发挥了巨大的作用。但是，在供过于求、竞争激烈的市场营销环境下，传统的渠道存在着许多不可克服的缺点。因而，许多企业正将销售渠道由金字塔式向扁平化方向转变。

（2）渠道重心开始由大城市向地、县市场下沉。以往，许多企业以大城市作为重点开发的目标市场，在大城市，至少是在省会城市设立销售机构。现在，渠道重心开始由大城市向地、县市场下沉。

（3）服装特许经营模式发展迅速。特许经营是指特许者将自己所拥有的商标（包括服务商标）、商号、产品、专利和专有技术、经营模式等以特许经营合同的形式授予被特许者使用，被特许者按合同规定，在特许者统一的业务模式下从事经营活动，并向特许者支付相应的费用。成功的特许经营是一种双赢的模式。

（4）时装产品对渠道的快速反应提出了新要求。时装产品的快速反应尤为重要。在追赶时尚的过程中，快速反应需要生产商、渠道成员、零售商的密切配合，寻求利润的最大化。其关键点就是根据零售商的销售信息，依靠灵活的生产企业与渠道进行生产与交货。因此，纵向一体化的企业实施快速反应较容易成功。

第二节 服装营销渠道策略

一、服装营销渠道的结构

营销渠道的结构，可以分为长度结构（层级结构）、宽度结构以及广度结构三种类型。三种渠道结构构成了渠道设计的三大要素或称为渠道变量。进一步说，渠道结构中的长度结构、宽度结构及广度结构完整地描述了一个三维立体的渠道系统。

（一）长度结构

营销渠道的长度结构又称为层级结构，是指按照其包含的渠道中间商（购销环节），即渠道层级数量的多少来定义的一种渠道结构。通常情况下，根据包含渠道层级的多少，可以将一条营销渠道分为零级、一级、二级和三级渠道等。

零级渠道，又称为直接渠道，是指没有渠道中间商参与的一种渠道结构。零级渠道也可以理解为是一种分销渠道结构的特殊情况。在零级渠道中，产品或服务直接由服装生产者销售给服装消费者。

一级渠道包括一个渠道中间商。在工业品市场上，这个渠道中间商通常是一个代理商、佣金商或经销商；而在消费品市场上，这个渠道中间商则通常是零售商。

二级渠道包括两个渠道中间商。在工业品市场上，这两个渠道中间商通常是代理商及批发商；而在消费品市场上，这两个渠道中间商则通常是批发商和零售商。

三级渠道包括三个渠道中间商。这类渠道主要出现在消费面较宽的日用品中，比如肉食品及包装方便面等。在 IT 产业链中，一些小型的零售商通常不是大型代理商的服务对象。因此，在大型代理商和小型零售商之间便衍生出一级专业性经销商，从而出现了三级渠道结构。

（二）宽度结构

渠道的宽度结构是根据每一层级渠道中间商的数量的多少来定义的一种渠道结构，受产品的性质、市场特征、用户分布以及企业分销战略等因素的影响。渠道的宽度结构分成如下三种类型。

密集型分销渠道也称为广泛型分销渠道，就是指制造商在同一渠道层级上选用尽可能多的渠道中间商来经销自己产品的一种渠道类型。密集型分销渠道多见于消费品领域中的便利品，比如牙膏、牙刷、饮料等。

选择性分销渠道是指在某一渠道层级上选择少量的渠道中间商来进行商品分销的一种渠道类型。在 IT 产业链中，许多产品都采用选择性分销渠道。

独家分销渠道是指在某一渠道层级上选用唯一的一家渠道中间商的一种渠道类型。在 IT 产业链中，这种渠道结构多出现在总代理或总分销一级。同时，许多新品的推出也多选择独家分销的模式，当市场广泛接受该产品之后，许多公司就从独家分销渠道模式向选择性分销渠道模式转移，比如东芝的笔记本产品渠道、三星的笔记本产品渠道等就是如此。

（三）广度结构

渠道的广度结构，实际上是渠道的一种多元化选择。也就是说许多公司实际上使用了多种渠道的组合，即采用了混合渠道模式来进行销售。比如，有的公司针对大的行业客户，内部成立大客户部直接销售；针对数量众多的中小企业用户，采用广泛的分销渠道；针对一些偏远地区的消费者，则可能采用邮购等方式来覆盖。

概括地说，渠道结构可以笼统地分为直销和分销两个大类。其中，直销又可以细分为几种，比如制造商直接设立的大客户部、行业客户部或制造商直接成立的销售公司及其分支机构等。此外，还包括直接邮购、电话销售、公司网上销售等。分销则可以进一步细分为代理和经销两类。代理和经销均可能选择密集型、选择性和独家等方式。

二、服装营销渠道的模式与类型

（一）服装营销渠道类型

1. 传统渠道系统

传统渠道系统是指由独立的服装生产商、批发商、零售商和消费者组成的分销渠道。传统渠道系统成员之间的系统结构是松散的。由于这种渠道的每一个成员均是独立的，它们往往各自为政、各行其是，都为追求其自身利益的最大化而激烈竞争，甚至不惜牺牲整个渠道系统的利益。在传统渠道系统中，几乎没有一个成员能完全控制其他成员。目前，传统渠道系统正面临严峻挑战。

2. 整合渠道系统

整合渠道系统是指在传统渠道系统中，渠道营销成员通过不同程度的一体化整合形成的分销渠道。整合渠道系统主要包括以下三个：

（1）垂直渠道系统。这是由服装生产者、批发商和零售商纵向整合组成的统一系统。该渠道营销成员或属于同一家公司，或将专卖特许权授予其合作成员，或有足够的能力使其他成员合作，因而能控制渠道营销成员的行为，消除某些冲突。在美国，这种垂直渠道系统已成为消费品市场的主要力量，其服务覆盖了全美市场的70%～80%。垂直渠道系统有三种主要形式：公司式垂直渠道系统，管理式垂直渠道系统，合同式垂直渠道系统。

（2）水平渠道系统。这是由两家或两家以上的服装公司横向联合，共同开拓新的营销机会的分销渠道系统。这些公司或因资本、生产技术、营销资源不足，无力单独开发市场机会；或因惧怕承担风险；或因与其他公司联合可实现最佳协同效益，因而组成共生联合的渠道系统。这种联合，可以是暂时的，也可以是组成一家新公司，使之永久化。

（3）多渠道营销系统。这是对同一或不同的细分市场，采用多种渠道的分销体系。多渠道营销系统大致有两种形式：一种是服装制造商通过两种以上的竞争性分销渠道销售同一商标的产品；另一种是服装制造商通过多种分销渠道销售不同商标的差异性产品。此外，还有一些公司通过同一产品在销售过程中的服务内容与方式的差异，形成多种渠道以满足不同顾客的需求。多渠道系统为制造商提供了三方面利益：扩大产品的市场覆盖面，降低渠道成本和更好地适应顾客要求。但该系统也容易造成渠道之间的冲突，给渠道控制和管理工作带来更大难度。

（二）服装营销渠道常见模式

由于个人服装消费者与服装生产性用户消费的主要商品不同，消费目的与购买特点等具有差异性，我国企业的营销渠道有两种基本模式：对个人消费者营销渠道模式和对生产性用户的营销渠道模式。

1. 消费品营销渠道模式

服装消费品市场产品营销渠道，概括起来有以下五种模式（图9－1）。

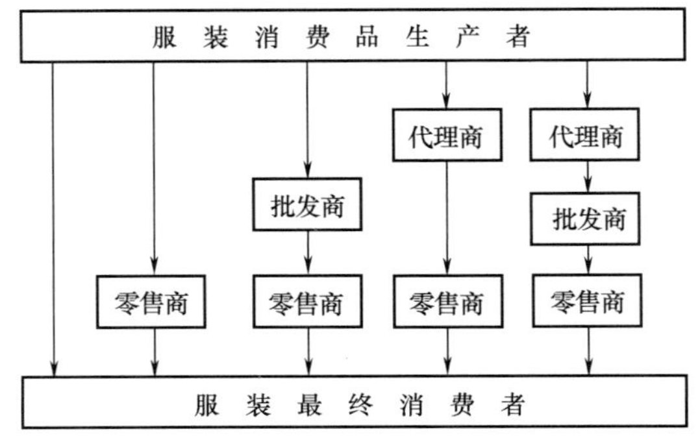

图9－1　消费品营销渠道模式

（1）服装生产者——服装消费者。这种模式是服装生产企业自己派员推销或者开展邮购、电话购货等以销售本企业生产的服装产品。这种类型的渠道，由服装生产者把服装产品直接销售给最终服装消费者，没有任何服装中间商的介入，是最直接、最简单和最短的服装销售渠道。

（2）服装生产者——服装零售商——服装消费者。这种模式被许多耐用服装消费品和服装选购品的服装生产企业所采用，即由服装生产企业直接向大型零售商店供货，零售商再把服装商品转卖给服装消费者。

（3）服装生产者——服装批发商——服装零售商——服装消费者。这种模式是服装消费品销售渠道中的传统模式，为大多数中、小型服装企业和服装零售商所采用。过去，我国大部分消费品，一般是由一级批发商（称为一级采购供应站）分配至二级批发商（称为二级采购供应站），然后至三级批发商（称为批发商店或批发部），最后零售给消费者。

（4）服装生产者——服装代理商——服装零售商——服装消费者。许多服装生产企业为了大批量销售服装产品，通常通过代理商、经纪人，由他们把产品转卖给服装零售商，再由服装零售商出售给服装消费者。

（5）服装生产者——服装代理商——服装批发商——服装零售商——服装消费者。这种模式是一些大服装企业为了大量推销服装产品，常经服装代理商，然后通过服装批发商卖给服装零售商，最后销售至服装消费者手中。

2. 服装生产资料分销渠道模式

归纳起来，服装生产资料商品营销渠道模式可以有以下四种模式。

（1）服装生产者——服装生产资料用户。这种渠道模式在生产资料销售中占有主要地位，尤其是生产大型服装机器设备的企业。

（2）服装生产者——服装生产资料经销商——服装生产资料用户。这种渠道模式常为生产普通服装机器设备及附属设备的企业所采用。

（3）服装生产者——服装代理商——服装生产资料用户。这种渠道模式通常被没有设置专门的服装销售部门的企业所采用。

（4）服装生产者——服装代理商——服装生产资料经销商——服装生产资料用户。这种渠道模式与第三种模式基本相同，只是由于某种原因，不宜由服装代理商直接卖给服装用户而需经过服装经销商这一环节。尤其是服装产品的单位销量太小，或需要分散存货，服装经销商的功用就更加重要。

三、服装营销渠道的设计

（一）影响服装营销渠道设计的因素

有效的服装营销渠道设计，应以确定服装企业所要达到的市场为起点。从原则上讲，服装目标市场的选择并不是渠道设计的问题。然而，事实上，服装市场选择与渠道选择是相互依存的。有利的服装市场加上有利的渠道，才可能使企业获得利润。服装营销渠道设计问题的中心环节，是确定到达目标市场的最佳途径，而影响渠道设计的主要因素如下（表 9－1）：

表 9－1　营销渠道设计应该考虑的因素

<table>
<tr><th colspan="2" rowspan="2">因素</th><th colspan="2">渠道长度</th><th colspan="2">渠道宽度</th><th colspan="2" rowspan="2">因素</th><th colspan="2">渠道长度</th><th colspan="2">渠道宽度</th></tr>
<tr><th>长</th><th>短</th><th>宽</th><th>窄</th><th>长</th><th>短</th><th>宽</th><th>窄</th></tr>
<tr><td rowspan="6">产品</td><td>价值</td><td>低</td><td>高</td><td>低</td><td>高</td><td rowspan="3">企业</td><td>企业实力</td><td>弱</td><td>强</td><td>强</td><td>弱</td></tr>
<tr><td>属性</td><td>稳定</td><td>不稳</td><td>不稳</td><td>稳定</td><td>管理能力</td><td>弱</td><td>强</td><td>强</td><td>弱</td></tr>
<tr><td>体积重量</td><td>小</td><td>大</td><td>小</td><td>大</td><td>控制愿望</td><td>小</td><td>强</td><td>小</td><td>强</td></tr>
<tr><td>技术性</td><td>弱</td><td>强</td><td>弱</td><td>强</td><td rowspan="3">中间商</td><td>积极性</td><td>高</td><td>低</td><td>高</td><td>低</td></tr>
<tr><td>通用化</td><td>高</td><td>低</td><td>高</td><td>低</td><td>经销条件</td><td>低</td><td>高</td><td>低</td><td>高</td></tr>
<tr><td>寿命周期</td><td>后期</td><td>前期</td><td>后期</td><td>前期</td><td>开拓能力</td><td>强</td><td>弱</td><td>弱</td><td>强</td></tr>
<tr><td rowspan="3">市场</td><td>市场规模</td><td>大</td><td>小</td><td>大</td><td>小</td><td rowspan="3">环境</td><td>经济形势</td><td>好</td><td>差</td><td>好</td><td>差</td></tr>
<tr><td>市场分布</td><td>分散</td><td>集中</td><td>分散</td><td>集中</td><td rowspan="2">国家政策法规</td><td colspan="4" rowspan="2">依法设计分销渠道</td></tr>
<tr><td>购买习惯</td><td>便利</td><td>选购</td><td>便利</td><td>选购</td></tr>
</table>

1. 服装市场顾客特性

渠道设计受顾客人数、地理分布、购买频率、平均购买数量以及对不同促销方式的敏感性等因素的影响。当顾客人数多时，服装生产者倾向于利用每一层次都有许多服装中间商的长渠道。但服装购买者人数的重要性又受到地理分布的影响。例如，服装生产者直接销售给集中于同一地区的 500 个顾客所花的费用，远比销售给分散在 500 个地区的 500 个顾客少。而服装购买者的服装购买方式又修正服装购买者人数及其地理分布的因素影响。如果顾客经常小批量购买，则需采用较长的市场营销渠道为其供货。因此，少量而频繁的订货，常使得服装制造商依赖服装批发商为其销货。同时，这些相同的服装制造商也可能越过服装批发商而直接向那些服装订货量大且订货次数少的大顾客供货。此外，服装购买者对不同促销方式的敏感性也会影响渠道选择。

2．服装产品特性

服装的内在因素往往相互对立。服装既是一门艺术，又是一门科学，它非常个性化，但同时又不可思议的人众化。服装的这些对立因素相互吸引，促使各自越发张扬，由此更加激发了公众购买服装的欲望。

3．服装中间商特性

设计渠道时，还必须考虑执行不同任务的服装市场营销中间机构的优缺点。例如，由服装制造商代表与顾客接触，花在每一顾客身上的成本比较低，因为总成本由若干个顾客共同分摊。但服装制造商代表对顾客所付出的努力不如服装中间商的推销员。一般来讲，中间商在执行运输、广告、储存及接纳顾客等职能方面以及在信用条件、退货特权、人员训练和送货频率方面，都有不同的特点和要求。

4．服装的竞争特性

服装生产者的渠道设计还受到服装竞争者所使用的渠道的影响，因为服装行业的生产者希望在与竞争者相同或相近的经销处与竞争者的产品抗衡。例如，服装生产者就希望其品牌和竞争品牌摆在一起销售。有时，竞争者所使用的市场营销渠道反倒成为生产者所避免使用的渠道。

5．服装的企业特性

企业特性在渠道选择中扮演着十分重要的角色，主要体现在以下几点。

（1）总体规模。企业的总体规模决定了其市场范围、较大客户的规模以及强制中间商合作的能力。

（2）财务能力。服装企业的财务能力决定了哪些市场营销职能可以由自己执行、哪些应交给中间商执行。财务薄弱的服装企业，一般都采用“佣金制”的分销方法，并且尽力利用愿意并且能够吸收部分储存、运输以及融资等成本费用的中间商。

（3）产品组合。服装企业的产品组合也会影响其渠道类型。服装企业产品组合的宽度越大，与顾客直接交易的能力越大；产品组合的深度越大，使用独家专售或选择性代理商就越有利；产品组合的关联性越强，则越应使用性质相同或相似的市场营销渠道。

（4）渠道经验。企业过去的渠道经验也会影响渠道的设计。曾通过某种特定类型的中间商销售产品的企业，会逐渐形成渠道偏好。

（5）营销政策。现行的市场营销政策也会影响渠道的设计。例如，对最后购买者提供快速交货服务的政策，会影响生产者对中间商所执行的职能、最终经销商的数目与存货水平以及所采用的运输系统的要求。

6．服装环境特性

例如，当经济萧条时，服装生产者都希望采用能使最后顾客以廉价购买的方式将其产品送到市场。这也意味着使用较短的渠道，并免除那些会提高产品最终售价但并不必要的服务。

（二）服装营销渠道的设计

服装生产者在设计市场营销渠道时，需要在理想渠道与可用渠道之间进行抉择。一般来讲，新服装企业在刚刚开始经营时，总是先采取在有限市场上进行销售的策略，以当地市场或某一地区的市场为销售对象。因其资本有限，只得选用现有的服装中间商。而在一地区市场内，服装中间商的数目通常是很有限的。所以，到达市场的最佳方式也是可以预知的。问题是如何说服现有可用的服装中间商来销售其产品。

新服装企业一旦经营成功，可能会扩展到其他新市场。这家服装企业可能仍利用现有的服装中间商销售其产品，虽然它可能在不同地区使用各种不同的服装市场营销渠道。在较小的服装市场，它可能直接销售给服装零售商；而在较大的市场，它需要通过服装经销商来销售服装产品。总之，服装生产者的渠道系统，必须因时因地灵活变通。

渠道设计问题可从决策理论的角度加以探讨。一般来讲，要想设计一个有效的渠道系统，必须经过确定渠道目标与限制、明确各主要渠道交替方案、服装营销渠道系统设计、服装营销渠道结构设计等步骤。

1．确定服装渠道目标与限制

如前所述，服装渠道设计问题的中心环节，是确定到达目标市场的最佳途径。每一个服装生产者都必须在顾客、产品、中间商、竞争者、企业政策和环境等所形成的限制条件下，确定其渠道目标。所谓服装渠道目标，是指服装企业预期达到的顾客服务水平以及中间商应执行的职能等。

2．明确各主要渠道交替方案

在确定了服装渠道的目标与限制之后，渠道设计的下一步工作就是明确各主要渠道的交替方案。渠道的交替方案主要涉及两个基本问题：一是中间商类型与数目；二是渠道成员的特定任务。

（1）服装中间商类型与数目。服装企业首先必须明确可以完成其渠道工作的各种中间商的类型。在每一渠道类型中的不同层次，所用中间商数目的多少受企业追求的市场展露程度影响。市场展露程度可分为三种：密集分销、选择分销和独家分销。

所谓密集分销，是指制造商尽可能地通过许多负责任的、适当的批发商和零售商推销其产品。消费品中的便利品和产业用品中的供应品，通常采取密集分销，使广大消费者和用户能随时随地买到这些日用品。

所谓选择分销，是指制造商在某一地区仅仅通过少数几个精心挑选的、最合适的中间商推销其产品。选择分销适用于所有产品。但相对而言，消费品中的选购品和特殊品最适于采取选择分销。

所谓独家分销，是指制造商在某一地区仅选择一家中间商推销其产品，通常双方协商签订独家经销合同，规定经销商不得经营竞争者的产品，以便控制经销商的业务经营，调动其经营积极性，占领市场。

（2）渠道成员的特定任务。每一个服装生产者都必须解决如何将产品转移到目标市场这一问题。当渠道问题被视为“市场营销工作”分派时，可从下列四种市场营销工作的组合来看究竟有多少交替方案可供使用。假设：T 为运输，即将产品运送至目标市场的工作；A 为广告，即通过广告媒体通知并影响购买者的工作；S 为储存，即准备接受订货的物品存储工作；K 为接触，即寻找购买者并与购买者协商交易条件的推销工作。再假设每一中间商可负责完成一项或多项工作，而目前所使用的渠道结构为：

生产者（P）——批发商（W）——零售商（R）——消费者（C）

以此为基础，来研究某一特定层次 R（零售商）及其所完成的工作。当 R 负责完成运输、广告、储存及接触四项工作时，则以 TASK 表示之；当 R 只负责广告和接触两项工作时，则以 OAOK 表示之；当 R 不负责任何工作时，则以 OOOO 表示之。如果列举所有可能分派给 R 的工作，则将有 16 种组合可供参考（表 9－2）。

表 9－2　某一特定层次 R 所完成工作的组合

完全不负责	负责一项工作	负责两项工作	负责三项工作	
OOOO	TOOO	TAOO	TASO	TASK
	OAOO	TOSO	TAOK	
	OOSO	TOOK	TOSK	
	OOOK	OASO	OASK	
		OAOK		
		OOSK		

暂时假设上述可能性都合理，即从事上述任何工作都与零售商的身份相符合。同样，可以假定生产者和批发商从事 16 种组合中的任何一种工作，并假定每一渠道层次都能独立地选择其负责的市场营销工作，而不受其他层次的影响，则将有 4096 种不同的市场营销渠道可供选择。任意选择一种（生产者、批发商和零售商都仅负责两项工作），即 TAOO/P、TOSO/W、OAOK/R。

在这种渠道中，生产者 P 所从事的市场营销工作仅限于运输所生产的产品，并为这些产品做广告。储存工作由中间商 W 负责，此外，中间商还负责运输工作。由此可知，该中间商是仓储代理商，属于辅助商的范畴，而不是提供完全服务的批发商。最后，R 负责进一步的广告（也许与生产者合作）以及与顾客接触的工作。

以下是另一种形式的渠道：TOSO/P、OOOO/W、OAOK/R。

在这里，生产者 P 变为私人品牌的厂家，即没有自己的品牌，自己所生产的产品将来要用别人的品牌，所以只从事生产、储存与运输；中间商 W 则省略掉，而零售商 R 则负责广告与接触。邮购商店的许多种产品都通过这种市场营销渠道销售。

另外，在4096种市场营销渠道类型中，有许多类型是不能采用的，必须取消，如OOOK/P、OOOK/W、OOOK/R。这种渠道类型的主要问题是，三个层次的机构均致力于最后顾客的接触工作，渠道冲突就不免要发生。

有些服装渠道类型因其不经济、不合法或不稳定，也应予以剔除。其结果必然是在市场营销工作分派上可行的渠道很少，而且还必须做进一步仔细的评估。

3. 服装营销渠道系统设计

我们将渠道战略设计过程分为以下五个阶段，共14步骤：

（1）当前环境分析。包括：步骤1，审视公司渠道现状；步骤2，目前的渠道系统；步骤3，搜集渠道信息；步骤4，分析竞争者渠道。

（2）制订短期的渠道对策。包括：步骤5，评估渠道的近期机会；步骤6，制订近期进攻计划。

（3）渠道系统优化设计。包括：步骤7，最终用户需求定性分析；步骤8，最终用户需求定量分析；步骤9．行业模拟分析；步骤10，设计“理想”的渠道系统。

（4）限制条件与差距分析。包括：步骤11，设计管理限制；步骤12，差距分析。

（5）渠道战略方案决策。包括：步骤13，制订战略性选择方案；步骤14，最佳渠道系统的决策。

4. 服装营销渠道结构设计

营销渠道结构的三大要素。包括渠道中的层次数、各层次的密度以及各层次的中间商种类。其中，渠道层次是指为完成企业的营销渠道目标而需要的渠道长短的数目；渠道层次密度是指同一渠道层次上中间商数目的多少；中间商种类是指有关渠道的各个层次中应分别使用哪几种中间商。

四、服装营销渠道的管理

对渠道的管理，就是要运用科学的技术和手段，在保证完成分销目标和任务的前提下，尽可能地减少渠道中的人力、物力、财力的消耗。

（一）渠道冲突的原因

渠道内不同层次之间、渠道内同一层次的不同成员之间以及企业不同渠道之间都可能产生渠道冲突。其原因在于渠道成员对资源的需求和利益的分配上，当大家都希望多分得利益、少承担任务时，冲突就产生了。我们可以把冲突的原因归结为以下几点。

1. 目标不一致

当渠道系统内各成员的组织目标出现不一致甚至矛盾时，就会产生冲突。

2. 资源与成果分配的冲突

当渠道成员在分配稀缺资源或渠道成果出现对立时，就会发生冲突。

3. 决策领域不一致

当某个渠道成员侵犯其他成员的决策权时就会发生冲突。

4. 职能冲突

当渠道成员对各自的职责有不同认识，或某个成员进行无视、威胁其他成员的行为，或从事违反系统职责规定的行为，或从事其他成员所不期望的职能行为时，就会发生冲突。

5. 认识不同

当渠道系统出现新的情况或变化时，各个渠道成员的认识是不同的，这种认识上的不同也会导致渠道冲突。

6. 沟通不畅

当某个渠道成员不向其他渠道成员及时传递重要信息或在信息传递过程中出现失误或偏差、从而不能准确地传递信息时，也会发生渠道冲突。

（二）渠道冲突的解决方式

1. 生产商绕过中间商直接销售引起冲突

可能的解决方法包括：制订铁的政策，要求生产商不再直接销售；识别出可直接销货的客户，与中间商达成协议；进行直接销售，但把利益让与委任的中间商，满足他们。

2. 生产商为扩大销售把某些产品交给新型渠道而引起的冲突

可能的解决方法包括：把市场分解，使不同的产品对准不同的渠道；为不同的中间商开发不同的产品。

3. 因生产商在每个地区委任较多的中间商引起冲突

可能的解决方法包括：以地区的购买力为基础，委任一组中间商，并把这种政策告诉中间商；指派经销商领袖；鼓励现有中间商到新区组建分支机构。

4. 中间商对渠道中不同中间商所得利益不公平引起冲突

解决方法是将利益同中间商的功能联系起来。

5. 生产商认为中间商不忠诚，对于生产商的产品和计划支持很少而引起冲突

可能的解决方法包括：设计更多的方案，听取渠道成员的意见；根据中间商的服务水平，进行内部调整。

6. 生产商拒绝与中间商分享有关最终客户的信息而引起冲突

可能的解决方法包括：给予渠道这种资料；与中间商联合进行市场调研；相信中间商，让中间商与生产商分享有关资料。

（三）销售渠道的评价

对一条渠道进行综合评价时，应该着重分析通过该渠道流往消费者手中的商品流量和回收资金的现金流量。

1．商品流量评价

具体的评价指标可以采用年销售量或月销售量。相应的主要评价指标包括：销售增长率、市场占有率、计划执行率、平均误差以及销售趋势等。

2．现金流量评价

评价销售渠道的一个重要指标就是该渠道实现的现金流量或称为净收入。具体主要包括：总销售额、销售费用、销售利润率等。

3．中间商评价

对中间商的评价一般还应包括：合作态度、回款速度、库存水平、终端的数量、网络的覆盖面、提供的服务、促销的配合程度、顾客投诉的处理能力等。

（四）销售渠道的物流管理

物流是指商品实体从生产地点转移到消费使用地点的全过程。除了商品实体流通的意义外，广义上的物流还包括流通加工、包装、仓储以及物流信息等内容。对商品销售渠道的物流管理一般是指商品的运输管理、仓储管理。

1．商品的运输管理

商品运输在企业的分销系统中一直占有重要地位，是保证企业商品销售畅通的关键环节，是企业的一项竞争优势。在物流外包已经成为趋势的今天，企业应制订科学合理、严谨高效的商品运输管理体系，在总部设立专门的物流管理部来负责理顺发货程序，对各承运商进行统一的管理，明确各方权责，减少中间环节纠纷与摩擦，保证货物准确、及时、安全地送达目的地，提高运输质量，降低运输成本，确保仓库利用率，决胜市场，以实现企业渠道分销的贡献和利润最大化。

2．商品的仓储管理

“仓”也称为仓库，为存放物品的建筑物和场地，可以为房屋建筑、大型容器、洞穴或者特定的场地等，具有存放和保护物品的功能；“储”表示收存以备使用，具有收存、保管、交付使用的意思，当适用于有形物品时也称为储存。“仓储”则为利用仓库存放、储存未及时使用的物品的行为。简言之，仓储就是在特定的场所储存物品的行为。仓储管理就是对仓库及仓库内的物资所进行的管理，是仓储机构为了充分利用所具有的仓储资源提供高效的仓储服务所进行的计划、组织、控制和协调过程。

（五）中间商的管理

企业销售网的工作是否得力、是否能取得产品市场和创造产品形象，很大程度上取决于中间商推销本企业产品的热心程度和努力程度。争取中间商、维持老客户、控制中间商的经营行为、消除不利因素，将是市场营销机构的重要任务。对中间商渠道的管理工作，主要包括：选择中间商、培训中间商、评价中间商、激励中间商、参与中间商的管理工作。

其中，参与中间商的管理工作又包括：销售计划及销售政策的制订、库存管理、零售覆盖与支持、产品分销、产品促销、售后服务。

第三节 服装连锁经营管理

一、服装连锁经营的含义

（一）什么是连锁店

所谓连锁店，国际连锁店协会的定义是：“以同一资本直接经营管理11个以上商店的零售业或饮食业的组织形式。”我国学者的定义是：“连锁店是在一个企业集团领导下，分散在不同地区，经营同类产品的若干商店所组成的一种新型的商业组织形式。”

（二）连锁店的种类

1. 直营连锁店

直营连锁，指总公司直接经营的连锁店，即由公司总部直接经营、投资、管理各个零售点的经营形态。总部采取纵深似的管理方式，直接下令掌管所有的零售点，零售点也必须完全接受总部指挥。直接连锁的主要任务在“渠道经营”，意思是指透过经营渠道的拓展从消费者手中获取利润。因此，直营连锁实际上是一种“管理产业”。

这是大型垄断商业资本通过吞并、兼并或独资、控股等途径，发展壮大自身实力和规模的一种形式。本质上是处于同一流通阶段，经营同类商品和提供相同服务，并在同一经营资本及同一总部集权性管理机构统一领导下进行共同经营活动，所有权和经营权集中统一于总部。其所有权和经营权的集中统一表现在：所有成员企业必须是单一所有者，归一个公司、一个联合组织或单一个人所有；由总部集中领导、统一管理，如人事、采购、计划、广告、会计和经营方针都集中统一；实行统一核算制度；各直营连锁店经理是雇员而不是所有者；各直营连锁店实行标准化经营管理。

直营连锁的人员组织形式是由总公司直接管理。直营连锁的组织体系一般分为三个层次：上层是公司总部负责整体事业的组织系统；中层是负责若干个分店的区域性管理组织和负责专项业务；下层是分店或成员店。这样的组织形式具有统一资本、集中管理、分散销售的特点。

2. 自由连锁店

自由连锁是企业之间为共同利益而结成的一种合作关系，是现有的独立零售商、批发商或制造商之间的横向或纵向的经济联合形势。我国的自由连锁指的是连锁销售。

3. 特许连锁店

特许经营是21世纪主流的商业经营模式，作为一种经营方法，它可以向任何行业领域扩张。

特许经营一词译自英文Ranchising。目前，国内对Ranchising这个词的翻译和理解大致有两种。一种译为特许经营。把特许经营组织与连锁店、自由连锁、合作社等并列，属于所有权不同的商店的范畴。这种译法与西方市场营销学的界定是一样的，是一种常用的翻译方法。

另一种译为特许连锁。认为特许连锁是连锁店的一种组织形式，与公司连锁、自由连锁并列为连锁的三种类型。在我国，商务部2004年第25号颁布的《商业特许经营管理办法》第二条定义为：商业特许经营是指通过签订合同，特许人将有权授予他人使用的商标、商号、经营模式等经营资源，授予被特许人使用，被特许人按照合同约定在统一经营体系下从事经营活动，并向特许人支付经营费。

虽然不同国家、不同组织对特许经营有不同的定义，但一般而言，特许经营有如下特征：第一，特许经营是特许人和受许人之间的契约关系；第二，特许人将允许受许人使用自己的商号、商标、服务标记、经营诀窍、商业和技术方法、持续体系及其他工业知识产权；第三，受许人自己对其业务进行投资，并拥有其业务；第四，受许人需向特许人支付费用；第五，特许经营是一种持续性关系。

这种持续性关系是指特许权人与被特许人之间达成的一种合同关系。在这个关系中，特许权人提供或有义务在诸如技术秘密和训练雇员方面维持其对专营权业务活动的利益；而被特许人获准使用由特许权人所有的或者控制的共同的商标、商号、企业形象、工作程序等，但由被特许人自己拥有或自行投资相当部分的企业。

（三）服装连锁经营的优势

1. 产品线丰富

原来服装企业大多产品线单一，如做女装的以女装为主，做休闲的以休闲为主，做内衣的以文胸、保暖、美体为主。这样单一的产品线，以专卖店或专柜的形式销售。消费者在选择时，因为品牌单一、产品线单一，选择的余地不大，因此，还是存在着弊端。而采用连锁销售模式，则以多品牌的丰富产品系列来弥补，也能拉升连锁店的赢利能力。

服装连锁以大卖场的形式出现，集合各大品牌，在产品线上结合男装、女装、休闲、内衣、鞋袜类。丰富的产品系列能让消费者减少消费选择的时间与精力，也就是说，在进入该终端卖场时只要涉及服装类的，都能在一个终端店得到满足。而不需再像以前那样，这一家买一件内衣、那一家买一件衣服。另外，这种规模经营，能减少经营者的费用投入，扩大其利润空间。

2. 高度统一的品牌形象

在以特许加盟的经营模式中，企业的品牌形象与终端店所体现的品牌形象，很难达到统一。这是因为，在终端执行中，总会因为各种原因导致品牌形象不统一，这对于品牌建设来说是一种致命的打击。连锁店的形象是以店的品牌出现的，以店的品牌推动商品品牌形象的发展。在这种情况下，企业经营商品品牌形象的责任重心将由企业转移到终端身上。这样，能减少企业的营运投入。而终端店在资源优势的基础上，在全国各地都以统一的店面形象出现，广告宣传也高度统一，这些对于连锁店的形象塑造提供了有利的条件。因此，在店面形象的拉动之下，集中资源优势能形成规模效应，带动企业与终端渠道商的发展。

3. 保证终端稳定发展

在现阶段服装经营管理中，服装零售商常常在旺季因为拿不到货，而使利润降低；滞销季节，又因为货品的积压，而造成大量的库存，给营运资金的周转造成困难，这是现阶段专卖店存在的问题。如果以连锁模式经营，在采购上就可以用集中采购的方式与科学的物流配送来保证货品及时到位。一般来说，如果以连锁模式经营，会自己组建物流配送中心，这会彻底地改变旺季拿不到货的局面。因此，能保证终端稳步地发展。

4. 执行政策彻底

连锁形式的出现，打破了以往资源重复浪费以及无序、破坏性的竞争局面，而是以一种销售平台集合各种品牌，进行资源整合，集中优势资源攻占市场。这种有计划性、统一性、集约性的营运方式，一方面能降低营运的成本，从而使产品价格具有竞争优势；另一方面，高度统一的管理，也能以最少的资源、最大化地提升品牌形象。

二、服装连锁经营的历史与发展

1. 服装连锁经营的起源与现状

在中国，1984 年 8 月意大利纺织金融集团以商标特许形式在北京落户的皮尔・卡丹专卖店的开业，被视为中国连锁经营的开端。20 世纪 90 年代初期和中期，国际著名的特许经营企业大举进入我国商界。服装特许经营的品牌开始为人们所熟知，如皮尔・卡丹、鳄鱼、佐丹奴、苹果专卖店等。与此同时，国内的一些企业也开始追随特许经营展开连锁加盟。由于特许经营方面的法律法规还不完善，特许企业对品牌的认知度、标准经营管理模式的理解缺乏认识，我国的连锁经营仍处于探索期。

中国连锁经营真正进入规模性的发展已经有几年了，从发展现状来说整个势头较好。在服装零售连锁之路上，出现了百家争鸣的现象，不同的服装零售连锁都在以各自不同的连锁模式进行着服装零售连锁的尝试和突破。同时，他们也在各自的连锁模式中创造了各自的成功。在这一行列中可以看到诺奇时装、美特斯・邦威、海澜之家、ITAT 等。诺奇时装从当时的第一家门店建立之初，就把其发展方向定位在了服装零售连锁之上，10 年来一直致力于打造“诺奇”这一零售连锁品牌。目前，连锁店已覆盖福建、广东、湖南、浙江、上海、江苏、江西及安徽等。

中国服装连锁发展表现良好，主要表现在以下几个方面：

（1）经营规模化。近年来，服装业发展迅猛，无论是中国著名品牌还是新生品牌，都采取直营连锁或特许连锁的经营模式扩展市场，规模效益明显，市场份额不断扩大，市场地位日益凸现。但是，经营模式还模仿国外专业经营，整体连锁体系的管理水平、赢利能力有待进一步提高。

（2）人才匮乏化。由于连锁商业在我国发展时间短，处于摸索阶段，不少管理人员从其他行业转过来，不太熟悉国际连锁店通行的管理方式，经验丰富的中高级管理人员的严重缺乏影响了我国连锁店的管理水平。高等教育在专业建设上表现出明显的滞后性，专业化人才极度匮乏。

（3）日益注重品牌。服装企业越来越注重自己的品牌建设，品牌服装都希望进行全国连锁经营。近年来，服装需求出现了追求高品质的倾向，消费者受品牌理念和流行趋势的影响进一步增强。顺应市场的变化，企业品牌意识突显，更加注重在产品定位、广告定位和品牌宣传等方面的攻势。一些中高档品牌服装，特别是市场占有率高的品牌服装，连锁经营发展很快，销售量增幅较大。

（4）区域品牌初现规模。一批已经具备了一定规模、实力和品牌的集群企业现已成为区域品牌的形象代表，他们以自己的企业品牌影响力有效地提升了区域品牌效应。2002年，宁波的男装、杭州的女装、沙溪的休闲装、均安的牛仔、青岛的针织、南海的内衣等一批区域品牌已成为区域品牌的开路先锋。

（5）国际化多品牌战略显现。据媒体报道，郑永刚公开声称到2010年，杉杉集团服装板块至少要拥有30个不同风格和定位的品牌，且其中60%为国际品牌，要做成一个服装品牌的帝国。苗鸿冰（白领服饰公司董事长）、周少雄（七匹狼董事长）等也各自开始了多品牌战略的实战。中国著名服装品牌都从战略上瞄准不同消费层，实施产品的多样化定位，打造不同的品牌，以充分吸纳不同顾客群，拓宽自己的经营领域，提升经营业绩。

2. **服装行业连锁经营的发展趋势**

预计未来，居民需求档次的划分将日益清晰，以中低档为主的需求倾向将转向以中高档需求为主，消费差距继续拉大。在品牌需求方面，中高档品牌需求也呈快速增长之势，少数品牌争霸市场的格局将被多品牌竞争格局所取代。行业面临着越来越激烈的竞争，改善企业内部以及整个供应链各个环节的管理、调度及资源配置，迅速适应客户的新需求和市场新机遇的能力，已成为企业赢得竞争胜利的决定性因素。经营模式迅速与国际接轨，特许经营将超过正规直营连锁形式，成为商业企业扩展市场的主要形式。我国服装连锁经营将表现出如下发展趋势：

（1）连锁经营"电子化"。连锁经营企业将广泛采用高新技术而成为知识经济时代最具凝聚力的商业组织形式。在信息化时代，企业对资金管理、人力资源管理、物流配送管理、市场营销管理、客户关系管理等无不需要采用高科技的信息技术手段，建立完善的信息管理软件系统，实现管理的科学化和数字化。

（2）"蓝海战略"将成为主要的竞争方式。主要表现为：集约式的价值竞争取代粗放式的价格竞争，流通领域企业间单独依靠价格、拼数量，创业品牌打“持久战”“拼优惠条件”等的竞争将被视市场需求变化不断开展营销创新、品牌创新以及开发不同获利定位的高价值、附加价值的商品或优良投资环境等集约式竞争所取代。

（3）品牌竞争、服务质量竞争是第一位。在这种竞争的后面是企业对自有知识产权和基础管理模式建设的竞争。管理制度、管理技术、服务手段和人力资源的系统化、标准化建设将是服装连锁企业的工作重心。

3. 服装销售新渠道

找到一种新的、成本更低的、效率更高的销售渠道是许多企业亟待解决的问题。不断变化的渠道环境也对企业的渠道战略提出了新要求。就服装销售渠道而言，已经出现了一些新的销售渠道来取代原有的渠道。

（1）新兴服装城。新兴服装城是一个独立完善、配套齐全的服装产业体系，它集服装、面辅料、服饰配件、产品开发、市场营销等一系列完整的行业体系于一身。

选择进入大型服装城销售要注意以下几点：服装城的位置、其他品牌进入的情况、自己商铺的位置、进入的成本、配套设施、专业化程度。

（2）服装销售联营体。服装销售联营体就是服装生产厂商与经销商将双方各自的优势资源结合起来，共同合作在当地成立一个相对独立的服装销售机构，一起来运作当地市场。

联营模式将厂家与中间商双方的利益绑到了一起，可以有效地解决诸如断货、管理不到位、资金短缺、各自为政等加盟与自营模式中常见到的一些问题。但联营体也会出现由于利益分歧、成员过多、管理混乱最后导致解体的问题。

因此，要做好联营体，必须注意几个问题：资源投入问题，尤其是增加投资问题；责任、权力、利益的分配问题；品牌推广的问题；管理监控和人事安排的问题；违约问题。

（3）服装展览会。随着经济的发展，各种展览会越来越多。其中，时尚类的展会在展览行业中所占比例越来越大。不少服装品牌正把服装展览会看是业务拓展的重要渠道之一。展览会除了具有市场推广功能外，还有着一定的销售功能，因为在展览会上聚集了众多的品牌和买家，可以谈合作意向，达成经销合同，也可以寻找到加盟商等，其影响力不可小视。此外，不少展览会也吸引了众多的普通消费者，不仅可以现场销售，也有利于推广品牌形象。

服装企业在选择参加各种展览会时，必须注意以下几个问题：服装展览会的影响力和覆盖面、参展的成本、展厅的设计、意向合同、后续服务。

世界上规模最大的服装展览会在德国，德国杜塞多夫举办的 CPD 展览会是世界上规模最大的女装类展会，展出面积超过了 20 万平方米。

目前，中国每年在北京定期举办的 CHIC 服装博览会已经成为中国最具影响力的服装展览会，是中国地区服装行业的主要订货会和时装信息发布场所。

（4）服装邮购。在我国，服装邮购尚处于起步阶段，而在国外已经有一百多年的历史了。邮购有两种形式：一种是产品目录；另一种是直接邮寄。

邮购渠道与传统渠道相比最大的优势就是能为消费者提供极大的便利性。另外，商品的独特性与价格的合理性也是竞争的关键。但邮购的一个很大的缺点就是消费者在购买之前是无法触摸、感觉和试用试穿所购买的商品的。

作为邮购零售商，在为消费者提供购物的空间便利性的同时，还必须做好以下几个方面的工作：如果自己不生产商品，必须管理好供应商的供货；自行建立面对特定销售目标的零售目录或小册子；邮寄名单的确定；订单的履行和运输；要有缺货清单；退货的处理。

（5）服装网上销售。随着家庭电脑的普及和互联网的发展，网上营销、电子商务已经成为企业营销活动的重要组成部分。服装的网上销售也变得日益普及了。

当然，网上销售也存在一定的问题，如缺乏亲身的实际产品体验、交易的不可控性、网上价格的开放性、产销协调的问题、配送渠道的问题以及对原有销售渠道的冲击等。

服装企业进行网上销售应从以下几点着手：建立网站，搭建信息与交易平台；网址宣传，扩大市场的影响力和与目标顾客的接触；网上信息的更新与维护；网上交易的实施与服务信息的处理；其他物流渠道的配合。

三、服装连锁经营的控制与管理

（一）服装特许经营的风险

特许经营也并非是一定会成功。如果加盟总部决策失误，那么加盟店也必然受到损害。同样，如果加盟店经营失败，不仅会损害整个企业产品在消费者心中的形象，也会降低整个连锁体系的声誉。

对于加盟商来说，有时总部过分标准化的产品和服务，未必适合加盟店当地的实际情况，也会造成加盟店的失败。另外，加盟店发展速度过快，总部的物流系统和后勤服务等跟不上，也是导致加盟店失败的重要原因。

对于加盟总部来说，加盟店的个别不法行为也会对加盟总部造成巨大损害。另外，还有的加盟店店主不能胜任店长的工作，而总部又不能像直营店一样辞退换人，这也会影响加盟事业的发展。

（二）服装加盟的误区

服装特许经营可以说是服装企业加盟总部与加盟商的双向选择的结果。一般而言，加盟总部对加盟商的选择相对比较容易把握。往往加盟总部也各自有一套自身选择的标准，如需要一定的资金、必要的管理知识、较强的事业心、善于与人合作等基本要求。但加盟商在选择加盟总部时，往往由于所掌握信息的不对称性，造成选择的盲目性，容易导致损失，比如只看货是否新颖、只看形象店的销售情况、加盟费越低越好、换货率越高越好、订货制优于配货制。

总之，经营时间久、加盟店铺多的服装加盟总部一般都是值得信赖的。这说明该总部在货品、服务和经营管理方面都相对成熟，可以给予加盟商足够的支持。

（三）服装连锁店的管理与控制

服装连锁店作为服装销售渠道的终端，是服装品牌营销成功的基础与保障。零售终端卖场就像一面镜子，企业各个核心环节出现的问题都可以在终端卖场中体现出来。服装终端的销售好坏，直接影响厂家和中间商的经营效益。因此，做好服装销售终端的管理工作具有十分重要的意义。

1. 服装店铺营业员的培训

（1）兼职人员。人员短缺是店铺常面临的问题，通常店铺在高峰时段（来客数量多的时段）都会雇用兼职人员，以缓和人力的不足，而且兼职人员的费用也相对较低。再者，兼职人员也是日后专职人员的最佳人选。

兼职人员的工作内容为实务性的操作，故培训时间较短，时间为2～3小时即可，主要包括：标价机的使用、补货时应注意的基本事项以及基本的清洁管理概念。

（2）正式的营业人员。正式的营业人员除学习实务操作外，还须学习一些观念性的课程，应涵盖以下内容。

①经营理念。店铺运作顺畅的必要条件是经营者与员工的经营理念必须一致。因此，经营者在店铺营业员训练时，应将经营理念导入课程中。

②顾客应对技巧。有技巧且适时与顾客应对，是与顾客建立感情的最佳方法，其内容可涵盖各种常用礼貌用语应用时机、仪态以及顾客抱怨处理、促销技巧等。

③设备的操作、维护及清洁。一般生产经营设备，是指冷冻冷藏冰箱、招牌、照明设备等直接或间接与销售有关的设备。教导营业员正确的使用方法，并经常做一些基本的清洁及维护，可延长其寿命。

④收银机的操作、维护及简易故障排除。营业员操作收银机要求速度快、误打率为零并熟悉其各项功能。对于不曾操作收银机的新进人员，应将此课程列入首要的训练。

⑤商品陈列技巧。商品陈列技巧直接影响商品回转率，经营者须灌输营业员商品陈列的观念，如商品陈列的目的及原则、各类商品最佳的陈列位置等。

⑥店铺安全管理。经营者必须提高员工对在工作中可能发生的意外灾害的防范技巧，如防抢、防偷、防骗及搬运商品时应注意事项等。

⑦报表制作。报表是经营者管理职员的工具之一，因此应教导营业员填写基本的报表，如交班日报表、现金记录表、误打、销退、自用记录表等。

⑧简易的包装技巧。简易包装既能保护产品在运输和贮存过程中不遭受损失，又能降低包装费用的简便包装方法。例如，仅对内装物需要保护的部位进行局部包装。简易包装的主要特点是：简便、快速，不需考虑更多其他保护效果，对包装材料要求不高，一般只能在短时间内起保护作用。简易包装多用于非精密产品，且被包装物本身具有一定耐搬运

和气候环境条件影响的能力。

⑨简易 POP 制作。卖点广告 POP（point of purchase）形式有户外招牌、展板、橱窗海报、店内台牌、价目表、吊旗和立体卡通模型等。POP 的制作形式有彩色打印、印刷、手绘等方式。

2. 服装店店长的培训

主要包括以下内容：

（1）角色融入培训。如果说连锁店的一个分店就是一个独立作战的堡垒，那么店长则是这个堡垒的最高指挥官。如果他连自己所扮演的角色都不清楚，那么最后肯定是全军覆没。说得明了一点，店长扮演着三种角色：赢利责任人、店务管理者以及企业文化、制度的执行者和传达者。角色融入培训也就是使之明白职责之所在。

（2）经营管理培训。一个合格的店长最直接的体现就是营业额的上升，所以要培训店长的经营能力，这样才能够赢利，比如通过调查顾客的购买单价为今后收集、采购商品或进行变价做一个数据参考，通过客流量的多少进行适当的人员分配等。同时，店长必须要掌握营业额，要懂得营业额是显现于外的，而毛利额、纯利润却是内在的数字。唯有充实内在，才能步上健全的经营轨道。

（3）商品管理培训。主要是商品进、销、存的管理培训，如商品按哪种分类比较科学方便、不同商品的季节性更替集中在哪几个时段等，同时，还需要了解产品库存的状况、每天销售的状况、顾客退货的数量和种类、哪些商品销售得比较好、哪些商品不太受顾客青睐以及来货的时间，这些都需要店长了然于胸，这样才能形成一种全局观。

（4）销售技巧培训。店长也要做活动者的工作，也就是店长自己也是一个贩卖员。店长是整个店面的代表，如果店长的销售技巧不够娴熟或者不能服众，那么其他店员就既没有榜样又没有信心，那么销售量将会相当糟糕。因此，店长销售技巧的培训相当关键。一个拥有良好销售技巧的店长，对外可以招揽更多的顾客，对内可以作为员工效仿的榜样。

（5）行政能力培训。店长除了在销售能力上鹤立鸡群外，同时他也是整个店面的执行者，必须具备一定的行政能力和卓越的管理才能，公正、公平地处理员工之间的关系和进行正确的业绩评估。从全局出发，根据员工的性格特点进行科学分工和严格督导，激励员工的工作热情，灵活、冷静地处理突发事件，这是店长必须具备的基本能力。

（6）卖场运作培训。卖场就是一个大舞台，店长就是一位导演，导演必须运用好各种道具，比如商品的陈列做到新颖独特又不失本貌；海报贴既能装饰现场，又能诠释主题；音乐播放既能渲染气氛，又不响购物环境；促销既能吸引顾客购买，又要把握好尺度；还有卖场卫生的清理和保持等。卖场运作是店长能力真正的体现，他必须协调好每个员工的工作，杂而不乱、乱而不惊。

（7）服务理念培训。市场上，同类的店面很多，不同类的店面更多，服务不好会直接导致营业额的下降。对店长来说，除了硬件必须过关外，软件首推服务，店长必须牢固服务至上的思想，带动整个店面的服务水平。服务是另外一个门面，一个人的服务质量出问题，可能会影响整个店面的形象。现在重要的是创新服务，如果服务不新颖、大众化，那么你的服务就不算服务。

（8）员工教育培训。因为能力突出，才被提升为店长。店长要学会用恰当的方法教育员工，提高员工的综合素质，从而提高整个店面的综合运营水平。对店长来说，主要是怎样进行员工的培训以及采用什么样的方法。对店长进行员工教育培训的目的就在于此，教授店长一个培训员工的系统方法，使之在今后的工作中能够更好地和员工进行沟通协调，既起到教育的目的，又起到沟通的目的。

（9）团队精神培训。德国2006年世界杯用球叫“团队之星”，因为11个人的足球赛靠大家的配合，一个店面的运营和成长，也要靠团队的力量来完成。作为店长，首先要以身作则、身先士卒，用人格魅力和实际行动带领大家，以主人翁的态度、严谨的工作作风，塑造良性竞争的工作氛围，激励员工为了店面的明天齐心协力，同舟共济。

（四）服装店铺货品管理

在服装店的货品管理过程中，有五个方面的内容是需要重点关注的。围绕这些内容，可提炼出以下五个需要遵循的货品管理原则。

1.“适品”

众所周知，国内服装消费市场是非常庞大的。对于国内一般的服装品牌而言，能够同时在按地域划分出来的北方市场和南方市场中都取得优异的销售业绩是非常困难的。因此，大多数服装品牌在区域市场的选择上都做出了取舍，在北方市场或者南方市场上各有侧重。之所以会形成这样的状况，是因为我国幅员辽阔，南、北方消费群体由于欣赏眼光、体型体征、气候条件以及生活习惯等因素导致了差异巨大的消费习惯。

从我国的服装销售市场的状况出发，服装店进行货品管理时，首先需要遵循“适品”原则。所谓“适品”，即指店铺应该选择适当的商品进行销售。为确保货品达到适当的要求，应考虑相同品牌下不同的产品在不同地域市场中的销售状况、表现出来的适应性以及所在地域目标顾客的消费习惯等因素。

2.“适所”

“适所”是指服装店的货品应与适当的销售场所相匹配。对应不同店铺类型的服装销售，相应的货品管理特点也不同。

（1）专卖店。服装品牌的专卖店包括形象店、旗舰店等，目前的趋势是店铺的面积越来越大。在类似专卖店这种面积较大的店铺中，顾客停留的时间相对较长。为了充分利用顾客逗留期间的时间，这类店铺应尽量提高货品的丰富性，实现货品的“细店化”。

（2）商场专柜。相比之下，由于受到商场整体规模的约束和影响，商场专柜的经营面积不可能特别大。在相对较小的店铺中，顾客停留的时间比较短，主要产生的是即时性、刺激性的购买行为。因此，在商场专柜这样小面积的店铺中，店铺越小，货品种类应越集中，利用特色鲜明的货品在最短的时间内激发目标顾客的购买愿望。

3．“适量”

所谓“适量”，是指对应服装店中货品的每一个款式都应该有适当的数量。在“适量”这个问题中，服装店铺应关注配货的数量、补货的数量以及相应的控制环节。

4．“适价”

“适价”是指服装店铺中的货品价格应该比较适中，所有货品价格所分布的“价格带”比较适当。在把握“适价”原则时，应注意：根据店铺的定位，价格带应相对比较集中；在相对集中的基础上，服装店的货品应包括一定数量的高价商品。

5．“适时”

“适时”，即服装店在经营货品管理时，应把握好货品销售与时间的配合问题。对于处于销售生命周期不同阶段的货品，应运用不同的、与时间段相配套的货品管理方法。

（五）服装店铺的日常管理

1．员工准则

员工应具有强烈的服务意识与服务观念，具备高尚的职业道德，以自身的良好表现共同塑造良好的品牌形象。员工应遵守国家法律法规，遵守店铺管理制度，如遇不明事项应服从店主领导，与同事和睦相处，对新进员工应亲切，公平对待。员工应保守店铺的机密，不得对外泄露任何有关店铺的销售数据，不得利用职务之便图谋私利。员工对待工作与顾客应谦恭诚恳，满腔热情。遇事不可推诿，不可意气用事，更不可故意刁难顾客。员工有义务完善各项工作及服务品质，提高工作绩效。员工应爱惜店内财物，控制各项费用与支出，杜绝浪费现象。员工应恪尽职守，非经核准不得阅览不属于本职范围内的数据或传播不确消息。员工有违反上述准则条例的，将依据奖惩条例予以处罚。

2．员工的仪容仪表

头发要整齐、清洁，头饰要与工服、发型搭配得当。女同事要按公司化妆标准化妆，不可留长指甲，男同事不可留胡子。如果有体味者，要适当涂止汗露。制服要干净、整洁，不能有异味。店员不能穿厚底鞋、拖鞋。

3．工牌与工服

公司工牌和工作服是企业的形象，是公司对员工确认的标志，对于工作规范管理有好处，可方便工作，便于监督识别。

4．店铺制度

工作时需严格遵守店铺仪容仪表着穿规定，提供优良的服务，以客为先。必须遵守劳动纪律，自觉遵守轮班制度。依时上、下班，不准无故迟到、早退、旷工。如需请假，须提前一天向店长申请经批准后方可生效。

洁身自爱、防盗防窃。工作时间，须将个人物品存放在指定地点，下班自觉由店长或指定检查员检查所携带的私人包裹，并随时由店长或指定检查员清检员工储物柜。未经同意，不得向外泄露店铺的一切资料（尤其是销售额），否则将根据行政管理制度予以处罚。

员工工作时，要保持口腔卫生，不准喝酒和吃有异味的食物，营业中不准吸烟、吃零食。严禁私用、盗窃公司货品及其他物品，违者按有关规定给予处罚。不准以任何理由拒绝上司合理的工作安排，必须尊重上司。工作时间严禁在工作场所说笑、打闹、争吵、赌博、吸烟、酗酒、追逐、大声喧哗、当堂整理着装、化妆及一切有损公司或店铺形象的行为。工作时间严禁利用公司电话做私人用途，不得将店铺电话随便告诉无关之人。工作时间不能擅自离岗或随便串岗。穿着已购买的店铺服饰回店铺须向主管或店长登记款号。严禁擅自修改、泄露、盗窃公司或店铺电脑数据，违者严厉处罚。工作时间不准代他人存放物品，如遇到顾客购买的商品需暂存时，需做好登记。员工在个人利益与店铺利益发生冲突时，应以店铺利益为先。

本章小结

- 本章主要讲授关于服装营销渠道的基础知识，包括服装营销渠道的模式类型以及设计与控制、连锁店的经营管理的基础知识。
- 所谓服装营销渠道，是指服装产品或服务从服装供应商到消费者手中的流通路径，人们也常常将其比喻为链条。在市场竞争激烈的情况下，供应商如何选择和建设渠道关系产品是否能够有效销售的问题，即渠道建设的好坏会影响企业产品的竞争能力和企业的市场反应能力。科学的渠道安排和控制，能有效降低产品的销售成本和价格，提高销售效率和销售量，使产品在渠道中快速地流动。科学的渠道建设还能及时准确地捕捉市场信息，从而能及时准确地满足消费者需求，提高消费者的满意度。
- 有效的服装营销渠道设计，应以确定服装企业所要达到的市场为起点。从原则上讲，服装目标市场的选择并不是渠道设计的问题。
- 营销渠道的管理，就是运用科学的技术和手段，在保证完成分销目标和任务的前提下，尽可能地减少渠道中的人力、物力、财力的消耗。
- 所谓连锁店，国际连锁店协会的定义是：“以同一资本直接经营管理11个以上商店的零售业或饮食业的组织形式。”我国学者的定义是：“连锁店是在一个企业集团领导下，分散在不同地区，经营同类产品的若干商店所组成的一种新型的商业组织形式。”

思考题

1. 什么是服装营销渠道?
2. 服装营销渠道的类型有哪些?
3. 如何进行服装营销渠道的设计?
4. 如何进行服装营销渠道的控制?
5. 现阶段，有哪些新兴的营销渠道?
6. 连锁经营的类型有哪些?
7. 服装连锁经营的优势是什么?

小课堂

七匹狼：解决渠道冲突，培养网络经销商

传统渠道进军电商，电商渠道开始加紧综合化路线，并积极拉拢传统品牌商入驻。在这样的电商大潮中，传统品牌如何将电子商务纳入到自己的渠道战略中来是许多传统品牌的领导层思考的问题。是依托自身另起炉灶，还是利用现有电商渠道做好网络分销?

传统服装品牌七匹狼的做法是“先放水养鱼，再对大经销商进行招安扶持”，这样的实践未必是一个最好的模式，但或许能给意欲进军电商新渠道的传统企业带来一些启发。

大多数传统品牌在涉足电子商务的过程中，总会遇到内外两大矛盾：外部的电子商务渠道和经销商渠道的冲突，内部的电子商务部门与其他部门的冲突。“这是因为电子商务作为新业务，并没有理清与传统渠道和业务部门的利益关系。”七匹狼实业股份有限公司电子商务中心（以下简称七匹狼电商）总监钟涛指出：据了解，2011 年，七匹狼在淘宝系平台上的销售额达到了 6.2 亿元，这样的成绩正缘于七匹狼电商有效的策略：先放水养鱼，再对大经销商进行招安扶持。

1. 渠道策略：招安“五虎上将”

从 2008 年开始，七匹狼的产品已经开始在淘宝上销售了。那时候，大多数传统品牌商还没有对电商渠道引起重视。当时，网络上销售的主要是库存货或者蹿货来的商品。“我们的策略是扶良除假。”钟涛表示，当时七匹狼自己还没有涉足网络销售，也没有经验。因此，对于网上销售七匹狼产品的网店，只要其不卖假货、不打价格战、有正统的拿货渠道，公司都不加干涉。

与此同时，七匹狼电商也在淘宝平台上开设了自己的旗舰店。目的是为了解市场的规则，只有在市场中运营，才能知道谁做得最好。

经过渠道乱战，淘宝系的平台上，2010 年就发展起来了五个大的经销商，其平均一年的回款量在 3000 万元，营业额差不多在 5000 多万元，七匹狼将其称为“五虎上将”。在 2010 年后，七匹狼电商开始以网络渠道经销授权的方式，对渠道进行梳理规范，同时对“五虎上将”进行“招安”。

七匹狼的网络渠道授权分为三个层次：第一层是基础授权，回款达到 500 万元就可获得基础授权，中级授权是回款量在 1000 万元，高级授权是 3000 万元。实际上，无论是“五虎上将”还是其他层次的授权，这些网店起家都是经历蹿货、低价竞争等问题。“而在拿到授权后，经销商若再有蹿货、卖假等行为，就会‘杀无赦’。”

对于网络经销商的管理，并不仅仅是简单的授权。以“五虎上将”为例，最初，这五大经销商同在淘宝平台，时常会打价格战。被招安后，七匹狼电商部门开始挖掘他们各自的优势，帮助他们找到自己的差异化，这些大经销商有的擅长休闲产品，有的擅长商务类产品，有的擅长用户数据分析。找到各自的优势之后，钟涛对这些经销商进行了有针对性的引导。

比如，某家经销商擅长卖裤装，那么他的任务就是盯住市场上销售业绩最好的对手，跟随对方的变化。如果该经销商的裤装品类超出了最初的预期销售额，七匹狼电商会就这个单品单独给其返点。而另一家大经销商的长处是做库存，那么七匹狼电商就针对其特点加以扶持，库存来了之后优先分给他。

七匹狼还有类似于线下加盟店的“大店扶持计划”，即单独返点。据钟涛介绍，在线下，某些大区的经销商会在当地做一些品牌推广的活动，这样的运营费用总部会承担 30%。线上的“五虎上将”也被视为大店，七匹狼会对他们的优势进行挖掘后，有针对性地进行扶持，这样他们就愿意一致对外了。

2. 产品策略：不做网络专供款

很多传统线下品牌为了解决线上线下渠道冲突，采取了线上创立新品牌或者线上生产网络专供款的策略，而七匹狼并不这么做。

钟涛指出，那些线上线下冲突比较严重的传统品牌，因为线下经销商库存压力比较大，而线上旗舰店在线下经销商有大量库存压力的情形下，已开始卖新品或是折扣比线下要低许多，这才会引发线下不满，从而引起线上线下的冲突。

七匹狼的线下线上冲突不明显，这与七匹狼的线下模式有关。据了解，七匹狼依托加盟店扩张，按照其政策，加盟店如果连续三年不赚钱，总部就要收归直营，第二年不赚钱就要被监管。因此，七匹狼的线下店全国只有 1000 多家。在这种情况下，线下经销商往往不愿意囤货，如果能卖掉 150 件，往往只进 100 件，这样会避免因库存压力带来损失。而线下库存压力小，对于线上的折扣销售就没有那么敏感。

七匹狼的电商部门也并不专门的针对网络设计生产网络专供款。在传统线下渠道，经销商会根据不同的区域消费特点进行选货。钟涛指出：在互联平台，每个渠道的用户也有差异性，不同的经销商也有各自所擅长的品类。而七匹狼整个集团的 SKU 足够多，每个线上经销商也会根据平台特点和所长来选货。网络空间虽然是无限的，但经过测算，淘宝平台上一个店面最优的款数是 200~270 款。因此，不同经销商选出来的款式还是有很大差别。

另外，线上有些款是线下店面没有的，这并非专门生产的网络专供款。这种款型产生的途径有两个：一个是，某些款可能有太另类等原因，线下销售并不好，而线上的聚合效应却能把喜欢这款产品的顾客聚合起来，将这一款式变成线上专卖；另一个是，大经销商发现竞争对手或者网络品牌某款产品销售较好，便可提出将这个款式吸收成七匹狼线上专有的款式。

3. 从“独立团”到“文工团”

记者在天猫平台上看到，七匹狼电商也开设了自己的官方旗舰店。从页面设计和产品配置上看，这家店不仅承担了销售任务，更多地承担了品牌宣传的任务。

钟涛指出：我们要把官方旗舰店的销售额控制在 30% 以内。要搭建互联网上的可控分销体系，必须形成一个金字塔式的销售体系。位于塔尖的是旗舰店，但是塔基应该是由业绩成长性良好的授权店组成，中间是“五虎上将”这样的大经销商。如果旗舰店的销售量增长过快，而使其他店铺增长缓慢，就会形成一个柱状体系，虽然旗舰店业绩可观，但品牌在整个互联网市场中所占的份额就有限。

很多品牌企业为了扶持自己的电商渠道，往往是自己亲力亲为，不仅是自己官方旗舰店，包括其他各个平台上的销售都由电商部门一力完成。在钟涛看来，这样方式属于“重”模式。

钟涛指出：2011 年 6.2 亿元的销售额如果全部都由七匹狼电商自己完成，需要的客服至少要 2000 人。一个品牌的电商部门不能做成重模式，而是要将分销体系搭建好并进行管理。但电商部门也会先有所尝试，比如七匹狼在天猫上开旗舰店，同时也在京东、1 号店等各个开放平台上去开店或者供货。在钟涛看来，只有自己先去尝试，才知道该平台的用户特点、规则、销售增长情况等。在实践中了解每个平台之后，对经销商就容易管理了。

在许多传统企业中，电商部门不是全新的事业部，就是独立的公司。钟涛认为，传统品牌的电商部门角色一定要随着渠道的规模而进行转变，“最初是‘独立团’，自己成立团队，老板给货，给政策，自己杀出来做出规模；第二步应该是‘保安团’，要对市场上的渠道进行规范，变身为一个执法者；第三步是‘文工团’即先把方向定好，然后树典型，做表彰，拉动权益分配。”因此，电商部门要做网络渠道的管理者，自己需要先定好战略，然后让每个授权经销商执行自己的战术。

第十章　服装促销策略

课程名称： 服装促销策略

课程内容： 服装促销概述
服装广告策略
人员推销策略
营业推广策略
服装商品陈列策略

课程时间： 4 课时

教学目的： 向学生讲解服装促销策略以及服装陈列方面的知识，使学生遇到服装促销方面的问题时能够运用灵活的促销方式去解决，同时掌握一定的服装陈列知识。

教学方式： 理论教学

教学要求： 1. 掌握促销概念及方式。
2. 明确促销组合方式及其决策内容。
3. 理解广告促销策略。
4. 理解人员推销策略。
5. 理解营业推广策略。
6. 掌握陈列的基本知识。

课前准备： 阅读有关服装产品方面的有关知识。

第一节　服装促销概述

在任何社会化大生产和商品经济条件下，服装生产者不可能完全清楚谁需要什么商品、何地需要、何时需要以及消费者愿意并能够接受什么价格等。另一方面，广大服装消费者也不可能完全清楚什么商品由谁供应、何地供应、何时供应、价格高低等。服装企业必须通过沟通活动，利用广告、宣传报道、人员推销等促销手段，把流行款式、面料性能等产品信息传递给消费者和用户，以增进其了解、信赖并购买本企业产品，达到扩大销售的目的。随着服装企业竞争的加剧和产品的增多，广大消费者对服装商品要求更高、挑选余地更大。因此，企业与消费者之间的沟通更为重要，服装企业更需加强促销，利用各种促销方式使广大消费者和用户加深对产品的认识，以使消费者愿多花钱来购买其产品。服装企业不仅要给产品制订具有竞争力的价格和选择合理的分销渠道，更重要的是要想办法建立消费者、经营者和生产商之间的联系。先是引起消费者对产品的注意，进而使其产生兴趣，激发他们的需求和欲望，最终促成购买，这就要依靠市场营销策略中的促销策略。

促销（Promotion）是促进产品销售的简称，它有广义和狭义两层含义。广义的促销是指企业应用各种沟通方式、手段，向消费者传递商品（服务）与企业信息，实现双向沟通，使消费者对企业及其商品（服务）产生兴趣、好感与信任，进而做出购买决策的活动。它与产品策略（Product）、价格策略（Price）、渠道策略（Place）、员工/消费者策略（People）、过程策略（Process）并称为6P策略，主要方式包括人员推销、广告、营业推广和公共关系。而狭义的促销则单指营业推广，也称销售促进，是指在广告、人员推销、公关宣传之外所做的一切能刺激顾客购买或经销商交易的行销活动，包括消费者促销、通路促销、业务人员促销（激励）。

服装促销是指服装企业利用各种有效的方法和手段，使消费者了解和注意企业的产品、激发消费者的购买欲望，并促使其实现最终的购买行为。

促销是服装企业市场营销的一个重要策略，服装企业主要通过人员推销、广告、营业推广等活动把有关产品的信息传递给消费者，激发消费者的需求，甚至创造消费者对产品的新需求。通过这样的策略，向企业外部传递信息，与中间商、消费者及各种不同的社会公众进行沟通，树立良好的产品形象和企业形象，使消费者最终认可企业的产品，实现企业的营销目标。

服装促销的要素主要包括以下几点：

（1）促销主体。促销主体就是主动开展营销活动的组织或个人，即服装企业或经销商等。

（2）促销客体。促销客体即促销活动的对象，是促销活动信息传递的受众，也即是企业的目标市场——消费者。

（3）促销内容。促销内容是服装企业通过促销活动向消费者推广、介绍和传递沟通的信息内容。它可以是企业的信息，也可以是产品、服务或构思的信息。

（4）促销目的。促销的目的是通过信息沟通赢得信任、诱导需求、影响欲望、促进购买。主要包括：新品上市，吸引消费者；打击对手，提升优势；争夺消费者，拓展市场；让利消费者，增加销量；创造竞争优势，延长产品生命；回馈消费者，提升品牌价值。

服装促销不仅仅是要提升眼前的销量，更重要的是通过促销提升消费者对品牌的认知度和忠诚度，提升品牌价值，实现销量的持续增长。

（5）促销方式。促销的方式是企业向消费者传播、沟通信息的媒介。我们把促销的方式大致分为人员促销和非人员促销两类。人员促销，也就是人员推销，是企业运用推销人员与消费者面对面接触、交流，以此来传递信息、推销商品或服务、促成消费者购买行为的一种促销活动。非人员促销，是企业通过一定的媒体传递产品或服务的有关信息，以促使消费者产生购买欲望、实施购买行为的一系列促销活动，包括广告、公共关系和营业推广等方式。

一、促销的作用及方式

促销策略是服装企业市场营销活动的重要组成部分，服装企业通过各种促销活动，沟通和传递信息，激发消费者的购买行为。消费者购买行为的产生，需求是“内因”，促销是“外因”，这是一个大前提。总体来说，促销起的只是催化、加速、促成、激励的作用。这些作用概括起来主要有以下四个方面。

（一）传递供给信息，指导顾客消费

促销可以帮助企业把进入市场或即将进入市场的产品或服务的有关信息传递给目标市场的购买者，以引起他们的注意，从而使在市场上正在寻找卖主的潜在顾客成为现实顾客。一种商品在即将进入市场或者已经进入市场以后，企业为了使更多的消费者了解这种产品，就需要及时地向消费者传递有关企业状况以及产品特点、价格、服务方式和内容等相关信息，以此诱导消费者对产品产生需求欲望并采取购买行为。

（二）突出产品特点，激发消费需求

有效的促销活动通过介绍产品（尤其是新产品）的性能、用途、特征等，能够诱导和激发需求，在一定条件下还可以创造需求。与众不同、独树一帜，是多数企业成功的秘诀，而市场经济的快速发展又使商品质量、花色品种向同质化方向发展。有些同类产品差

别小，消费者不易分辨，假冒伪劣产品以假乱真，消费者更是无法分辨。在这种情况下，企业需要通过促销的方式，向消费者宣传和说明自己产品与同类产品的差别，便于消费者了解本企业产品的特点。

（三）强调心理促销，激励购买行为

现代促销活动其实是“攻心为上”，强调心理战术的促销活动。“心动”是前提，只有“心动”才可能“行动”。无论哪一种促销方式，从本质上来说，都是一种“打动人心”的活动。消费者一般对新产品具有抗拒心理。由于使用新产品的初次消费成本是使用老产品的一倍（对新产品一旦不满意，还要花同样的价钱去购买老产品，这等于花了两份的价钱才得到了一个满意的产品，所以许多消费者在心理上认为购买新产品代价高），消费者就不愿冒风险对新产品进行尝试。但是，促销可以让消费者降低这种风险意识，降低初次消费成本，而去接受新产品。

（四）树立企业形象，赢得顾客信任

促销活动有时并不以立即产生购买行为为目的，它可能是通过促销活动树立企业及其产品在市场上的良好形象，给消费者留下深刻的印象，形成消费者根深蒂固的特殊偏好。消费者一旦产生购买欲望与需求时，就会马上联想到该企业的产品。

二、服装促销组合策略

（一）服装促销组合的定义

所谓服装促销组合，是一种组织促销活动的策略思路，主张服装企业运用广告促销、人员推销、营业推广、公关关系四种基本促销方式组合成一个策略系统，使服装企业的全部促销活动互相配合、协调一致，最大限度地发挥整体效果，从而顺利实现企业目标。

善于经营的服装企业，不仅要努力开发适销对路的产品，制订具有竞争力的价格和选择合理的分销渠道，而且要及时有效地将产品或劳务的信息传送给目标顾客，沟通生产者、经营者与消费者之间的联系，激发消费者或客户的欲望和兴趣，进而满足其需求，促使其实现购买行为。

服装促销组合体现了现代市场营销理论的核心思想——整体营销。促销组合是一种系统化的整体策略，四种基本促销方式构成了这一整体策略的四个子系统（表 10－1）。每个子系统都包括了一些可变因素，即具体的促销手段或工具，某一因素的改变意味着组合关系的变化，也就意味着一个新的促销策略。

表 10－1 促销组合各方式特点

促销方式	特点	简评
广告促销	告知、公众性、渗透性、表现性	广告对树立企业的长期形象有利
人员推销	直接、沟通	人员推销是双向沟通，推销过程实际上是人际关系的过程
营业推广	吸引、刺激、短期	与日常营业活动紧密结合，在促销活动中最具创造力
公关关系	可信度高、传达力强、戏剧性	公共关系是一种软广告，往往能起到事半功倍的效果

1. **广告促销**

指企业按照一定的预算方式，支付一定数额的费用，通过不同的媒体对产品进行广泛宣传，促进产品销售的传播活动。

2. **人员推销**

指企业派出推销人员或委托推销人员，直接与消费者接触，向目标顾客进行产品介绍、推广，促进销售的沟通活动。

3. **营业推广**

指企业为刺激消费者购买，由一系列具有短期诱导性的营业方法组成的沟通活动。

4. **公关关系**

指企业通过开展公共关系活动或通过第三方在各种传播媒体上宣传企业形象，促进与内部员工、外部公众良好关系的沟通活动。

当然，随着服装营销理论和实践的不断进步，促销的方式也在不断地更新和变化，如企业赞助，这是企业广告和公关相结合的一种新的促销方式，企业赞助的范围也很广泛，它在企业促销中起着越来越重要的作用。

企业赞助最主要的支出是在体育类项目上，还包括慈善和艺术活动、巡回音乐会、电影以及节日庆典和展览会之类的年度活动。

例如，最为显眼和让人关注的要数李宁品牌赞助我们国家 2008 年奥运会，李宁果断出手，大手笔赞助奥运会相关活动。

（二）服装促销组合的决策

服装促销组合决策，就是决定如何选择和组合应用以上这几种沟通方式，达到服装企业有效进行促销的目的。服装企业营销沟通组合应体现整体决策思想，形成一个完整的促销组合策略。服装促销组合决策的内容主要包括：

1. **确认服装促销对象**

成功的服装促销实践证明，准确确认促销对象是服装企业开展促销的活动的首要问题。它不仅是服装企业整个促销决策的重要组成部分，也是企业确定促销目标、设计促销内容、选择渠道、规划组合及检测促销效果等工作的重要前提和基础。在产品促销中，促销对象主要是服装企业产品的销售对象。这个问题主要通过服装企业目标市场的可行性研究与服装市场营销调研来解决。通过这两项工作，服装企业可以界定其产品的销售对象是现实购买者还是潜在购买者，是消费者个人、家庭还是社会团体。应当说，明确了服装企业产品的销售对象，也就确认了服装促销的目标对象。

2. 确定服装促销目标

在不同时期和不同的市场环境下，服装企业开展的促销活动都有着特定的促销目标。所谓服装促销目标，是指服装企业促销活动所要达到的目的。例如，在一定时期内，某服装企业的促销目标是在某一市场激发消费者的需求，扩大企业的市场份额；而另一服装企业的促销目的则是加深消费者对企业的印象，树立企业的形象，为其产品今后占领市场、提高市场竞争地位奠定基础。显然，这两个企业的促销目的不同，因此促销组合决策就不应该一样。前者属于短期促销目标，为了近期利益，宜采用广告促销和营业推广相结合的方式；后者属于长期促销目标，其公关促销具有决定性意义，应辅之以必要的人员推销和广告促销。在决策中，企业还须注意，服装企业促销目标的选择必须服从企业营销的总体目标，不能为了单纯的促销而促销。

3. 服装促销信息的设计

服装促销目标必须通过促销信息传递来实现，因此，服装企业必须设计有效的促销信息。企业在设计有效促销信息时，必须重点研究信息内容的设计。服装促销信息内容是指企业促销对目标对象所要表达的诉求，并以此刺激其反应。诉求一般分为理性诉求、感性诉求和道德诉求三种。理性诉求的重点是试图说明该产品能为目标对象带来何种利益。一般机器、设备等生产资料，运用理性诉求较好，因为产业购买者对理性诉求的反应较为显著。感性诉求是试图引起目标对象的情感，如喜爱、荣耀等，以激发消费者的购买行为。这种诉求通常应用在生活消费品的信息内容设计中。道德诉求是试图让信息接收者感到什么是对的和适当的，通常用于劝说人们支持某些社会活动，如为“希望工程”义捐等。

4. 选择沟通渠道

服装企业在促销活动中，可选择用来传递促销信息的沟通渠道主要有两类：人员沟通渠道与非人员沟通渠道。人员沟通渠道是指两个或两个以上的人之间的直接沟通，主要包括企业的销售人员与目标购买者之间的接触、有关专家向目标购买者当面推荐、亲朋好友及俱乐部会员对目标购买者的建议三种具体形式。人员沟通渠道之所以有沟通效果，主要在于当事人可直接说明，同时也能得到反馈，并且可利用良好的“口碑”来扩大企业及产品的知名度与美誉度。一般来说，当企业的产品价格昂贵、风险大、不经常购买或者企业的产品代表拥有显著的社会地位，人员的影响力显得尤其重要，运用人员沟通渠道最为适宜。非人员沟通渠道是指不以人员的接触或互动来传递信息，其方式包括媒体、气氛与事件，也称大众媒体沟通。一般情况下，人员沟通渠道比大众沟通渠道更有效。尽管如此，大众传播沟通与人员沟通还是相辅相成的，两者的有机结合才能发挥更好的效果。

5. 确定服装促销的具体组合

促销组合决策的关键是确定促销的具体组合，即根据不同的情况，将广告促销、人员推销、营业推广和公共关系四种促销方式进行适当搭配，使其发挥整体的促销效果。企业在决定促销组合时应考虑以下因素来确定促销组合。

（1）服装产品的属性。产品从其基本属性角度来看可分为生产资料和生活资料。生产资料是以人员推销为主的促销组合，生产资料的产品技术性较强，购买者数量较少，但购买数量大且金额较高；生活资料是以广告为主的促销组合，生活资料市场的购买者人数众多，产品技术性较简单，标准化程度较高。在生产者市场和消费者市场上，公关促销和营业促销都处于次要地位。当然，也不能把问题绝对化。

（2）服装产品的价格。一般来说，产品技术性能复杂、价格较高的产品销售，应以人员推销为主，辅以其他沟通方式的促销组合；一般化的、价格较低的产品，应以广告沟通为主，辅以其他沟通方式的促销组合。

（3）服装产品的寿命周期。在产品寿命周期的不同阶段，有不同的促销目标，因而应采取不同的促销组合策略。在产品投入期阶段，新产品首次打入市场，应采用以广告沟通为主的促销策略，重点宣传产品的性质、牌号、功能、服务等，以引起消费者对新产品的注意。在产品成长期阶段，市场已经发生了变化，消费者已对产品有所了解，仍应采用以广告为主的促销组合，但广告宣传应从一般介绍产品转而着重宣传企业产品特色，树立品牌，使消费者对企业产品形成偏好。这时应增加促销费用，并配合人员推销，以扩大销售渠道。在产品成熟期阶段，产品已全部打入市场，销售从鼎盛转而呈下降趋势。这时，广告促销仍不失为一种重要方式。但其他促销方式应配套使用，尤其应重视营业推广方式。在产品衰退期阶段，同行竞争已到了白热化程度，替代产品已出现，消费者的兴趣已转移，这时企业应该削减原有产品的促销费用，少量采用提示性广告。对于一些老用户，营业推广方式仍要保持。

（4）服装目标市场特点。服装目标市场在销售范围大、涉及面多的情况下，应以广告促销为主，辅以其他沟通方式；而目标市场在相对集中、销售范围较小、需求量较大的情况下，应以人员沟通为主，辅以其他沟通方式。如果目标市场消费者文化水准较高、经济收入宽裕，应较多运用广告和公关沟通为主的组合；反之，应多用人员推销和营业推广为主的促销组合。

（5）“推”或“拉”策略。在服装促销中，企业一般采用“推”策略或“拉”策略。“推”策略是把中间商作为主要的促销对象，把产品推进分销渠道，推上最终市场。“拉”策略是把消费者作为促销对象，引导消费者购买，从而拉动中间商进货。两种不同的促销策略采用的是不同的促销组合，“推”策略采用的是以人员推销为主的促销组合，而“拉”策略采用以广告为主的促销组合。企业对两种策略有不同的偏好，有些偏重“推”策略，有些偏重“拉”策略。

6. *确定服装促销预算*

开展促销活动必须花费一定的费用，这些费用必须事先进行预算。一般来说，广告促销、人员推销、营业推广和公关关系的费用是依次递减的。当然，服装促销费用与促销效益并不一定成正比关系，企业应根据自己的经济实力和宣传期内受干扰程度大小的状况决定促销组合方式。如果企业促销费用宽裕，则可几种促销方式同时使用；反之，则要考虑选择耗资较少的促销方式。

总之，企业应对不同促销方式各有侧重，灵活运用，并制订实施的先后顺序，分清轻重缓急，以求取得最佳的效果。

第二节 服装广告策略

广告现在已成为企业促销不可缺少的方式之一，现代商业活动离不开广告，“酒香不怕巷子深”的传统观念在市场经济的今天早已被证明是行不通的。服装企业开展广告活动是市场竞争的直接结果，是服装企业决定参与市场竞争的标志，从某种意义上来说，一个服装企业的广告就是该企业进入市场的宣战书。广告对服装企业在开拓市场、促进销售、改善企业公关形象、提高企业的整体竞争力和社会影响力上有着十分重要的作用，是连接企业和社会与消费者之间的桥梁。

在服装企业经营中，广告在促进产品销售、改善企业形象方面起着极其重要的作用。因而，制订广告促销决策成为企业决策的重要内容。广告促销决策涉及建立广告目标、制订广告预算决策和媒体决策以及广告效果评价等一系列活动。

一、服装广告的概念

所谓服装广告促销，是以赢利为目的的广告主，选择一定的媒体，以支付费用的方式向目标市场传播产品或服务信息的有说服力的信息传播活动。

广告在现代市场营销中占有重要的地位，已经成为服装企业促销活动的先导。广告一词源于拉丁文，原意是“我大喊大叫”。随着社会经济的发展，广告的内容和外延不断地丰富、延伸。广义的广告，是指与外界接触的一种手段，它包括政治广告、商业广告、文艺广告、社会广告、影讯广告、剧情广告、新书广告、征婚广告等一切公告、声明、通知和启示。

服装促销组合中研究的广告是狭义的广告，它是指以赢利为目的，通过支付一定费用，以各种说服的方式，公开地向目标市场和社会公众传递产品或劳务信息的传播行为。营销角度的广告概念强调的含义包括：广告要支付费用；“说服”与“公开”是广告的重要特征；“传递信息”“追求盈利”是广告的重要目的；“产品或劳务”是广告宣传的具体内容；“目标市场”和“社会公众”是广告的受众对象；“电视、广播、报纸、杂志”等是广告的传播媒体。

二、服装广告分类

（一）硬广告

硬广告指直接介绍商品、服务内容的传统形式的广告，通过刊登报刊、设置广告牌、电台和电视台播出等进行宣传。也就是我们在报纸、杂志、电视、广播四大媒体上看到和听到的那些宣传产品的纯广告就是硬广告。

（二）软广告

媒体刊登或广播的那些新闻不像新闻、广告不像广告的有偿形象稿件以及企业各种类型的活动赞助被业界称为软广告。狭义的软广告是指企业花钱在报纸或杂志等宣传载体上刊登的纯文字性的广告；广义的软广告是指企业通过策划在报纸、杂志或网络等宣传载体上刊登的可以提升企业品牌形象和知名度或可以促进企业销售的一些宣传性、阐释性文章，包括特定的新闻报道、深度文章、付费短文广告、案例分析等。

其特点是这些广告或以人物专访的形式出现，或以介绍企业新产品、分析本行业状况的通信报道形式出现，而且大都附有企业名称或服务电话号码等。随着媒体技术的发展，软广告呈现出越来越多的形式。

（三）硬软广告的区别

硬广告（主要是电视广告）的优点包括传播速度快，“杀伤力”强；涉及对象最为广泛；经常反复，可以增加公众印象；有声有色，具有动态性。缺点包括：渗透力弱；商业味道浓，可信程度低，时效性差；广告投入成本高，强迫性的说教；传递内容简单，时间短，如冰山一角。

软广告（主要是报纸杂志网络）的优点包括：渗透力相对较强；商业味道淡，可信程度高，时效性强；广告投入成本低，渐进式的叙述；消费者可以增长知识，扩大视野。缺点包括：传播速度慢；涉及对象相对狭窄、有限；增加公众印象方面相对较弱；静态性。

三、服装广告的作用

（一）传递信息、沟通产需

传递信息、沟通产需，这是广告在促进销售中最基本的作用。在市场经济中，谁掌握了市场信息谁就掌握了市场的主动权，这既适用于企业，也适用于消费者。如果消费者掌握到了必要的产品信息，就可以根据产品信息进行购买决策，选择物美价廉的商品，使购买效用达到最大化。对于企业来说，要想使自己的产品尽快地让顾客知道，必须借助于广告向消费者传递自己产品的性能、特点、质量、使用方法、购买地点、购买手续以及售后服务等信息，使消费者对企业产品留下深刻的印象，为顾客购买选择提供必要的信息。

（二）激发需求、促进销售

激发需求、促进销售是广告的最终目的。消费者的需求开始一般处于潜在状态，这种需求并不能形成直接的购买行为，必须进行宣传说服。在促销组合中，广告较人员推销具有更广泛的宣传说服作用。人员推销只能进行个别说服，而广告则可以在较大市场范围，针对众多的潜在顾客进行说服。通过广告宣传，可以引起人们的注意，进行购买说服，促使人们产生兴趣，使人们处于潜在状态的需求被激发出来，促成其购买行为产生。无数实践证明，一则生动活泼、具有说服力的广告，能够激发消费者的购买欲望，促使其产生购买行为，有利于扩大企业的产品销售。

（三）介绍商品、指导消费

在浩瀚的商品世界中，商品的数量、种类之多，消费者很难分辨清楚。因此，他们购买商品往往带有盲目性。据有关资料介绍，我国牙膏的种类就有700余种。消费者都有过这样的经历，面对琳琅满目的商品，不知买什么好。企业可以运用广告来介绍商品，指导消费。广告是无声的推销员，它比人员推销所接触的市场范围要大得多，具有广泛的传播范围。可以运用多种广告媒体向消费者介绍产品的种类、功能、款式、使用方法等，帮助消费者选择商品，帮助企业扩大产品销售、扩展目标市场。例如，“雅戈尔免熨衬衫”差异化的广告语就会让整则广告顿时光彩夺目。

在这个同质化严重的市场，竞争愈加白热化，创新的技术工艺被疯狂地复制，这让产品策划人员绞尽脑汁。他们祈求独特的情感销售，主张能摆脱这片“红海”，于是产品细分再细分，情感却重合再重合。

“伟杰衬衫，情系心间”，力求通过情感传递来打动消费者，以煽情的手法来演绎产品。“杉杉西服，不要太潇洒”，俏皮的话语暗示杉杉西服能为消费者带来尊贵、潇洒的情感体验。“开开衬衫，领袖风采”，用其名字演绎衣领、袖子开合时的自信、显贵以及折射出的产品的领导风范和附加价值。洞察消费者心智资源的变化，是把握营销策略的根本，要了解消费者真正需要什么。

（四）树立形象、赢得市场

广告是企业开展市场竞争的重要手段。企业的产品进入市场，通过广告宣传产品的特色、企业的质量保证和服务措施，树立良好的企业形象，提高产品的知名度，从而赢得市场。广告不仅对消费者具有激发购买作用，对中间商还能起到鼓励作用，争取更多的中间商分销本企业产品。在同类产品竞争激烈的市场现状下，中间商的进货具有很大的选择性。他们一般不愿意经营那些市场知名度低的产品，只有那些经过有效广告攻势、建立一定市场知名度的产品，他们才愿意进货。

四、服装广告策划

（一）服装促销的特点

服装产品是一种非功能性价值（如社会价值、文化价值、美学价值、象征价值等）含量高的产品，其感知手段主要是视觉、触觉，而且流行周期短、款式变化快，市场定位较为严格和细致。这些特征决定了服装促销的特征、具体表现为以下几点。

1．促销偏重于树立形象或理念定位

服装的穿着意义，主要已不在于保暖、遮体等功能性方面，而是一种象征，表达了自我价值、理想和追求。这固然要用色彩、款式和面料等要素来表达，但更需要准确的诠释以确立形象，表达设计师的理念定位，并将其传递给目标顾客。

2．提高品牌知名度和顾客忠诚度

这是服装促销的目标，时装品牌需要长期的促销活动，才能取得成效，形成忠诚的顾客群可以扩大销售额。

3．促销规划常以季节为周期和主题

促销活动总体规划应以季节为主题进行策划。一年的时装季节通常为 2 ~ 4 季，服装设计师和服装生产商针对零售商的促销常在季前进行，如夏季时装发布安排在每年的 1 月或 2 月，春季时装发布则在上一年的 10 月或 11 月。而零售商的促销则滞后些。

4．视觉传播媒介是主要促销媒介

服装的美学意义主要在于视觉方面，要表达这种流动的艺术，采用视觉传播媒介，如出版物、电视、广告牌等是很理想的。其中，杂志、彩印画页、电视和时装表演最能传达服装风格和表现服装感染力。因此，服装摄影也成为商业摄影业中的一个重要分支。

（二）服装广告制作的步骤

一般将广告制作步骤分为确定目标、确定预算、确定内容、确定媒体和效果评定。

1．确定目标

广告的目标一般分为销售效果目标和传播效果目标。销售效果目标主要指的是广告使产品销售达到的程度。其中，销售利润和市场份额是主要的考核对象。传播效果则主要指的是和消费者的沟通程度，通俗说就是知道广告的人有多少。

2．确定预算

因为企业做商业广告是一种付费宣传，所以必须围绕目标控制成本。广告的费用少了，达不到宣传的效果；费用多了，会造成浪费。因此，企业广告的预算必须非常谨慎。

3．确定内容

广告的内容指的是广告传递的信息，主要包括传递什么样的信息以及有什么样的创意。不同企业的广告应该有不同的个性与风格，要能够脱颖而出，就必须很好地安排广告的内容。

4．确定媒体

媒体是消费者和企业间沟通的媒介物，传统的四大媒体包括报纸、杂志、广告、电视。企业选择哪种媒体作为自己宣传的工具，需要考虑媒体的形式和产品的特点是大众化还是专业产品、考虑媒体的费用，这些直接影响预算。另外，还要考虑当地的法律法规和文化习惯等。

5. 效果评定

广告的效果评定一方面是为了衡量广告客观结果，另一方面是为了后面的广告活动提供参考价值。

第三节　人员推销策略

在现代促销手段中，人员推销是最为古老、普遍但又是现代最基本和最重要的销售方式，它是由推销人员、推销对象和推销的商品三者结合起来，构成统一的人员推销的活动过程。

一、人员推销的概念

人员推销是指企业派出推销人员与目标消费者进行面对面的接触，将产品或服务的信息传递给消费者，运用一定的促销手段和技巧，使消费者认识产品或服务的性能、特征，以引起注意，激发消费者购买欲望、激励消费者购买行为，以实现企业推销商品，促进和扩大销售的目的。

人员推销的基本形式：主要包括：上门推销、柜台推销、会议推销等。

1. 上门推销

由推销人员携带产品样品、说明书和订单等走访顾客，推销产品。这种推销形式可以针对顾客的需要提供有效的服务，方便顾客，故为顾客广泛认可和接受。

2. 柜台推销

由营业员接待进入门市的顾客，推销产品。门市的营业员是广义的推销员。柜台推销与上门推销正好相反，它是等客上门式的推销方式。由于门市里的产品种类齐全，能满足顾客多方面的购买要求，为顾客提供较多的购买方便，并且可以保证产品完好无损，因此，顾客比较乐于接受这种方式。

3. 会议推销

会议推销是指利用各种会议向与会人员宣传和介绍产品，开展推销活动。例如，在订货会、交易会、展览会、物资交流会等会议上推销产品。这种推销形式接触面广、推销集中，可以同时向多个推销对象推销产品，成交额较大，推销效果较好。

二、人员推销的特点

与其他促销方式相比，人员推销最根本的特点是推销员的工作是促进销售的主要原因。因此，有人把它叫作“人力促销”，这也是有道理的。具体来说，它主要有以下几个特点。

（1）人员推销可满足推销员和潜在顾客的特定需要。针对不同类型的顾客，推销员可采取不同的、有针对性的推销手段和策略。

（2）人员推销往往可在推销后立即成交。在推销现场使顾客进行购买决策，完成购买行动。

（3）推销员可直接从顾客处得到信息反馈。如顾客对推销员的态度、对推销品和企业的看法和要求等。

（4）人员推销可提供售后服务和追踪，及时发现并解决产品在售后使用时出现的问题。

当然人员推销也会存在不足之处：一是费用支出较大，人员推销直接接触顾客有限，销售面窄，人员推销的开支较多，增大了产品销售成本；二是对推销人员要求较高，人员推销的成效直接决定于推销人员素质的高低，尤其随着科技的发展，新产品层出不穷，消费者需求差异大且多变，对推销人员的要求越来越高。

三、人员推销的策略与技巧

（一）人员推销的策略

1. 试探性策略

指推销人员利用刺激性较强的方法引起顾客购买行为的一种推销策略。在推销人员不十分了解客户需要的情况下，事先准备好要说的话，对客户进行试探。同时密切注意对方的反应，然后根据反应进行说明或宣传。

2. 针对性策略

又称“配合—成交”策略。这种策略的特点是，事先基本了解客户的某些方面的需要，然后有针对性地进行“说服”，当讲到“点子”上引起客户共鸣时，就有可能促成交易。

3. 诱导性策略

也称“诱发—满足”策略。这是一种创造性推销，即首先设法引起客户需要，再说明所推销的服务产品如何能较好地满足这种需要。这种策略要求推销人员有较高的推销技术，在“不知不觉”中完成交易。采用这种策略，推销人员要有较高的推销艺术，能设身处地为顾客着想，并能恰如其分地介绍产品，真正起到诱导作用。

（二）人员推销的技巧

推销是一项技巧性很强的工作，工作平庸的推销员和成功的推销员之间的主要区别在于后者能够掌握推销的真谛，将各种推销技巧熟记于心并运用自如。在面对各种各样的客户时做到胸有成竹，攻无不克。

1. 上门推销技巧

(1) 找好上门对象。可以通过商业性资料手册或公共广告媒体寻找重要线索，也可以到商场、门市部等商业网点寻找客户名称、地址、电话、产品和商标。

(2) 做好上门推销前的准备工作，尤其要对产品、服务的内容和研发状况要十分了解、熟悉并牢记，以便推销时有问必答。同时，对客户的基本情况和要求应有一定的了解。

(3) 掌握"开门"的方法，即要选好上门时间，以免吃"闭门羹"。可以采用电话、传真、电子邮件等手段事先交谈或传送文字资料给对方并预约面谈的时间、地点。也可以采用请熟人引见、名片开道、与对方有关人员交朋友等策略，赢得客户的欢迎。

(4) 把握适当的成交时机。应善于体察顾客的情绪，在给客户留下好感和信任时，抓住时机发起"进攻"，争取签约成交。

(5) 学会推销的谈话艺术。谈话要把握分寸，当客户谈兴正浓时，要倾心聆听，不与顾客抢话头；对于自己不知道的事情，避免硬充内行，以免说错了贻笑大方，给顾客留下不专业、夸夸其谈的印象；不可在客户面前谈论他人的缺陷和隐私，客户听到这些谈论后会对你失去信任，因为他担心你到其他地方散布他的隐私；不可谈论容易引起争执的话题，以免与客户产生冲突；说话时避免引用低级趣味的例子，以免令客户感到尴尬，或觉得你没素质等。

2. 洽谈艺术

首先注意自己的仪表和服饰打扮，给客户留下良好的印象。同时，言行举止要文明、懂礼貌、有修养，做到稳重而不呆板、活泼而不轻浮、谦逊而不自卑、直率而不鲁莽、敏捷而不冒失。

在开始洽谈时，推销人员应巧妙地把谈话转入正题，做到自然、轻松、适时。可采取以关心、赞誉、请教、炫耀、探讨等方式入题，顺利地提出洽谈的内容，以引起客户的注意和兴趣。在洽谈过程中，推销人员应谦虚谨言，注意让客户多说话，认真倾听，表示关注与兴趣，并做出积极的反应。

遇到障碍时，要细心分析，耐心说服，排除疑虑，争取推销成功。在交谈中，语言要客观、全面，既要说明优点所在，也要如实反映缺点，切忌高谈阔论、"王婆卖瓜"，让客户反感或不信任。

洽谈成功后，推销人员切忌匆忙离去，这样做会让对方误以为上当受骗，从而使客户反悔违约。应该用友好的态度和巧妙的方法祝贺客户做了笔好生意，并指导对方领会好合约中的重要细节和其他一些注意事项。

3. 发现潜在顾客的技巧

潜在顾客是指有购买可能或者愿望的顾客。其特点是：具有较大的付款能力，有某种潜在的购买需求，有购买决定权，认同推销员的推销工作。

推销员发现潜在顾客的基本途径包括：一是随时随地寻找利用一切可以利用的场合和机会；二是利用人际关系介绍，如血缘、地缘、亲缘及各种团体，发现潜在顾客；三是寻找突破口，利用连带关系，发现潜在顾客。

发现潜在顾客的主要技巧包括：直接访问，即进行挨家挨户的访问或利用电话访问；老顾客介绍，利用老顾客的关系，介绍潜在顾客；同事协助，利用本企业其他业务人员介绍潜在顾客；产品展示，通过展出产品或新颖的POP广告吸引顾客驻足了解；利用各种名册，如电话本、工商名录、黄页、社团名录，也可以在新兴的互联网络上寻找客户信息；交换名单，不同行业的推销员相互交换顾客名单。

4. 排除推销障碍的技巧

（1）排除客户异议障碍。若发现客户欲言又止，自己应主动少说话，直截了当地请对方充分发表意见，以自由问答的方式真诚地与客户交换意见。对于一时难以纠正的偏见，可将话题转移。对恶意的反对意见，可以“装聋扮哑”。

（2）排除价格障碍。当客户认为价格偏高时，应充分介绍和展示产品、服务的特色和价值，使客户感到“一分钱一分货”。当客户认为价格偏低时，应介绍定价低的原因，让客户感到物美价廉。

（3）排除习惯势力障碍。实事求是地介绍客户不熟悉的产品或服务，并将其与他们已熟悉的产品或服务相比较，让客户乐于接受新的消费观念。

5. 人员推销的过程

现代企业的推销活动中，过程归纳起来一般分为四个阶段。

（1）寻找顾客。一般来说，寻找顾客是新推销人员最难跨过的一道门槛，但是也不是无章可循。寻找顾客的方法主要有普访寻找法、介绍寻找法、委托助手寻找法、资料查阅寻找法。

（2）推销谈判。主要原则包括：针对性原则、鼓动性原则、参与性原则、诚实性原则。

（3）处理异议。首先，推销人员面对顾客异议要自信。自信是一种良好心理素质的表现，这也是推销人员保证推销工作顺利完成的基本保证。其次，推销人员应尊重顾客的异议。要想得到别人的尊重，首先应尊重别人。作为一名推销人员，要想取得顾客的信任，顺利展开推销工作，就必须先尊重顾客提出的各种异议。认真分析顾客的异议，与顾客永不争辩。

（4）促成交易。

第四节 营业推广策略

一、营业推广的概念

营业推广是一种适宜于短期推销的促销方法，是企业为鼓励购买、销售商品和劳务而采取的除广告、公关和人员推销之外的所有企业营销活动的总称。营业推广也是企业在一定时期内，采用特殊方式对顾客进行强烈刺激，以激发顾客强烈的购买欲望，促成迅速购买的一种促销方式。营业推广（Sales Promotion）也被译成销售促进，在营销实践中，也习惯被称为促销。它是企业用来刺激早期需求或强烈的市场反映而采取的各种短期性促销方式的总称，即狭义的促销概念。

在促销活动中，营业推广往往配合人员推销、广告、公关等促销方式使用，使整个促销活动产生热烈的氛围和强烈的激励作用。

二、营业推广的作用

比起其他促销手段，营业推广在以下几个方面有着不可替代的作用：

（一）吸引消费者购买

这是营业推广的首要目的。尤其是在推出新产品或吸引新顾客方面，由于营业推广的刺激比较强，较易吸引顾客的注意力，使顾客在了解产品的基础上采取购买行为，也可能使顾客因追求某些方面的优惠而使用产品。

（二）奖励品牌忠实者

因为营业推广的很多手段。譬如，销售奖励、赠券等通常都附带价格上的让步，其直接受惠者大多是经常使用本品牌产品的顾客，从而使他们更乐于购买和使用本企业产品，以巩固企业的市场占有率。

（三）实现企业营销目标

这是企业的最终目的。营业推广实际上是企业让利于购买者，它可以使广告宣传的效果得到有力的增强，破坏消费者对其他企业产品的品牌忠实度，从而达到本企业产品销售的目的。

三、营业推广的特点

（一）营业推广促销效果显著

在开展营业推广活动中，可选用的方式多种多样。一般来说，只要能选择合理的营业推广方式，就能很快获得明显的销售效果。因此，营业推广适合于在一定时期、一定任务的短期性的促销活动中使用。

（二）营业推广是一种辅助性促销方式

人员推销、广告都是常规性的促销方式，而多数营业推广方式则是非正规性和非经常性的，只能是它们的补充方式。使用营业推广方式开展促销活动，虽能在短期内取得明显的效果，但它一般不能单独使用，常常配合其他促销方式使用。营业推广方式的运用能使与其配合的促销方式更好地发挥作用。

（三）营业推广讲究方式和时机

采用营业推广方式促销，似乎迫使顾客产生“机不可失、时不再来”之感，进而能打破消费者需求动机的衰变和购买行为的惰性。不过，营业推广的一些做法也常使顾客认为卖者有急于抛售的意图。若频繁使用或使用不当，往往会引起顾客对产品质量、价格产生怀疑。因此，企业在开展营业推广活动时，要注意选择恰当的方式和时机。

四、营业推广设计

（一）确定推广目标

营业推广目标的确定，就是要明确推广的对象是谁，要达到的目的是什么。只有知道推广的对象是谁，才能有针对性地制定具体的推广方案，例如，是为达到培育忠诚度的目的，还是鼓励大批量购买为目的?

（二）选择推广工具

营业推广的方式方法很多，但如果使用不当，则适得其反。因此，选择合适的推广工具是取得营业推广效果的关键因素。企业一般要根据目标对象的接受习惯和产品特点，目标市场状况等来综合分析选择推广工具。

（三）推广的配合安排

营业推广要与营销沟通的其他方式整合起来，如广告、人员销售等，相互配合，共同使用，从而形成营销推广期间的更大声势，取得单项推广活动达不到的效果。

（四）确定推广时机

营业推广的市场时机选择很重要，如季节性产品、节日、礼仪产品，必须在季前节前做营业推广，否则就会错过了时机。

（五）确定推广期限

即营业推广活动持续时间的长短。推广期限要恰当，过长会使消费者新鲜感丧失，产生不信任感；过短会使一些消费者来不及接受营业推广的实惠。

五、营业推广的方式

营业推广的方式多种多样，分类的标准也不尽相同。其中最常用的分类方法，即按营业推广的对象来分类。根据其对象的不同大致可分为三类，如表 10－2 所示。

表 10－2　营业推广的方式

营业推广对象	营业推广形式
消费者	赠送样品、包装促销、折扣券、现场示范、奖励促销、利益承诺、参与促销、会议促销
中间商	批发回扣、推广津贴、销售竞赛、扶持零售商、业务会议、现金折扣
推销人员	红利提成、特别推销金、推销竞赛

（一）面向消费者的营业推广方式

1. 赠送样品

向消费者赠送样品或试用品，赠送样品是介绍新产品最有效的方法，缺点是费用高。样品可以选择在商店或闹市区散发或在其他产品中附送，也可以公开广告赠送或入户派送。

2. 包装促销

在保证产品质量不变的前提下，使用简单包装或改用大包装，因销售价格大幅降低而吸引顾客。或者，将两个或两个以上的相关产品以组合包装和搭配包装的方式，让顾客感受到比单独购买更优惠的价格。这是长期受顾客欢迎的方式，但是在新产品上市时不宜采用。

3. 折扣券

在购买某种商品时，持券可以免付一定的金额。折扣券可以通过广告或直邮的方式发送，在节假日的商场促销活动中，我们常看到类似“买 200 送 100”“买 100 省 40”等广告条幅，就是这种形式的应用。

4. 现场示范

企业派促销员在销售现场演示本企业的产品，向消费者介绍产品的特点、用途和使用方法等。加上促销员热情劝说试用、鼓励免费品尝，潜在顾客更容易被说动。

5. 奖励促销

顾客在购买一定数量或金额的产品后，可以获得企业按条件发放的奖励。奖励方式推陈出新，最常见的是幸运抽奖。顾客只要符合抽奖条件，即可从企业获得一个抽奖的机会，多买多得。或当场开奖，或按规定日期开奖。

6. 利益承诺

这也是吸引顾客的一种手段，通过对购物后的利益保障来取得消费者的信任，例如保证一定期限内无条件退换货品、承诺保修范围等。以旧换新更是一种对市场的极力争取。

7. 参与促销

消费者通过参与各种促销活动，如技能竞赛、知识比赛等活动，能获取企业的奖励。

8. 会议促销

各类展销会、博览会、业务洽谈会期间的各种现场产品介绍、推广和销售活动。

（二）面向中间商的营业推广方式

1. 批发回扣

企业为争取批发商或零售商多购进自己的产品，在某一时期内给经销本企业产品的批发商或零售商加大回扣比例。

2. 推广津贴

企业为促使中间商购进企业产品并帮助企业推销产品，可以向中间商支付一定的推广津贴。

3. 销售竞赛

根据各个中间商销售本企业产品的实绩，分别给优胜者以不同的奖励，如现金奖、实物奖、免费旅游、度假奖等，以起到激励的作用。

4. 扶持零售商

生产商对零售商专柜的装潢予以资助，提供 POP 广告，以强化零售网络，促使销售额增加。另外，也可派遣厂方信息员或代培销售人员。生产商这样做的目的是提高中间商推销本企业产品的积极性和能力。

5. 业务会议

常见的形式有交易会、展销会、博览会等。通过业务会议，企业能够加强与中间商的联系，当然也能够结识新的中间商，扩大产品的销量和销售范围。

6. 现金折扣

是指在商业信用和消费信贷普遍使用的市场上，企业为鼓励顾客用现金购货，对现金购货的顾客给予一定的折扣。

（三）面向推销人员的营业推广方式

主要是针对企业内部的销售人员，鼓励他们热情推销产品或处理某些老产品，或促使他们积极开拓新市场。

1. 红利提成

做法有两种：一是推销人员的固定工资不变，在一定时间内，从企业的销售利润中提取一定比例的金额作为奖励发给推销人员；二是推销人员没有固定工资，每达成一笔交易，就根据销售利润的多少提取一定比例的金额。销售利润越大，提取的百分比也越大。

2. 特别推销金

企业给予推销人员一定的金钱、礼品或本企业的产品，以鼓励其推销本企业产品。

3. 推销竞赛

内容包括推销数额、市场渗透、推销服务等，规定奖励的级别、奖金的数额，以鼓励推销人员。对于成绩好的给予奖金、旅游、休假等奖励。

六、营业推广计划的组织和实施

为了达到营业推广活动的预期目的，必须对所采取的各种推广方式加以合理协调，加强营业推广方案的计划、组织和实施。

（一）确定营业推广的对象和目标

企业应根据目标市场的特点和总体营销策略来确定推广的目标。首先，要确定以谁为推广对象。一般来说，应是企业潜在的顾客，可以是消费者、中间商或推销人员。只有知道推广的对象是谁，才能有针对性地制订具体的推广方案。例如，是以培育忠诚度为目的还是以鼓励大批量购买为目的。

（二）选择推广工具

营业推广的方式方法很多，但如果使用不当，会适得其反。因此，选择合适的推广工具是取得营业推广效果的关键因素。企业一般要根据目标对象的接受习惯、产品特点和目标市场状况等来综合分析、选择推广工具。

（三）推广的配合安排

营业推广要与营销沟通其他方式，如广告、人员销售等整合起来，相互配合，共同使用，从而形成营销推广期间的更大声势，取得单项推广活动达不到的效果。

（四）确定推广时机

选择营业推广的市场时机很重要，如季节性产品、节日、礼仪产品，必须在季前、节前做营业推广，否则就会错过好时机。

（五）确定推广期限

要确定营业推广活动持续时间的长短。推广期限要恰当：过长，消费者会丧失新鲜感，产生不信任感；过短，一些消费者还来不及接受营业推广的实惠。

（六）营业推广方案的实施

企业在实施推广方案前应进行实验性操作，以便检验所选方案是否恰当、刺激规模是否最佳、作用目标是否有成效等。在具体实施过程中，应把握两个时间因素：一是实施方案之前所需的准备时间；二是从正式推广开始至结束为止的时间。

第五节 服装商品陈列策略

一、服装商品陈列的概念

在服装零售史上，19 世纪 80 年代以前，服装店主还没有意识到商品展示的重要性，服装只是简单地被堆放在桌子上。20 世纪初，玻璃橱窗取代了仓储式的商店布置。20 世纪 30 年代以后，随着近现代商业的繁荣，服装的陈列展示逐渐发展成为一门创造性的视觉与空间艺术，其涵盖内容也大大超出了传统的“陈列”范畴，包括商店设计、装修、橱窗、陈列、模特、背板、道具、光线、POP 广告、产品宣传册、商标及吊牌等零售终端的所有视觉要素，是一个完整而系统的集合概念。因此，用“视觉营销”来表述更为准确。而构成视觉营销的这些要素在消费者动态的消费过程中，又以综合的方式影响着消费者的个体体验。这样一来，视觉营销向纵深发展，体验营销的概念应运而生。

陈列工作不仅仅是布置橱窗、整理服装。一个优秀的陈列师既要有扎实的陈列基础知识，同时还要对品牌的风格、顾客的购买心理、产品的销售有一定的研究。

陈列在服装营销中有着重要的地位，是“视觉营销”最重要的组成部分。它具有直观性和系统性的特点，以促销为目的、以视觉语言为主要手段。

二、服装商品陈列的目的

服装品牌提供给消费者的不应仅仅是服装产品本身，而应该是一种价值观念和生活方式，它煽动人们的消费激情、刺激人们的购买欲，并不断追求人们内心深处那种难于彻底满足的欲望。同样，服装零售终端的体验营销也应当以消费者所追求的生活方式为诉求，从“大服装”的视角来思考终端形象，利用不同的视觉语言传递不同的品牌个性和文化理念，将品牌及产品塑造成某一生活方式的象征。现在的消费者往往介于感性和理性之间，他们追求的是一种更为个性化的东西，对服装品牌和终端形象的要求也是如此。他们会寻找与其自我形象相吻合的购物环境和体验，希望在购买服装的同时也带走这些与众不同的感受。

作为一种服务于商业的活动，陈列的主要目的就是为了促进产品销售。陈列可以使静止的服装变成顾客关注的目标。尤其是对需重点推荐的货品以及新上市的货品，陈列师更愿通过各种陈列形式，用视觉的语言来吸引消费者的目光。经过科学规划和精心陈列的卖场，可以提高商品的档次、增加商品的附加值。

其次，陈列的目的是为了传播品牌文化。服装是时尚的产物，它不仅仅是一种可以看到和触摸到的物质，同时也有精神层面的东西，是一种文化。成功的陈列除了向顾客告知卖场的销售信息外，同时还应传递特有的品牌文化，而传播品牌文化的最终目的还是为了进一步促进销售。

在陈列展示的过程中，陈列设计师不仅仅要展示商品，更需要陈列生活方式。陈列设计师不仅是整个品牌的形象塑造师，更是营造视觉生活享受的专家。

陈列是视觉营销中的一个重要部分，视觉营销绝对不等同于陈列设计。陈列是辅助企业赢利的一种重要手段。

三、服装商品陈列的工作目标

根据工作目标的不同，大致可以把服装陈列分为三个层次。

（一）整洁、规范

卖场中首先要保持整洁。场地要整齐、清洁，服装货架无灰尘，货物堆放有序、挂装平整，灯光明亮。假如连这点都做不到，我们就无法去实施其他陈列工作。规范就是将卖场区域的划分、货架的尺寸、服装的陈列形式等，按照各品牌或常规的标准统一执行。

（二）合理、和谐

卖场的通道规划要科学合理，货架及其他道具的摆放要符合顾客的购物习惯及人体工程学，服装的区域划分要和品牌的推广和营销策略相符合。同时，还要做到服装排列有节奏感、色彩协调、店内店外的整体风格统一。

（三）时尚、风格

在现代社会里，不管是时装还是家居服，无一不打上时尚的烙印，卖场的陈列也不例外。卖场中的陈列要有时尚感，让顾客从服装陈列中清晰地了解品牌主推产品、主推色彩，从中获取时尚信息。另外，服装陈列要逐渐形成一种独特的品牌文化，使整个卖场从橱窗的设计、服装的摆放、陈列的风格上都具有自己的风格，富有个性。

四、服装商品陈列的意义

合理的服装商品陈列可以起到展示商品、提升品牌形象、营造品牌氛围、提高品牌销售的作用，这些是它的基本意义。

（一）展示商品

服装在展示外在美方面表现最突出，其陈列效果也很容易体现。一件高档时装，如果把它很随意地挂在普通衣架上，其高档次就显现不出来，顾客就可能看不上眼。如果把它“穿”在模特身上，用射灯照着，再配以其他的衬托、装饰，其高雅的款式、精细的做工就很清楚地呈现在顾客面前，顾客就很容易为之所动。

（二）提升品牌形象

众所周知，商品陈列是免费的广告，是促成终端销售的最后机会之一。调查表明，顾客最后做出购买决定87%取决于该商品陈列的科学性与显眼度。而产品陈列又是最为廉价、最为基本的促销方式。它不需要投入大量费用（甚至是免费的），只需要静下心来，认真审视所经营产品的特点、消费者的购买习惯等，从审美的角度对产品摆放进行艺术的加工，就可能获得更大的效益。良好的商品陈列不仅可以方便、刺激顾客购买，而且可以借此提高企业产品和品牌的形象。

（三）营造品牌氛围

我们知道一个卖场的整体氛围包含橱窗装饰、货品陈列摆放、光源、色彩搭配、POP等，这些是构成一家店铺良好氛围的关键要素。服装商品本身不会说话，但我们可以利用陈列手法、造型艺术和灯光让其“活”起来。例如，某休闲装品牌，运用动感的休闲模特、跳跃和动感的冲浪板以及鲜艳的服装色彩，构成了一幅年轻人夏季在海边冲浪运动的快乐情景，这种展示生动而有趣地给消费者提供了身临其境的联想空间。

（四）提高品牌销售

“好的陈列和差的陈列，对销售额的影响至少在100%以上”，这是众多品牌和商家极度重视产品陈列的原因之一。商品陈列可以引起消费者的购买欲，并促使其采取购买行动。据统计，店面如能正确运用商品的配置和陈列技术，销售额可以在原有基础上提高10%。但是，陈列还要将天、时、地、人各种因素综合考虑，才可达到理想的陈列结果。

除此之外，陈列还可以：提高商品的附加值，使企业获得更高的利润，增强企业的竞争力，占有更多的市场份额；改变生活方式，针对目标消费群层次加强商品视觉效果的展示，可以引导顾客购物，并影响和提升消费群的审美度，引发其消费和生活方式的改变；有利于维护商家的信誉，提高商品的可信度，使消费者易于接受商品的各种信息，加深对商品的印象，增加购买机会，形成潜在利润，从而提升企业的知名度。

五、服装商品陈列技巧

合理的陈列商品可以起到展示商品、刺激销售、方便购买、节约空间、美化购物环境的重要作用。据统计，店面如能正确运用商品的配置和陈列技术，销售额可以在原有基础上提高10%以上。

（一）主题陈列

给服饰陈列设置一个主题的陈列方法。主题应经常变换，以适应季节或特殊事件的需要。它能使专卖店创造独特的气氛，吸引顾客的注意力，进而起到促销商品的作用。

（二）整体陈列

将整套商品完整地向顾客展示，比如将全套服饰作为一个整体，用人体模特型从头至脚完整地进行陈列。整体陈列形式能为顾客作整体设想，便利顾客的购买。

（三）整齐陈列

按货架的尺寸，确定商品长、宽、高的数值，将商品整齐地排列，突出商品的量感，从而给顾客一种刺激，整齐陈列的商品通常是店铺想大量推销给顾客的商品，或因季节性因素顾客购买量大、购买频率高的商品等。

（四）随机陈列

就是将商品随机堆积的方法。它主要是适用于陈列特价商品，它是为了给顾客一种“特卖品即为便宜品”的印象。采用随机陈列法所使用的陈列用具，一般是圆形或四角形的网状框，另外还要带有表示特价销售的提示牌。

（五）盘式陈列

实际上是整齐陈列的变化，表现的也是商品的量感，一般为单款式多件排列有序地堆积，将装有商品的纸箱底部作盘状切开后留下来，然后以盘为单位堆积上去，这样可以加快服饰陈列速度，也在一定程度提示顾客可以成批购买。

（六）定位陈列

指某些商品一经确定了位置陈列后，一般不再作变动。需定位陈列的商品通常是知名度高的名牌商品，顾客购买这些商品频率高、购买量大，所以需要对这些商品给予固定的位置来陈列，以方便顾客，尤其是老顾客。

（七）关联陈列

指将不同种类但相互补充的服饰陈列在一起。运用商品之间的互补性，可以使顾客在购买某商品后，也顺便购买旁边的商品。它可以使得专卖店的整体陈列多样化，也增加了顾客购买商品的概率。它的运用原则是商品必须互补，要打破商品种类间的区别，表现消费者生活实际需求。

（八）比较陈列

将相同商品按不同规格和数量予以分类，然后陈列在一起。它的目的是利用不同规格包装的商品之间价格上的差异来刺激他们的购买欲望，促使其因廉价而做出购买决策。

（九）分类陈列

根据商品质量、性能、特点和使用对象进行分类，向顾客展示的陈列方法。它可以方便顾客在不同的花色、质量、价格之间挑选比较。

（十）岛式陈列

在店铺入口处、中部或者底部不设置中央陈列架，而配置特殊陈列用的展台。它可以使顾客从四个方向观看到陈列的商品。岛式陈列的用具较多，常用的有平台或大型的网状货筐。岛式陈列的用具不能过高，太高的话，会影响整个店铺的空间视野，也会影响顾客从四个方向对岛式陈列的商品透视度。

本章小结

- 本章主要是介绍服装促销手段。要掌握服装促销手段，首先要了解广告促销，它是大众传播，是非人员的推销方式，要明确它的概念及特点。一则好的广告是由多个环节的精心策划才得以完成的。如何根据广告目标确定广告内容、制订广告预算和选择广告媒体，这些都是广告策划的关键点。最终广告的效果如何，我们还要测评、检验。
- 对服装促销的概念及影响促销组合的因素要有所了解。接着，进一步了解常用的几种人员推销方式，怎么去组建一支优秀的促销队伍以及促销人员的管理问题。
- 服装营业推广往往与人员推销搭配使用，它也有自己的特点和特定的目标。掌握营业推广的主要方式，有利于我们进行产品促销。陈列在服装营销中有着重要的地位，是“视觉营销”最重要的组成部分。它具有直观性和系统性的特点，以促销为目的、以视觉语言为主要手段。

思考题

1. 什么是促销组合？促销组合包括哪些方式？
2. 广告在企业促销组合中有何作用？
3. 广告媒体选择应考虑哪些因素？
4. 销售人员在促销活动中的特点是什么？其基本任务是什么？
5. 试述公关促销的原则及主要内容。
6. 对消费者的营业推广有哪些具体方式？

小课堂

Zara 和 H&M 的促销比较

西班牙的 Zara 和瑞典的 H&M，目前为国际上两大成功的服装零售品牌，两家公司的成功得益于其独特营销策略的运用。西班牙知名服装品牌 Zara 属于在西班牙排名第一、全球排名第三的服装零售商 Inditex 公司旗下的品牌，该公司在全球拥有近 2000 多家分店，其中 Zara 是 Inditex 公司九个品牌中最著名的旗舰品牌，被认为是欧洲最具研究价值的品牌。Zara 已在全球 57 个国家和地区拥有分店，并且每年都以 70 家左右的速度增长。尽管 Zara 连锁店只占 Inditex 公司所有分店数的 1/2，但其销售额却占到了公司总销售额的 75% 左右。

瑞典 H&M 公司，全称 Hennes&Mamitz，是由其创始人 ErlingPersson 在 1947 年创立于瑞典的服装零售连锁企业。目前公司在欧洲和北美的 29 个国家和地区拥有其零售店，每年销售货品超过 5.5 亿件，已成为欧洲最大的服装零售连锁企业之一。

这两大服装零售业的巨头，能在欧洲及国际市场上取得成功，归功于他们独特的营销策略。但他们的促销策略却截然不同。

在促销方面，Zara 与 H&M 两家公司采取了截然不同的策略。Zara 几乎不作广告宣传，它的广告成本仅占其销售额的 0～0.3%，而行业平均水平则是 3.5%，广告费用的节省几乎成为它另一方面的利润来源。

Zara 的品牌宣传主要靠以下两个方面来实现：一是其产品结构自身的特点。以时尚、现代且丰富的款式结构配合合适的价格吸引消费者。并以快捷的更新速度抓住消费者的购买心理——“一旦看中而不购买，很快就会没有货”；二是依靠其优越的地理位置和时装摆放与展示方式。地理位置选择方面，Zara 一般都将店铺开在高档商业区和繁华的交通枢纽。尽管在这些地方开店的成本费用很高。但 Zara 总是在店里留出宽敞的空间，为顾客营造一种宽松愉快的购物环境，2000 年 Zara 店的平均面积为 910 平方米，到 2003 年年底，Zara 在全球连锁店的总面积达 68.6 万平方米，平均每个分店的面积为 1096 平方米；橱窗展示方面，Zara 聘请多名时装设计师从米兰、巴黎时装秀取得设计灵感，利用高档品牌提前发布时尚信息的传统（如 3 月发布秋冬季时装、9 月发布春夏季时装。发布时间和真正的销售季节中间通常有 6 个月的时间差），使得时尚杂志还在预告当季潮流时，Zara 橱窗已在展示这些内容；店内布置方面，Zara 店里衣服一般不是按货品种类堆放，而是上衣、裤子、皮包、配饰搭配放在一起。让顾客很容易一动心买走一整套东西。优越的地理位置、颇具特色的橱窗设计和独具一格的店内展示都使得 Zara 不用打广告也具有非凡吸引力。

H&M 的品牌促销与 Zara 走的是完全不同的路线。将廉价大众品牌与时装大师联系起来的方式可以说是他们在时装界的首创。2004 年和 2005 年 H&M 聘请了被称为“时装界凯撒大帝”的名设计师卡尔·拉格菲尔德（Karl Lagerfeld）和前披头士乐队成员保罗·麦卡特尼（Paul McCartney）之女，著名设计师斯泰拉·麦卡特尼（Stella McCartney）为品牌设计服装。当2004年11月，与卡尔·拉格菲尔德的合作开始时，当月就创下了营业额飙升24%的佳绩。2006年推出了荷兰服装设计师维克多（VIKTOR）和罗尔夫（ROLF）设计的新款服装系列，在斯德哥尔摩以及欧洲大城市引起了疯狂抢购热潮。2007年更是推出了M by Madonna系列，利用国际巨星麦当娜的设计系列配合中国香港与上海的新店铺开幕。

第十一章　服装网络营销

课程名称： 服装网络营销

课程内容： 网络营销概述

服装网络营销模式

服装网络营销策略

服装网络营销发展趋势

课程时间： 6课时

教学目的： 向学生讲解网络营销以及服装网络营销方面的知识，使学生能够很好地使用网络营销工具进行服装销售和推广自己的产品，更好地利用现代化的工具实施营销活动。

教学方式： 理论教学

教学要求： 1. 掌握服装网络营销的定义。

2. 理解网络营销的特点与模式。

3. 理解网络营销模式。

4. 运用网络营销。

5. 施营销策略。

课前准备： 阅读有关网络营销方面的有关知识。

第一节　网络营销概述

中国经济的快速发展为服装业的迅速崛起提供了良好机遇，电子商务的日新月异为服装业实现网络营销提供了平台。随着2004年11月中国流通业对外资全面开放，国外产品涌入国内市场，竞争的加剧给国内服装业带来了难度和不稳定性。此时，网络营销成了服装业在激烈竞争中立于不败之地的法宝。国际权威营销学者菲利普·科特勒认为："日益注重网上营销是未来的营销趋势，网络营销是21世纪的营销。"网络营销以互联网为平台，凭借网络将"天涯"变"咫尺"的神奇力量，打破了传统的产业界限，创造了全新的商业生态系统，为我国服装业提供了进入全球化领域施展的商机，为个人创造了开拓虚拟现实世界的机会。网络营销给全球服装业带来了前所未有的机遇和挑战，为企业经营带来了根本性的变革。它是现阶段缩短企业之间差距、跟上世界脚步的最有效手段，它令我国服装业能够和国外企业站在同一起跑线上，成为企业开创未来的强大竞争力和新的生存方式。

一、网络营销的定义

在欧美发达国家，由于B2C市场的成熟与规范，多数居民都有通过网络购买服装的经历。据统计，服装电子商务位居电子商务领域前五名，且发展势头迅猛，已成前沿消费潮流。而中国市场并不逊色于欧美，但目前的发展却明显滞后于国际市场。国内时尚品网购还处于起步期，目前在细分品类市场虽然涌现出了个别领先企业，但是整个市场的竞争格局尚未形成，有待更多企业的开拓。在美国，网络营销已成为服装销售不可忽视的模式。网络营销对服装企业的重要性已被广泛认可。各大服装零售商都争相发掘网络这一新领域来维持和巩固已有顾客资源、增加市场份额。互联网除了作为一个获取市场份额的有利工具之外，还能更好地巩固已有的服装品牌、增强客户关系。网络营销已是网络环境下服装企业持续性发展不可或缺的营销模式。我国时尚商品网络购物交易额实现了高增长，主要是因为服装服饰类商品已发展成为网购交易第一大类商品，用户需求旺盛。2014年1月16日，中国互联网络信息中心（CNNIC）在京发布第33次《中国互联网络发展状况统计报告》（以下简称《报告》）。《报告》显示，截至2013年12月，中国网民规模达6.18亿人，互联网普及率为45.8%。其中，手机网民规模达5亿人，继续保持稳定增长。手机网民规模的持续增长促进了手机端各类应用的发展，成为2013年中国互联网发展的一大亮点。2013年以网络购物、团购为主的商务类应用保持较高的发展速度。2013年，中国网络购物用户规模达3.02亿人，使用率达到48.9%，相比2012年增长6.0个百分点。在商务类应用中，团购市场的增长最为迅猛：2013 年团购用户规模达 1.41 亿人，团购的使用率为 22.8%，相比 2012 年增长了 8.0 个百分点，使用率年增速达 54.3%，成为商务类应用的最大亮点。基于此，国外购物网站看中了中国网购市场纷纷涌入。金融危机使人们的消费能力减弱、传统的门店式零售业态普遍受到冲击的经济环境下，购物网站正在以其渠道短、价格低、操作简单等特点，受到越来越多网民的青睐。但是，从产业生命周期看，目前我国消费类电子商务仅处于市场的高速发展期。虽然增长速度很快，但基数很小，还没有形成规模。

网络营销全称是网络直复营销，属于直复营销的一种形式，是指企业或营销者借助联机网络、电脑通信和数字交互式媒体的威力来实现营销目标的活动。网络营销根据其实现的方式有广义和狭义之分。广义的网络营销是以互联网为主要手段开展的营销活动。网络营销具有很强的实践性特征，从实践中发现网络营销的一般方法和规律，比空洞的理论讨论更有实际意义。因此，如何定义网络营销其实并不是最重要的，关键是要理解网络营销的真正意义和目的，也就是充分认识互联网这种新的营销环境，利用各种互联网工具为企业营销活动提供有效的支持。这也是为什么在网络营销研究中必须重视网络营销实用方法的原因。狭义的网络营销专指国际互联网络营销。国际互联网是全球最大的计算机网络系统，它正迅速渗透到社会政治、经济、文化的各个领域，进入人们的日常生活，并带来社会经济、生活方式的重大变革。网络营销是一种新型的商业营销模式。

二、网络营销的产生与发展

网络营销的发展是伴随信息技术、网络技术的发展而发展的。20 世纪 90 年代初，网络技术的发展和应用改变了信息传播方式，在一定程度上改变了人们生活、工作、学习、合作和交流的方式，促使互联网在商业上得到大量应用，掀起全球范围内应用互联网热，网络用户规模不断增长，商业效益越来越大。2013 年，国内搜索行业呈现多元化的发展趋势，新进入的搜索引擎和现有搜索竞争较为激烈，不断细分的搜索市场和性能持续提升的终端设备正改变着用户的搜索习惯。为此，中国互联网络信息中心（CNNIC）发布了《2013 年中国网民搜索行为研究报告》，以了解搜索网民最新的搜索行为。报告显示，综合搜索仍然是最基本的搜索工具，过去半年，搜索网民使用过综合搜索网站的比例达 98.0%，此外，通过购物网站、视频网站、微博进行过搜索的网民比例也在 50% 以上。很多服装企业纷纷建立自己网站或借助网络中间商平台实现网络营销。就我国整体网络营销状况而言，服装行业的网络化处于中等水平。据统计，东部沿海经济发达地区有近 70% 的服装企业进行了企业网站建设，而中西部地区，建设企业网站的服装企业相对较少，平均不到 40%。在服装企业网站的绝对数量上，浙江、广东、上海、江苏和北京分别占前五位。互联网的出现与飞速发展，以及可以带来的现实和潜在效益，促使企业积极利用新技术变革企业经营理念、经营组织、经营方式和经营方法，搭上技术发展的快速便车，推进企业飞速发展。

三、网络营销的特点

网络营销正在建立营销领域新的游戏规则，如强调吸引顾客注意力和留住顾客，并成为营销中压倒一切的首要追求目标；全新地再造通路、物流、供应链的流程；顾客不再仅是对象或目标，而是参与者和控制者，顾客参与及互动合作的新的营销理念正在形成；新的与顾客沟通和建立关系的方式、方法正在出现等。市场营销本质是组织和个人之间进行信息传播和交换，因而互联网络具有营销所要求的某些特性，这使得网络营销呈现出跨时空、多媒体、拟人化、成长性、互动式、个性化特点。

（一）跨时空

时间、地域的概念，对于网络营销不再是限制，企业可每周 7 天、每天 24 小时随时随地地提供跨时间、跨地域的营销服务。

（二）互动性

互联网络不仅可以展示商品信息、链接商品信息，更重要的是，可以实现和顾客互动双向沟通、收集顾客的反馈意见和建议，从而可以切实地、有针对性地改进产品、服务，提供高效的客户服务。

（三）个性化

互联网可以便于收集用户的信息资料，从而能够发现、满足用户的需求，通过提供信息与交互式沟通，可以实现一对一的个性化服务，使促销更具有针对性，更易于与消费者建立长期良好的关系。

（四）多媒体

互联网络上的信息，不再停留于文字，声音、图像、流媒体等都可在互联网上实现并被提供，信息交换可以以多种形式存在和进行，营销人员可以充分发挥创造性和能动性，以多种信息形式展示商品信息，打动消费者。

（五）拟人化

互联网络上的促销是一对一的、理性的、消费者主导的、非强迫性的、循序渐进式的，而且是一种低成本与人性化的促销，避免了推销员强行推销的干扰，并通过信息提供与交互式交谈，与消费者建立长期良好的关系。

（六）成长性

互联网络使用快速增长并遍及全球，使用者多半年轻，属于中产阶级，具有高教育水平。由于这部分群体购买力强而且具有很强的市场影响力，因此是一个极具开发潜力的市场。

第二节 服装网络营销模式

服装网络营销的结构主要有服装企业与消费者之间（Bussiness to Custmer），（B to C）、服装企业与企业之间（Bussiness to Bussiness），（B to B）、服装企业与政府之间（Bussiness to Government），（B to G）以及消费者与消费者之间 Custmer to Custmer（C to C）四种。服装网络营销要做得好，首先要做到网站有很高的曝光率和网站要有好的曝光点（企业的网站拿什么来吸引客户）。网站曝光率就是指我们常说的网站的点击率，曝光率的高低决定了企业站点被别人发现的浏览次数，高的相对来说效果肯定要好一些。提高网站曝光率的方法主要有：搜索引擎营销、网络广告、交换链接、信息发布、邮件列表、许可 Email 营销、博客、社区、病毒性营销等。

一、常用的网络营销方法

（一）搜索引擎营销

据统计，目前世界上网站总数已经超过 4000 万个。茫茫网海，如何让你的客户找到你？对服装企业来说，信息到达不了受众，这本身也是对资源的一种浪费。那么如何让网络营销发挥它的最大效能？据 CNNIC 调查报告显示，搜索引擎是用户得知新网站的最主要途径。国际互联网市场数据分析表明，网站访问量 80% 以上来源于搜索引擎，搜索引擎作为服装网络营销最有效的手段，已成为目前互联网市场中一道独特的亮点。

例 1，新浪（Sina）搜索引擎

新浪推出首家全方位搜索平台，该平台不仅凭借新浪领先的市场优势，在搜索类型上应有尽有，同时依托新浪在业内遥遥领先的数据库资源，搜索内容包罗万象，真正为网民实现“图文并茂、声色俱佳”的搜索功能，更能带来“一键按下，应有尽有”的搜索体验。

新浪搜索有三大法宝：第一，快速登陆，即网站收录到搜索数据库，加入到合适的类目下，不保证排名位置；第二，推广排名，即购买的关键词在搜索结果的第一页出现；第三，固定排名，即关键词搜索结果页中，将你的网站排在第一至第五名中的任一名次。

（二）Email 营销

电子邮件营销是以订阅的方式将行业及产品信息通过电子邮件的方式提供给所需要的用户，以此建立与用户之间信赖关系。大多数公司及网站都已经利用电子邮件营销方式，毕竟电子邮件已经是互联网基础应用服务之一。

（三）即时通信营销

顾名思义，即利用互联网即时聊天工具进行推广宣传的营销方式。虽然这种营销方式本身并无益于品牌建设，也许还可以获得不小的流量，但是可能用户不仅没有认可品牌名称，甚至已经将品牌名称拉进了黑名单。所以，有效地开展营销策略要求品牌为用户提供更多对其个体有价值的信息。

（四）病毒式营销

病毒式营销并非利用病毒或流氓插件来进行推广宣传，而是通过一套合理有效的积分制度引导并刺激用户主动进行宣传，是建立在有益于用户基础之上的营销模式。其特点包括；颠覆传统、具有极强的视觉破坏力；极易进行传播扩散；简单得令人难以忘记。

例 2，Hotmail

Hotmail 作为一个新兴行业的新产品的提供者，能够在短时期内从网络上获得众多的用户，就是得益于“病毒式营销”——通过快速建立起一个口碑传播网络的模式，使得自己成为历史上成长最快的企业。在创立的一年半之内，它就成功地吸引了 1200 万注册用户。事实上，Hotmail 并没有在促销上花费很多的成本，只是在每一封发出的邮件下方自动加上了“请从 Hotmail 获取免费的电子邮件服务”的广告，然后通过他人的使用和传播被更多的人接受。

（五）BBS 营销

这个应用已经十分普遍，尤其是对于个人站点，大部分到门户网站论坛灌水的同时留下自己网站的链接，每天都能带来几百个 IP。当然，对于企业 BBS 营销更要专而且精。

（六）博客营销

博客营销是建立企业博客，用于企业与用户之间的互动交流以及企业文化的体现，一般以诸如行业评论、工作感想、心情随笔和专业技术等作为企业博客内容，使用户更加信赖企业，深化品牌影响力。

博客营销可以是企业自建博客或者通过第三方 BSP 来实现。企业通过博客来进行交流沟通，达到增进客户关系、改善商业活动的效果。企业博客营销相对于广告是一种间接营销，企业通过博客与消费者沟通、发布企业新闻、收集反馈意见、实现企业公关等，这些虽然没有直接宣传产品，但是让用户接近、倾听、交流的过程本身就是最好的营销手段。企业博客与企业网站的作用类似，但是博客更大众、随意一些。另一种，也是最有效而且可行的是利用“博客”进行营销，这是博客界始终非常热门的话题，老徐与新浪博客的利益之急、KESO 的博客广告、和讯的博客广告联盟以及最近瑞星的博客测评活动等。博客营销有低成本、贴近大众等特点，博客营销往往会形成众人的谈资，达到很好的二次传播效果。

例 3，Visa USA 的企业博客

Visa USA 在 2005 年 10 月发布了他们的第一个博客，叫作都灵之旅（www.journeytotorino.com）。该博客网站以冬奥会体育新闻为内容，包含采访运动员的 Podcasts 音频内容。值得注意的是，Visa 没有特意推广这个博客网站，同时，除了网站 Logo 和页面底部的说明“Brought to you by Visa USA”，内容中也没有提到 Visa 公司。他们的目的是考察通过病毒性传播，这个博客宣传能够达到何种传播效果。结果显示，网站用户数从一小部分读者开始发展到每天 300 人。2006 年 1 月，第一周读者人数达到 1 万人。

例 4，IBM 的博客和 Podcasts

IBM 也是新营销的积极实践者。2005 年 8 月，他们发布了专门针对投资人的 Podcasts 站点（www.ibm.com/investor）。其中，讨论商业和技术主题，如银行业、购物和网络游戏等。IBM 也在公司内部网上提供博客系统，以鼓励员工使用博客和 Podcasts。IBM 的发言人称，员工对于这些社会化网络和沟通方式的活跃状态让他们意识到新兴技术应用的极大潜力。

（七）播客营销

播客营销是在广泛传播的个性视频中植入广告或在播客网站进行创意广告征集等方式来进行品牌宣传与推广，例如，“百事我创，网事我创”的广告创意征集活动；在国外目前最流行的视频播客网站为 www.youtube.com。知名公司通过发布创意视频广告延伸品牌概念，使品牌效应不断被深化。

（八）RSS 营销

RSS 营销是一种相对不成熟的营销方式，即使在美国这样的发达国家仍然有大量用户对此一无所知。使用 RSS 的人群以互联网业内人士居多，以订阅日志及资讯为主，而能够让用户来订阅广告信息的可能性更微乎其微。

（九）SN 营销

SN（Social Network）即社交网络，是互联网 Web2.0 的一个特制之一。SN 营销是基于圈子、人脉、六度空间这样的概念而产生的，即通过主题明确的圈子、俱乐部等进行自我扩充的营销策略。一般以成员推荐机制为主要形式，为精准营销提供了可能，而且实际销售的转化率偏好。

（十）广告营销

几乎所有的网络营销活动都与品牌形象有关，在所有与品牌推广有关的网络营销手段中，网络广告能最直接地提高公司的知名度。标准标志广告曾经是网上广告的主流，但随着后来的发展，网络广告领域不断出现新的广告，包括在一些门户网站上和一些大型电子商务平台上做一些动画广告。新型广告克服了标准条幅广告承载信息量有限、交互性差等弱点，因此获得了相对较高的点击率。网络营销就是要像传统营销一样，在网络上也要有自己的品牌，这样才能真做好网络营销，而网络广告就是传统企业做网络品牌最快、最直接的方法。

（十一）事件营销

事件营销可以说是炒作，可以是通过对有价值的新闻点或突发事件在平台内或平台外进行炒作的方式来提高影响力，例如，DISCUZ 论坛刚被黑客攻击几分钟，某人就发现了，于是最短时间内写出一篇文章简单介绍事件，并发给了几个经常活动的 QQ 群及论坛上。当然，如果能根据该事件写出一篇深度报道会更好，会使更多人注意到他的博客。

（十二）“试客”营销

随着网络营销的推进，“试客”一族逐渐流行起来。所谓“吃人家的嘴短，拿人家的手短”，“试客”为了获得免费商品，大多对没有拿到的商品先进行恭维，而对于免费得到的东西也会在亲友间炫耀。因此，“试客”一族是品牌形象传播的一个新途径。

所谓“试客”，不难理解。很多人在购买不熟悉的商品前，喜欢去商场或超市的先试用一下。如今，“试客”一族借助网络越发发展壮大起来。目前，我国的“试客”群体已达 400 万～500 万人。其中，20～40 岁的白领女性占大多数。相关调查显示，74.5% 的人认为“试客”代表一种理性消费观，58.1% 的人觉得“试客”模式避免了“盲从消费”，47% 的人认为“试客”模式是未来消费的一种趋势。

免费试用换客户口碑成为一种新兴的营销方式。服装企业完全没有必要自己亲自招募“试客”，可以借助网络中介平台。在百度和谷歌上分别输入“试客网”，百度找到相关网页约 40500 个，谷歌获得约 19600000 条结果。此类网站的经营模式是以免费发送试用品为基础，通过为合作企业进行消费数据调研分析、广告位出售等有偿服务获得赢利，使得任何网民只要注册为网站用户，即可享受试用网提供的合作企业所赠试用品的所有免费服务。形式看似简单，但由此却可以形成一个能够带动消费市场调研、个性化广告方案推广、数据库营销等多重业务领域增长的试客经济产业链条。对商家而言，“试客”绝对是一个口碑营销和获取用户抱怨的绝佳机会。当今时代，哪家企业不搞互联网就会被淘汰，认真做电子商务、认真搞网络口碑的企业将会获得丰厚的回报。免费试用虽然需要提供部分商品，但是这部分成本相比广告费少很多，而广告生硬的效果和这种口碑营销的效果是完全不能相比的。

二、我国服装企业网络营销的基本模式

（一）直接型

在网络时代，企业由于建立网络营销站点的费用较低，纷纷开展自己的网站平台建设。网站型网络营销模式是我国大多数企业所采用的网络营销模式。根据网站功能的不同，企业网站建设基本可以分成功能从低到高的三个层次，即基本层次、电子商务层次和企业信息化层次。其中，最为重要的是基本层次，基本层次可以实现一个企业网站最基本的功能，包括企业介绍、产品宣传和展示、与客户的沟通和联系等。由于此类网站对网站维护人员的技术能力要求不高，目前中国95%以上的企业网站都是停留在这个层次。从技术表现形式来看，基本层次类型的企业网站又可以分为静态型网站和动态交互型网站。

静态网站是简单地把企业和产品相关资料放到网站供访问者单向浏览的网站，即访问者不能向企业反馈信息，企业也不能够通过网站获得访问者的意向和相关信息。静态的企业网站，不需要太复杂的技术，而是将网站作为一种信息载体，主要功能定位于企业信息发布，包括公司新闻、产品信息、采购信息等用户、销售商和供应商所关心的内容，多用于品牌推广以及沟通，网站本身并不具备完善的网上订单跟踪处理功能。由于这种类型的网站建设和维护比较简单，资金投入也很少，初步解决了企业上网的需要，是中小服装企业网站的主流形式。这种网站型销售方式是一种简单的网络推广模式，没有区分消费群体，更没有分析网络消费者的消费心理和消费行为因素，消费者在登录网站时只能被动地接受企业信息，且难以实现相同类型产品的横向比较或者获得有关服装的其他消费者的反馈信息，所以，这样的网站能够实现的功能有限，不能很好地帮助企业开展经营活动和提高经营效率，对于一些不知名的企业网站更是少有人问津。

动态网站则是通过适当的数据库和Web技术，实现某些动态交互功能，包括访问者与网站的交互、访问者与企业的交互以及企业对网站内容的动态更新维护等。也就是说，访问者可以通过网站向企业表达自己的合作、购买、投诉和建议等意向，也可以在网上定制和查找自己需要的信息。企业则能及时掌握访问者的反馈信息和需求。除了电子邮件，常用的网站动态功能包括留言板、内容发布（包括新闻消息和产品信息发布等）、会员注册、网站信息检索查询、在线服务（包括在线调查、在线订购、在线反馈和在线招聘等）、论坛、网站计数器和流量分析、企业邮箱和客户邮件列表等功能。

随着部分服装企业的品牌知名度的逐渐增强以及网络技术的不断完善，消费者对服装网络定制的要求也随之增强，一部分有实力的公司开始进行动态网站建设。如雅戈尔、美特斯邦威、报喜鸟、李宁、杉杉、太子龙等服装企业，已经开始尝试使用动态网站。

（二）间接型

随着我国网络经济的快速发展，借助互联网络开展贸易的中间商务平台——网络中间

商迅速崛起，如阿里巴巴、中国纺织网、中国服装网、中华服装网、名牌服装网、环球资源网等。网络中间商的出现带动了网络经济的快速发展，网络中间商通常知名度、诚信度较高，克服了单个服装生产制造商的知名度不足、人气聚集性不强等缺点；网络中间商提供了同种类型服装的多家制造商的产品，给客户更多比较和选择的余地；解决了在网络市场中服装企业找不到客户，客户也难以找到合适的服装产品的难题；使用网络中间商的成本较低。

现阶段，我国很多服装企业都在采用网络间接营销渠道的方式，这是因为网络交易中心可以为制造商和消费者提供安全、便捷的付款方式，解决了“拿钱不给货”和“收货不给钱”的问题。网络中间商的出现为服装企业开展网络销售带来了机会，受到了广泛的欢迎，如福建飞越运动用品有限公司、温州第五大道服饰有限公司、广州速腾运动服装有限公司等知名度不够高的中小服装企业均借助中国服装网开展了网络营销业务。还有很多著名的品牌服装入驻淘宝商城，如李宁、美特斯·邦威、太平鸟、佐丹奴、波司登等。近年来，在我国的现实网络交易情况中，借助网络中间商的交易平台开展营销的服装企业越来越多，有名的购物中间平台如淘宝网、当当网、拍拍网、易趣网、阿里巴巴、京东商城等，为服装类产品的网络营销开拓了新路。

第三节　服装网络营销策略

服装网络营销策略是服装企业根据自身所在市场中所处地位不同而采取的一些网络营销组合，它包括服装网络营销战略、服装网络营销产品策略、服装网络营销渠道策略等。

服装网络营销在国内企业中的应用正逐步走向深入，但是相比国际优秀企业，国内的网络营销应用才刚刚起步。中国网络营销网是首家网络营销资讯门户，那里提供了丰富的网络营销信息资源。中国网络营销网提供的相关资料表明，随着网络经济对于传统经济的不断渗透，国内服装企业特别是广大中小企业如果不能有效地利用低成本、高效率的网络营销手段，将面临着极大的竞争劣势。

一、服装网络营销战略

（一）建立网络营销的目标

目标是前进的方向，建立明确的目标是企业实现网络营销的第一步。只有确定了明确的目标，才能对网络营销活动做出行之有效的安排，进而产生绩效。目前，我国的服装网络营销还处于“蝌蚪年华”，无论是理论研究还是实际操作都有不完善的地方，所以服装企业在进行网络营销之前一定要定好目标，有的放矢地进行部署。服装企业进行网络营销除了要促进销售量还要着眼于网络营销的战略意义；通过网络向潜在顾客提供服装信息，使之成为现实购买者；提高服装品牌知名度，保持与顾客的联系、交流以留住顾客；支持并配合其他营销活动，减少营销费用和时间。

（二）塑造企业良好形象，充实营销队伍

网络作为一种媒体给予了购买者充分的自由空间。自由能促进服装信息的顺畅交流和利用，但如果管理不当也会产生混乱。所以进行网络营销的同时应积极采取措施维护企业的网上形象。

设立专门的网上信息监督员，并赋予其一定权利关闭有害信息，确保企业在公众心中的形象；保持员工和气，团结的气氛，不将员工对公司的不满公之于众；保持授权代理商和公司网络形象的统一性。

（三）针对性选择策略

网络营销是服装业营销发展的必由之路，但是如何选择网络营销确实是企业值得认真研究的课题。网络营销给每个企业带来了机遇，但网络资源的共享性同时也给企业带来了威胁。所以，企业必须扬长避短，选择适合自己的网络营销策略。

1. 根据行业类别选择营销策略

在确定了网络营销的战略地位和作用后，服装企业要根据自己的特点以及自己的市场环境，选择合适的网络营销策略，最终达到企业网络营销的目标。

对于面向大众消费者的服装业而言，由于面对的消费者群体人数多而且差异性比较大，网络营销出现更多的是机遇。企业可以利用网络营销拓展新的市场和采用更有效的营销策略。同时，可以借助互联网为顾客提供更多的服务和服装信息，通过互联网降低双方交易费用，最大限度地控制营销费用，增加双方价值。

2. 根据企业规模地位选择营销策略

企业在服装市场上的地位对企业的网络营销也有很大影响。根据市场地位及影响力的不同，一般可以将企业分成领导者、挑战者、追随者和拾遗补缺者四个层次。

（1）领导者。其在传统市场占有很大优势，是传统市场的强者。因此，指定网络营销策略时，首先考虑的是竞争者网络营销策略对新兴市场和传统市场带来的威胁和冲击，然后根据时机，选择合适的网络营销策略进行对抗和防御，以保持在传统市场和新兴市场的竞争优势和领导地位。

（2）挑战者。其在传统市场上拥有一定实力，而且不断尝试成为市场领先者。因此，一般将网络营销看作是竞争的有力武器，网络营销策略一般采用的是积极全力投入的态势，但要注意控制网络营销投资的风险以及对原来的经营管理理念带来的冲击。

（3）追随者和拾遗补缺者。这些企业在市场上处于一种从缝隙中求生存的地位，网络营销对企业的生存和发展既是机遇也是挑战，所以应积极参与。我国大别山老区的人民利用互联网，将他们的服装市场拓展到全国和海外，营销费用也从原来的每年 4000 多元人

民币降到900多元人民币。

3．根据服装生命周期选择营销策略

网络营销是一种直复营销，它具有可测试性，在销售服装的同时可以与消费者及时进行沟通，当企业的产品过了成熟期后，企业可以根据市场的及时反馈来调整其产品策略，设计开发出新的服装款式来替代处在衰退期的服装款式，避免当一种款式完全衰退才设计开发新产品，延误市场时机，从而使企业的服装产品能保持持续的竞争力。

企业实施网络营销，除了要注意对服装周期产生的影响外，还应该注意在不同时期采用适当的网络营销策略，以使该时期服装能顺利实现营销目标。根据服装周期，产品营销阶段一般分为：引入阶段、成长阶段、成熟阶段和衰退阶段。

在引入阶段可以利用互联网市场的特性推广新产品，扩大新产品的知名度和影响力。在成长阶段，产品得到认可，可以利用互联网的全球性和自由开放性特点，充分拓展市场空间，将产品以最短时间和最经济的方式在不同市场进行销售，达到迅速占领市场的目的。在成熟阶段，产品销售增长率达到极限。在这一阶段，企业可以利用互联网拓展新的市场，利用互联网了解顾客新的需求，对产品进行适当调整，最大限度满足顾客的个性化需求，同时利用互联网渠道的效率来控制营销费用，获取最大利润。在产品的衰退阶段，产品的销售量持续下降，在这阶段企业应利用互联网尽快销售完库存产品，为新产品销售铺平道路，这时应将营销重点转移到新产品上来，同时要尽量缩短衰退的时间，避免市场份额的丢失。

网络营销是因企业而异的，因此企业若想在网络营销中有所作为，必须重视自己的策略选择。

二、服装网络营销产品策略

网络营销的产品策略是企业网络营销组合策略的核心。在传统的营销中，服装生产者遵循的是市场导向，由于技术手段的制约，他们无法了解市场中每位消费者的实际需求，更无法针对某一位消费者来设计产品。因此，服装生产者只能依据消费者大致相同的需求，通过市场调查设计产品，最终把产品通过广泛的销售渠道推向市场。这样，消费者的个性需求就被生产者忽视了。进入网络时代后，营销面对的是买方市场，主动权掌握在消费者手中，以市场为导向已不能完全适应，营销的理念应以消费者为中心，这正是网络营销的特征。网络技术的发展为其提供了可行性，生产者和消费者在网上进行交易，部分中间流通环节被取消，既节约了交易成本，又可不受时间与地域的限制，从而大大节约了营销的费用。网络营销不仅使生产者了解消费者对产品、价格、分销、促销的个性需求，而且使生产者做出获利最大并方便顾客的决策，从而实现获得最大利润和满足个性化需求的两个目标。

（一）产品的品牌策略

产品一般包括三个层次：核心产品、有形产品和附加产品。其中，核心产品是最基本、最主要的部分，是产品的品牌，能够实现消费者购买时追求的效用和利益，是顾客真正要买的东西。通过网络营销的交互方式，服装的生产者可以及时了解用户的需求，并根据用户需求组织生产和销售，提高信息产品生产者的生产效益和营销效率。在网络上，信息的搜集成本明显降低，用户很容易找出同类服装的价格对比情况。因此，要想获得同行业其他竞争者的超额利润，只有通过确定产品的品牌、加强产品的售后服务、增加品牌的附加值，才能使用户的注意力由价格差异转向产品差异。

（二）产品的定价策略

采用网上营销，传统的定价不再适用，取而代之的是用户更能接受的以成本来定价，并依据成本来组织生产和销售。通过网络，可以预测用户的需求以及其对价格认同的标准。用户通过网络提出可接受的成本后，服装的生产者便可根据用户的成本提供产品的设计方案供用户选择，直到用户认可后再生产和销售。另外，还可以在网上公布行业定价规定。

（三）产品的促销策略

利用网络，可以采用推送的方式来推销信息产品，吸引用户，这是由传统推式促销螺旋式上升后发展成的一种新模式。以亚马逊公司的促销策略为例：该公司对每个用户的购物记录、兴趣爱好等均有记录，并在积累一定资料的基础上分析用户的购买倾向，做出购买预测；然后，当公司发现用户感兴趣的产品时，通过电子邮件向用户发出信息。这种基于顾客需求的推送策略，既避免了用户因无关促销信息太多而产生厌烦情绪，又可在传送有效信息的同时，表现出对用户的关心。

（四）产品的渠道策略

由于网络营销的商流方式是先进的，因而要求物流方式也要先进。网络营销面对的买方是大量而分散的，并且单位时间的交易量少，这就要求物流也要分散化。在交易中，必须通过信息流，把商流和物流很好地联系起来。

可采取的措施有：设立产品展示区，对产品图像进行电脑技术设计，通过形象的声、影、形、色等，将虚拟的产品展现在网上用户面前；选择合适的销售代理，作为自己的物流配送中心；开发网络结算系统，将网上销售的结算与银行转账系统联网，使消费者能够轻松地进行网上购物与网上结算。

（五）产品的安全策略

由于网络的自由性与隐蔽性，使得网络营销也具有一定的不安全性，如货币的网上支付、用户私人的信息保密、信息产品不被篡改等。针对网上交易的这些不安全问题，需要大力加强安全防范措施。

三、服装网络营销渠道策略

网络营销渠道中，网络技术使得原先渠道成员之间的合作方式和渠道权利结构都发生了大幅改变，传统渠道的领导与激励模式也随之发生了重大的变化。如果企业没有在各个渠道成员之间进行充分的说明、沟通、协调，导致渠道成员互不理解、支持，这也将给网络营销带来困难。当然，网络营销渠道成员之间的冲突在所难免，其实施过程中也存在着这样那样的矛盾和冲突，有时会表现出一些新的摩擦形式。基于我国的基本国情，我国服装企业常采用网络营销渠道和传统营销渠道同时配合使用的方式。而当网络营销渠道和传统营销渠道共存于一个服装生产制造商身上，就可能在目标、领域、认知以及理解等方面发生冲突。其表现形式有以下几种：一是服装企业建立的网络营销渠道与自己的传统营销渠道之间的矛盾；二是服装企业选用了网络中间销售平台后，其网络间接营销渠道与网络直接营销渠道之间的矛盾；三是企业的服装产品被原有渠道中的某些中间商在网上销售，从而出现了传统渠道中使用网络渠道的成员与未使用网络营销渠道的成员之间的矛盾。我们在分析、解决这些矛盾冲突的过程中，不妨借鉴一些国内外知名服装企业的解决方式。

（一）优惠传统渠道成员策略

服装制造商在实施网络营销渠道的同时对传统的渠道成员提供网络渠道中没有的优惠。耐克的渠道冲突管理就是很好的一例。耐克于 1999 年 2 月实施了网络营销，在整个建设过程中，耐克积极主动与传统渠道成员进行坦诚的沟通，向他们详细阐述网络销售的开拓并不会影响他们的销售活动和绩效，并承诺其网站所售产品的价格就是价格表上所列的价格，不会打折，并通过网站帮助购买者找到其附近的零售商店以便购买耐克的产品。耐克还向一些零售商提供了特殊的利益优惠，如 Venato 集团旗下的 FootLocke 公司获得了可以在其所属商店及网上渠道销售耐克的 AirZMax 运动鞋的独家经销权。通过这些行动，耐克将实施网络营销渠道与传统营销渠道之间的冲突降低到最低。

（二）产品线差异化策略

对于所有传统服装企业来说，在建设网络营销渠道时，如何平衡线下渠道和线上网店之间的关系成为首先需要面对的问题。企业应进行品牌分流，实现多品牌组合，避开同一产品在同一区域因在不同渠道的分销而引发的冲货、压价等风险。李宁公司是这样做的：在各实体专卖店的销售以正价新品为主，而在专门的打折店中销售库存产品。官方网上商城主要以正价新品的推荐和限量商品为主，包括明星签名的商品，这些商品瞄准的是少数消费者。而开在淘宝商城的网店则进行一部分库存商品的销售，向消费者提供具有良好性价比的产品。通过网络营销渠道和传统营销渠道销售不同类别的服装产品来减少渠道之间的冲突。产品线差异化的实施使得消费者不能在两种不同类型的渠道中购买到相同的产品，同时命名网上销售的产品线以其他的名称，从而避免了消费者进行价格、特性、品牌等方面的比较。另一种策略是在网络营销渠道只销售整条产品线中的部分产品，以此来避免与其分销商的渠道矛盾。

（三）不直接使用网络营销渠道

一些服装企业为了避免网络营销渠道与传统渠道成员间的矛盾，采用了不直接使用网络营销渠道的方针。如美国著名的牛仔裤供应商 Levis 曾在 1999 年期间开办了自己的网站，由于期间渠道冲突不断，又被迫中止了自建网站上的零售业务，网站虽然还在运行，但是主要履行促销职能，如果有顾客希望在线订货，他们会把客户连接到零售商的站点。国内的报喜鸟、雅戈尔、金利来等知名服装企业也采用了这种方法，企业网站仅提供信息发布和产品展示，并提供销售网络的实体店信息查询，顾客如果要购买产品只能就近选择实体专卖店。

（四）相同价格策略

服装企业在建设网络间接营销渠道与网络直销时采用相同服装产品统一价格的方式，这样就减少了两种网络渠道之间的冲突。如 BONO 开展网络营销渠道的初期，其网络直销的服装价格与其在网络中间商阿里巴巴、中国服装网上的价格相同，这就避免了因同一产品不同价格给网络消费市场带来的混乱。无独有偶，拥有官方网站、淘宝旗舰店和实体店的知名品牌优衣库也在采用这种相同价格策略，优衣库淘宝旗舰店开业后，销售额与优衣库所有实体门店的收入总和旗鼓相当，网上销售的火爆反而促进了实体门店的收入。上海、北京的实体店销售高速增长，与网络销售齐头并进，实现了各项渠道之间的互补、合作与协同。网络渠道和传统渠道各有所长，应互补互促，不能有所偏废。未来的网络经济时代，传统销售渠道和网络销售渠道都不会消失，传统渠道成员应自觉接受、积极应用电子商务工具，提高现代营销水平。另外，网络营销渠道成员也应充分发挥传统渠道网络的作用，进一步提高服务全面改善市场体系。总之，服装企业应综合考虑渠道目标、市场、产品、渠道特性等各种影响因素，做出最适合自己的渠道组合构架，让网络渠道、传统渠道比翼双飞，助力企业走上更为宽广的阳光大道。

四、服装网络营销策略具体应用

（一）研制者与销售者进行有效的信息沟通

研制者与销售者有效的信息沟通是新产品出炉的前提。销售者应随时向研制者提供当前市场动态、流行趋势所发展方向。企业在研制过程中就应该做好市场策划，走与众不同的道路，通过良好的市场操作，树立良好形象，突出新产品与众不同之处。

（二）建立新型营销队伍、与消费者进行良好的沟通

建立新型营销队伍、与消费者进行良好的沟通，达到互相信任、支持的目的。过硬的

推广队伍才有可能和代理商或者中间商进行很好的沟通，多年的推广已使双方已经形成惯性思维。然而，新产品的推广需要多方面的运作。知识面窄、不能快速发现市场波动变化、与顾客不能很好地沟通等都会影响新产品的市场开发。所以，企业应对新产品销售人员加强营销知识、营销礼仪、营销策划等方面的培训，建立起一支自己的推广队伍。

（三）完善网络终端、提高信誉

从长远打算，企业要靠新产品创造利润，必须持之以恒地建立自己的终端网络，这是新产品能够恒久占领市场的关键所在。企业要想在网络营销中占得优势就必须提高自己的品牌知名度，加强企业的诚信意识。多参与公益广告，塑造自己在大众心中的良好形象。

第四节　服装网络营销发展趋势

服装产品的网络销售，是指商家利用计算机信息网络和相关技术为网络消费者传递服装产品信息和提供销售服务的过程。服装产品营销环境和消费环境的变化使得网络销售成为服装市场发展的重要趋势。

一、服装产品营销环境的变化

目前，中国服装产品营销环境发生了许多变化，这些变化使得销售商亟须对传统的营销方式从以下几个方面进行改革。

1. 人口环境方面

中国人口数量多，因此也拥有着巨大的消费需求和消费潜力。中国互联网络信息中心（CNNIC）在京发布第 33 次《中国互联网络发展状况统计报告》。《报告》显示，截至 2013 年 12 月，中国网民规模达 6.18 亿，互联网普及率为 45.8%，我国 20～29 岁年龄段网民的比例为 31.2%，在整体网民中占比最大，和 2012 年年底网民结构一致。而低龄和高龄网民略有提升，这意味着互联网的普及继续深入。

2. 经济环境方面

据国家统计局公布的 2010 年全年经济数据显示，2010 年全年居民消费价格指数（CPI）同比上涨 3.3%。物价的上涨使消费者生活压力变大，在传统渠道购买服装产品的费用也大幅上涨。因此，更多的消费者为了节省支出、降低货币成本，开始更多地参与到服装产品的网络购买中来。此外，经济压力的增加加快了人们的生活节奏，更多的消费者在购物过程中越来越注重时间成本和精力成本的消耗，网络购物为他们提供了一个效率更高的购物平台。

3. 科技环境方面

计算机信息技术的进步使得网络购物变得越来越简便和安全，消费者不必具备专业的计算机知识，只需了解网络购买的流程就可以在网络上进行服装产品购买。另外，支付宝等第三方支付工具不断优化的同时，许多传统的银行业也加大对网上银行业务和安全的重视程度。如中国银行发行的淘宝信用卡，能使客户在网络购物中享受到更多便利和优惠。

4. 自然环境方面

传统的服装购买渠道越来越多地受到气候和季节性的制约。顾客会因为天气和季节原因而不能买到自己需要的商品。而在网络上，即使天气恶劣或顾客对非当季的服装产品有所需求，服装企业都可以满足其需求并顺利完成交易。

5. 社会与文化方面

随着网络知识的普及，网络购物逐渐成为一种社会新潮流。对服装产品进行网络购买能够体现顾客的潮流性且能使其获得不一样的购物体验，满足他们对于情境价值的追求。同时，服装网络社区的发展使更多的顾客找到了在实际社会中难以实现的归属感，进而更易于他们进行服装类产品的网上购买，实现他们的社会价值。

6. 政治法律环境方面

目前，针对网络购物的各种地方性政策法规相继出台，旨在扶持地方网络零售市场的发展。在中国统一的关于网络购物的法律法规建立之前，地方性政策的出台使网络市场更具有灵活性和合规性，也为日后的相关立法起到了试点作用。虽然尚存在着一定的盲区，但在一定程度上提升了顾客对于网络购物的信任度，降低了网络购物的风险成本。

二、服装产品消费环境的变化

1. 服装产品消费环境的变化促进了网络销售的发展

（1）顾客消费观念的变化。在对服装产品的消费上，顾客更加注重服装的时尚度，关心服装能否体现自己的品位和社会地位，因此购买决策的过程也愈加复杂，在传统渠道中往往要耗费大量的时间精力成本。而在网络购物过程中，顾客足不出户就可以对大量的商品进行对比选择，找到真正适合自己的服装产品。同时，由于经济环境的变化，付出较小的成本购买到高性价比的服装产品成为大多数消费者的购买宗旨，价格低廉的网购商品也因此获得更多消费者的青睐。

（2）服装产品消费主体的变化。从实际的消费情况来看，对服装产品需求较大的群体呈现出年轻化的发展趋势，大多处于40岁以下。这个年龄段的消费者有相当一部分都有过网上购买的经验，并乐于接受这种新型的购物方式。而且相对于中老年人来说，年轻消费者更加注重服装产品是否时尚流行，所以对产品的信息量需求较大，网络购物恰好能满足他们对于信息量的需求。

（3）顾客对于服装消费越来越理性化。在传统的消费环境下，消费者很容易被商场的购物氛围或者促销员影响，做出冲动购买的决定。但随着消费者对于服装知识及服装成本认识的不断提高，他们变得更加精明，消费行为也趋于理性化。而网络购物正好能为消费者提供理性化的购物环境，给他们充足的决策时间和空间。

2. 服装产品网络销售的优势

（1）服装产品的网络销售能够使销售商的成本降低，从而实现产品的低价格。在传统渠道中，一件服装产品从生产出到最终卖到消费者手中需要经过许多环节，这些环节都增加了产品的销售成本。而在网络销售中，产品可以不经过层层批发商和终端的实体店而直接送到消费者手中。这就省去了运输、店铺租金、店面装修及经营中的管理费用等，极大地节省了销售成本，从而降低了产品的销售价格。网络销售的成本一般只包括网站建设、图片拍摄制作和人员雇佣费用等。目前，有许多专业的网络公司可以为销售商代建或设计网络购物平台，使其能够以最低的成本、最少的技术投入和最快捷的速度开展网上交易业务。

（2）网络商店不受营业面积的限制，可以极大地丰富销售的产品种类。消费者对于服装具有个性化的需求，希望商店里的服装产品可以尽可能的丰富多样，这样就会扩大消费者选择的范围，促进交易的发生。据研究表明，许多消费者倾向于到商品数量多的网店中购物。

（3）网络销售的覆盖面广，不受时间和空间的限制。互联网的跨时空性使销售商可以利用网络 24 小时向顾客传递商品信息，顾客可以根据自己的时间来挑选需要的商品。而在传统的销售渠道中，绝大多数商场都受营业时间的限制。此外，顾客可以利用互联网到国外的购物网站上选购商品。与此同时，国内的交易平台同样可以吸引来自国外的客户。

（4）对服装产品进行网络销售的企业能够实现对市场的快速反应，满足顾客的个性化需求。销售渠道缩减可以使企业与顾客面对面进行无间断的双向交流，生产商通过网络向目标顾客传递产品信息的同时，消费者可以通过网络将其需求和意见进行反馈，这样作为生产企业就能够收集到顾客真正的需求，按顾客需求去设计开发新产品，从而能够对市场变化做出快速反应。

（5）通过网络销售的服装产品易于查找。网络商店的基本设计中都有店内商品的分类，分类标准甚至细化到尺码、颜色、功能等，顾客通过搜索可以迅速找到需要的商品。而在传统购物渠道里，顾客需要花费一定的时间和精力才能找到自己满意的商品。

本章小结

- 网络营销是企业或营销者借助联机网络、电脑通信和数字交互式媒体的威力来实现营销目标的活动。有广义和狭义之分，广义的网络营销是以互联网为主要手段开展的营销活动。狭义的网络营销专指国际互联网络营销。国际互联网是全球最大的计算机网络系统，它正迅速渗透到社会政治、经济、文化的各个领域，进入人们的日常生活，并带来社会经济、人们生活方式的重大变革。网络营销是一种新型的商业营销模式。

■ 服装企业可根据自己的特点及顾客的需求选择合理的网络营销模式。服装企业常用的网络营销模式有：搜索引擎营销、Email 营销、即时通讯营销、病毒式营销、BBS 营销、博客营销、SN 营销、“试客”营销、事件营销、广告营销等。网络营销与传统营销不同，突破了传统营销所处的环境，在新的营销环境下有其独特的产品策略、价格策略、渠道策略和促销策略。我国有些省市已经开始建设服装信息网，在企业管理中初步应用信息技术进行管理，如富友 ERP 就是众多服装企业的选择对象。不过信息网络全面的开展、建立，还需要较长的时间。

思考题

1. 网络营销的含义和重要作用是什么？
2. 网络营销的模式是什么？
3. 服装网络营销的产品策略包含什么内容？

小课堂

PPG 衬衫网络营销模式的幕后真相

号称“服务器公司”的 PPG，没有工厂、没有门店，以超低销售成本对业界发起颠覆性的冲击。PPG 的成功在于其独特的商业模式。它的核心商业模式是通过将现代电子商务模式与传统零售业进行创新性融合。IT 系统已经成为支撑 PPG 核心竞争力的一个平台，为 PPG 的发展提供了一个有力的支持。

1. 致力于网络营销

PPG 创立以后定位非常明确：快速为消费者提供高品质、低价格的产品。为此，PPG 将电子商务模式与传统零售业模式进行了创新性的融合，采用了更优化的直效营销方式，辅以卓越的供应链管理体系，在品牌战略管理理念下，形成了一种全新的高效商业管理模式。

PPG 认为，把直销和中国制造结合起来，既能节省大量的渠道费用，又能有效缩短库存周期。因此，在传统企业越来越多地向上游发展以最大限度地整合供应链时，PPG 却反其道而行之，将面料生产、成衣加工、物流等环节完全外包出去。毫无疑问，这种方式使得建立一家服装企业的成本比传统方式低得多。

PPG 的这种服装直销模式源自 Land's End。成立于 1963 年的 Land's End 一直为其邮购客户提供传统样式的经典休闲服装，其主打产品包括领尖带扣式男式牛津衬衫。1995 年，该公司成为第一批选择互联网作为分销渠道的企业之一。由于直销模式省却了传统服装多重渠道的费用，Land's End 产品的价格比其他同类产品更便宜，这也成为其长盛不衰的原因之一。但是，由于生产基地在中国，Land's End 避免不了传统企业所面临的库存问题：Land's End 必须提前 90～180 天在中国进行采购，这会占据大量现金流。

PPG 在成立之初就明确提出，要将所有产品的库存周期控制在 7 天以内，成为全球服装行业的标杆。目前，工厂的生产周期只需要 45 天。PPG 之所以能够大幅度缩短库存周期，是因为他们把在生产线上的产品看作是流动的库存：PPG 要求代工工厂分批交货，并提前两周就开始预售产品。这样，PPG 就能根据销售信息及时增加或者减少订单数量。

2. 用 IT 做运作平台

PPG 从创立之初，就将公司的商业模式建立在 IT 平台之上。PPG 被称为是“轻公司”的典型代表——除产品设计、仓储和市场推广以外，PPG 将一切可以外包的环节都外包出去了。PPG 通过应用一套企业信息管理系统，使得上游的采购、生产信息与下游的仓储、物流信息实现了互联互通，并在这个闭环的供应链里快速流转。

起步时，PPG 的资金足以建立一家衬衫生产厂，但是其创始人非常清楚，PPG 的优势不是生产与研发，而是建立一个基于完整的数据库系统的精准营销。因此，PPG 把所有力量都投入到了系统建设和销售队伍建设上。

为了让供应链上的所有信息快速有效地实现流通，PPG 在建立之初就开始精心打造一个强大的 IT 平台——将前端的呼叫中心和后台的采购、设计、库存管理等系统整合在一起。这样，从采购到发货的所有流程上的信息，都可以通过系统看得一清二楚。市场部门可以即时了解从订单、采购、生产到发货的信息，从而可以对订单进行动态调整。

第十二章　服装营销策划与技巧

课程名称： 服装商品概述

课程内容： 服装营销策划

服装营销技巧

服装营销礼仪

课程时间： 6 课时

教学目的： 掌握基本的服装营销礼仪，学习各类型的服装营销技巧。根据服装市场定位，进行服装营销策划，学习撰写营销策划书。

教学方式： 理论教学 + 实践教学

教学要求： 1. 掌握服装营销礼仪的基本概念。

2. 掌握服装营销的技巧。

3. 了解服装市场营销的定位。

4. 学会服装营销策划。

课前准备： 阅读有关礼仪、营销知识、营销技巧等方面的书籍。

第一节 服装营销策划

一、营销策划

（一）营销策划的含义

营销策划是在对企业内部环境予以准确的分析并有效运用经营资源的基础上，对一定时间内的企业营销活动的行为方针、目标、战略以及实施方案与具体措施进行设计和计划。

营销策划是根据企业的营销目标，以满足消费者需求和欲望为核心，设计和规划企业产品、服务和创意、价格、渠道、促销，从而实现个人和组织的交换过程。

营销策划是为了改变企业现状、完成营销目标，借助科学方法与创新思维，立足于企业现有的营销状况，对企业未来的营销发展做出战略性的决策和指导，是有前瞻性、全局性、创新性、系统性。

营销策划适合任何一个产品，包括无形的服务，它要求企业根据市场环境变化和自身资源状况作出相适应的规划，从而提高产品销售、获取利润。营销策划的内容包含市场细分、产品创新、营销战略设计、营销组合4P战术四个方面的内容。

（二）营销策划的三个发展阶段

改革开放以来，中国市场经济从供不应求时代到大众化时代、到小众化时代、再到逐渐个人消费时代。有学者研究认为，市场营销和企业经营随着研究对象的改变，营销策划工作的重点也在不断发生变化，大致经历过以下三个阶段。

1．产品策划阶段

顾客需要物美价廉的商品，所以企业的主要营销策划工作是集中力量改进产品，而不注重顾客的需求和愿望，并忽略了分销、促销等方面的营销工作，从而导致一旦新技术和替代品出现，企业的产品就出现滞销。

2．促销策划阶段

大众化时代，商品更加丰富，企业在营销策划方面的重点是如何促销自己的产品，因此各企业设置销售人员，并制订激励体制，鼓励销售人员多卖产品，并同时运用广告战、价格战来刺激消费者需求，不考虑消费者的喜欢和满意程度。

3. 系统营销策划阶段

经济不断发展，消费者需求发生转变，大众化的商品得不到消费者的认可，因此企业营销策划的重点是不断分析消费者心理和行为特征，并进行市场细分，通过设计产品、定价、分销和促销等一系列系统手段来满足消费者的需求和欲望。

二、服装市场概况

德国统计学家恩斯特·恩格尔发现，家庭收入与食品支出之比显示出生活富裕程度。随着家庭收入增多，用于食品的开支下降，用于服装、住宅、交通、娱乐、旅游、保健、教育等项目的开支上升。我国在20世纪80年代末，城镇居民用于服装支出的比重占11%；在20世纪90年代末，占17%，人均服装消费增加了332元。服装市场前景灿烂。

企业成在营销，也败在营销。21世纪的服装市场，一定是营销型企业的天地。服装企业应当更重视市场营销策略。

（一）生活水平与服装观念

1. 生活水平低质时期的服装观念

服装是护体之物；服装是遮羞之物；服装是生活习惯和风俗；服装是社会规范的需要。

2. 生活水平高质时期的服装观念

服装是生活快乐之物；服装是机能活动之物；服装是心理满足之物；服装是社会流行要求之物。

（二）实际消费需求的产生

消费者对产品的兴趣并不能构成消费的实际需求。在实际生活中，消费者需求的满足程度和满足方式主要取决于消费者的经济状况，即消费者只有同时具备购买欲望和购买力两个要素，才能产生实际购买行为。

（三）服装流行的特点

1. 新颖性

这是流行最为显著的特点，流行的产生基于消费者寻求变化的心理和追求“新”的表达。人们希望对传统突破，期待对新生肯定。这一点在服装上主要表现为款式、面料、色彩的变化上。因此，服装企业要把握住人们的“善变”心理，以迎合消费“求异”需要。

2. 短时性

“时装”一定不会长期流行；长期流行的一定不是“时装”。一种服装款式如果为众人接受，便否定了服装原有的“新颖性”特点，这样，人们便会开始新的“猎奇”。如果流行的款式被大多数人放弃的话，那么该款式时装便进入了衰退期。

3．普及性

一种服装款式只有为大多数目标顾客接受了，才能形成真正的流行。追随、模仿是流行的两个行为特点。只有少数人接受，无论如何是掀不起流行趋势的。

4．周期性

一般来说，一种服装款式从流行到消失，过去若干年后还会以新的面目出现。这样，服装流行就呈现出周期特点。日本学者内山生等发现，裙子的长短变化周期约为 24 年左右。

（四）服装流行的基本规律

服装流行的规律，可称为“极点反弹效应”。一种款式服装的发展，一般是宽胖之极必向窄瘦变动；长大之极必向短小变动；明亮之极必向灰暗变动，鲜艳之极必向素丽变动。所以，“极点反弹”成为服装流行发展的一个基本规律。大必小、长必短、开必合、方必圆、尖必钝、俏必愚、丽必丑——极左必极右，越极越反。例如，18 世纪的撑裙，直径达到 2.4 米，在房中移动十分不便。到了 20 世纪 60 后代，超短裙取而代之。这正是从“极大”到“极小”的反弹效应。

（五）服装流行的基本法则

美国学者 E. 斯通和 J. 萨姆勒斯认为：

1．流行时装的产生取决于消费者对新款式的接受或拒绝

这个观点与众不同。二人认为，时装不是由设计师、生产商、销售商创造的，而是由“上帝”创造的。服装设计师们每个季节都推出几百种新款式，但成功流行的不足 10%。

2．流行时装不是由价格决定的

服装服饰的标价并不能代表其是否流行。但在研究中发现，一旦一种高级时装出现在店头、街头，并为人所欢迎，那么大量的仿制品就会以低廉的价格为流行推波助澜。

3．流行服装的本质是演变的、但很少有真正的创新

完全的的新只有两次，一次发生在法国大革命时期；一次发生于 1947 年迪奥发表的新外观。一般来说，款式的变化是渐进式的。顾客购买服装只是为了补充或更新现有服装，如果新款式与现行款式太离谱，顾客就会拒绝购买。因此，服装企业更应关注“目前流行款式”，并以此为基础来创新设计。

4．任何促销努力都不能改变流行趋势

许多生产者和经销者试图改变现行趋势而推行自己的流行观念，但几乎没有一次是成功的。即使是想延长一下流行时间也是白费气力。因此，服装商人一般是该出手时就出手。

5．任何流行服装最终都会过时

推陈出新是时装的规律。服装失去原有的魅力，存在便失去意义。

（六）服装流行花期

根据产品的生命周期原理，笔者将服装的市场生命周期叫作“流行花期”。

花蕾期——流行启蒙期（顾客数占 10%）；花放期——流行追逐期（顾客数增至 35%）；花红期——流行攀顶期（顾客数增至 40%）；花败期——流行跌落期（顾客数跌至 15%）。

服装流行花期的特点：花败期跌落线不会很长，因为任何经销商不会努力阻止它下降，反而会“甩货”加速其跌落。

（七）服装六大属性

服装属性归结起来有服装品牌、服装款式、服装颜色、服装面料、服装做工、服装价格六种。

（八）服装两大族类

品牌族与款式族。一类企业追求服装品牌——制造品牌服装，另一类企业追求服装款式——制造款式服装；一类顾客追求品牌服装——关爱生活形象，另一类顾客追求款式服装——注重个性体现。

（九）女性顾客三大族

观人看“项”——看脖子上的饰物，可以显示其人生。据此，可以把女性服装顾客细分为三大类：红项族——项上有宝石饰物者；黄项族——项上有金银饰物者；白项族——项上无饰物者。

经笔者研究，在购买服装时对“品牌”和“款式”的选择上，各类细分群以社会地位、经济实力不同而存在着较大的差异性。

品牌与款式选择的比率如下：

红项族，8∶2（80% 首选品牌，20% 首选款式）；黄项族，5∶5（50% 首选品牌，50% 首选款式）；白项族，2∶8（20% 首选品牌，80% 首选款式）。

（十）服装购买三部曲

一是（看）款式，二是（摸）面料，三是（问）价格。

（十一）服装购买的特点

这个特点就是：十分在意他人的评价。由于服饰也是穿给别人看的，具有自我展示作用，因此顾客在购买服装时比较在意他人的看法，在选购时一般会征求同伴的意见。

三、服装市场营销策划的原则与步骤

（一）服装市场营销策划的原则

为了提高企业营销策划的准确性与科学性，一般需要遵循以下几个基本原则。

1. 战略性原则

营销策划一般是从战略的高度对企业营销目标、营销手段进行事先的规划和设计，市场策划方案一旦完成，将成为企业在较长时间内的营销指南。也就是说，企业整个营销工作必须依此方案进行。因此，在进行企业营销策划时，必须站在企业营销战略的高度去审视它，务求细致、周密完善。从营销战略的高度进行策划，其作用是至关重要的。波音公司的发展历程是一个成功的例证。1952 年前，波音公司在商用飞机市场几乎没有立足之地。而后，波音公司在做商用飞机市场领导者的战略指导下，进行系列与此相关的营销策划，较强的创新意识使他们在激烈的竞争中占了上风，超过了道格拉斯飞机公司。可以说，波音公司后来的辉煌确实离不开他们营销策划的战略性原则。

2. 信息性原则

企业营销策划是在掌握大量而有效的营销信息基础上进行的，没有这些信息，将导致营销策划的盲目性和误导性。同时，在执行市场营销策划方案的过程中将会出现方案和现实有出入的情况。调整方案也要在充分调研现有信息的基础上进行，占有大量的市场信息是市场营销策划及实施成功的保证。

3. 系统性原则

企业营销策划是一个系统工程，其系统性具体表现为两点：一是营销策划工作是企业全部经营活动的一部分，营销策划工作的完成有赖于企业其他部门的支持和合作，并非营销一个部门所解决的，如产品质量、产品款式、货款收回等，需要生产部门、设计部门、财务部门的配合；二是进行营销策划时要系统地分析诸多因素的影响，如宏观环境因素、竞争情况、消费需求、本企业产品及市场情况等，将这些因素中的有利一面最大限度地综合利用起来，为企业营策划服务。

4. 时机性原则

企业营销策划既要做到“适时”，也要做到“重机”。换句话说，要重视“时间”与“空间”在营销划中的重要作用。例如，新大洲借“锅”下“米”的策划，就是营销策划申借势的“神来之笔”。在 1999 年摩托车大战中，新大洲公司和建设集团不约而同地推出了一款高贵而又典雅的仿古车，得到都市爱车一族的女士们的青睐。但在营销策划的策略中，新大洲公司与建设集团采用了两种不同的方式。建设集团首先在车展中将其样板车向市场曝光，并在电视、报纸、杂志等媒体多面进行了庞大的广告宣传，造成了一时轰动效应，为其后进行的产品销售打下了良好的基础。建设集团把大量资金投入到产品广告宣传的时候。同样是针对这款车，新大洲公司并未加入激烈的广告战，而是紧锣密鼓地进行着生产的前期准备，他们从配套部件入手，将大量的资金投入到产前的技术准备中，在短短的3个月里，使这款新车的月产量达到了5000辆，在高峰期月产量近万。由于建设集团的新款车与新大洲公司的新款车大同小异，新大洲公司在建设集团推出其新款车前，把其“罗马假日”款仿古车推向市场，凭借借“锅”下“米”的方式在营销战中获成功。

5．权变性原则

市场就是战场，竞争犹如战争。现代市场经济中演绎着一场场激烈的竞争，权变性的原则在策划中成为不可或缺的思维因素。我们来看看美国柯达公司公布“傻瓜机”技术的案例。1963年2月28日——这个世界照相史上划时代的日子，柯达公司发明并上市了新相机（又名“嫩瓜机”）。可就在柯达的“傻瓜机”大为走俏的时候，柯达做出了出人意料的惊人之举。公司宣称：“我们不要独占傻瓜机的专利，其技术全部都可以提供给世界的每个制造厂商。”其实，柯达放开“傻瓜机”技术正是该公司策划权变性的体现。原来，柯达因傻瓜机的问世，当年营业额超过20亿美元，纯利润3亿多美元，所花费的600万美元开发费已带来了巨额利润。与此同时，世界上相机拥有量已有数千万只，而且日本自行研究的“傻瓜机”也行将问世，即使不公开其技术，其他公司也已模仿研制出同类产品。另一方面，相机是耐用品，可以重复使用，而胶卷软片是多次性使用的，其市场需求越来越大。正是鉴于以上考虑，柯达公司才采取权变的策划措施，公布了傻瓜机技术。公布的结果使日本的独立开发与其他公司的模仿开发均变得一钱不值，没有投入研制的公司不费吹灰之力就拥有了柯达提供的技术。而更重要的是，其他公司傻瓜机生产越多，胶卷软片的需求就越大，而柯达这时正好可以收缩精力，全力生产高质量的胶卷软片，公司照样财源滚滚。无疑，柯达公布傻瓜机技术是企业营销策划具有权变性的最佳说明。其实，由于市场随时在波动变化着，企业营销策划就必须有权变性。只有这样，企业才能无市场环境，在竞争中获胜。

6．可操作性原则

企业营销策划要用于指导营销活动，其指导性涉及营销活动中每个人的工作及各环节的处理，因此其可操作性非常重要。不能操作的方案创意再好也没有任何价值，必然要耗费大量人力、财力、物力，管理复杂，效果差。如20世纪80年代初，我国有关部门策划了“川气出川”的工程，即把在四川省当时已开采的天然气用管道输送出川，为湖北、湖南供燃气能源。其策划方案不可谓不新，效益也不可谓不诱人，但由于天然气在四川境内的储存探明并不充裕，加上输送天然气出川工程浩大，其策划难以继续实施，结果以白白损失数亿后工程停止而告终。这一深刻的教训促使我们每个策划者在进行策划时均应遵循可操作性原则。

7．创新性原则

企业营销策划要求策划的“点子”（创意）新、内容新、表现手法也要新，给人以新颖的创意是策划的核心内容。例如，深圳君安金行开业围绕着“真情闪亮的地方”这一点将公关、营业推广、广告宣传等整合传播手段考虑进去，特别是感人至深的系列广告及

“真情服务”举措，大大强化了君安金行与消费者真情相连的企业形象，缩短了企业与消费者的心理距离，使消费者感到了企业的真诚以及全心全意为消费者着想的绵绵情怀。君安金行开业以极小的代价换来了较大的收获，是一次成功的企业营销策划。

8．效益性原则

尤伯罗思经营洛杉矶奥运会出新招的案例，充分证实了营销策划的效益性原则。尤伯罗思的卓越贡献是以经营企业的手段来办奥运会，并在“开源节流”上进行了精心策划，比如，他在出卖电视转播权时运用卓越的推销手段挑起广播公司之间的竞争，卖出了理想的价位；在专用商品使用权上同样以竞争抬高了售价；别出心裁地出卖了火炬传递权，每公里美元；破天荒地大胆提高开、闭幕式门票价格；经销各国纪念章，一全套售价高达10万美元；没有大兴土木，而是借用了一所大学的学生宿舍作为运动员的住处；正式招聘的工作人员是前两届奥运会的半数；另外，还邀请到3.4万名市民参加义务服务……结果这届奥运会只花了5.1亿美元，却赢利1.5亿美元，他本人也得到红利47.5万美元。在闭幕式上，国际奥委会主席萨马兰奇还向尤伯罗思颁发了一枚特别的金牌。这一届奥运会为美国政府与洛杉矶市政府节约了5亿多美元的资助，又赢利1.5亿美元，相加近7亿美元，这就是尤伯罗思策划的经济效益。而对奥林匹克运动和美国的发展等方面产生的社会效益，就更是难以用数字统计的。

（二）服装市场营销策划的步骤

市场营销策划如同酿酒，是一个科学的运作过程。一般来说，企业市场营销策划包括以下八个步骤。

1．了解现状

了解现状不仅包括对市场情况、消费者需求进行深入调查，还包括对市场上竞争产品的了解以及对经销商情况的了解，大致有以下几点：

（1）了解市场形势。指对不同地区的销售状况、购买动态以及可能达到的市场空间进行了解。

（2）了解产品情况。指对原来产品资料进行了解，找出其不足和有待加强、改进的地方。

（3）了解竞争形势。对竞争者的情况要有一个全方位的了解，包括其产品的市场占有率、采取的营销战略等方面。

（4）了解分销情况。对各地经销商的情况及变化趋势要进行适时调查，了解他们的需求。

（5）了解宏观环境。要对整个社会大环境有所了解和把握，从中找出对自己有利的切入点。

以上是整个营销策划的基础，只有充分掌握了企业、产品的情况，才能为后面的策划打下基础。

2．分析情况

一个好的营销策划必须对市场、竞争对手、行业动态有一个较为客观的分析，主要包括以下三方面内容：

(1) 分析机会与风险。分析市场上该产品可能受到的冲击，寻找市场上的机会和“空档”。

(2) 分析优势与弱点。认清该企业的弱项和强项，同时尽可能充分发挥优势，改正或弱化其不足。

(3) 总结结果。通过对整个市场综合情况的全盘考虑和各种分析，为制订应当采用的营销目标、营销战略和措施等打好基础。

分析情况是一次去粗取精、去伪存真的过程，是营销策划的前奏。

3．制定目标

企业要将自己的产品或品牌打出去，必须有自己得力的措施，制订切实可行的计划和目标，这个目标包括两方面：

(1) 企业整体目标。是指企业整体希望达到的销售收入，预期的利润及产品在市场上的占有率。

(2) 营销目标。是指通过营销策划的实施，希望达到的销售收入及预期的利润率和产品在市场上的占有率等。

能否制订一个切合实际的目标是营销策划的关键。有的营销策划方案大有“浮夸”之风，脱离实际，制订的目标过高，其结果也必然与实际相差千里。而有的营销策划则显得过于保守，同样也会影响营销组合效力的发挥。

总之，制订一个适宜的目标不但是必要的，而且是关键的。

4．制订营销战略

必须围绕已制订的目标进行统筹安排，结合自身特点制订可行的市场营销战略。营销战略包括以下几个方面：

(1) 目标市场战略。是指采用什么样的方法、手段去进入和占领自己选定的目标市场，也就是说企业将采用何种方式去接近消费者以及确定营销领域。

(2) 营销组合策略。是指对企业产品进行准确的定位，找出卖点，并确定产品的价格、分销和促销的政策。

(3) 营销预算。是指执行各种市场营销战略、政策所需的最适量的预算以及在各个市场营销环节、各种市场营销手段之间的预算分配。制订营销战略要特别注意产品的市场定位和资金投入预算分配。

5．制订行动方案

营销活动的开展从时间上到协调上需要制订一个统筹兼顾的方案，要求选择合适的产品上市时间，同时要有各种促销活动的协调和照应。有的营销策划忽略对产品上市最佳时机的确定，这会直接影响营销活动的展开。而各个促销活动在时间和空间上也要做到相互搭配、“错落有致”。

6．预测效益

要编制一个类似损益报告的辅助预算，在预算书的收入栏中列出预计的单位销售数量以及平均净价，在支出栏中列出划分成细目的生产成本、储运成本及市场营销费用。收入与支出的差额就是预计的赢利。经企业领导审查同意之后，它就成为有关部门、有关环节安排采购、生产、人力及市场营销工作的依据。

7．设计控制和应急措施

在这一阶段，营销策划人员的任务是为经过效益预测感到满意的战略和行动方案构思有关的控制和应急措施。设计控制措施的目的是便于操作时对计划的执行过程、进度进行管理。典型的做法是把目标、任务和预算按月或季度分开，使企业及有关部门能够及时了解各个时期的销售实绩，找出未完成任务的部门、环节，并令其限期做出解释和提出改进意见。设计应急措施的目的是事先充分考虑到可能出现的各种困难，防患于未然。可以简要地列举出最有可能发生的某些不利情况，指出有关部门、人员应当采取的对策。

8．撰写市场营销计划书

这是企业营销策划的最后一个步骤，就是将营销策划的最终成果整理成书面材料，即营销策划书，也叫企划案。其主体部分包括现状或背景介绍、分析、目标、战略、战术或行动方案、效益预测、控制和应急措施，各部分的内容可因具体要求不同而详细程度不一。

四、服装市场营销策划书的设计与撰写

策划书没有一成不变的格式，它依据产品或营销活动的不同要求，在策划的内容与编制格式上有所变化。但是，从营销策划活动的一般规律看，其中有些要素是共同的。

（一）营销策划书的结构与内容

营销策划书的基本结构可分为以下十项。

1．封面

策划书的封面可提供以下信息：策划书的名称；被策划的客户；策划机构或策划人的名称；策划完成日期及本策划适用时间段；编号。

2．前言

前言或序言是策划书正式内容前的情况说明部分，内容应简明扼要，最多不要超过500字，让人一目了然。内容主要包括：接受委托的情况，如X公司接受Y公司的委托，就某年度的广告宣传计划进行具体策划；本次策划的重要性与必要性；策划的概况，即策划的过程及达到的目的。

3．目录

目录内容是策划书的重要部分。封面引人注目，前言使人开始感兴趣，那么，目录就

务必让人了解策划的全貌。目录具有与标题相同的作用，同时也应使阅读者能方便地查寻营销策划书的内容。

4．概要提示

阅读者应能够通过概要提示大致理解策划内容的要点。概要提示的撰写同样要求简明扼要，篇幅不能过长，一般控制在一页之内。另外，概要提示不是简单地把策划内容予以列举，而是要成一个系统，遣词造句等都要仔细斟酌，要起到一“滴水见大海”的效果。

5．正文

正文是营销策划书中最重要的部分，具体包括以下几方面内容：

（1）营销策划目的。营销策划目的部分主要是对本次营销策划所要实现的目标进行全面描述，它是本次营销策划活动的原因和动力。如《长城计算机市场营销企划书》文案中，对企划书的目的就说明得非常具体。首先，强调“90OOB 的市场营销不仅仅是公司的一个普通产品的市场营销”，然后说明 90OOB 营销成败对公司长远、近期利益和长城系列产品的重要性，要求公司各级领导及各环节部门达成共识，高质量完成任务。这一部分使整个方案的目标方向非常明确、突出。

（2）市场状况分析。着重分析以下因素：

①宏观环境分析。着重对与本次营销活动相关的宏观环境进行分析，包括政治、经济、文化、法律、科技等。

②产品分析。主要分析本产品的优势、劣势、在同类产品中的竞争力、在消费者心目中的地位、在市场上的销售力等。

③竞争者分析。分析本企业主要竞争者的有关情况，包括竞争产品的优势、劣势，竞争产品营销状况、竞争企业整体情况等。

④消费者分析。对产品消费对象的年龄、性别、职业、消费习惯、文化层次等进行分析。

以上市场状况的分析是在市场调研取得第一手资料的基础上进行的。

（3）市场机会与问题分析。营销方案是对市场机会的把握和策略的运用，因此分析市场机会就成了营销策划的关键。只要找准了市场机会，策划就成功了一半。

①营销现状分析。对企业产品的现行营销状况进行具体分析，找出营销中存在的具体问题点，并深入分析原因。

②市场机会分析。根据前面提出的问题，分析企业及产品在市场中的机会点，为营销方案的出台做准备。

（4）确定具体行销方案。针对营销中问题点和机会点的分析，提出达到营销目标的具体行销方案。行销方案主要由市场定位和 6P’s 组合两部分组成，具体体现两个主要问题：本产品的市场定位是什么；本产品的 6P’s 组合具体是怎样的以及具体的产品方案、价格方案、分销方案和促销方案是怎样的。

6. 预算

这一部分记载的是整个营销方案推进过程中的费用投入，包括营销过程中的总费用、阶段费用、项目费用等，其原则是以较少投入获得最优效果。用列表的方法标出营销费用也是经常被运用的，其优点是醒目易读。

7. 进度表

把策划活动起止的全部过程拟成时间表，具体到何日何时要做什么都标注清楚，作为策划进行过程中的控制与检查。进度表应尽量简化，在一张纸上拟出。

8. 人员分配及场地

此项内容应说明具体营销策划活动中各个人员负责的具体事项及所需物品和场地的落实情况。

9. 结束语

结束语在整个策划书中可有可无，主要起到与前言的呼应作用，使策划书有一个圆满的结束，不致使人感到太突然。

10. 附录

附录的作用在于提供策划客观性的证明。因此，凡是有助于阅读者对策划内容理解、信任的资料都可以考虑列入附录。但是，可列可不列的资料还是以不列为宜，这样可以更加突出重点。附录的另一种形式是提供原始资料，如消费者问卷的样本、座谈会原始照片等图像资料。附录也要标明顺序，以便阅读者查找。

（二）营销策划书的写作技巧

营销策划书和一般的报告文章有所不同，它对可信性和可操作性以及说服力的要求特别高。因此，运用写作技巧提高上述两个“性”一个“力”就成为撰写策划书追求的目标。

1. 寻找一定的理论依据

要提高策划内容的可信性并使阅读者接受，就必须为策划者的观点寻找理论依据。但是，理论依据要有对应关系，纯粹的理论堆砌不仅不能提高可信性，反而会给人脱离实际的感觉。

2. 适当举例

这里的举例是指通过正反两方面的例子来证明自己的观点。在策划报告书中加入适当的成功与失败的例子，既能起调整结构的作用，又能增强说服力，可谓一举两得。需要指出的是，举例以多举成功的例子为宜，选择一些国外先进的经验与做法以印证自己的观点是非常有效的。

3. 利用数字说明问题

策划报告书是一份指导企业实践的文件，其可靠程度如何是决策者首先要考虑的。报告书的内容不能留下查无凭据的漏洞，任何一个论点最好都有依据，而数字就是最好的依据。在报告书中利用各种绝对数和相对数来进行比较对照是绝对不可少的。要注意的是，各种数字最好都有出处，以证明其可靠性。

4. 运用图表帮助理解

运用图表有助于阅读者理解策划的内容，同时图表还能提高页面的美观性。图表的主要优点在于有强烈的直观效果。因此，用图表进行比较分析、概括归纳、辅助说明等非常有效。图表的另一优点是能调节阅读者的情绪，有利于阅读者对策划书的深刻理解。

5. 合理利用版面安排

策划书视觉效果的优劣在一定程度上影响策划效果的发挥。有效利用版面安排也是撰写策划书的技巧之一。版面安排包括打印的字体、字号大小、字与字的空隙、行与行的间隔、黑体字的采用以及插图和颜色等。如果整篇策划书的字体、字号完全一样，没有层次之分，那么这份策划书就会显得呆板、缺少生气。总之，通过版面安排可以使重点突出、层次分明、严谨而不失活泼。

6. 注意细节、消灭差错

这一点对于策划报告书来说十分重要，但却往往被人忽视。如果一份策划书中错字、别字连续出现，阅读者怎么可能对策划者抱有好的印象呢？因此，对打印好的策划书要反复仔细检查，不允许有任何差错出现，对企业的名称、专业术语等更应仔细检查。

五、服装市场营销策划书范例

（一）概况与任务

本公司是今年初创品牌，时间紧，各项工作还未走上正轨。只能边做边完善。“集中优势资源，打造区域强势品牌”是我们的发展战略。

（二）市场分析

1. 中国各地市场

中国内衣市场经过近几年的飞速发展，内衣行业的市场格局已经基本形成，对于实力有限，处于发展中的中小内衣企业来说，要想在当今的市场环境下站稳脚跟并占有一席之地，依靠全面出击市场、追求遍地开花的效果显然已经是不现实的了。所以，必须审时度势，利用“集中优势资源，打造区域强势品牌”的发展战略，希望通过局部地区的成功，及通过成功模式的经验积累，来逐渐扩大影响、发展壮大。在目前的市场形势下，这不失为一着好棋，但如何突破领先品牌的层层封锁，顺利地去实现这个目标。

市场有大有小，市场大小主要受经济发展水平影响，但消费习惯、消费心理、人口数量市场环境等也占据比较大的因素。比如广东、浙江、四川、山东等省历来被二线品牌视为战略要塞，而北京、上海等地虽然经济比较发达，但鲜有操作成功的二线品牌。再比如湖北市场，容量虽然很大，但由于市场竞争的极端无序性，市场很混乱，操作难度就比较大，所以也很难看到很成功的二线品牌。

清爽，淡雅是浙江人喜欢的风格。内衣市场上，洋品牌并不能占多大的优势，北方和南方的强势品牌在中国经济强省浙江表现也仅能算一般。浙江人喜欢的是一些风格淡雅的国内品牌，如嘉莉诗、水中花、奥丽依。就算是常规内衣，浅色的、设计淡雅的款在浙江也销得非常好。

四川是内衣市场最火的地方，火的是保暖内衣。四川人喜欢跟风，喜欢火辣辣的情，火辣辣的市场，火辣辣的保暖内衣。保暖内衣炒得越是热，四川人越是喜欢。湖北的内衣市场，出名的不是内衣品牌，而是连锁品牌，如雅黛丽、小白象之类。

湖南的内衣市场，也仅有一百多年历史黛安芬算得上表现非凡，北方的爱慕、南方的曼妮芬、包括香港有三十多年历史的安莉芳在湖南也是活得诚惶诚恐，二三线品牌更是小富即安。即使在北方吼得脖子抽筋的保暖内衣，在湖南也不敢妄动。买内衣也认历史，没有一定的历史沉淀，文化的积累，要得湘妹子的青睐可不容易。

河南是中国人口最大的省份，内衣市场也与众不同，在河南，代理商的名气比品牌还大。郑州两三家内衣巨头，不但河南内衣行业无人不识，就是各大内衣生产基地也都知道。河南虽然人口众多，但农业人口占了绝大多数，因此，在河南市场，内衣品牌表现平平，靠走量流通货大行其道。

在山东的内衣市场被割得七零八落，青岛、临沂、济南、维纺各自占地为王，而无论是省会的济南还是其他地方，都很难辐射到全省。所以很多内衣品牌进入山东都选择了分区而治，这也导致了山东的代理很难做大。但某二线品牌创造了单省年回款 800 万的记录，一度惊动了全国市场。

去重庆一定要去解放碑，才知道重庆的美女有多少；内衣行业人走到解放碑，那家“丽的内衣”，一定会进入你的眼帘。尽管重百上也有一些很好的品牌，但这家不足 30 平方米的专卖店，除 laclover 之外的爱慕、黛安芬、欧迪芬、思薇雅、婷美等六七个品牌。夸张一点说，来过重庆，如果不知道这家店的人，不算是内衣行业的人。

北京是咱首都啊！说起北京，和上海差不了多少。北京是政治、文化中心，上海是中国的经济中心。人家说到了上海不知道钱有多少，到了北京不知道官有多大。这两个城市的人，天生就有优越感。可贫富差距的问题还需要解决，走走内衣市场，北京上海也严格地划分了两条线。一方面大官大款们买的都是名牌高档货，老百姓这边可现实，超市里流通货一大把，不讲究名牌，不讲究质量，瞧着顺眼拿回家就是。这叫两头分化，中间不吃香。不高不低的品牌，在北京上海，难做！

2. 今后的市场走向

（1）整体形势逐步平静。经过数年的广告战、价格战、口水战、概念战，每个品牌在度过重重危机获得高额利润的同时，整个行业的危机也同时呈现出来：消费者的信任度降低到了极点。从零五保暖市场来看，相对往年要平静得多。今后保暖内衣有可能抛弃以前赖以成名的保健品模式，而过渡到像常规内衣那样的平稳型经营。

（2）品牌分层将会明显。老总们开会年年都大嚷，今年是洗牌年。可是洗来洗去没见把谁洗出去，反而是参与游戏的人更多了。不过，也不能说洗牌没有效果。洗牌的结果就是，各品牌以不同的品质和价位分层占领市场。有点类似于文胸的一线二线三线，像04年抢先跳水的某某人牌保暖内衣，再想做高档的高价位的产品估计是难了。

（3）低端市场将成为主要的增长点。像任何商品一样，保暖内衣也要逐步成为大众消费品。每年百分之二十以上的增长率要求这个行业必须发掘新的潜在市场，二百多元到三百多元的一身内衣对中国的大多数人来说还算是奢侈品，今后的主要增长点将是一百元以下的低端产品。

3. 部分市场调查数据分析

调查一：舍得花钱。

调查显示：消费者购买单件内衣选择50元至100元的占32%，100元至200元的占34%，200元以上的占20%，选择50元以下价位的只有14%。

调查二：数量增加。

调查显示：个人内衣拥有量在3套至4套的占57.4%，5套至10套的占38.3%，10套以上的占4.3%。

据了解，一般情况下，每人每年集中购买内衣的次数为一冬一夏两次。除此之外，每逢大型节假日或出差、旅游等机会，也有消费者会到商场购买新内衣。尤其是春节、婚庆、本命年这样的特殊日子。调查对象中，72.7%的人表示家里会单独备有放置内衣的地方。

调查三：越“色”越美。

调查显示：亮丽颜色的内衣成了购买族的宠儿。随着内衣色彩的多元化，购买白、黑传统颜色内衣的消费群体比例在缩小，只有12.5%和18.8%。而选择近肤色和多彩色的购买比例在增大，分别占47.9%和20.8%。内衣色彩开始随着外衣每一季流行色的变化而变化。

调查四：安全第一。

调查显示：78.8%的消费者最关心面料的安全性

有关资料表明，国内目前有3000多个内衣生产厂家，33.3%的调查对象认为在购买内衣时会首先考虑品牌，31.5%的人首选舒适度，22.2%首选款式和面料，先看价格再决定购买的占13%。

调查五：美丽情趣。

调查显示：66.7%的女性消费者表示，情趣内衣会增进夫妻情感，提高生活质量；76.5%的男性肯定了这种说法

（三）竞争分析（以保暖内衣为例）

从行业整体来看，保暖内衣作为内衣行业的一个新兴的分支，经过几年的呼风唤雨，

时至今日已是黔驴技穷。2005 年市场价格趋向平民化，保暖内衣成了谁也消费得起的产品，全年销量一路飘红。但是利润空间压缩、品牌竞争激烈等因素导致了保暖内衣市场叫热不叫好，一整年做下来只见营业额没有利润，白天白忙，晚上瞎忙。多数品牌陷入同质化价格战、概念战的竞争泥潭，呈现“白热化”的竞争态势。

竞争对象：

一线品牌我们目前无法去拼，别人的广告预算就大于我们的投资预算。二、三线品牌有 3000 多家，大多数靠低价格抢占市场，这些都是我们的竞争对象。本地有猫人、爱帝、抱喜猫三个，爱帝做了外销，抱喜猫是贴牌生产，基本上对我们不构成多大威胁。剩下的主要是猫人。我们应该采取和猫人错开经营，方能在本地市场分一杯羹。

内衣行业同质化竞争的今天，其潜规则是“另类才能发展！”孙子兵法的精髓是：以正合，以奇胜！出奇才能制胜！内衣生产企业如不能及时从产品思维结构里尽快逃脱，就会被打入历史仓库，许多企业正在变成仓库而不自知！如何放大需求已经成为所有内衣企业的头等大事。不能拉动需求，再多的品牌、再多的概念、再多的新品也无济于事。

（四）优势、劣势和机会、威胁分析

（1）优势：我们的优势在于集团有较为雄厚的资金，自产棉纱，有自己的服装生产线，这是很多靠贴牌且资金实力不足的企业所无法抗衡的。

（2）劣势：一个尚未被认知的新品牌，知名度不高，设计能力欠缺，管理团队初建立，需要磨合，销售渠道尚待建立，时间太紧。

（五）市场营销目标

目标市场：二、三线市场，今年以本省市场为主，在省外选择 1～2 个市场探路，争取做 1 个样板市场出来。

销售目标：今年的目标不可能太高，能有 25 万套（销售额 1000 万）就很不错了。

公司未来 3 年或 5 年的销售收入预测（单位：万元）

年　份	第 1 年	第 2 年	第 3 年	第 4 年	第 5 年
销售收入	1000	2000	3000	4000	6000

企业目标：

拓展网络：2006 年。

优化网络：2007 年，巩固代理商网络，使 ××× 内衣品牌终端普及率达到 60% 以上，消费者认知率达到 50% 以上。

网络目标：全国建立完善省级网络，逐步设立办事处，辅助省级代理商全国建立终端网络不少于 1000 家。

品牌目标：三年发展为行业知名品牌，六年发展为中国强势内衣品牌。

（六）营销策略

内衣企业竞胜的秘诀是“系统运营、另辟蹊径、关键点强势突破”。创造自己的低价品牌；质量走高，价格走低，随时更新商品，限量限期供应；允许不需任何理由退货；低风险扩张，不仓促行动。

1. **产品策略**

今年以保暖内衣为主，以成人为主。材料除传统品种外，增加新材料的比重。明年将生产四季产品，有意识地发展情趣内衣、少年（童装）内衣、运动内衣，在条件允许下开发天然植物染料染色，打“环保”牌。

2. **价格策略**

以低档产品（100元/套以下）占55%，100～200元占35%，500～600元占10%。

3. **销售渠道策略**

以代理经销为主、直营营销为辅的，以代理经销的模式覆盖众多的地市级城市，借助经销商的网络进行市场运作，在竞争激烈的大城市成立分公司，以市场扩散速度快，企业资金回拢快，统一管理强为特点。

（1）区域代理：各区域大都已代出了一批优秀的代理商，资本实力雄厚，终端掌控能力强，面对年年春夏季的保暖内衣招商热潮，对各保暖内衣企业也形成了最大的不稳定因素。谁的利润厚、谁的广告支持大、谁的品牌优势强，选择谁，大有“挟天子以令诸侯”之势！网络优势强，可控性弱。

（2）直营控制：首先对保暖内衣市场空间巨大、竞争激烈的大城市，建立直营公司或办事处，以渠道扁平后的利润直对激烈竞争，争取市场的更大份额。

（3）合资联营：保暖内衣季节性非常显著，只有从每年9月下旬到春节前夕为销售旺季，很显然，特许经营并不适合保暖内衣企业。联营店的做法是寻找繁华路段的其他产品的专卖店，以及在一级大卖场有岛柜的代理经销商一起搞联营，这样既可以节省开专卖店和进大卖场的费用，又可以在销售淡季的时候全身而退。

（4）网上销售：寻找有广泛网络销售渠道的网上代理商，全面推广。

4. **促销策略**

品牌的广告传播趋于理性，已不再是高举高打，更应注重区域差异性的广告诉求，转向各地强势电视载体、黄金地段户外、黄金路线车体广告的投入来进行品牌形象提升，进行长线的广告拦截，同时在利用报纸媒体进行市场启动、市场促销的拉动，使广告资源的投放真正有利于企业品牌价值的提升、有利于市场的拉动。

（1）广告策划：由于今年是起步阶段，还是低调入市。受广告投资不大的影响，只能做区域广告，在地方平面媒体和电视台适当做，同时在大型，专业的网站做招商广告。

（2）人员销售：这是最有效的销售方法，需要训练有素的销售员。利用原有的销售渠道，走访和争取老客户，发展新客户。除了本公司销售人员积极做以外，对其他公司销售人员采取销售回款给提成的办法吸收更多的兼职销售员。

(3) 建立企业网站：通过现代化宣传手段进行广告宣传。

(七) 营销计划的实施和控制

计划的实施：

1. **分销**

分销渠道（包括代理渠道等）。本市设三个形象卖场专柜，进入一个超市系统（主要是低档产品走量），主要稳固省内市场，在省外做1～2个形象专柜，在省外大型批发市场发展代理商，找1～2个有网店系统的代理商发展网上销售。

对以上渠道根据情况作比例调整。

2. **销售控制**

各细分市场的业绩评估采用分析表的形式，每月进行一次评估，及时分析完不成相应销售指标的原因（是产品、服务，还是促销方式、价格问题?），提出相应的措施。

做好企业物流控制，积极反馈真实的销售业绩，做到无大的积压和防止断货。增大调控能力，每周必须有报表，根据销售情况随时调货。

对销售人员实行订货制度，对所订货销售不了或临时需要补货者要扣除1%提成。（根据货物价值）。

3. **营销目标**

销售成本毛利率达到50%。

4. **销售队伍**

组建与激励机制等情况。

营销中心设立市内销售部（一部），省内销售部（二部），省外销售部（三部）综合销售部（含团购，网上销售），市场（售后客户、渠道维护、信息收集）服务部，物流控制部。

5. **促销**

促销方式除了传统的打折外，赠品是不可缺少的东西，二线品牌因产品价格有限，所以促销赠品成本价格也不能太高，不能喧宾夺主；但一定要做得精致，才不会影响品牌的档次。类似的东西女人喜欢的相关联的东西无非是袜子、丝巾、肩带、毛巾、化妆包、化妆镜等小东西，还可以送些伞啊、太阳镜之类的。把内裤包成一朵玫瑰，加个花枝绿叶做点缀，作为赠品送给消费者，这种内裤玫瑰曾经是业界很流行的促销赠品，很多企业用过，也很受消费者欢迎。时下，洗衣袋、透明肩带、内裤、毛巾、袜子等是内衣企业用得最多的促销赠品，最大众化东西其实往往也是最受欢迎的。普通的东西，如果经过一些点缀，或者在包装上来点创意，却又常常能达到意想不到的效果。

(八) 产品完善与新产品开发举措

打造大众化内衣强势品牌，主要开发100元左右的产品，为大众提供优质的产品。休闲、保暖系列，针对休闲、保暖不断开发新面料、新款式来充实产品。做好产品自身设计，主要包括：

（1）品牌的号型系列搭配。

（2）品牌的号型生产数量比例。

（3）品牌的色系。

（4）品牌的款式设计。

（5）品牌的面辅料选择。

（6）品牌似的产品质量要求。

（7）品牌的包装。

（8）品牌的各种标牌设计。

在这个过程中，必须强调设计师与营销部门的密切配合，设计出来的产品一定要符合品牌个性，而且是市场所需要的。对于一个新兴的服装品牌来说，产品的设计尤为重要，也是决定其生死存亡的关键。一般来说，新兴的服装品牌，首要的任务就是寻找具有行业经验的设计总监，来操作全盘的产品，前期的所有工作，都是围绕着设计展开的。在企业管理中，设计与营销又好似哑铃，两头较重也较大。一般来说，掌管服装企业又如举起哑铃，保持两头的平衡，通过计划、执行、监督等管理机制，才能发挥力的作用。但在新组建的服装品牌管理中，首先，偏重的或是设计，这是基础。在前期，具体操作的只是服装款式的设计，其他的则会在稍后的时间中进入正常程序。因此，服装的设计是非常的重要的。当只有设计的产品能在市场畅销，才或许会打响胜利第一仗。如果，设计的产品不行的话，那么，前期营销部门所做的工作或许都是白费的，浪费了企业的人力与物力。

（九）市场调研

主要市场调研手段与举措。在目前还无法做到和权威咨询机构合作的情况下，应充分利用网络资讯，走访客户，各种招商会，销售报表等进行市场调研，并实行走动式管理，掌握第一手材料。

（十）企业文化

（1）企业理念："素雅浪漫，真情×××"。

（2）企业精神：团结合作、真诚奉献、创新拼搏、实事求是。

（3）企业目标：打造中国大众内衣强势品牌。

（4）营销模式："零距离"的营销模式，"代理+终端"的营销模式。

（5）服务宗旨：全程服务，零距离接触。

（6）管理。

严谨：严谨的管理、严谨的态度、严谨的作风。

宽松：重视员工个人专长、充分尊重人之本性及个性，为员工提供施展才干和发展的机会。

超越：客户、员工、公司共同发展、携手共创美好未来。

（7）事业的门槛：一线品牌的操作，二线品牌的门槛。

（十一）财务安排

第二节　服装营销技巧

一、服装营销技巧的内涵

服装销售人员的工作是要找出具体销售工作中制胜的关键。只有找到销售制胜的关键，服装销售人员才能够有的放矢。

世界上最顶尖的优秀业务人员曾总结出十个成功的关键：明确的目标、健康的身心、极强的开发顾客的能力、强烈的自信、专业知识强、找出顾客需求、优秀的解说技巧、擅长处理反对意见、善于跟踪顾客和收款能力强。

（一）明确的目标

成功的业务人员首先要有明确的目标。明确的目标通常包括：确定每天要拜访的顾客，找出所需要的顾客属于哪一个阶层，即找到潜在顾客。顾客目标群定位的错误，会使服装销售人员浪费很多时间，一无所获。此外，服装销售人员需要知道如何接近潜在顾客，充分了解顾客喜好，常常能给顾客留下最好的印象，而且在最短的时间之内说服顾客购买产品。

优秀的服装销售人员都有执行计划，其内容包括：应该拜访的目标群、最佳拜访时间、贴近顾客的方法，甚至提供推销的解说技巧和推销的解决方案，帮助顾客解除疑虑，让其快速做决定是否购买产品。

（二）健康的身心

心理学家的研究证明，第一印象非常重要。由于推销工作的特殊性，顾客不可能有充足的时间来发现服装销售人员的内在美。因此，服装销售人员首先要做到的是具有健康的身体，给顾客以充满活力的印象。这样，才能使顾客有交流的意愿。

（三）极强的开发顾客的能力

优秀的服装销售人员都具有极强的开发客户能力。只有找到合适的顾客，服装销售人员才能获得销售的成功。优秀的服装销售人员不仅能很好地定位顾客群，还必须有很强的开发顾客的能力。

（四）强烈的自信

自信是成功人员必备的特点，成功的服装销售人员自然也不例外。只有充满强烈的自信，服装销售人员才会认为自己一定会成功。心理学家研究得出，人心里怎么想，事情就常常容易按照所想的方向发展。

当持有相信自己能够接近并说服顾客、满载而归的观念时，服装销售人员拜访顾客时，就不会担忧和恐惧。成功的服装销售人员的人际交往能力特别强，服装销售人员只有充满自信才能够赢得顾客的信赖，才会产生与顾客交流的欲望。

（五）专业知识强

销售致胜关键的第五个要素是极强的专业知识。优秀的服装销售人员对产品的专业知识比一般的业务人员要强得多。针对相同的问题，一般的业务人员可能需要查阅资料后才能回答，而成功的服装销售人员则能立刻对答如流，在最短的时间内给出满意的答复，即优秀的服装销售人员在专业知识的学习方面永远优于一般的服装销售人员。

（六）找出顾客需求

快速找出顾客的需求是销售制胜的第六个关键要素。即便是相同的产品，不同的顾客需求不同，其对产品的诉求点也不相同。优秀的服装销售人员能够迅速、精确地找出不同顾客的购买需求，从而赢得订单。

（七）优秀的解说技巧

服装销售人员优秀的解说技巧也是成功的关键。优秀的业务人员在做商品说明解说时，善于运用简报的技巧，言简意赅，准确地向客户提供他们想知道的信息，而且能够精准地回答顾客的问题，满足顾客希望的答案。

（八）擅长处理反对意见

擅长处理反对意见，转化反对意见为产品的卖点是制胜关键的第八个要素。优秀的服装销售人员与顾客成交永远快于一般服装销售人员。销售市场的竞争非常强烈，顾客往往会有多种选择，这就给服装销售人员带来很大的压力。要抓住顾客，业务人员就需要善于处理客户的反对意见，抓住顾客的购买信号，让顾客能够轻松愉快地签下订单。

（九）善于跟踪客户

在开发新顾客的同时，与老顾客保持经常的联系，是服装销售人员成功的关键之一。服装销售人员能够持续不断地大量创造高额业绩，需要让顾客买得更多，这就需要服装销售人员能做到最完善的、使顾客满意的管理。成功的服装销售人员需要经常联系顾客，让顾客精神上获得很高的满意度。

（十）收款能力强

极强的收款能力也是销售成功的制胜关键之一，否则就会功亏一篑。优秀的业务人员在处理收款问题时，能比普通服装销售人员更快地收回货款。遇到顾客交款推托时（推卸责任，找各种借口或者使用拉交情的手段来延迟交款），优秀的业务人员能有办法让顾客快速地付钱。

把握销售制胜的十个关键要素，进行模仿、学习，将其强化为自身的习惯，服装销售人员才能够获得不断的成功，取得越来越好的业绩。

二、服装导购员营销技巧

导购员在服装销售过程中有着不可替代的作用，它代表着商家的外在形象，更是加速着销售的过程，因此，对于服装导购员销售技巧的培训，提高服装导购员销售技巧，一直是商家必做的工作。那么服装导购员销售技巧都有哪些呢?

服装导购员首先要做到以下几点。

（1）微笑。微笑能传达真诚。

（2）赞美顾客。一句赞美的话可能留住一位顾客，可能会促成一笔销售，也可能改变顾客的坏心情。

（3）注重礼仪。礼仪是对顾客的尊重，顾客选择那些能令他们喜欢的导购员。

（4）注重形象。导购员以专业的形象出现在顾客面前，不但可以改进工作气氛，更可以获得顾客信赖。所谓专业形象是指导购员的服饰、举止姿态、精神状态、个人卫生等外观表现，能给顾客带来良好的感觉。

（5）倾听顾客说话。缺乏经验的导购员常犯的一个毛病就是，一接触顾客就滔滔不绝地做商品介绍，直到顾客厌倦。认真倾听顾客意见，是导购员同顾客建立信任关系的最重要方法之一。顾客尊重那些能够认真听取自己意见的导购员。

下面是服装导购员接近客户的方法。

1. 提问接近法

（1）您好，有什么可以帮您的吗?

（2）这件衣服很适合您!

（3）请问您穿多大号的?

（4）您的眼光真好，这是我公司最新上市的产品。

2. 介绍接近法

看到顾客对某件商品有兴趣时上前介绍产品，从以下角度介绍：

（1）特性（品牌、款式、面料、颜色）。

（2）优点（大方、庄重、时尚）。

（3）好处（舒适、吸汗、凉爽）。

互动环节：介绍自己身上穿的衣服；注意：用此法时，不要征求顾客的意见。如果对方回答“不需要”或“不麻烦了”就会造成尴尬的局面。

3. 赞美接近法

即以“赞美”的方式对顾客的外表、气质等进行赞美，接近顾客。

（1）您的包很特别，在哪里买的？

（2）您今天真精神。

（3）小朋友，长得好可爱！（带小孩的顾客）

俗语：良言一句三春暖；好话永远爱听。通常来说赞美得当，顾客一般都会表示友好，并乐意与你交流。

4. 示范接近法

利用产品示范展示展示产品的功效，并结合一定的语言介绍，来帮助顾客了解产品，认识产品。最好的示范就是让顾客来试穿。有数据表明，68%的顾客试穿后会成交。

试穿的注意事项如下。

（1）主动为顾客解开试穿服饰的扣子、拉链、鞋子等。

（2）引导顾客到试衣间外静候。

（3）顾客走出试衣间时，为其整理。

（4）评价试穿效果要诚恳，可略带夸张之辞，赞美之辞。

无论采取何种方式接近顾客和介绍产品，导购员必须注意以下几点：

1. 顾客的表情和反应，察言观色。

2. 提问要谨慎，切忌涉及个人隐私。

3. 与顾客交流的距离，不宜过近也不宜过远。正确的距离是1.5米左右，也是我们平常所说的社交距离。

三、儿童服装营销技巧

1. 店头吸引，以连续性故事吸引顾客进店

终端将高柜形成连续性故事画面，在入店的各个角度都有醒目的形象拦截顾客“眼球”，同时故事性的卡通对儿童形成友好的氛围（带小孩来与自己来店购买的比例为7:3，离儿童越近，也会吸引妈妈到店）；让父母与孩子对该故事产生兴趣，乐于进店看看瞧瞧。

孩童在终端，都喜欢用手去抓、去玩。于是，该品牌根据（小童、中童、大童）不同孩童的视角进行产品陈列；能够让他们能看到、抓到、玩到，他们在店内停留的时间越长，自然父母也会跟随更长时间。

2. 店内专业化行销，让父母参与行动

父母都希望他们的孩子天真，快乐、但他们也在意孩子安全与健康的成长。向妈妈们

讲解鞋与小孩成长的关联性是最好的推销方法。

营业员讲述孩童与一件合适的衣服（一双合适的鞋）的重要性，保护孩子的身体（脚）免受外界的伤害，而且要符合儿童身体（脚部）的生长发育规律及生理机能特点。如果不正确选衣服（鞋子）会直接影响孩童的健康成长……

科学而正确的帮助父母正确的选择，同时也大幅提高了该品牌终端销售的专业化程度。

反复把产品卖给同一个消费者比争取一个新消费者要容易得多，把握住顾客离店是关键。

当家长替孩子买完服装（鞋子）后，促销员适时为其送上有关服装（鞋子）与身体（脚）的温馨提示卡与二次到店特惠卡；让他们在这里感受到专业销售的温情，由此对品牌产生深深的信赖感，并成为品牌忠实的消费者。

同时促销员会提示顾客，下次来店时将小孩与穿过的鞋同时带来；该品牌终端店会通过鞋子的状况，了解孩童脚形是否有问题，及时给出解决建议方案。

3．吸引消费者第二次到店

根据二八商业原则，重点推出高价值顾客群服务。该品牌根据顾客买服装及鞋子时的购买记录，每月为他们发送养儿育女知识，服装与孩子成长的知识，对小孩健康成长提供交流与知识指引。在节日为顾客发贺卡及相关信息、进一步提高消费者的忠诚度与亲密度。建立情感关系，吸引第二次到店，保证长期的收益。要做好终端提升形象与利润，就要走进顾客心理空间，让顾客因价值而购买。该品牌通过人性化的销售行为设计与专业的终端提升，让终端品牌体验成为了孩童健康成长顾问，不仅可以强化终端成交概率，且能大幅地提升该销量，为品牌价值的打造找到一条阳光大道。采纳“新鲜营销品牌体验”工程包括品牌接触点管理、品牌升级、互动体验等，我们从生活者的品牌接触点出发，全面解析生活者与品牌的内在联系，通过生活者与品牌、产品的无缝链接，塑造全新的品牌、产品互动消费模式，增强生活者满意度，实现品牌增值。为生活者提供全新的消费体验，使企业品牌深植于生活者的心智图谱，进而带动产品的销售。

四、品牌服装专卖店营销技巧

品牌服装店以其成熟的运作方式和深入人心的名气，被许多开店者青睐。开品牌店如何经营？有什么方法和技巧？

1．维护卖场魅力

开品牌店前，创业主都会针对卖场做一番规划，尽量呈现出最吸引人的风貌。开店后，也不能对这一方面掉以轻心，要时刻保证店面的新颖和特别，才能使你的品牌店永远抓住顾客的视线。

2．追求商品魅力

有关人士认为，现在的消费者都喜欢“俗、大腕、满意”的商品，同等的商品除了要比价位、性质外，还要比谁的功能多、效果好。

3. 提高服务魅力

卖场、商品的魅力有了，再就是提高服务的魅力，也就是员工要让客人觉得店里面的每个人都很友善，上门消费是种享受。

4. 定期举办促销

促销往往是最直接、最有效的提高业绩的方式，尤其在看似景气、消费却下滑的内冷外热之时，促销更显重要，可增加新鲜感。

有关人士建议，最好依店家的业绩决定促销方式，才能发挥效用。例如属于计划性购买的和冲动性购买的商店促销方式就各不相同。

5. 如何留住员工的心

员工的良莠、稳定性对一家店的影响很大，尤其是在创业初期，而创业中后期则可能面临员工被挖墙脚的情况，因此，如何抓住员工的心，就成为当小老板的必修课程。有些员工并不是非常在意领多少钱，而是在乎有没有成长，如果老板只忙于赚钱，而忽略员工，员工的心力就会大减。想要留住员工的心当然就要激发员工的斗志，老板如果顺势说句话："今天辛苦了，要好好爱惜自己的身体，不要太劳累了"，便可以让员工更加卖力。

五、女装网店营销技巧

女装网店的销售技巧很关键，因为一般情况下女装在服装类商品中销售最为活跃，而女人爱美的天性就注定女装销售技巧的重要性。

女装销售技巧：加强客户购买的心态重点就是指要有针对性。对于不同的人要进行不同的服装的设计，真正使顾客的心理由"比较"过渡到"信念"，得到他们想象中的东西，最终销售成功。在短的时间内能让顾客具有购买的欲望，是女装销售技巧中非常重要的一个环节。女装销售技巧有以下原则。

从4W上着手。从穿着时间When、穿着场合Where、穿着对象Who、穿着目的Why方面做好购买参谋，有利于销售成功。

重点要简短。对顾客说明服装特性时，要做到语言简练清楚，内容易懂。服装商品最重要的特点要首先说出，如有时间再逐层展开。

具体的表现。要根据顾客的情况，随机应变，不可千篇一律，只说："这件衣服好"，"这件衣服你最适合"等过于简单和笼统的推销语言。依销售对象不同而改变说话方式。对不同的顾客要介绍不同的内容，做到因人而异。

营业员把握流行的动态、了解时尚的先锋，要向顾客说明服装符合流行的趋势。

女装销售技巧之女性客户的心态：

要研究出一套接待客人，提供优质服务的标准流程和技巧，就有必要了解客人尤其是女性客户购买我们服装时的心理流程。在不同阶段我们针对性地提供服务。

1. 观察浏览两种客人

(1) 没有明确的购买目的，遇上感兴趣的衣服也会购买;

(2) 闲逛为目的，消磨时间，漫步商场欣赏各色服装。

2. 引起注意

客人发现自己要找的服装，或者某服装的款式、色彩等吸引了客人。

3. 诱发联想

联想这件衣服穿在自己身上的感觉，马上会产生兴奋的感觉。“明天我穿上这条裙子去公司，同事一定会对我大加赞赏，太棒了，我非试试不可!”客人将眼前服装和自己的生活联系在一起，非常重要。决定她是否会进一步行动。在客人对我们某款衣服产生兴趣的时候，我们给她展示、触摸等都是最好地促使她联想更好、更多的手段。

4. 产生欲望

美好的联想之后，就会产生有占有的欲望。相反也是经常。我们能成功鼓励她试穿，是最好地激发她占有欲望的手段。

5. 对比评价

产生了占有的欲望，不代表立刻产生购买行为。客人会运用经验、知识等对不同品牌同类的衣服进行比较，对个人的需要和服装的款式、色彩、质量、价格等进行思考和分析。思考和分析不一定是理性的，也有非理性的。

这个阶段我们会处理她说出来的些对衣服的反对问题和疑义。

6. 决定购买

对比评价之后，客人对我们的某款衣服产生信心，随即就会产生购买的行动;也会丧失信心，放弃购买的意愿。

(1) 客人产生信心有三个方面的原因:

A. 相信导购的介绍。

B. 相信商场或品。

C. 相信衣服本身的款式、色彩等。

(2) 客人失去信心的原因:

A. 不是她真正想要的衣服。

B. 导购不了解货品知。

C. 对质量、售后感到没有保。

D. 同购买计划冲突。

客人对某款衣服失去信心时，我们要求导购不勉强客人，马上转移到客人别的感兴趣的衣服上去，力求挽留，继续推荐。

六、男装营销技巧

当一位男士独自选购男装的时候，导购要怎么去招待呢?

当两个人以上的人来选择男装的时候，导购又要如何去留住客户呢？

在竞争如此激烈的时代，男装终端销售在很大程度上与男装的销售技巧有很大的关系。销售的过程其实就是研究你的销售对象的过程，因此，我们要是想把消费者留下，成功地把商品销售出去，就要先好好地研究一下站在我们对面的消费者，而男装的销售技巧第一步亦是如此。

男性的消费特点如下。

（1）男性购买能力与女性相比，直接用于个人消费的部分却不见得高于女性。尤其是在经济文化较发达的城镇，男性用于个人消费的平均购买力低于女性。这当然与“男女平等”“女士优先”的文化素养有关。

（2）消费需求方面，一是男性对满足基本生活需求的商品，比较喜欢凑合，尤其是中老年男性。二是由于传统文化的影响，男性在事业上比较有追求，因此在与知识、技能有关的发展类和自我表现类的消费品需求方面比女性强烈。三是男子专用的商品相对较少，屈指可数，除了剃须刀，就算烟酒了。但事实上烟酒并不一定是男性消费者的“专利”。

因此男性的消费心理特征为以下几点。

A. 购买动机常具有被动性

B. 常常有目的地购买和理智型购买

C. 选择商品以质量性能为主，不太考虑价格

D. 比较自信，不喜欢售货员喋喋不休的介绍

E. 希望快速完成交易，对排队等候缺乏耐心

根据以上男性的消费特征，作为男装销售人员在做导购销售的时候就要从以上的性格分析入手，利用能利用的，避免不喜欢的自然水到渠成。我们来看一下其中的一些男装的销售技巧。

1. 用你的专业折服他

针对独自一人进店的男性购物者，男性消费者在选购方面往往得被动的，更多的是以质量为前提，因此，销售人员就要主动的来为消费者下决定，但又因为男性消费者的理性因素，所以最好要以你的专业性去打动他。销售人员要主张他，不是一句简单的话，“就买这件吧”。要获得他们的大把钞票，就必须获得他们对销售人员的信任，根据我的研究和感受，那种买单信任来自终端销售人员对西服面料、做工、款式、搭配的专业。

2. 言多必失

针对那些有陪同者（老婆、女友、朋友）购物的男性。由上面男性的消费特征我们知道，男性的消费经验远不如女性来得多，因此，大部分的主张来自陪同者（当然，在你发现陪同者没有什么影响力的时候，把他当成独自购物者就是了，用你的专业影响他）。这个时候我们说就是，看他老婆（女友、朋友）的脸色行事、不轻下判断、不多说废话，只是把服务的动作殷勤到位就是了，就像前面那个夫妇买鞋的情况。甚至你服务的中心需要转移到她们（陪同者）身上：闲聊、赞美、认可她。

3．声东击西

前期的广告宣传、终端的促销、卖场的设计、员工的招聘可能都需要跟随男性购物陪同者（女人）的因素了。男装触动了女人的心，差不多已经触动了男人的荷包。曾经福建的某男装品牌上市宣传的广告语就是："让女人心动的男人"而闻名全中国，随后的其广告语又改为："男人就应该对自己狠一点"，想必很多女人看到后心花怒放：就是这样！就是这样！

第三节 服装营销礼仪

一、服装营销礼仪的含义

礼仪是人们约定俗成，表示尊重的各种形式，礼仪若在营销活动中的运用即为营销礼仪，也就是营销人员在营销活动中为表示尊敬、善意、友好等一系列道德、规范、行为及惯用形式。

二、服装营销礼仪的作用

"读书是学习，使用也是学习，而且是更重要的学习"。学习的目的全在于运用。当前，营销礼仪之所以被提倡和受到社会各界的普遍重视，主要是因为它具有多重重要的功能，既有助于营销活动，又有助于企业和社会。

（一）有助于提高营销人员的自身修养

在人际交往中，礼仪往往是衡量一个人文明程度的准绳。它不仅反映着一个人的交际技巧与应变能力，而且还反映着一个人的气质风度、阅历见识、道德情操和精神风貌。因此，在这个意义上，完全可以说礼仪即教养，有道德才能高尚、有教养才能文明。这也就是说，通过一个人对礼仪运用的程度，可以察知其教养的高低、文明的程度和道德的水准。孔子曰："质胜文则野；文胜质则史，文质彬彬，然后君子。"意即：内心品质超过礼仪修养，即不注重礼仪修养，则是粗野；而只注重外表修饰而忽略内心修养，则显虚浮，只有既重视内心修养的提高又重视礼仪修养，这样的人才是真正的君子。由此可见，营销人员学习礼仪、运用礼仪，有助于提高自身的修养，有助于"用高尚的精神塑造人"，真正提高营销人员的文明程度。

（二）有助于塑造良好的营销形象

个人形象，是一个人仪容、表情、举止、服饰、谈吐、教养的集合，而礼仪在上述方面都有自己详尽的规范，因此营销人员学习礼仪、运用礼仪，无疑将有益于营销人员更好、更规范地设计个人形象、维护个人形象，更好、更充分地展示营销人员的良好教养与优雅的风度，这种礼仪美化自身的功能，任何人都难以否定。当营销人员重视了美化自身，人际关系将会更和睦，营销活动生活将变得更加温馨。

（三）有助于提高企业的经济效益

对企业来说，营销礼仪是企业价值观念、道德观念、员工整体素质的整体体现，是企业文明程度的重要标志。营销礼仪可强化企业的道德要求，树立企业的良好形象。营销礼仪是企业的规章制度、规范和道德具体化为一些固定的行为模式，从而对这些规范起到强化作用。“世界一流的饭店组织”之一的白天鹅宾馆，其成功经验之一就是：大胆引进外国管理酒店的先进经验，结合本国国情和当地具体环境，制订一整套严格的、切实可行的管理制度和服务规范，并始终不渝地执行。

让顾客满意、为顾客提供优质的商品和服务，是良好企业形象的基本要求。营销礼仪服务能够最大限度地满足顾客在服务中的精神需求，使顾客获得物质需求和精神需求满足的统一。以礼仪服务为主要内容的优质服务，是企业生存和发展的关键所在。它将通过营销人员的仪容仪表、服务用语、服务操作程序等，使服务质量具体化、系统化、标准化、制度化，使顾客得到信任、荣誉、感情、性格、爱好等方面的满足，给企业带来巨大的经济效益。

（四）有助于促进营销人员的社会交往、改善人们的人际关系

古人认为：“世事洞明皆学问，人情练达即文章。”这句话，讲的其实就是交际的重要性。一个人只要同其他人打交道，就不能不讲礼仪。运用礼仪，除了可以使营销人员在交际活动中充满自信、胸有成竹、处变不惊之外，其最大的好处就在于，它能够帮助于营销人员规范彼此的交际活动，更好地向交往对象表达自己的尊重、敬佩、友好与善意，增进大家彼此之间的了解与信任。假如人皆如此，长此以往，必将促进社会交往的进一步发展，帮助人们更好地取得交际成功，进而造就和谐、完美的人际关系，取得事业的成功。

（五）有助于推进社会主义精神文明的建设

一般而言，人们的教养反映其素质，而素质又体现于细节。反映个人教养的礼仪，是人类文明的标志之一。一个人、一个民族、一个国家的礼仪，往往反映着这个人、这个民族、这个国家的文明水平、整体素质和整体教养。古人曾经指出：“礼义廉耻，国之四维。”将礼仪列为立国的精神要素之本。而在日常交往之中，诚如英国在哲学家约翰克所言：“没有良好的礼仪，其余的一切成就都会被人看成骄傲、自负、无用和愚蠢。”荀子也曾说过：“人无礼则不立，事无礼则不成，国无礼则不宁”。反过来说，遵守礼仪、应用礼仪，将有助于净化社会的空气，提升个人、民族、全社会的精神品位。当前，我国正在大力推进社会主义精神文明建设。其中的一项重要内容，就是要求全体社会成员讲文明、讲礼

貌、讲卫生、讲秩序、讲道德，心灵美、语言美、行为美、环境美。这些内容与礼仪完全吻合。因此，完全可以说，提倡礼仪学习、运用，与推进社会主义精神文明建设是殊途同归、相互配合、相互促进的。这种社会主义的礼治，对于我国的现代化建设，是不可或缺的。也是我们弘扬中国“礼仪之邦”的礼仪文化，使我国更强、更好、更美地树立于世界之林。

三、服装营销礼仪的准则

（一）认清主客立场

根据待客之道，主方立场为保护者，而客方扮演的则是被保护者的角色。例如：在接待时，我们往往走在来宾的左前方，此乃沿袭西方古俗而来。由于古代枪手习惯瞄准对手左方，基于安全考虑，于是强调“以右为尊”。

上下楼梯要特别注意。上楼梯时应让领导、来宾走在前方，以防止对方不慎跌落，下楼梯时应让领导、来宾走在后方，以便随时给予保护。

作为一个引导者，则应走在来宾的前方以为其引领方向，且在转变处、楼梯间及进出电梯时都放慢脚步，等待客人。从这些细节亦可表现出我们体贴客人的心意。

以上所述虽是看似不重要的小事，实则不然。这些事情不仅可以反映出我们个人的修养，客人更能因此感受到我们的真诚与可靠。

（二）遵守时间及珍惜生命

时间等于金钱，时间等于生命，商场上最看重的莫过于守信了，而守时即守信的表现。珍惜时间就是珍惜他人和自己的生命，所以与客户相约一定要守时。特别是我们正朝着国际舞台大步迈进，此时此刻更要学习外国人守时的好习惯，因为文明越进步的国家越珍惜生命，也越强调守时的重要。

商业行为强调精、准、快，但不能因此争先恐后、不讲次序，反而更应注重排队礼貌。尤其在金融业，绝不能因大客户上门，就让等候已久的其他客户忍受别人插队的不公平待遇。

会餐中如欲喝酒也该讲究礼貌，千万不要有劝酒的行为。酒喝多了会伤身，同时酒后开车后果不堪设想，既损人又不利己。所以，营销活动中注重对方的生命权也是很重要的一环。

（三）自重与尊重他人

在营销活动中，良好的介绍礼仪是尊重他人的第一步。不管介绍任何人，都要完整、清楚地说明对方的姓名、职务或职称及服务单位，以示尊重之意。

名片在现代社会中已被人格化了。名片是一个人的象征，因此收放名片均要合度，才是尊重自己、尊重别人的表现。营销人员拿到别人的名片要仔细收好，将名片持在腰部以上位置，小心不要污损或是拿来玩耍。给别人名片时，记住清楚复诵一次自己的名字，以免对方误念。交换名片的适当时机是用餐前或用餐后，而不宜在用餐中交换。开会也是一样，不宜在会间交换。拿到别人的名片要对它的内容表示兴趣，不可连看也不看地就收进皮夹里，那是很不礼貌的行为。

无论是指引或介绍，都不可单手指人，正确方式应将掌心朝上，拇指微微张开，指尖向上来做指引或介绍，这才是尊重他人的行为。

（四）多用商量语气

在营销商谈的礼仪中，商量是一门艺术，重点要学习如何彼此尊重，对营销者而言尤其重要。当我们有求于人的时候，不论是上司或部下都宜采用询问商量的口气，如多用“可不可以”“好不好”或“May I”，让对方有考虑的时间及空间，因为他有权选择说 Yes 或 No。

在办公室中，常见的情况是员工要请假，却摆出一副理直气壮的样子，如“老板，我明天有事，要请假。”同样的，上司也常这样叫员工：“这件事情下班前一定要完成。”这些口气不仅让对方很难表达意见，同时还会造成或加大双方的隔阂。因此，如果能学习采用如“老板，我明天有事处理，不知能否向您请个假”“小陈，这件事情很紧急，下班前能不能帮我完成”等温和商量的语气，会使人感到受尊重，也容易获得正面的答复，更能使事情顺利进行，使谈话气氛和谐愉快。

（五）避免惊吓他人

开会进行中途，如物品不慎掉落需要捡拾时，应先告知身旁的人后再低身去拾捡，并说声“对不起，我捡支笔”，切切不可直接弯身取物，以免吓着身旁的人。

走路或与人交谈时，千万不可把手放在服装口袋里，这样会使人缺乏安全感，会使人对你产生为人轻浮、无所事事的印象。另外，将双手交叉盘于胸前也是很不礼貌的行为，因为欧洲人认为隐藏双手、不让别人看见是敌意的表示，所以一定要将双手露出，如果天气很冷可戴上手套。

用餐时不可用刀、叉、筷子等尖锐的东西指向他人，这样会使别人产生恐惧感。柜台人员与客人谈话的时候，也不要以笔尖朝向别人，诸如此类的行为都会使人感到不安全。

（六）尊重他人隐私

每个人都希望拥有自己的空间和不为人知的秘密。所以，在公共场所不要随意谈论他人隐私或以爱打听的姿态而自居。有些过于私人的问题还容易造成尴尬的场面，应尽量避免公开谈论，如婚姻状况、年龄、体重以及薪水、穿着品牌、使用的化妆品品牌等。

与客户交谈时，如果对方不愿主动提及某事，必有其原因或有难言之隐，此刻最不应该有的态度就是“打破砂锅问到底”。如果你知晓了别人的困难，又没有能力替人分忧解劳，记住千万不要在背后幸灾乐祸，这是很不道德的行为。

四、服装营销礼仪的运用

（一）销售中的礼仪

1．微笑

微笑是热情与真诚的自然流露。

要求自然、真诚；保持整个销售服务始终如一。

2．语言

热情：表现十足欢迎。

专业：产品知识、店铺货品陈列的熟悉。

灵活：同意、赞美、转移。

3．行动

迅速：充满活力、干净利落、效率。

灵巧：敏捷而不鲁莽。

（二）销售流程

1．店铺迎宾

（1）语言。简洁流畅、清晰响亮、真挚热情。说话时应面向顾客以示尊重，统一规范问候语、促销资讯（店长控制）。切忌：语言敷衍无力。

（2）动作。站姿端正、外手臂自然垂放、内手臂略屈伸。切忌：弓背塌腰、双手叉腰或放于背后。

（3）表情。精神饱满，随时保持笑容自然。切忌：表情冷淡或面无表情。

（4）眼神。与顾客短时间眼神接触、略点头示意。切忌：无视顾客进入、毫无表示。

2．与顾客接触

（1）初步接触（场内迎宾）。

A．主动热情打招呼："先生/小姐下午好，欢迎光临！"

B．适当退开，以示礼让。

C．让顾客随意观看，密切留意其举动并做好上前服务准备。

切忌：顾客一进店便紧跟其后。

（2）主动接触。

顾客在观看货品过程中，应主动上前打开话题。

A．询问

"先生想买什么样的款式，需要我推荐一下吗？"

"是自己穿还是帮别人买？"

B．借介绍商品之机

“小姐，这是刚上市的新款式……”

“这种款式的面料含弹性材料……”

注意：说话要用尊重、请求语气；行动须轻快敏捷。

切忌：从顾客背后直冲上前、用生硬语气大声发问。

3．顾客试衣流程

（1）劝说顾客试衣。商品展示要求：

A．快速取下挂装呈于顾客面前。

B．让顾客触摸面料使其产生实质感。

C．引导顾客看相关的海报及挂画等宣传品。

鼓励顾客试穿：

“您可以试试看，穿起来感觉会不一样……”

“您穿什么尺码的，我拿一件给您试试。”

“先生，您一般穿什么尺码的裤子，我可以为您量一下吗?”

切忌：强行推荐不适合之货品给顾客，浮夸介绍货品。

（2）试衣服务要求。取货试穿：

A．快速准确地取出合适尺码。

B．为顾客取下样衣衣架、解开纽扣和拉链。

C．主动带顾客至试衣间。

D．帮顾客敲/推开试衣间门。

E．提醒顾客保管好私人物品。

试衣间服务：

A．记清所试衣服的总件数。

B．留意顾客从试衣间出来。

C．主动帮顾客整理好衣服，卷裤脚、翻好衣领等。

D．询问顾客衣服尺寸是否合适、感觉如何。

E．描述整体颜色、款式等搭配效果。

F．推荐其他的颜色或款式。

4．附加推销

（1）货品搭配。在确定顾客买单时，为所买的货品做搭配。

A．根据款式、颜色做合适的上下装、内外装搭配，如T恤配休裤、牛仔裤配皮带、女衬衫配短裙等。

B．搭配陪衬品，如七分裤配便鞋、休闲包等。

（2）促销活动。

A．推荐其他的打折货品。

B．买满一定价格可送礼品（附加配衬品）。

（3）新品上市。

A．附加介绍其他刚上市的货品。

B．突出款式的新颖或面料特性。

注意事项：尽力熟悉店内的货品款式、颜色；忌强迫性推销；附加推销时不应推荐同类的货品；确定顾客买单之后进行附加推销；收银送客。

5．导购员服务要求

（1）买单前。

A．双手将小票交给顾客。

B．礼貌地向顾客说明收银的相关要求，“先生，请您拿小票到收银台买单再来领取衣服！”

C．手势指引顾客收银台位置，“收银台在那边……”

（2）买单后。货品包装：

A．包装时必须小心将服装折叠整齐。

B．将票据一起放入包装袋。

C．一定要用胶带封口。

注意事项：不要借任何原因而随意将服装塞进袋子了事。

双手将包好的衣服递交顾客，“先生，这是您的衣服，请您收好！”

礼貌道别，“谢谢惠顾，欢迎下次光临！”

6．收银员服务要求

（1）热情欢迎顾客并双手接过衣服小票，“先生下午好，欢迎光临！”

（2）快速录入电脑并唱收，“先生谢谢您，一共是180元，收您200元！”

（3）双手接过顾客的付款、将零钱双手递于顾客手中，“先生，这是找您的20元，请收好！”

（4）将购物袋交给顾客时应说，“先生，请拿好购物单领取您的衣服，欢迎您下次光临！”

本章小结

- 本章主要学习了服装礼仪、服装营销技巧以及服装营销策划的基本知识。要求养成一个良好的营销习惯和营销技巧。并学习进行服装市场营销策划以及撰写营销策划书。
- 礼仪在营销活动中的运用即为营销礼仪，也就是营销人员在营销活动中为表示尊敬、善意、友好等一系列道德、规范、行为及惯用形式。

■ 服装销售人员的工作是要找出具体销售工作中制胜的关键。只有找到销售制胜的关键，服装销售人员才能够有的放矢。

■ 世界上最顶尖的优秀业务人员曾总结出十个成功的关键：明确的目标、健康的身心、极强的开发顾客的能力、强烈的自信、专业知识强、找出顾客需求、优秀的解说技巧、善于处理反对意见、善于跟踪顾客和收款能力强。

■ 营销策划是在对企业内部环境予以准确的分析并有效运用经营资源的基础上，对一定时间内的企业营销活动的行为方针、目标、战略以及实施方案与具体措施进行设计和计划。

思考题

1. 什么是营销礼仪？
2. 在客户买单后要注意哪些礼仪？
3. 童装卖场的销售技巧是什么？
4. 营销策划书的写作流程是什么？
5. 常见的营销策划书大略包含哪几部分的内容？

小课堂

营销策划：美特斯·邦威三招定天下

市场营销，风云变化，谁能成为最优秀的企业？关键要靠你的智慧。美特斯·邦威的成功案例，值得营销界好好学习。

在外来休闲服装充斥中国市场的情况下，美特斯·邦威仍然冲破阻力，一举成为中国内地最大的休闲品牌之一，创下了每2秒销售1件服装的惊人速度。这不能不算是中国服装品牌的一个神话，美特斯·邦威成功借鉴耐克的“虚拟经营”的品牌战术成为范例被收入MBA课程的学习中。

尽管中国是一个服装出口大国，但是出口服装以中低档为主，中国服装的低价竞争已经成为国际服装界又恨又怕的问题，不断压低价格的恶性竞争已经引起了国外服装制造商的不满，西班牙的“烧鞋”事件就可以窥豹一斑。

第一招：抓品牌。美特斯·邦威很清楚地认识到提高服装品牌附加值的重要性，开始把工作重心转移到品牌形象树立上。在品牌宣传上，美特斯·邦威下足了工夫，无论是调查还是定位，都具有相当的专业水准。在广告代言人的选择上，可谓是每分钱都花在了刀刃上。众所周知，广告是一笔不菲的资金，传统的电视、广播、报纸等媒体宣传是一个无底洞，更大风险的广告投入费用和销量提升并不是成正比的。美特斯·邦威成功地绕过了这一个难点，开始另类炒作。这种炒作营销充分利用公关活动制造新闻，同时与广告代言人建立亲密关系，借助层出不穷的明星炒作提升自己品牌的曝光率和知名度。这种战略从2001年郭富城代言就一直坚持下来。郭富城的形象与主打歌，同时也是美特斯·邦威的广告主题曲《不寻常》紧密联系在一起，随着《不寻常》打入排行榜，美特斯·邦威品牌本身也附带成为一个噱头。2003年6月，选择深受年轻人喜爱的新人类音乐鬼才周杰伦作为新的代言人，通过赞助周杰伦的个人演唱会，使得美特斯·邦威的品牌深入周迷人心。同时，还利用演唱会进行互动活动，购买一定数额的美特斯·邦威服装，就会得到周杰伦演唱会的赠票，这对于新新人类无疑是一个很大的吸引。

通过这一系列巧妙宣传，看似漫不经心的广告策略，使得现在一提起美特斯·邦威，就会让人想起“周杰伦的衣服”，美特斯·邦威则是“好风凭借力，送我上青云”，借助周杰伦的超级天王人气，成为新人类眼中的另类宣言。

美特斯·邦威是一个善于顺风行驶的品牌，借助中国服装生产制造商来生产，借助广告代言人的超级人气。当服装质量和品牌附加值得到有效提升之后，美特斯·邦威也就打响了。

第二招：抓联产。在确定了战略之后，美特斯·邦威选择了有很强生产能力的制造厂家。他们与广东、江苏等地的具有一流生产设备的服装加工厂建立长期合作，形成了稳定的生产基地。这些厂家多达200多家，这些企业具有年生产2000多万件的生产能力。保证了产品的质量和供应，也就成功地将投资高科技含量的生产设备的资金转移到品牌经营上，这种借鸡生蛋的做法使得美特斯·邦威真正摆脱了重复性投资。

第三招：抓连锁。美特斯·邦威刚开始同样面临资金有限的问题，但是其聪明地采用“特许连锁经营”模式，将专卖店特许给加盟商经营，充分利用社会闲散资金，扩大了市场铺盖，同时对于品牌宣传具有重要的作用。

美特斯·邦威“不走寻常路”的经营战略为我国服装界提供了一个优秀范例，事实证明，中国也可以摆脱低价恶性竞争的局面，整合资源，打造成功品牌。美特斯·邦威成功了，它的成功值得每一位企业家学习借鉴。无论什么时候，都要把品牌摆在第一位。

参考文献

［1］尹庆民．服装市场营销［M］．北京：高等教育出版社，2003.

［2］尚丽，张富云．服装市场营销［M］．北京：化学工业出版社，2007.

［3］罗德礼．服装市场营销［M］．北京：中国纺织出版社，2002.

［4］刘小红．服装市场营销［M］．北京：中国纺织出版社，2004.

［5］吴卫刚．服装市场营销［M］．北京：中国纺织出版社，2000.

［6］刘东．服装市场营销［M］．3 版．北京：中国纺织出版社，2008.

［7］舒平．服装市场营销［M］．2 版．北京：中国劳动社会保障出版社，2008.

［8］张吉，方敏．服装市场与营销学（北京自考教材）［M］．武汉：湖北美术出版社，2003.

［9］车礼，胡玉立．市场调查与预测［M］．武汉：武汉大学出版社，2008.

［10］宁俊．服装生产经营管理［M］．3 版．北京：中国纺织出版社，2007.

［11］宁俊．服装网络营销［M］．北京：中国纺织出版社，2004.

［12］宁俊．服装品牌企划实务［M］．北京：中国纺织出版社，2008.

［13］鲁成，顾彤宇，万艳敏．服装品牌营销案例集（“十一五”部委级规划教材）［M］．上海：东华大学出版社，2008.

［14］潘力，杨瑞丰．服装市场营销［M］．大连：辽宁师范大学出版社，2002.

［15］曹亚克．服装市场营销教程［M］．北京：中国纺织出版社，2002.

［16］赵平．服装市场调查与预测［M］．北京：高等教育出版社，2007.

［17］宁俊．服装市场调查方法与应用［M］．北京：中国纺织出版社，2008.

［18］沈蕾，顾庆良，汤兵勇．纺织品和服装消费心理学［M］．北京：中国纺织出版社，1997.

［19］赵平，吕逸华，蒋玉秋．服装心理学概论［M］．2 版．北京：中国纺织出版社，2004.

［20］焦利军，邱萍．消费心理学［M］．北京：北京大学出版社，2007.

［21］顾韵芬，陆鑫．服装概论［M］．北京：高等教育出版社，2009.

［22］布莱克．公共关系学新论—海外公关译丛［M］．陈志云，郭惠，译．上海：复旦大学出版社，2000.